Frischler · Das Abenteuer der Kreuzzüge

KURT FRISCHLER

Das Abenteuer der Kreuzzüge

Heilige, Sünder und Narren

HERBIG

Das Umschlagbild zeigt eine französische Miniatur aus dem 14. Jahrhundert: *»Einschiffung der Kreuzritter«* (Original in der Lipperheide Kunstbibliothek).

Zeichnung der Landkarten
von Eva Schmid (5) und Günther Bernhardt (1)

Satz: Buchdruckerei Huber, Diessen
Druck und binden: May & Co., Darmstadt
Printed in Germany 1973
ISBN 3-7766-0639-8

Inhalt

Einleitung

Im Frühjahr 1972 legte ein Wiener Marktforschungsinstitut 1250 Großstadtbürgern – Mindestbildung Abitur – neben vielen anderen Punkten auch eine vom Autor dieses Buches erbetene Frage vor: »Welche Vorstellungen verbinden Sie mit dem Wort ›Kreuzzüge‹?«
Eine Auswertung der Antworten ergab, daß die überwältigende Mehrheit – an die achtzig Prozent – nur anekdotenhafte Erinnerungen aus der Schulzeit reproduzierte. So etwa die in Österreich sehr bekannte Geschichte von der Entstehung des rot-weiß-roten Landesbanners während der Belagerung von Akkon; oder den Tod Kaiser Friedrich Rotbarts in den Fluten des Flusses Saleph. Die Gedichtzeile aus Uhlands »Schwabenstreich«: »Als Kaiser Friedrich lobesam ins Heilige Land gezogen kam . . .« vermochten 36 Befragte zu zitieren.
In der Beurteilung der Motive, die im Mittelalter zur Kreuzzugsbewegung geführt haben mochten, war die Meinung der 1250 Befragten geteilt. Ziemlich genau die Hälfte war davon überzeugt, daß die Gier nach Gold, Weibern und Landbesitz die Triebfeder der Ritter gewesen sei, während ebenso viele Personen »tiefen religiösen Glauben« für denkbar hielten. Eine beachtliche Zahl – 54 Personen – erging sich in wilden antiklerikalen Anschuldigungen.
Die Befragten weichen damit gar nicht so weit von den west- und mitteleuropäischen Historikern ab: Auch die Gelehrten sehen in den Kreuzzügen, je nachdem, wo sie weltanschaulich und politisch stehen, die »reinste Form der religiös geprägten Gedankenwelt des Rittertums« oder

die »größten Raubzüge der westeuropäischen Feudalherren im Mittelalter«.

Der Historiker der »Encyclopaedia Britannica« etwa schreibt in der Ausgabe von 1964:

»Die Kreuzzüge sind ... eine Serie von Kriegen, die die Christen Westeuropas mit Billigung des Papstes unternahmen, mit dem Ziel, das Hl. Grab zu erobern und es gegen die Moslems zu verteidigen.«

Die »Brockhaus Enzyklopädie« von 1970 kommt zu einer ganz ähnlichen Definition:

»... kriegerische Unternehmungen der abendländischen Christenheit zur Rückeroberung des Hl. Landes ... es verbindet sich der Gedanke der Pilgerfahrt und des Kampfes gegen die ›Heiden‹ mit mannigfachen politischen, kulturellen und wirtschaftlichen Interessen ...«

Ganz anders die »Große Sowjetische Enzyklopädie« in ihrer Ausgabe von 1955. Sie gibt den Standpunkt des Historischen Materialismus wieder:

»Diese Raubzüge der Feudalherren fanden unter dem Deckmantel religiöser Losungen (›Befreiung des Grabes des Herrn von den Ungläubigen‹) statt ... Die katholische Kirche, welche die Kreuzzüge ideologisch und zum Teil auch organisatorisch leitete, handelte im Interesse der herrschenden Klasse und wollte ihre eigene Lage als Grundbesitzer festigen ...«

Die solcherart angegriffene katholische Kirche läßt 1961 im »Lexikon für Theologie und Kirche« schreiben:

»Die Kreuzzüge ins Hl. Land sind nicht zu verstehen als eine Gegenbewegung gegen den neuen Vorstoß des Islam, ebenso nicht aus Eroberungsabsichten der abendländischen Ritterschaft, sondern ausschließlich aus der besonderen Frömmigkeit dieser Ritterschaft ...«

Selbstverständlich entwirft die moderne islamische Geschichtsschreibung ein ganz anderes Kreuzfahrer-Bild. Sie muß dabei gar nicht die mohammedanischen Chronisten des Mittelalters bemühen, die, was sich von selbst versteht, die christlichen Heere verdammen. Sie hat es leichter: Denn auch wenn sie zeitgenössische vorderasiatische Christen zitiert — Syrer, Armenier etwa — wird das Bild der Ritter aus dem Abendland nicht eben sympathischer:

»Sie sind voll anmaßenden Hochmuts, voll Starrsinn, Herzenshärte, Unbarmherzigkeit und beispielloser Rohheit. Entgegen dem, was sie als ›Ritterpflichten‹ beschwören, plündern sie Witwen, Waisen und Schwache würdelos aus, ja sie vergreifen sich sogar an der Habe der Pilger, die zum Heiligen Grab ziehen. Mit dem erbeuteten und erpreßten Vermögen erbauen sie sich luxuriöse Paläste und verprassen das unrechte Gut mit Zechgenossen und Huren ...«

Ein neuartiges, ein unschönes Bild, das noch dazu Christen von Christen entwerfen, die zu ihrer Verteidigung und Rettung ausgezogen waren.

Zum andern aber sucht der junge arabische Nationalismus von heute nach Zeiten, da sich arabische Einheit und Einigkeit bewähren konnte und den Sieg über einen fremden erobernden Feind davonzutragen vermochte:

Im April 1950 feierten tausende Ägypter im Nildelta nächst der Stadt Damiette jenen Tag des Triumphs, da vor 700 Jahren Frankreichs König Ludwig IX., der Heilige, während des Fünften Kreuzzugs gefangengenommen wurde, als er versuchte, Kairo zu erobern. »Damals waren wir einig!« riefen die Festredner von 1950, »ziehen wir Heutigen die einzige Folgerung: Seien auch wir einig — und wir werden den Eindringling von 1950 genauso erfolgreich vertreiben ...«

Parallelen drängen sich nicht nur arabischen Nationalisten auf. Allein die Tatsache, daß sich die Grenzen des modernen Staates Israel fast vollständig mit jenen des Kreuzfahrerkönigreichs Jerusalem decken, legt Vergleiche nahe.

Der Leser wird in diesem Buche des öfteren mit der Realität gewisser geopolitischer Gegebenheiten konfrontiert werden, die immer und zu allen Zeiten Gültigkeit haben.

Aber nicht nur im Nahen Osten ist der Begriff »Kreuzzug« noch lebendige Tradition. Politiker des 20. Jahrhunderts greifen häufig nach dem Begriff »Kreuzzug«, um ihren Handlungen reine, idealistisch-romantische Beweggründe zu unterlegen. Zweifellos haben solche Überlegungen den Oberbefehlshaber der Alliierten im Zweiten Weltkrieg, General Dwight D. Eisenhower, veranlaßt, seine Memoiren unter dem Titel »Kreuzzug für Europa« erscheinen zu lassen, ein Motto, das schon heute, noch nicht einmal dreißig Jahre nach Kriegsende, recht manieriert anmutet.

Was immer auch die Kreuzfahrer gewesen sein mögen, herzlose, geldgierige Räuber und Schurken oder fromme, in Gott geborene Helden — eines darf man gewiß nicht: sie mit den Maßstäben der Gegenwart messen. Nur durch ihre Taten, diese Folge von Helden- und Bubenstücken, von Großmut und Niedertracht, von Frömmigkeit und zynischer Heuchelei, sprechen sie zu uns, lassen uns in ihre Gedankenwelt eindringen.

Allein die moderne Psychologie, die die Reaktionen der Massenbewegungen und ihre Gesetzmäßigkeiten zu erforschen begann, vermag rätselhafte, widerspruchsvolle und unerklärliche Vorgänge des Kreuzzug-Zeitalters aufzuhellen, weil sich die menschliche Psyche in den letzten tausend Jahren, nehmt alles nur in allem, überhaupt nicht geändert hat.

Die Jahrhunderte schrumpfen unter dem analysierenden Blick der Psychologen. Der Massenmensch von 1973 zeigt sich genauso beeinfluß- und manipulierbar, läßt sich genauso widerstandslos in einen Strudel von Ereignissen hineinziehen, deren Ende er nicht vorauszusehen vermag, wie sein Vorfahre von 1095.

Gewiß, es gibt graduelle Unterschiede. Denn es mag sein, daß die Motivation des Kreuzfahrers auf festerem Boden ruhte. Er konnte sich ja auf ein Wort der Bibel, auf ein Wort seines Gottes, der gleichzeitig oberster Befehlshaber und Lehensherr war, berufen; auf ein Wort, das als Leitmotiv in allen Kreuzfahrer-Predigten wiederkehrt:

»Wenn einer mir nachfolgen will, so verleugne er sich selbst, nehme sein Kreuz auf sich und folge mir nach. Denn wer sein Leben retten will, der wird es verlieren. Wer aber sein Leben verliert um meinetwillen, der wird es finden ... Denn der Menschensohn wird kommen in der Herrlichkeit seines Vaters mit den Engeln. Und dann wird er jedem vergelten nach seinem Tun ...«

Dieser Bibelvers im Munde der vielen gewaltigen und genialen Volksredner der Kreuzzugszeit genügte, um die jungen Nationen Europas zur ersten (und für Jahrhunderte einzigen) Massenbewegung ihrer Geschichte zusammenzuschließen. Was danach an Tapferkeit, Haß und Blut, an Aggression und Habgier folgt, ist dem Massenpsychologen durchaus vertraut. Man findet genau die gleichen Reaktionen auch späterhin in der Geschichte wieder. Mit und ohne Bibelvers.

Wie stets bei der Durchleuchtung psychologischer Verhaltensweisen bleibt ein ungelöster, ein unerklärbarer Rest. Denn die Seele des Menschen entzieht sich schließlich doch einer endgültigen und unumstößlichen Deutung.

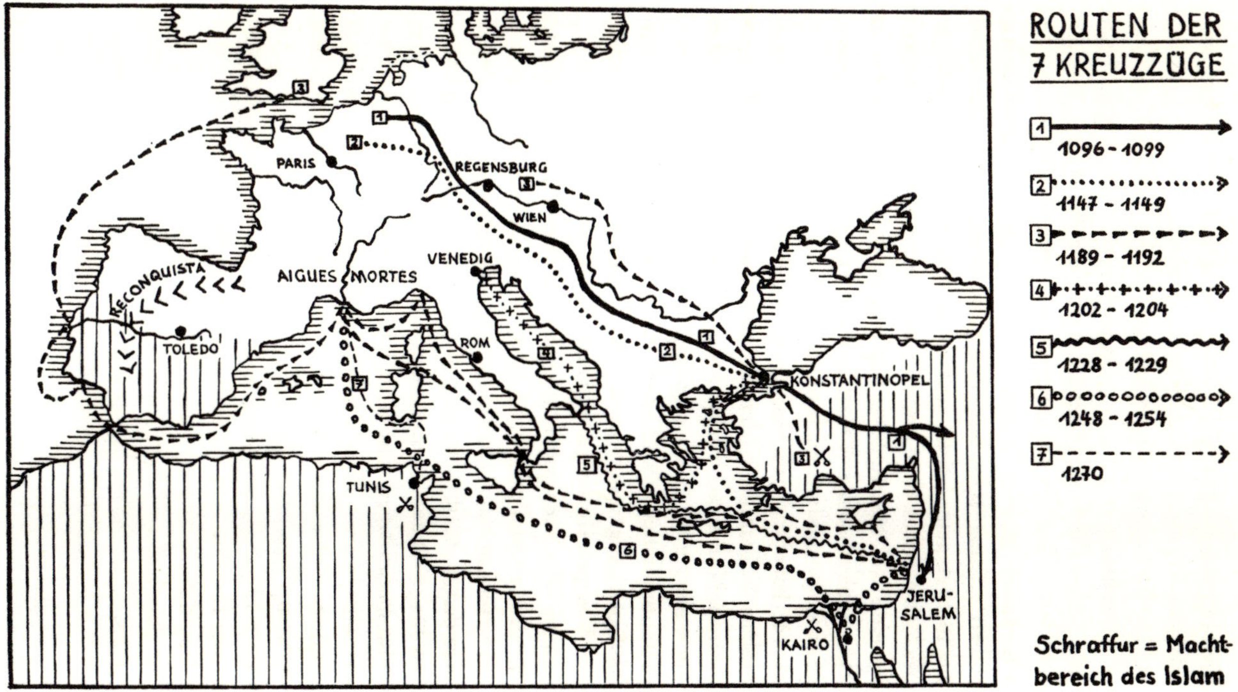
ROUTEN DER
7 KREUZZÜGE
1 1096 - 1099
2 1147 - 1149
3 1189 - 1192
4 1202 - 1204
5 1228 - 1229
6 1248 - 1254
7 1270
Schraffur = Machtbereich des Islam
PARIS
REGENSBURG
WIEN
VENEDIG
AIGUES MORTES
RECONQUISTA
TOLEDO
ROM
KONSTANTINOPEL
TUNIS
KAIRO
JERUSALEM

Die Rasenden

Drei Jahre hindurch, von 1093 bis 1095, ernteten die Bauern nichts. Im ersten Hungerjahr schneite es noch im Mai bis hinunter nach Lyon. 1094, als die Bauern in Burgund bereits Strohbrot aßen und ihre Töchter für ein Maß Getreide an reiche, alte Herren verkauften, begann es Ende Juni zu regnen und hörte erst auf, als auch diese, die zweite, Ernte vernichtet war.

Im Herbst beunruhigten Meteoritenschwärme die hungernden Menschen. Zehn Nächte lang zogen die Sternschnuppen ihre feurigen, rot-goldenen Bahnen über den Himmel.

Im Januar 1095 erhellte ein gewaltiges Nordlicht den ganzen Kontinent, von den italienischen Seen bis Schottland, von Westpolen bis Spanien.

Wenige Wochen später erschien ein Komet. Sein Schweif war größer als eines großen Mannes ausgebreitete Arme, und man konnte ihn fast drei Wochen lang sehen, wie er träge dahinwanderte.

Von Mai bis Oktober regnete es nicht.

Wolken nahmen Kreuzform an. Ein Bauer aus Boulogne, der behauptete, solche Wolken gebe es seit eh und je, und er könne darin beim besten Willen kein Kreuz erkennen, wurde im Mai 1095 gehenkt.

Kaiser Heinrich IV. war in Bann und mit dem Papst im Krieg. Der Heilige Vater bannte streitlustig auch noch den König der Franzosen wegen Ehebruchs und Hurerei.

Die dauernden Fehden der kleinen und großen Feudalherren, schon in normalen Zeiten eine Pein und Landplage für den Bürger und den Bauern, wurden unerträglich.

Hunger und Elend zwangen auch den friedfertigen Ritter auf die Suche nach Vieh und Getreide. Nur mit Gewalt, durch Raub, konnte er es erlangen.

Die neuen, strengen Mönchsorden sahen in all dem Unglück nur die Erfüllung der Offenbarung des Johannes, da das Lamm die sieben Siegel des Buches der Apokalypse löst und die grauenvollen Reiter auf die Menschheit losläßt. Alle Predigten dieser Zeit sind erfüllt von der Gewißheit des nahen Weltuntergangs: Nur noch eine kurze Zeit bleibt dem Sünder, um sich mit seinem Gott auszusöhnen und dem Weltengericht zuversichtlich entgegenzusehen. Gott hat dem Menschengeschlecht eine Atempause gewährt. Es hat sie schlecht genützt: Das Ende für die Sünder naht.

Eine Atempause: Das waren jene relativ friedlichen 200 Jahre, da die Raubzüge der Heiden, der Wikinger, Magyaren und Araber aufhörten, da man im Schutze seines Feudalherrn die Äcker bebauen und sein Vieh züchten konnte.

Zweihundert Jahre waren vergangen, seit die Normannen Jahr für Jahr den Westen Europas verwüsteten, die Magyaren den Südosten und die Araber die Landstriche rund um das Mittelmeer.

Die Magyaren saßen längst als treue Christen seßhaft in Ungarn, die Normannen gründeten in Nordwestfrankreich ein Herzogtum, das als Hort ritterlichen, christlichen Brauchtums galt: Eben begannen sie sich in Süditalien festzusetzen, eben hatten sie England erobert und unter ihre Barone aufgeteilt.

Selbst die Kämpfe gegen die heidnischen Araber tobten irgendwo, weit entfernt, in einem Land, das »Kastilien« hieß. Die seltenen Pilger, die von der Wallfahrt zum Heiligtum von Santiago de Compostela in Asturien zurückkehrten, erzählten von märchenhaften, kühnen Taten christlicher Ritter gegen mohammedanische Feinde;

schemenhafte Geschichten aus unwirklich fernen Landen.

Die Ruhe und das Fehlen der jährlichen Massaker führte zur ersten »Bevölkerungsexplosion« Europas: Um 850, als das Gemetzel der Wikinger und Magyaren seinen Höhepunkt erreichte, zählte Europa kaum mehr als fünfzehn Millionen Menschen. Zweihundert relativ ruhige Jahre folgten.

Es gab keine Epidemien, und die Menschen vermehrten sich geradezu sprunghaft. Das einzige authentische Census-Dokument jener Zeit, das berühmte, von den normannischen Eroberern Englands angelegte »Domesday-Book«, das Grundherrschaften nebst Einwohnerzahlen aufzählt, ermöglichte es den Statistikern unserer Zeit, mit Hilfe von Computern und modernen Hochrechnungsmethoden die Einwohnerzahlen Europas zu schätzen:

Ohne Rußland, den Balkan und Skandinavien, aber mit Dänemark und Ungarn ergibt sich zu Beginn des Kreuzzug-Zeitalters (also um 1095) eine Bevölkerungszahl von rund 28 Millionen: Das bedeutet seit 850 eine Verdoppelung.

Die wirtschaftliche Produktion aber hatte sich so gut wie gar nicht erhöht. Nach wie vor bewirtschafteten die unwissenden Bauern ihre Felder elend. Nur zögernd und langsam setzte sich die Dreifelderwirtschaft durch. Zumeist trugen die verarmten Böden spärlichste Frucht und mußten jahrelang brach liegen, um sich wieder zu erholen. Stalldünger und Asche-Streuen kam eben erst auf. Das Vieh war mickrig, krank und klein, nur der Pferdezucht schenkte man mehr Augenmerk: Ohne gutes Pferd keine Jagd und kein Krieg.

Auf den Maierhöfen der Bauern gab es mehr Kinder und Jugendliche als Arbeit. Überall lungerten die jungen Bauernsöhne umher, Männer, die zwar arbeiten wollten, aber keine Beschäftigung zu finden vermochten, ein Zustand, wie er ja noch in der Neuzeit in Süditalien zu finden war.

Den Söhnen der kleinen Adeligen und Ritter ging es nicht besser. Die Erbfolge sicherte, vor allem in Frankreich, nur dem Erstgeborenen den väterlichen Besitz. Die zweiten, dritten und vierten Söhne konnten nur wählen zwischen dem geistlichen Stand und einem höchst armseligen Leben als »armer Sohn aus gutem Haus« an irgendeines Mächtigeren primitiver »Hofhaltung«, in irgendeines Kriegsherrn Heer.

Die müßigen jungen Leute konnten ihre überschüssige Lebenskraft, ihren verzweifelt nach Aufgaben Ausschau haltenden Tatendrang, nirgendwo befriedigen. Ein junger, bettelarmer Ritter aus Paris erzählt, daß er fast jeden Tag zu einer bestimmten Kapelle des Heiligen Dionysius ging: »Dies war der Treffpunkt für andere junge Leute, die sich schlagen wollten. Wer dort herumstand, war sicher, in kurzer Zeit in einen Raufhandel verwickelt zu werden — nur so, aus Langeweile. Ich kam fast jeden Tag dahin.«

Bauern prügeln, Dirnen schänden, dem Wild des Nachbarn nachstellen, darob mit ihm in eine Fehde verwikkelt werden, sich mit Gleichaltrigen schlagen und merken, wie man allmählich älter wird, ohne es im Leben zu etwas zu bringen, ohne Chance auf ein eigenes Haus oder auf den einzigen Wert jener Tage, auf Landbesitz; im Dienste anderer blutige, widerwärtige, sinnlose, kleinste Fehden führen, die nichts einbringen als den frühen Tod — so lebte der junge Adelige sein freudearmes Dasein.

Überall, in allen Teilen Europas, fanden die jungen Leute Menschen mit den gleichen Problemen, den gleichen Nöten und den gleichen Zukunftsängsten vor. Es wäre verfehlt, von einer »Solidarität der Hoffnungslosen« zu reden, wie das schon geschehen ist, aber der Gleichklang des Denkens ist unüberhörbar. Er wird zum gewaltigen Akkord, wenn wir den Namen des einzigen und obersten Herrn dieser

Welt aussprechen: Gott. Als Christus, der die Welt richtet, sitzt der Herr über den gewaltigen romanischen Kathedralen-Toren; als seinen obersten Lehensherrn betrachtet ihn der tief in altgermanische Lebens- und Denkformen verhaftete Adel Europas.

»Der Bauer ist des Grafen, der Graf des Herzogs, der Herzog des Königs und der König Gottes. Ergo ist auch der Bauer Gottes!« dichteten damals die bäuerlichen Mönche und drückten damit zweierlei aus: Daß das ganze Leben der Zeit wie eine Pyramide geordnet war. Jeder ist irgend jemandes Lehensherr.

Und zum andern: Über aller Lehenshoheit steht Gott, der Herr. Er ist weder der zürnende Gott des Alten Bundes noch der gute, ferne, alte Vater im Himmel, der alles weiß und versteht; er ist auch nicht der barmherzige Gott der Bergpredigt und noch weniger der »Ecce Homo« Grünewalds und Dürers: Dieser Jesus Christus herrscht als König über seine Welt wie ein germanischer Heerkönig über sein Volk. Dem Germanenfürsten war das Heil des Volkes anvertraut. Christus, als der Heiland, bewahrt es für die ganze christliche Menschheit. Wird das Heil, dieses unwägbare Zeichen des Herrschers, angetastet, so ist das Heil des gesamten Volkes in Frage gestellt, so beginnt das Unheil. Da Christus das Heil für alle trägt, so ist – wird er in Frage gestellt – das Heil der gesamten Christenheit bedroht.

Man darf nicht vergessen, daß die Westeuropäer von 1095 erst seit fünfhundert Jahren Christen waren, die Normannen gar erst seit etwa 250 Jahren, und daß die Kirche ganz bewußt die alten Vorstellungen der einwandernden Germanen weiterbestehen ließ, um solcherart umso rascher Fuß zu fassen im Geiste der jungen Völker Europas.

Der Heiland, dem jeder Christ zu treuer Gefolgschaft verpflichtet ist wie jedem seiner Heerfürsten, hat seine

Stammburg zu Jerusalem, dem heiligen, dem goldenen, wie es die Bibel schildert.

Der Mensch des Jahres 1095 dachte sich all das, was wir heute als Allegorie verstehen, vollkommen real. Für den König Christus zu kämpfen, für seine Stammburg zu streiten, mit Einsatz von Gut und Leben – das war selbstverständlich und entsprach dem Sittengesetz der Zeit. Ob Bettler oder Kaiser – jeder war gleich verpflichtet, in Gottes Gefolgschaft zu kämpfen. Und umgekehrt – vor Gott galt der Bettler und Abenteurer genauso viel wie der edle Ritter.

Jedermann war zudem überzeugt, daß der letzte, große Kampf für den König der Welt, das jüngste Gericht, unmittelbar bevorstehe, jener Kampf, der es schon aus seiner Zielsetzung unmöglich macht, abseits zu stehen, und der Jerusalem, das neue, aufsteigen läßt aus den Feuern und Fluten der Vernichtung . . .

Um die Ereignisse des Jahres 1095 noch besser zu verstehen, wollen wir die modernen Psychologen zu Rate ziehen, und zwar jene Spezialisten, die sich mit den seelischen Regungen der Massen befassen. Daß diese Gelehrten aus dem 20. Jahrhundert stammen, soll uns nicht stören: Die Psyche der Menschen hat sich in ihren Grundzügen seit Tausenden von Jahren nicht geändert.

Die Gelehrten haben untersucht, was eine Masse von Menschen vom Verhalten des Einzelnen unterscheidet:

Die Masse ist kritiklos. Das Unwahrscheinliche existiert für sie nicht. Ihre Gefühle sind stets einfach und überschwenglich, sie denkt nur in Bildern und kennt weder Zweifel noch Ungewißheit. Die Masse ist niemals in Zweifel darüber, was wahr oder falsch ist. Dabei hat sie obendrein noch das deutliche Bewußtsein, infolge ihrer Anzahl auch eine große Macht zu sein. Sie ist autoritätsgläubig. Was sie von ihren Helden verlangt, ist Stärke, ja selbst Gewalttätigkeit. Sie will beherrscht werden und ihren

Herrn fürchten. Das Unwirkliche beeinflußt sie beinahe ebenso sehr wie das Wirkliche.
Die Führer der Massen kommen durch Ideen zu ihrer Bedeutung, denen sie selbst fanatisch anhängen müssen. Unter dem Einfluß von Ideen sind aber die Massen zu hohen Leistungen fähig: zu Entsagung, Uneigennützigkeit und Hingabe an irreale Ziele.
Das alles könnte auf die Kreuzfahrer geschrieben sein, ist aber von allen Forschern stets nur aus den großen Massenbewegungen seit der Französischen Revolution abgeleitet worden.
Es scheint berechtigt, gerade die ungeheuren, irrealen und unerklärlichen Abenteuer der zwei Kreuzfahrer-Jahrhunderte im Lichte der modernen Massenpsychologie zu sehen. Ja, noch mehr: Die Erkenntnisse der modernen Seelenkunde könnten als Motto oder als Schlüssel zur Erforschung des Zeitalters verwendet werden . . .
Die »Masse« von 1095 war jedenfalls bereit, sich durch zeitgemäße Ideen zu ungeheuren Leistungen hinreißen zu lassen. Es fehlte nur noch der Führer, der den Ideen die richtigen Worte gegeben hätte.
In Odo de Lagéry, der sich als Papst Urban II. nannte, fand sich, wie stets in entscheidenden Augenblicken der Geschichte, der »Mann der Stunde«.

»Deus le volt!«

Die Karriere des Papstes Urban ist charakteristisch für seine Zeit: Odo de Lagéry war der jüngere Sohn eines kleinen Edelmannes aus der Gegend von Châtillon-sur-Marne in Nordfrankreich. Er hatte keine Chance, jemals das väterliche Erbe anzutreten, und so wählte er die einzige Möglichkeit, die es für einen ehrgeizigen, begabten jungen Mann gab, um seinen Weg zu machen: den geistlichen Stand, den Aufstieg in der Hierarchie der Kirche.

Er hat einen echten Heiligen – St. Bruno – zum Lehrer an der Kathedralenschule zu Reims. Odo de Lagéry brilliert in allen praktischen und formalen Fächern. Sehr jung, noch nicht 25 Jahre alt, wird er Archidiakon an der Kathedrale. Dann aber zieht ihn die gewaltige Reformbewegung, die die mittelalterliche Kirche in jenen Tagen aufrüttelt – diese erste Besinnung des verweltlichten Klerus auf die Worte des Evangeliums, das Jenseits und ein wahrhaft christliches Leben – in seinen Bann. Er verschwindet für einige Jahre hinter den Mauern des Klosters von Cluny; es ist jene Abtei, deren Reformbewegung das ganze christliche Abendland mit neuem, evangelischem Geist zu erfüllen versucht. Wieder dient und lernt er unter Männern, die die katholische Kirche später unter ihre Heiligen versetzt hat. Die strengen, frommen Äbte von Cluny erkennen den praktischen Sinn und die hohe Intelligenz des jungen Mannes und machen ihn mit 30 Jahren zum Pater Prior von Cluny. Es ist ein Posten, der unweigerlich eines Tages die Aufmerksamkeit höherer Kirchenfürsten auf sich ziehen muß.

Mit 40 Jahren wird er nach Rom versetzt, wo eben der

große Papst Gregor VII. seinen Kampf gegen Kaiser Heinrich IV. führt, jenen Kampf, der für uns mit dem »Canossa-Gang« des Kaisers verknüpft ist.

Zwei Jahre später ist Odo Kardinal. Mit scharfem Blick erkennt er an seinem großen, heiß verehrten Chef Gregor (der ihm die heikelste Mission des Papsttums – Legat im feindlichen Deutschland – anvertraut) das Unbiegsame und Starre, das Undiplomatische, dieses »Alles oder Nichts«, das es nur im Himmel, aber nicht auf Erden und schon gar nicht in der Diplomatie gibt.

Auf dem Höhepunkt des Kampfes zwischen Papst und Kaiser, inmitten dieses »Investitur-Streits«, läßt Heinrich den päpstlichen Legaten Odo de Lagéry einsperren. Ungerührt und unerschüttert verläßt Odo nach einem halben Jahr seinen Kerker im Rheinland und kehrt nach Rom zurück. Gregor VII. aber erntet nun die üblen Früchte eines unüberlegten, heißblütigen und unsachlich geführten Kampfes mit dem mächtigeren Kaiser. Fern von Rom, von allen früheren Freunden und Bewunderern verlassen, erkrankt Gregor in der Verbannung und stirbt. »Wo ist der Tag, da der arge Heinrich barfüßig im Schnee von Canossa stand!« klagt ein Kleriker. Der Sterbende empfiehlt den Kardinälen, Odo zu seinem Nachfolger zu machen.

Odo weiß es, und er wartet darauf. Aus Gründen, die wir nicht kennen, erheben sie aber einen todkranken, alten und schwachen Mönch, den Abt von Monte Cassino, zum Papst.

Wütend und enttäuscht verläßt Odo das Konklave. Er muß nicht lange auf den Tod des neuen Papstes warten. Nur ein Jahr später ist der unbedeutende Nachfolger des großen Gregor tot. Kämpfe unter Roms Adeligen verhindern eine rasche Papstwahl. Erst ein Jahr später treten die Kardinäle wieder zusammen. Diesmal wählen sie einstimmig den einzigen Mann, der in Frage kommt und der auch freudig entschlossen ist, die Wahl nicht als eine ihm von

Gott »auferlegte Bürde«, sondern als eine lohnende Aufgabe zu betrachten: Odo de Lagéry. Als Urban II. besteigt er 1088 den päpstlichen Thron; eine romantische Umschreibung für das elende Ausweichquartier in Süditalien, das von der ganzen Herrlichkeit des Heiligen Stuhls nach dreißig Jahren Investitur-Streit mit Deutschland übriggeblieben ist.

»Sie sagen, er sei für sein hohes Amt wohl geeignet«, schreiben die Chronisten Frankreichs, seine unmittelbaren Landsleute.

Freilich – sie halten ihn zunächst nur für »wohl geeignet«, weil er »hochgewachsen ist, gut aussieht und einen wundervollen Bart trägt« (ein anderer: »weil er ansprechenden, bärtigen Antlitzes ist«). Allmählich aber kommen Freunde und Feinde dahinter, daß sie einen höflichen, aber aalglatten, einen angenehmen, aber unerbittlichen Gesprächspartner zum Papst bekommen haben, einen Mann, der sein Ziel – die Wiedergewinnung der Macht – mit den Mitteln der Diplomatie und der Bestechung erreichen will, und der auch die Gabe hat, sie erfolgreich zu handhaben.

Nach fünf Jahren etwa, um 1093, ist die Lage verändert, und Papst Urban, der die gierigen Adeligen Roms bestochen hat, zieht wieder in die Ewige Stadt ein. Zu gleicher Zeit beginnt sich seine Diplomatie auch in Deutschland durchzusetzen. Mit Geld und raffiniert gewählten Worten bringt er den Sohn des alternden Kaisers dazu, sich gegen den Vater zu empören. Gleichzeitig aber – und das zeugt von der Unbekümmertheit, mit der er jedes Mittel für seine Zwecke einsetzt – versucht er seinen kaiserlichen Feind moralisch fertig zu machen. Die Kaiserin Praxelis, eine russisch-normannische Prinzessin aus Kiew, offenbar eine schwere Hysterikerin, sagt freiwillig und sichtlich entzückt vor einer Versammlung hoher Geistlicher über ihren Gatten aus: über seine sexuelle Abwegigkeit, seine Quälereien und sadistischen Neigungen. Es scheint, daß der Papst diese familiäre Schmutzwäsche des Salischen Kaiserhauses allen, die es wissen sollten, mitteilen ließ ...

Jahr für Jahr hält Urban II. seine Bischöfe in ganz Europa mit einer Flut von Ermahnungen, Befehlen und Anregungen in Atem, ein meisterhafter Menschenführer und Organisator. Er wisse um jede Regung im fernsten Bistum, behauptet er schließlich von seiner Arbeit. Es ist kein leeres Prahlen. Zu Beginn des Jahres 1095, nach sieben Jahren Herrschaft, 53 Jahre alt, ist er unbestrittenes, überall anerkanntes Oberhaupt der Christenheit. Die beiden mächtigsten Herrscher des Kontinents, den Kaiser Heinrich IV. und den französischen König, hat er in Kirchenbann getan. Ohnmächtig stehen die zwei Fürsten abseits und müssen sehen, wie sich Urban als oberster Souverän feiern und huldigen läßt.

Weshalb er sich entschloß, zu Beginn des Jahrs 1095 nach Frankreich zu kommen, wissen wir nicht genau. Der ganzen Aufmachung der Reise nach war das Unternehmen halb als Inspektion, halb als Pilgerfahrt organisiert. Wo immer der Papst auf seinem Weg nach dem Norden haltmachte, tadelte und lobte er, sprach er Recht, strafte er, belohnte er.

Im März 1095 versammelte er Hunderte Kirchenfürsten in Piacenza zu einer großen Sitzung. Die Tagesordnung war umfangreich. Es ging um den Zölibat und die Käuflichkeit der Kirchenämter. Dort, in Piacenza, kam es auch zu jener Vorsprache einer Delegation aus Konstantinopel, die – so nahmen unsere Historiker noch vor einem halben Jahrhundert an – die Kreuzzugsbewegung ausgelöst haben soll. Das war aber, wie heute längst erwiesen ist, durchaus nicht der Fall. Die Bitte um Truppen gegen die Türken, die von den Oströmern vorgetragen wurde, hatte kaum eine andere Bedeutung als jene, die man den fatalen Schüssen von Sarajewo im Juni 1914 zuschreibt: nämlich unmittelbarer Anlaß, aber keineswegs tiefere Ursache gewesen zu sein.

Es war weder das erstemal, daß der Kaiser von »Romania« (das Wort »byzantinisch« für »oströmisch« ist erst im vorigen Jahrhundert entstanden; im Mittelalter war es einfach das »Reich der Romäer» oder »Romania«) um Truppen bat, noch war die Lage im Jahre 1095 besonders verzweifelt.

Aber die Grundhaltung der Bevölkerung Europas war anders als noch vor Jahrzehnten: Die Wiederkunft Christi stand ja unmittelbar bevor. Es konnte kein Zweifel daran bestehen, daß der Herr in seiner Stammburg, in Jerusalem, auf dem Richterstuhl des Jüngsten Gerichts thronen werde: Konnte man es ertragen, diese Stadt gerade jetzt in den Händen Ungläubiger zu wissen?

Der Papst stand dem mit dem Feuerwerk griechischer Rhetorkunst vorgetragenen Bittgesuch der Romäer wohlwollend gegenüber. Es »gehörte zum päpstlichen Programm, die streitsüchtigen Ritter des Westens dazu zu bewegen, ihre Waffen in den Dienst einer entfernteren und geheiligteren Sache zu stellen« (Stephen Runciman). Mit anderen Worten: Um in Europa, vornehmlich in Frankreich, die unruhigen Elemente loszuwerden und dem Ideal der großen Kirchenreformer – dem ewigen Frieden auf Erden – näherzukommen, konnte es keine bessere Gelegenheit geben als diesen Aufruf der Gesandten aus dem Osten.

Sie sprachen blendend. Sie schilderten so beredt, daß die Kirchenfürsten und Laien in Tränen ausbrachen, das Elend und die Entbehrungen, welche – angeblich – die Christen des Ostens zu erdulden hatten, und sie stellten nicht nur Geld in Aussicht, sondern appellierten auch an die Pflicht eines jeden Mannes, als Gefolgsmann Christi mitzuhelfen, die Heiden zu vertreiben.

Die Sendboten des Kaisers von Konstantinopel hatten

zweifellos den Papst ersucht, allen Rittern, die sich als Söldner melden sollten, den geistlichen Wert eines solchen Kampfes in den schönsten Farben auszumalen. Urban II. sagte, er sei zutiefst beeindruckt, und er werde auf seiner Reise nach Frankreich sehen, was er tun könne. Stephen Runciman, der große, moderne Historiker der Kreuzzüge, meint, daß der Papst einen gewaltigeren und ruhmreicheren Plan zu erwägen begann: einen »heiligen Krieg«.

Spanische Vorbilder mögen ihn beeindruckt haben: Die Christen kämpften dort seit mehr als 400 Jahren einen wechselvollen Kampf, einen ewigen »heiligen Krieg«, gegen die Mauren. In Spanien hatte sich jene Grundregel herausgebildet, die später die Kreuzfahrer leitete: alle Ländereien, die ein Ritter im muselmanischen Land selbst eroberte, durfte er in Besitz nehmen, freilich als Lehen unter päpstlicher Oberhoheit. Dazu kam noch die allgemeine Vergebung der Sünden, insbesondere für denjenigen, der im Kampf gegen die Moslems fiel.

Ob die Krieger lieber auszogen, weil sie Land erwarteten, oder ob sie mehr danach brannten, für ihren Herrn Christus zu kämpfen — wer mag das entscheiden? Die großen Landbesitzer hielten sich zunächst dem lockenden Abenteuer, reich zu werden und gleichzeitig dem Paradies näherzurücken, fern. Aber die ruhelosen, bettelarmen und abenteuerlustigen Männer mußte man nicht lange überreden, an einem Befreiungszug für den Heiland teilzunehmen. Vielleicht schämten sie sich wirklich, daß sie — als Christen! — so oft gegen Christen kämpften, und nicht gegen die Feinde des Herrn, die Mohammedaner ...

Urban hatte eine ganz allgemeine und, wie sich herausstellen sollte, einseitige, falsche, von den Mächtigen geprägte Vorstellung über die Stimmung unter dem Volk. Seine saturierte und etablierte Umgebung, diese Kardinäle, Fürsten und Prälaten — die verspürten nun freilich wenig Lust, den päpstlichen Hof gegen einen mühe- und gefahrvollen Zug nach Jerusalem, dem heiligen, einzutauschen.

Von der Gewißheit der Massen, daß der Jüngste Tag bevorstehe, von der Verzweiflung, der Unzufriedenheit und Trostlosigkeit des Lebens ihrer Zeit, von all den Gedanken also, die die Massen wirklich bewegten, wußte der Papst nichts:

Eine beschränkte, gut ausgerüstete Zahl von Kriegern, von jenen streit- und fehdelustigen Kriegern, die ihm so viel zu schaffen machten, wollte er animieren, die »Reise nach Jerusalem« auf sich nehmen (den Ausdruck »Kreuzzug« kannte weder er, noch wurde er überhaupt zu dieser Zeit geprägt; erst viele Jahre später kam die Bezeichnung in Mode; Urban sprach von der »Reise«, der »Überfahrt«, der »Pilgerfahrt«, dem »Weg nach Jerusalem«).

Wie es in Palästina wirklich aussah, wie die wahren Verhältnisse im Nahen Osten waren, das wußte freilich niemand. Denn die Augenzeugenberichte der Pilger waren kläglich: Ihre subjektiven Schilderungen waren ohne jeden praktischen Wert. Von sich aus aber konnte sich der Westeuropäer überhaupt nichts vorstellen: Mehr als neunzig Prozent der Menschen des elften Jahrhunderts kamen Zeit ihres Lebens niemals weiter als fünf Reitstunden über ihr Dorf hinaus. Reisen in die nächste Stadt, in eine fremde Grafschaft, in ein Land mit einer anderen Sprache — das waren ungeheure Abenteuer, die nur Pilger oder tollkühne Kaufleute, der eine um des ewigen Lohns, der andere des großen Gewinns wegen, auf sich nahmen.

Die Pilgerschaft ist ein dem Menschen zu jeder Zeit, auch heute noch, innewohnender Trieb: In der Antike pilgerte man nach Delphi und nach Olympia, heute machen profane Wallfahrtsstätten — etwa das Grabmal Lenins, das Schlachtfeld von Gettysburgh oder die ehemaligen Konzentrationslager — den christlichen Stätten, wie Rom, Lourdes oder Fatima, Konkurrenz.

Im Mittelalter mußte man sich wie ein Blinder in ein ungewisses Abenteuer stürzen, wollte man eines der großen, erstrebenswerten Pilgerziele erreichen. Nicht nur, daß es keine Landkarten gab, dem Menschen fehlte jedes angelernte geographische Gefühl, jeder Begriff von Süd, Nord, West, Ost: Er wanderte oder ritt, von Erfahreneren als er geführt, erduldete ungeheuerliche Strapazen, fürchtete sich vor Räubern, wurde von Wegelagerern erpreßt und ausgeplündert und war nur von dem einen Gedanken aufrechterhalten: die heilige Stätte zu erreichen, die Nachlaß der Sünden erhoffen ließ. Unter solchen schwierigen Voraussetzungen wurde die Pilgerfahrt zur Bußübung. Man nahm die Gefahren bewußt auf sich, als Sühne-Auftrag eines Geistlichen etwa, und bekam als Lohn den Ablaß.

Das schönste, erhabenste und schwierigste, damit auch wertvollste Ziel einer Pilgerfahrt war natürlich der heiligste Ort der Christenheit, die Kirche des Heiligen Grabes und der Auferstehung zu Jerusalem. Wie zahlreich die Scharen gewesen sein mögen, die nach Palästina pilgerten, ist schwer abzuschätzen. Es werden jedes Jahr einige tausend gewesen sein, unter ihnen auch zahlreiche Damen des Adels, die sich von ihren Bedienten auf Sänften dahintragen ließen. Wer von solch einer Pilgerfahrt ins Heilige Land zurückkam, dessen Name war in der ganzen Grafschaft geläufig. Hatte er noch dazu das Glück gehabt, als erster seiner Schar Jerusalem, das heilige, von einem der Berge rings um Betlehem aus zu erblicken, dann erhielt er in Frankreich den Beinamen »Roy«, »König« (der Pilgerschar), und wurde doppelt glücklich gepriesen.

Das Heilige Land erreichte man am bequemsten zu Schiff von den süditalienischen Häfen Bari und Brindisi aus. Es gab drei Reiserouten: Direkt nach einem der Häfen Palästinas oder des (heutigen) Libanon zu segeln, um von dort dann nach Jerusalem zu wandern. Oder per Schiff nach Konstantinopel zu fahren, die einzige Millionenstadt des

Mittelalters zu bewundern, staunend und neidvoll zu erkennen, was Zivilisation und Reichtum bieten, um dann, mühe- und gefahrvoll genug, das kleinasiatische Festland zu durchqueren. Die dritte und billigste Route ließ den Pilger nur die Adria von Italien nach Durazzo überqueren, um dann auf der alten Via Egnatia über Bitola und Thessaloniki nach Konstantinopel zu gelangen.

Im Heiligen Land selbst herrschten, je nach dem Charakter des jeweils mächtigsten islamischen Fürsten, zu den verschiedensten Zeiten die unterschiedlichsten Bedingungen. Zuweilen waren die Beduinen so wenig unter der Kontrolle der Emire, daß sie wahllos Kaufleute und Pilger, Mohammedaner und Christen ausplünderten. Zuweilen zahlten die Pilger hohe »Ungläubigen-Steuern«. Waren sie aber einmal in der Heiligen Stadt, so konnten sie ungehindert ihren heiligen Pflichten nachgehen. Noch wirkte die Tradition der großen, ersten Kalifen nach, die den Christen gegenüber Toleranz geübt hatten. Der Pilger fand in Jerusalem sogar ein Hospiz des »Ordens vom Heiligen Grab« vor, wo er wohnen konnte und verpflegt wurde.

Die Annahme, daß der Einbruch der Türken im Heiligen Land selbst etwas verändert hätte, ist falsch. Die Türken kamen als Anführer von Söldnertrupps ins Land, verdingten sich bei den alten arabischen Familien, machten sich unentbehrlich und nahmen schließlich ein Emirat nach dem anderen in Besitz. Viele von ihnen waren rohe, barbarische, völlig ungebildete Condottieri, die von ihren zivilisierten arabischen Untertanen verachtet wurden. Sie quälten dann wohl auch die christlichen Pilger, schändeten auf das grausamste ihre Frauen, besudelten und vernichteten Altargeräte und raubten nach Herzenslust.

Für diejenigen Pilger, die Kleinasien durchwandert hatten, um nach Palästina zu kommen — es war der billigste Weg —, bildeten die seldschukischen Türken, die sich da festgesetzt hatten, ein Hindernis, das nicht zu umgehen war: Man konnte als Christ und Einzelreisender nicht wochenlang das vom Krieg verwüstete, unwirtliche Land durchwandern, das von Tausenden nomadisierender Banden türkischer Räuber durchzogen wurde. Die logische Folge war, daß die Schiffsüberfahrten von Bari und Konstantinopel teurer wurden. Nur noch ganz reiche Adelige konnten die Preise bezahlen. Der Pilgerstrom wurde immer geringer. Die Heimkehrenden trugen ihr Teil dazu bei, die Verschlechterung in grausigen Farben auszumalen, erschien doch damit ihre Leistung, ihre Heldenhaftigkeit, in umso hellerem Lichte.

Diesem düsteren Bilde setzten die Abgesandten des oströmischen Kaisers schon in Piacenza noch weitere, tiefschwarze Schlagschatten hinzu: Sie erzählten von beispiellosen Folterungen und Martern, denen die christliche Stadt Ani ausgesetzt gewesen war. Daß es sich um eine Bande von Räubern und keine organisierte Greueltat gehandelt hatte, verschwiegen sie. Sie wollten nur eines: Stimmung machen unter den christlichen Rittern, um begeisterte, gratis kämpfende Soldaten im kleinasiatischen Türkenkrieg zu erhalten, einen Krieg, der sich schon jahrzehntelang hinzog. An die Eroberung Jerusalems, das seit einem halben Jahrtausend in islamischen Händen war, dachte in Konstantinopel kein Mensch, am wenigsten der kühlrechnende Kaiser.

Der Papst aber konnte, wollte er den begeisterungsfähigen Rittern ein Ziel geben, das jede Mühe lohnt, nur einen Ort benennen: Jerusalem.

Noch während seiner Reise durch Frankreich gedachte er, die Christen zur »großen Reise« aufzurufen. Er unternahm zunächst eine Wallfahrt zum französischen Nationalheiligtum Notre Dame du Puy im Zetralmassiv, nächst der Stadt Clermont: Gleichzeitig aber ließ er das Volk schon wissen, daß er von Clermont aus eine wichtige Mitteilung an jeden Christen richten werde. Als Termin nannte er den 27. November 1095.

Schon in der Nacht zuvor kamen die ersten Menschen. Am Vormittag waren dann an die 3000 Leute anwesend, viel zu viele, als daß Urban in der Kathedrale hätte reden können. Er ließ sich zu einer improvisierten Tribüne auf ein freies Feld tragen. Von hier aus sprach er zu der Menschenmenge.

Vier zeitgenössische Chronisten haben seine Rede wiedergegeben, keiner freilich wörtlich; jeder von ihnen schrieb erst nach dem Abmarsch der Kreuzheere. Daß dabei manches hineininterpretiert worden ist, was Urban gar nicht ausdrücken wollte oder gar nicht gesagt hat, versteht sich. In einem aber sind sich alle einig: Es war eine mitreißende, eine von glühendem Willen, von bedingungslosem Glauben an die große Idee getragene Rede; sie erzeugte jene Stimmung, die — im modernen psychologischen Sinne — das Entstehen einer Masse möglich macht, einer großen Gruppe von Menschen also, die allesamt gleich, aber völlig anders reagieren, als der Einzelne es getan hätte.

»Getrieben von den Forderungen unserer Zeit«, so begann er, »bin ich hierher, zu Euch gekommen, den Dienern Gottes, um Euch, gewissermaßen als Sendbote, den göttlichen Willen zu enthüllen ...«

Zunächst aber schilderte er ihnen in bewegenden Worten, geschickt Geschichten (»Stories« würde man heute sagen) von gequälten und gefolterten Christen einstreuend, die Lage Palästinas, so wie er sie zu sehen wünschte: entsetzlich. Dann aber enthüllte er den göttlichen Willen:

»Deshalb bittet und ermahnt nicht der Papst, sondern der Herr selbst bittet Euch: Euch, die Ihr die Herolde Christi sein sollt, die Armen wie die Reichen, daß Ihr Euch beeilt, dieses Gezücht von Heiden aus den von Eueren Brüdern bewohnten Ländern zu verjagen und all denen, die an Jesus glauben, rasche Hilfe zu bringen. Zwar rede ich zu

Euch, aber es ist Christus, der Herr, der es befiehlt . . .«
Es fiel den Chronisten auf, daß der Papst hier eine kleine Pause machte, und daß just in diesem Augenblick von irgendwoher zum erstenmal der Ruf »Gott will es!« dieses altfranzösische »Deus le volt!« dieser »Slogan« des Kreuzzug-Zeitalters, ertönte. Aber schon sprach der Papst weiter:
»Wenn einer, der dort hinunterzieht, sein Leben verliert – und auch wenn es schon während der Reise, auf dem Schiff oder zu Lande, der Fall ist oder gar in der Schlacht gegen die Heiden, so werden ihm in dieser Stunde alle seine Sünden vergeben sein. Aufgrund der Macht, die mir Gott verliehen hat, gewähre ich diesen Nachlaß der Sünden!«
Und dann, während die innere Unruhe unter den Zuhörern immer fühlbarer wurde (man hörte wütende Schreie: »Nieder mit den heidnischen Hunden!«), kam er zu jenem Teil seiner Rede, der enthüllt, weshalb er gleichermaßen, neben der religiösen Motivation, den Gedanken des Jerusalem-Zuges so sehr forcierte:
»Mögen alle diejenigen, die es vorher gewöhnt waren, in privater Fehde und in Sünde vor Gott gegen andere Christen zu kämpfen, ihre Kräfte nicht vergeuden, sondern sie mit den Ungläubigen messen; – mögen diejenigen, die bis jetzt Räuber und Banditen waren, Kämpfer für den Herrn werden; – mögen diejenigen, die sonst Söldlinge waren und sich irgendeinem beliebigen Kriegsherrn für Geld auslieferten, jetzt für Christus und für ewigen Lohn kämpfen; – mögen diejenigen, die ihre Kräfte in sinnlosen, lasterhaften Taten vergeudet haben zum Schaden ihres Körpers und ihrer Seele, sich jetzt neu erheben und beleben für ein herrliches Ziel . . .! Was soll ich noch hinzufügen? Auf der einen Seite wird, wenn Gott der Herr als Weltenrichter herniedersteigt, zitternd der Elende stehen, auf der anderen Seite aber der wahrhaft

Reiche: Er, der mitgeholfen hat, die Feinde Christi zu züchtigen. Hier die Feinde Gottes, dort Seine Freunde: Ist einer unter Euch, der ein Feind Gottes ist? Er trete vor ... Es ist keiner unter Euch, ich wußte es. Sohin verpflichtet Euch, ohne zu zögern! Bringt Eure Angelegenheiten in Ordnung, beschafft Euch das nötige Geld, kauft dafür Ausrüstung und wartet bis Euch gesagt wird, wo Ihr Euch einzufinden habt zum heiligsten Weg unter der Führung unseres Herrn.«

Der Chronist Fulcher von Chartres fügt hinzu (und er könnte das Buch über Massenpsychologie von Gustave Le Bon gelesen haben), daß sich alle Zuhörer von heiligem Eifer ergriffen fühlten: »Sie meinten für den Augenblick, nichts könne ruhmreicher sein, als nach Jerusalem zu ziehen. Und so lange sie dort (in der Versammlung) waren, hielt diese Verzückung an. Später, als sie allein waren, hatten manche schwere Bedenken ...«

Die »Deus le volt«-Rufe wollten nach der Rede nicht enden. Es waren regelrechte Sprechchöre, wie wir sie aus jüngster Vergangenheit kennen.

Der Bischof des Wallfahrtsortes Notre Dame de Puy, trat »leuchtenden Angesichts« (schreibt Baudri de Deuil) auf den Papst zu, beugte das Knie und erbat die Erlaubnis mitzuziehen. Man erfuhr viel später, daß die beiden, um das Eis zu brechen, das die Menschen stets hindert, sich irgendwo als erste zu melden, diese Szene vorher abgemacht hatten.

Und nun folgt eine jener Szenen, da eine Masse von Menschen sich nur noch als Kollektiv fühlt. Man sucht in rasender Eile rotes, später auch nur buntes Tuch, zerreißt es zu Streifen, um daraus Kreuze zusammenzulegen, die Weiber laufen unausgesetzt um Nähnadeln und nochmals Nähnadeln und Fibeln, mit deren Hilfe die zukünftigen Streiter Christi das Kreuz im buchstäblichen Sinn auf sich nehmen.

Von den Tagen der Kreuzzüge bis in unsere Zeit wurden die Kreuzfahrer in unzähligen Darstellungen als »Streiter Christi« verherrlicht. Hier eine Handzeichnung nach einem früher in der Kirche von St. Denis befindlichen Fenster aus dem 11. Jahrhundert.

Ein Stich aus der Werkstatt von Le Bas *nach einer Zeichnung von* J. M. Moreau le Jeune *(Paris, um 1788) zeigt den eigentlichen Initiator der Kreuzzüge, Papst* Urban II., *wie er sich im Jahre 1093 von* Peter v. Amiens *über angebliche Gewalttaten der Türken und Araber gegen christliche Pilger zum Heiligen Grabe berichten läßt.*

Innerhalb von zwei Stunden hatten mehr als 500 Menschen, zumeist junge, arme Adelige, das Kreuz genommen. Mit dröhnender Stimme intonierte der Kardinal Gregor (er war für seine laute Stimme bekannt) das »Confiteor«, und die 3000 beteten mit ihm. Danach sprach er ihnen den Eid vor, und alle wiederholten ihn: Daß sie sich verpflichteten, nach Jerusalem zu ziehen, daß der dem Kirchenbann verfalle, der vorzeitig umkehre oder gar nicht ausziehe.

Waren die »christlichen Losungen« nur ein Deckmantel, um die Raubzüge der Feudalherren zu tarnen, wie es der Marxismus sieht? Oder war alles an der Aktion des Papstes spontan, Eingebung des Himmels?

Eine Episode — ihre Hauptakteure sind der Papst und Graf Raymond von Toulouse und St. Gilles, ein reicher, im Kampf gegen die Mauren zu Wohlstand gekommener, angesehener Feudalherr Südfrankreichs — ist bezeichnend:

Noch ehe Urban II. seine große Rede zu Clermont hielt, traf er mehrmals mit Raymond zusammen. Der Graf scheint ihn bestärkt zu haben, die Kriegsfahrt nach Jerusalem zu verkünden, und hat mehrfach die Frage aufgeworfen, wer denn dieses reiche Heilige Land — selbstredend unter der Oberhoheit der Kirche — beherrschen werde. Aus seinem späteren Verhalten — er pochte stets darauf, der ausersehene Führer des Zuges zu sein — läßt sich folgern, der Papst habe ihm weitreichende, uns nicht bekannte, mündliche Versprechungen gemacht: Als Gegenleistung bot Raymond an, als erster großer Feudalherr das Kreuz zu nehmen und damit eine Tat zu setzen, die angesichts seines guten Namens von großer Werbewirksamkeit sein mußte.

Man besprach die taktischen Details: In Clermont sollten sich Boten des Grafen aufhalten, und sowie der Papst die Rede beendete, würden sie vortreten und mitteilen, Raymond von Toulouse nehme das Kreuz. Und obwohl alle Christen behaupten, die Rede des Papstes sei spontan und ohne Absprache mit irgend jemand erfolgt, rollte die Szene in ihrer ganzen falschen Theatralik genauso ab, wie Papst und Graf es ausgemacht hatten.

Niemandem fiel auf, daß der Graf, war die päpstliche Rede wirklich spontan, keine Ahnung vom Zug nach Jerusalem haben und sich daher auch nicht schon in Clermont melden konnte. Im Gegenteil: Die Chronisten rühmen noch den raschen Entschluß des nicht mehr jungen Grafen Raymond.

Botschaften des Papstes gingen von Clermont aus an alle »Fürsten, Barone und Ritter in den entferntesten Herrensitzen sowie an alle guten Städte«. Gleichzeitig prasselte eine Fülle von Ausführungsbestimmungen, wie wir heute sagen würden, auf die präsumtiven Kreuzfahrer hernieder: Der 15. August 1096 wurde zum Abmarschtag bestimmt.

Wer daheim irdische Besitztümer zurücklasse, solle sie unter den Schutz der Kirche stellen: »Verflucht jeder, der sich an solchem Besitztum vergreift.« Der Heimkehrer würde es von seinem Bischof unversehrt wieder zurückerhalten.

Geistliche und Mönche durften nur mit Erlaubnis des Bischofs mitziehen. Alte und Gebrechliche mußten daheimbleiben.

Frauen war die Teilnahme in Begleitung ihres Gatten, Vaters oder Bruders erlaubt. Daß sich dennoch einige hundert unheilige Dirnen einzuschleichen vermochten, indem sie sich als Schwestern oder Töchter ihrer Zuhälter ausgaben, konnte nicht verhindert werden.

Es werde kein reiner Eroberungskrieg geführt, heißt es in einer anderen Bestimmung: Was früher dem Oströmischen Reich zugehört hatte, sollte der griechischen Kirche zurückerstattet werden.

Zum Führer der Heerscharen, über deren Umfang der Papst zu diesem Zeitpunkt noch nicht die leiseste Ahnung hatte, bestellte die Kirchenversammlung einstimmig den Bischof Adhémar von Puy, jenen, der sich »leuchtenden Antlitzes« als erster dem Papst zur Verfügung gestellt hatte. Urban ließ keinen Zweifel: Das Oberhaupt mußte ein Mann der Kirche sein. Ihm hatten sich alle Fürsten, wer immer sie auch sein mochten, unterzuordnen. Daß weder der König von Frankreich noch der Kaiser am Kreuzzug teilnehmen würden, war zudem ganz klar: Beide waren gebannt.

Als hätte er eine Zündschnur angezündet, raste Urbans II. Idee durch Frankreich, durch Flandern, Brabant und Lothringen und griff auf Deutschland und Italien über. Massenversammlungen, die allesamt jener von Clermont glichen und mit dem Schrei »Gott will es!« und dem Eid der Kreuzfahrer endeten, erregten Westeuropa bis auf den Grund seiner Seele.

Eine Massenbewegung, wie sie die Welt noch nicht gesehen hatte, nahm ihren Anfang.

Die Narren in Christo

Der Papst und seine Berater waren überzeugt, daß die Streitmacht Christi, die da ausziehen sollte, Jerusalem zu erobern, von den reichen Feudalherren ausgerüstet und mit dem nötigen Geld versehen würde. Schließlich bot sich ihnen allen die Chance, unruhige, beutegierige, landlose Elemente loszuwerden: Das war eine größere Ausgabe wert.

Daß in der Hauptsache Adelige ausziehen sollten, galt als ausgemacht: Nur der Ritter führte Krieg. Das war weder eine Sache der Armen noch der Bauern. Denn auch im Jahr 1095 war ein Kriegszug sehr kostspielig, und nichts mußte Urbans Plan schädlicher sein als ein schlecht ausgerüstetes, hungerndes Heer.

Was immer er auch erhofft haben mag, sein Plan wurde von einer Massenbewegung durchkreuzt, die weder der Papst noch seine Berater noch die großen Adeligen einkalkuliert hatten: von den Scharen der bettelarmen, verängstigten und verzweifelten Menschen, erschütternd in ihrer Unwissenheit. Sie nahmen das Kreuz am zahlreichsten.

Man konnte ihnen die Botschaft Urbans II. nur durch Prediger und Redner weitergeben. Sie waren zu 95 Prozent Analphabeten. Die Kirche schätzt heute, daß damals an die 150 Prediger durch Frankreich zogen, um den Text des Papstes zu verbreiten. Sie legten täglich an die 45 Kilometer zurück und predigten dabei in sieben bis zehn Dörfern. Die Folgen waren für den Adel bedenklich. Schon auf der Heimreise nach Rom erreichten Urban II. beredte Klagen der französischen und italienischen Grundbesitzer, denen die Leibeigenen davonliefen, um das Kreuz zu nehmen.

Die Adeligen forderten, man solle den Bauern den Pilgerzug verbieten. Das konnte die Kirche nicht. Der Papst ermahnte in lendenlahmen Aufrufen die Christen, die Pilgerfahrt gut zu überdenken und nicht leichtfertig aufzubrechen. Das war alles.

Ein Fieber schien die Zuhörer zu erfassen. Sie durchwühlten ihre elenden Besitztümer, trachteten soviel wie möglich davon zu Geld zu machen, packten ihre bescheidenen Lebensmittelvorräte — Gerste, eingesalzenes Schweinefleisch, Hirse — in Beutel und luden Frau, Kinder und Kleinvieh auf Wägelchen. Sie beschlugen ihre mageren Kühe und Ochsen mit Hufeisen wie die Pferde, spannten sie vor den Wagen und zogen los. Sie wußten nicht wohin, also suchten sie die nächste ihnen bekannte Stadt auf, etwa Chartres, Paris oder Dijon. Dort lagerten sie vor den Toren, verkauften den Rest ihrer Habe und wunderten sich, daß die Preise für Gebrauchsgüter fielen: Niemand wollte mehr Kleider, Pfannen, Becher und Kotzen kaufen. Dafür aber wurden Schafe, Ziegen und Geflügel immer teurer; Getreide gab es fast überhaupt nicht mehr.

In den Städten stießen auch die Räuber und Zuhälter zu den Pilgerscharen. Wie weit sie von religiösen Motiven getrieben worden sein mögen, kann nicht abgeschätzt werden ... Schließlich kennt das Evangelium genug Fälle, da arge Sünder zu Christus fanden. Lediglich von den Zuhältern, die ihre Dirnen unter das Kreuzfahrervolk schmuggelten, scheint festzustehen, daß sie nur eines wollten: verdienen, zu Geld kommen, ihr Glück machen. Aber auch die Berufsverbrecher hielten sich, wenn überhaupt, nicht lange anständig.

Die großen Feudalherren waren irritiert. Der Graf von Namur erzählt von einer »Wolke eklen Gestanks und übler Ausdünstung«, die die heiligen Scharen begleitete, von den Bergen von Exkrementen und Abfällen, die sie überall zurückließen, und von ihrer »Blindgläubigkeit«:

Er beobachtete Ochsenwagen, deren Insassen beim Anblick einer jeden Stadt ausriefen: »Aber das ist jetzt endlich Jerusalem . . .!«, und dabei durchquerte die Kolonne das heutige Südbelgien.

Kleine, bettelarme Adelige, Raufer und Händelsucher schlossen sich an und wurden aus eigener Machtvollkommenheit zu Unterführern. Schwerfällig wälzten sich die Züge nach Osten, dem Rhein entgegen. Einen Anführer hatten sie nicht, nur hinreißende Redner, die sie immer wieder daran erinnerten, sie seien Gottes auserwählte Heerschar.

Den meisten Zulauf, den meisten Glauben und die meiste Autorität fand Peter, ein Bettelmönch aus Amiens.

Man beschreibt ihn als sehr klein, erschreckend mager und von sehr dunkler Gesichtsfarbe. Er selbst und sein Mantel waren abstoßend schmutzig und stinkend, sein Gesicht dem seines heißgeliebten Maultieres ähnelnd, das er stets ritt. Peter war ein schweigsamer Mann; wenn er nicht predigte, schien er geradezu kontaktscheu, in sich gekehrt, stumpfen Auges. Er aß kein Fleisch und kein Brot und lebte nur von Fisch und Wein. Traf er in irgendeinem Ort ein, um zu predigen, so verspotteten ihn die Landleute erst einmal wegen seiner Kleinheit: »Chou Petron« und »Kiukiu«, französische Dialektworte für einen Kleingewachsenen, riefen sie ihm zu.

Er hörte sie schweigend an.

Ganz plötzlich, mit einer donnernden Stimme, die man ihm nicht zugetraut hätte, sprach er sie an. Unmittelbar: »Ihr Pack, ihr Gesindel, ihr Unmenschen! Wißt ihr nicht, was euch bevorsteht? Wißt ihr, was der Herr mit euch vorhat?«

Er schilderte ihnen in furchtbaren, eindringlichen Worten den jüngsten Tag in all seiner Schrecknis, um dann ebenso unvermittelt in hinreißenden Farben das Gelobte Land auszumalen: Dieses Land, darin Milch und Honig fließt, dieses Paradies, das Gott einst dem Volk Israel gab, um es ihm, weil es den Erlöser kreuzigte, durch die Ungläubigen wieder wegnehmen zu lassen. Nun aber hat Gott sich entschlossen, es denen zurückzugeben, die an ihn glauben, die bereit sind, für ihn zu kämpfen und zu sterben.

Was bei der großen Rede des Papstes nur Staffage und Metapher gewesen war, die Herrlichkeit und Reichtümer des Heiligen Landes – das wird bei Peter, den sie den »Einsiedler« nennen, zu einer glühenden Apotheose auf das Paradies, das in greifbarer Nähe liegt. Man muß nur ausziehen und es erobern wollen. Daß Gott mit ihnen sein wird, daran ist nicht zu zweifeln: Erleben sie nicht Tag für Tag Zeichen und Wunder?

Da ist eine Frau aus Cambrai in Nordfrankreich. Als sie sich, nach Anhören einer Predigt des »Kiukiu«, entschließt, die Pilgerfahrt mitzumachen, und zur Kirche geht, folgt ihr ihre Gans auf Schritt und Tritt und wehrt sich mit wütendem Geschrei, als man sie am Betreten des Gotteshauses hindern will. Sofort durcheilt die Geschichte die ganze Grafschaft: »Die Gänse sind vom Heiligen Geist erleuchtet und ziehen mit uns ins Heilige Land.« Man erläßt Verbote, die Tiere zu schlachten und zu essen. Scharen von Menschen stehen vor Gänseställen und Weihern und warten auf ein Zeichen der heilig gewordenen Tiere.

Da ist ein Mann aus der Gegend von Dijon, der dem treuen Maultier Peters ein Schwanzhaar ausreißt, es mit nach Hause bringt und seiner am Kindbettfieber erkrankten Frau auflegt. (Dieses Fieber hinderte ihn, nach Jerusalem aufzubrechen). Zwei Stunden später ist die Kranke gesund. Binnen vierzehn Tagen ist der Schwanz des Maultiers ausgerupft, für eines seiner Haare gibt man bereits zwei Hammel.

Auf den wenigen Straßen, die nach Osten führen, begegnen viele Gruppen einander. Neben Peter von Amiens auf seinem Maultier, der, einem Heiligen gleich, einherreitet,

Gaben entgegennimmt und bereits eine Truhe mit Goldstücken mit sich führt, hat sich ein ehemaliger Bettler zum Führer emporschwingen können. Er nennt sich Walter Sans-Avoir (»Habenichts«), ein Name, der allerdings nicht lange zutrifft; denn während Peter ein wahrer Gottesmann ist, der für sich nichts verbraucht, zieht Walter Sans-Avoir eine regelrechte, ins Lachhafte überspitzte Hofhaltung auf. Er ernennt Höflinge, hält sich einen ganzen Harem, Pferde und Zwerge, trägt Edelsteine und protzige Ringe und trinkt nur noch edelste Weine. Mit Peter hat er des öfteren heftige Auseinandersetzungen.
Die Chronisten bescheinigen dem kleinen, schmutzstarrenden Peter, daß, was immer er auch sagte oder tat, stets »etwas Heiligmäßiges um ihn war«, etwas, das ihn zum gebieterischen Herrn über gläubige Menschen machte. Von Walter ist dergleichen nicht überliefert. Man hält ihn für einen Gauner, der er ja auch, seiner bisherigen Lebensführung nach, war.
Am Karsamstag des Jahres 1096, am 12. April, treffen Peter und Walter Sans-Avoir mit ihren Pilgern in Köln ein; die Zahlen über ihre Stärke schwanken stark. Man weiß aus der Weltgeschichte, daß jeder Chronist nachgerade zwanghaft übertreibt, wenn er eine große Menschenmenge ziffernmäßig zu erfassen hat. Es ist bewiesen, daß das Perserheer, das 480 v. Chr. in Griechenland einfiel, nicht eine Million stark war, wie der große Herodot uns glauben machen will, sondern daß es nicht einmal 100.000 Mann zählte. Ähnlich vorsichtig muß man die Zahlenangaben der Zeitgenossen unserer Kreuzfahrer aufnehmen. Nicht nur, daß sie, aus durchsichtigen Gründen, die Zahl der Moslems stets gewaltig erhöhen, sie verschätzen sich auch bei den Zahlenangaben der Pilgerscharen. Nach vorsichtigen, alle möglichen Fehlerquellen einkalkulierenden Berechnungen kommt Stephen Runciman zu der Ansicht, Peter hätte etwa 15.000 Männer und einige tausend Frauen

und Kinder aus Frankreich nach Köln gebracht. Er bestätigt, daß Peter selbst die Kölner, die ihn nur über einen Dolmetscher hinweg verstehen konnten, hinzureißen vermochte. Zunächst erreichte er eines: Man versorgte sein bettelarmes Heer, das nicht genug Geld besaß, um in der Stadt einzukaufen, mit dem Nötigen, ohne dafür Geld zu nehmen.

Es war höchste Zeit. Denn in den letzten Marschtagen begannen die heiligmäßigen Scharen allenthalben zu plündern. Oder, um es von ihrer Sicht aus zu benennen: Sie nahmen sich, was den Streitern Christi zukam. Jeder, der kein Geld mehr, und auch nichts mehr einzutauschen hatte, fühlte sich berechtigt, von jedem, der daheim blieb und nicht ins Gelobte Land zog, Nahrungsmittel zu fordern. Erhielt er sie nicht freiwillig, war der Verweigerer also ein Feind Gottes, dann durfte man ihm all das wegnehmen, dessen man bedurfte. Eine Ansicht, die nur sehr wenige Bauern und Kaufleute teilten.

Es versteht sich, daß die ehemaligen Wegelagerer und Räuber, die sich unter Peters Scharen mischten, eifrig für die Verbreitung der neuen Moralbegriffe sorgten.

Peter von Amiens, der zwar ein blendender Redner, aber ein inferiorer Organisator war, predigte nun nicht mehr ausschließlich den Zug ins Heilige Land, sondern wetterte gegen Diebstahl und Hurerei, er verfluchte auch diejenigen, die ihre kleinen Kinder gegen Getreide und Wein eintauschten. Bald aber drängte sich die »Frage aller Fragen«, die jeder Heerführer lösen muß, auch dem kleinen Heiligen auf: Woher das Geld nehmen, um weiterhin den Feldzug zu bezahlen? Mit Spenden allein war es nicht getan, das sah er jetzt; auch wenn er schon eine Schatztruhe voller Goldstücke besaß. Er mußte eine Geldquelle erschließen, die gleichmäßig floß und nicht so bald versiegte. Es gab für ihn nur einen einzigen Weg: es sich von den Juden holen.

Skrupel oder Bedenken hatte weder Peter noch der mittelalterliche Mensch überhaupt. Schließlich waren es ja die Juden, die den Herrn gekreuzigt hatten; und statt daß sie in ewiger Buße diese Untat ihrer Väter sühnten, gelang es ihnen noch dazu, Geld und Gut anzuhäufen, mehr jedenfalls, als es jeder Streiter Christi besaß: Kaiser Heinrich hatte mit ihrer Unterstützung die Feldzüge gegen die Päpste finanziert; den Herzögen gaben die Juden Anleihen für ihre Privatkriege; jeder örtliche Feudalherr stand tief in ihrer Schuld. Aber statt sich bezahlen zu lassen, verstanden sie es, Privilegien zu erhalten, die ihnen weitere Gewinne einbrachten. Die Juden waren in diesen extrem kapitalarmen Zeiten die einzigen, die über bares Geld verfügten, die einzigen, deren Reichtum nicht in unverkäuflichen Ländereien, sondern in gemünztem Gold bestand.

Peters Plan, die Juden auszuplündern, ist so raffiniert ausgedacht, daß es zweifelhaft erscheint, ob er sich ausschließlich von dem irrationalen Motiv, er müsse den Kreuztod Christi rächen, leiten ließ, wie es die Kirche vorgab.

Zunächst ließ er überall, in Frankreich wie in Deutschland, predigen, in Rouen habe man die Judengemeinde massakriert. Dieses Massaker ist durch keinerlei Aufzeichnungen in alten Chroniken erwiesen. Man darf annehmen, daß Peter es erfunden hat. Er selbst begann zur gleichen Zeit in seinen Predigten immer wieder die Schuld der Juden am Tode des Heilands hervorzukehren, auch erzählte er Geschichten, in denen falsche Juden mit den Moslems des Heiligen Landes zusammenarbeiteten, um christliche Pilger auszuplündern und zu töten.

Schon kam es zu kleineren, rasch unterdrückten Plünderungen in einigen französischen Gettos. Mittlerweile hatte die Geschichte des Massakers von Rouen die Runde durch alle Judengemeinden Europas gemacht. In diesem Augenblick ließ Peter durchblicken, er sehe sich ab sofort außerstande, die zutiefst erregten Massen vor Judenmassakern zurückzuhalten. Es sei denn, er könne in seinen Predigten erzählen, daß sich die französischen und deutschen Juden bereit erklärt hätten, zur Befreiung Jerusalems einen erheblichen Beitrag zu leisten. Außerdem, so forderte er die Judengemeinden Frankreichs auf, sollten sie ihm an ihre Glaubensgenossen in anderen Ländern eine Art von Geleit- und Forderungsbrief mitgeben, in denen jedem Israeliten aufgetragen wird, den Überbringer mit Geld und Lebensmitteln zu unterstützen.

Peter predigte mit schauriger Deutlichkeit von den Qualen, die die Juden Rouens auszuhalten gehabt hatten, er schilderte, wie man ihre heiligen Bücher und Geräte besudelte — und zehn Tage später hatte er einen Berg Gold und den gewünschten »Judenbrief«. Alsbald kassierte er mit diesem Schreiben bei den Judengemeinden von Metz, Toul, Trier und Koblenz ab.

Der Landesfürst Herzog Gottfried von Lothringen, in der Geschichte als Gottfried (oder Godefroy) von Bouillon und erster Herrscher des christlichen Jerusalem bekannt, ein Ritter, dessen Frömmigkeit zur Legende wurde (von ihm wird noch oft die Rede sein), sah Peters Aktionen mit Vergnügen. Denn er selbst hatte die Absicht, die Judengemeinden seinen Feldzug nach dem Heiligen Land mitfinanzieren zu lassen.

Die Idee Peters fand er gut. Er ließ aussprengen, ehe er nach Palästina ziehe, werde er alle lothringischen Juden umbringen. Sie dürften nicht ruhig daheim leben, während Christen in einen Todeskampf zögen. Die Juden des Landes wandten sich an Kaiser Heinrich, dem sie schon oft geholfen hatten, um Beistand. Der Kaiser, vom Oberrabbiner von Mainz persönlich angesprochen, schrieb Herzog Gottfried, er solle die Juden »auf Fürstenehrenwort« ungeschoren lassen.

Gottfried verfehlte nicht, in allen Städten die wilden Predigten Peters von Amiens zu verbreiten und selbst auch das Gerücht zu schüren, demnächst werde das Massaker losbrechen. Die Juden gerieten in Panik und waren der Meinung, die Mahnung des Kaisers habe nicht gefruchtet. Sie warteten die Reaktion des Herzogs erst gar nicht ab, sondern boten ihm eine Summe, die einigen Millionen heutiger D-Mark entsprechen dürfte. Daraufhin fiel es dem gottesfürchtigen Herzog leicht, dem Kaiser die erbetene Bürgschaft zu geben, er werde gegen die Juden nichts unternehmen ...

Peter durchzog mittlerweile, von einer ganzen Schar von Hilfspredigern und Dolmetschern begleitet, das Rheinland und tat zweierlei: Er forderte die Massen auf, mit ihm nach Jerusalem zu ziehen, und er kassierte bei den Judengemeinden.

Alle Predigten hatten nach wie vor eindeutig antijüdische Färbung. Die deutschen Mönche, die Peter einschulte, die er mit seinem Gedankengut vertraut machte, kehrten, aus welchen Gründen immer, das Antijüdische noch stärker hervor. Man nennt zwei Mönche, Volkmar und Gottschalk, die beide dazu beigetragen haben, daß deutsche Juden die ersten Opfer des Kreuzzug-Zeitalters wurden.

Ein landloser, in mehreren Feld- und Raubzügen erfahrener Ritter und Rabauke, Graf Emmerich (oder Emmich) von Leiningen, erfaßte bedenkenlos die Stimmung der Massen. Seine primitiven Ansprachen gipfelten stets in der gleichen Szene: Er riß sein Wams auf, entblößte seine Schulter und zeigte ein Kreuz her, das dort ins Fleisch eingebrannt war: »Das hat Gott mir aufgebrannt, damit ihr Tröpfe erkennt, daß ich der rechte Anführer für euch bin!« pflegte er mit dem ganzen Charme eines geborenen Landsknechtes und Vaganten zu brüllen. Niemand weiß übrigens zu sagen, woher er dieses Kreuz hatte. Die Juden waren der Meinung, Satanas habe es ihm eingebrannt ...

Sie hatten allen Grund zu dieser Annahme, denn Graf Emmerich, der mit großem Interesse den Transaktionen

Peters von Amiens und des Herzogs von Lothringen gefolgt war, beschloß, sich auf diesem Sektor selbständig zu machen. Am 3. Mai 1096 rief er zu einer großen Versammlung nach Speyer am Rhein: »Wir dürfen nicht nach Jerusalem ziehen, ohne die Verhältnisse daheim geordnet zu haben!« rief er. »Die Feinde Christi, die Juden – die sollen ungeschoren bleiben? Während wir kämpfen, mästen sie sich an unseren armen Frauen und Kindern. Das darf nicht sein! Wir werden sie uns holen, wo immer sie sich auch versteckt haben!«

Graf Emmerich wußte, wo sie versteckt waren: beim Bischof von Speyer, der ihr Schuldner war; der Prälat verbarrikadierte sich mit den Juden in seiner Burg und harrte zitternd und unwillig (er mochte die Juden nicht und verteidigte sie nur mit halbem Herzen). Brüllend zog die Schar heran und zerriß unterwegs zwölf alte jüdische Männer und Frauen, die nicht rechtzeitig geflohen waren. Jeder von ihnen, schon halb totgeprügelt, wurde noch rasch gefragt, ob er Christ werden wolle und wo er sein Gold versteckt habe. Dann erschlug man ihn.

Von Speyer zogen die Scharen des Grafen von Leiningen nach Worms, um Christi Martertod zu rächen. Obwohl der Bischof seine Burg von Soldaten verteidigen ließ – auch in Worms flüchteten die Juden zum christlichen Oberhaupt – griff Emmerich an, stürmte den Palast, ohrfeigte den Bischof und erschlug mit seinen Scharen an die 500 Juden.

Am 25. Mai kamen die bereits schwer mit Beute von den Juden beladenen zukünftigen heiligen Pilger nach der großen Stadt Mainz. Erzbischof Rothard hatte die Tore der Stadt vor den rasenden Scharen versperrt und las ihnen jene Bibelstelle des Alten Testaments vor, in der die verkommenen Bürger Sodoms den schönen Engel fordern, um ihm »beizuwohnen«. Der Bischof hatte knapp zuvor von den Juden den Nachlaß seiner Schulden und 200 Silberstücke erhalten und fühlte sich — in Grenzen — für sie verantwortlich. Er empfahl dem Oberrabbiner Kalonymos, dem wilden Grafen ein Goldgeschenk zu überreichen. Tatsächlich brachte man Leiningen sieben Pfund Gold, und er versprach abzuziehen. Aber am nächsten Tag drangen die rasenden Pilger in Mainz ein; der Erzbischof ritt einfach davon — er wollte wohl keine Komplikationen — und überließ die Juden den Leuten Emmerichs von Leiningen. Die Juden versuchten, Widerstand zu leisten, wurden aber schließlich doch alle erschlagen. Sechs Juden verschonte man, weil sie zum Christentum übertraten, drei von ihnen brachten sich am nächsten Tag um, weil sie die Schande ihres Religionsübertritts nicht überleben wollten. Ein Jude zündete die große reiche Synagoge an, als er sah, wie sie von den Christen in eine Latrine »umfunktioniert« wurde.

Das Ende des Oberrabbiners Kalonymos ist von schrecklicher Erbarmungslosigkeit: Er floh mit seiner Familie und einer Handvoll Juden zu seinem Herrn, dem Erzbischof, der ihn gnädig aufnahm, um freilich in nächster Sekunde zu sagen: »Jetzt, mein Lieber, ist die Stunde gekommen, da Ihr zum Christentum übertreten und den wahren Herrn Christus erkennen müßt!«

Das hatte das Oberhaupt der Gemeinde am wenigsten erwartet. Der verzweifelte, fassungslose Kalonymos stürzte sich wie ein Rasender auf den Erzbischof und wollte ihn ermorden. Er wurde auf der Stelle erschlagen.

Die Nachricht über das Ende der Judengemeinden von Speyer, Mainz und Worms kam auch nach Köln, wo die Juden sehr beliebt waren. Jeder von ihnen konnte, so lange die Scharen Leiningens wüteten, bei einem befreundeten Christen »untertauchen«, so daß die Pilger nur plündern und die Tempel in Brand zu stecken vermochten. Die Kölner Judengemeinde hatte nur zwei Tote zu verzeichnen. Sieben Tage lang versteckten die christlichen

Kölner ihre Nachbarn. Keiner verriet seine jüdischen Mitbürger, auch dann nicht, wenn man ihn selbst mit der Waffe bedrohte.

Am 7. Juni zog Leiningen mit seinen Mordscharen aus Köln ab. Die Judenverfolgungen in Deutschland aber gingen weiter. Kleinere Trupps, die rasch zu regelrechten Räuberbanden herabsanken und auch äußerlich jede Beziehung zum Jerusalemzug abstreiften, plünderten und massakrierten die Judengemeinden in Trier, Xanten, Neuß am Rhein und Metz, andere zogen ostwärts und drangen in die Gettos von Regensburg und Prag ein.

Emmerich von Leiningen scheint sich vorgestellt zu haben, die ganze Reise ins Heilige Land durch Judenplünderungen zu markieren. Als seine Scharen, in zwei große, jeweils mehrere tausend Mann starke Trupps geteilt, die ungarische Grenze südlich und nördlich des Neusiedler Sees überschritten, forderte der Graf den magyarischen König Kálmán auf, gemeinsam mit ihm die Judengemeinden von Neutra (Nitra), Wieselburg (Moson) und Ödenburg (Sopron) auszuplündern. Der ungarische König, durch keinerlei Predigten fanatischer Judenfeinde voreingenommen, lehnte ab: Die Juden seien gleichfalls seine Untertanen, antwortete er. Aber er erklärte sich bereit, die Pilger mit Lebensmitteln zu beliefern, sofern sie nicht plünderten und auf raschestem Weg durch sein Land zögen. Die enttäuschten Streiter Leiningens sahen ihre Hoffnungen auf weitere Raubzüge schwinden. Ihr Zorn richtete sich gegen die Ungarn. Schon am dritten Tag kam es zu schweren Ausschreitungen im Bezirk Wieselburg. Ein junger ungarischer Bauer wurde gepfählt, zwei Frauen zu Tode geschändet.

König Kálmán, der andere Sorgen hatte, sandte unwillig eine größere Truppeneinheit in das Grenzgebiet, die den Auftrag hatte, die »heiligen Scharen«, die sich so unheilig gebärdeten, nachdrücklich zu warnen. Indes hatte

Leiningen die Stirn, sich darauf zu berufen, daß er unter dem Schutz seines obersten Lehensherrn Christus stehe, der ihm erlaube, die nötigen Maßnahmen für den Kriegszug selbst zu bestimmen.
Als die Scharen weiter plünderten und sich anschickten, die Festung Wieselburg zu stürmen – viele Soldaten im Haufen Leiningens erwiesen sich als tapfer und geschickt –, gab der König den Befehl zuzuschlagen.
Ohne sich besonders anzustrengen, vernichteten die regulären ungarischen Truppen die Scharen Emmerichs. Nur ganz wenige entkamen, unter ihnen Graf Leiningen selbst. Abgerissen und ärmer als zuvor erreichten sie Deutschland. Die geplünderten Reichtümer der deutschen Juden fielen in ungarische Hand. Was in der Folge aus Graf Emmerich wurde, ist unbekannt.
Der unheilvolle Auftakt zur Eroberung des Heiligen Landes – das Ende der Leiningen'schen Schar war bald überall bekannt – beunruhigte das erregte Europa sehr. Die Prediger griffen den Untergang des Heerhaufens auf: So straft Gott der Herr alle jene, die gegen seine allumfassende Liebe handeln.
In diesem ersten Augenblick der Besinnung und Ernüchterung erhoben einige Bischöfe und Fürsten ihre Stimme und sagten rundheraus, daß sie die ganze Idee des Jerusalemzuges für einen Nonsens hielten. Jedermann hätte es leicht, daheim, in seinem engsten Lebensbereich, wertvollere und gottgefälligere Arbeit zu leisten.
Ein Sturm der Entrüstung antwortete ihnen. Mit Vernunft war nicht zu argumentieren, und selbst die Frage, ob Gott mit jenen sein werde, die wehrlose Menschen ausplündern und abschlachten, wurde hinweggefegt. Zudem vollzog sich gerade in diesen Hochsommertagen der Aufmarsch der großen, wohlgerüsteten Heere der Feudalherren, jener Heere, an die Papst Urban gedacht hatte, als er zum Zug ins Heilige Land aufrief. Am 15. August sollten sie auf-

Das 15. Jahrhundert zeichnet Gottfried von Bouillon, *Herzog von Niederlothringen, einen der großen Führer des Ersten Kreuzzugs, als kämpfenden Heiligen, gekrönt mit den Passionsgeräten Jesu Christi.*

Die Kreuzritterfestung Crak des Chevaliers *in Syrien, erbaut um 1100.*

brechen. Hunderte von Kurieren waren in ganz Europa unterwegs, um die Bestrebungen der Fürsten zu koordinieren. Wo immer sie auftauchten, riefen sie neue Schauer der Erregung hervor, waren sie Mittelpunkt von Massenversammlungen. Kein Zweifel: Der Zug nach Jerusalem war Wirklichkeit. Er war durch nichts und durch niemanden aufzuhalten.
Denn Gott wollte es.

Helden unterwegs

Sie waren davon überzeugt, daß Gott sie, die Unwissenden, die Armen, die Beladenen, auserwählt habe, um Seine Feinde zu vernichten, Ihm zum Siege zu verhelfen und gleichzeitig den hochmütigen Grafen und Reichen zu zeigen, wozu ein Christenmensch fähig ist: Waren nicht alle gleich vor Gott? Hatte der Heilige Vater nicht ausdrücklich gesagt, daß jeder Streiter willkommen sei? Auch ein Bauer, sogar ein Bandit? Gott läßt ihn nicht im Stich, und niemand ist Ihm zu gering.

Die 35.000 Männer, Frauen und Kinder, die Peter von Amiens und Walter Sans-Avoir schließlich um Köln versammelten, waren von ihrer Macht und der Durchschlagskraft ihrer unterschiedlichen Bewaffnung überzeugt. Es gab barfüßige Männer mit Äxten und Mistgabeln neben Rittern mit Armbrüsten und Hellebarden, Burschen, die nichts hatten als ein rostiges Messer aus schlechtem, sprödem Eisen, und erfahrene, alte Haudegen, die sich der Narben auf ihrem Körper und der Blutflecken auf ihren Waffen rühmten.

Die Gruppen fanden sich rein zufällig zusammen, durch Nachbarschaft oder durch Sympathie. Immer gab es einige Ehefrauen, Kinder und Huren bei solchen Gruppen, und obwohl die strengen Anführer gegen die Unzucht wetterten, war es um die Moral nicht eben gut bestellt: In und um Köln wurden aus sexuellen Motiven (um es modern auszudrücken) mehr als 30 Kreuzfahrer umgebracht.

Absprachen zwischen den Gruppen über Taktik, über Waffenübungen oder gar über die Strategie des Kreuzzugs gab es nicht: Wer für Gott streitet, wer in Christi Diensten steht, der muß sich um derlei Dinge nicht kümmern. Dem kann nichts geschehen. Sein Leben gehört Gott und ruht in Gott, der auch die Sünden während solch eines Feldzuges vergibt, als da sind Stehlen, Morden, Huren, Saufen, Schänden und Fluchen: Zum heiligmachenden Gottesdienst finden sich alle wieder zusammen und beten mit einer Inbrunst und Hingabe, die auch kühle Naturen, wie den ungarischen König, zu Tränen rühren.

Unzählige Lieder, in schauderhaftem Mittellatein oder einer Mischung aus Latein und Französisch, kursieren. Es gibt zweierlei Arten: kindlich fromme Gesänge, die die Hingabe an Gott und den Wunsch, für ihn zu kämpfen, ausdrücken, und andere, zumeist auf bestimmte Personen der Heerschar gedichtete: Auf Peter Kiukiu, den Kleinen, mit liebevollem, bewunderndem Stolz auf solch einen heiligen Anführer.

Eine große Zahl weiterer Lieder ist reine Zote, am ehesten mit unseren Versen von der »Frau Wirtin an der Lahn« zu vergleichen: Da werden geile Kleriker lächerlich gemacht, Mönche, die jedermann im Lager kennt, ungetreue Ehefrauen angeprangert, wird in drastischer Weise erzählt, was sie alles tun, um ihre Liebhaber zu fesseln. Da werden schließlich die großen Huren – solche, die sich nur der wohlhabendere Pilger leisten kann – verspottet.

Die Disziplin ist besser als in den wilden Haufen Emmerichs von Leiningen. Eine bescheidene Organisation, von den Priestern getragen, verhindert das Auseinanderfallen des Heerzuges in kleine Banden. Eines hielt sie zusammen. Wo immer sie auftauchen, sie zeigen auf das Kreuz aus rotem Stoff, das sie auf der Schulter tragen und das sie aus der Menge der übrigen, der gewöhnlichen Menschen, heraushebt: Sie sind Gottes Soldaten.

Im Laufe des Sommers durchwandern sie Ungarn. Ihre Tagesleistung, durch schwerfällige Fuhrwerke, beladen mit Lebensmitteln, behindert, wohl auch durch Frauen,

Kranke und Kinder verzögert, die nicht so rasch marschieren können, ist dennoch beachtlich: Der unmilitärische Haufen von 35.000 Menschen legt täglich, wie leicht nachzurechnen ist, an die 30 Kilometer zurück ...

Nur zwei- bis dreitausend von ihnen waren beritten. Die übrigen gingen zu Fuß; Peter der Einsiedler ritt weiterhin sein Maultier. Ohne größeren Zwischenfall – man erbettelte und kaufte zusätzliche Lebensmittel in Ungarn – erreichte der Zug die Grenze des Oströmischen Reiches: In Semlin, der ungarischen Grenzstadt an der Save, gegenüber der romäischen Festung Belgrad, lagerten die Scharen und warteten auf die Erlaubnis aus Konstantinopel, weiterzuziehen durch das Land des Kaisers der Romäer.

Die Pilger wußten nur, daß der Kaiser ein Christ war, dem geholfen werden mußte: Er saß, so predigten die Mönche, voll Angst in seiner großen Stadt Konstantinopel und fürchtete sich vor den Türken, die sein Land verwüsteten. Er hatte nur eine Hoffnung: die Soldaten Christi aus dem Abendland.

Den ersten Zusammenstoß der bunt zusammengewürfelten Haufen Peters mit der Maschinerie des perfekten, modern anmutenden Beamtenstaates Ostroms kann man sich gar nicht grotesk genug vorstellen:

Auf der einen Seite die Masse der französischen und deutschen Pilger, unwissend, abergläubisch, unduldsam und jederzeit zu furchtbaren Greueltaten imstande; mit einer Zivilisation, die sich von der des Oströmischen Reiches so sehr unterschied wie der Lebensstil eines innerafrikanischen Negers von dem einer Familie in Frankfurt. Auf der anderen Seite das große, christliche Kaiserreich, das sich als stolzer Erbe Roms, als Hüter hellenistisch-römischer Kultur und einziger Wahrer des orthodoxen Glaubens fühlte, ein Reich, dessen Organisation (man hat sie erst in den letzten hundert Jahren richtig zu würdigen gewußt) dem unendlich schwerfälligen Feudalsystem des Westens um

Hunderte von Jahren voraus war. Der leicht bewegliche, mittelmeerisch-griechische Geist seiner herrschenden Aristokratie tat ein übriges: Die Abendländer fühlten, daß man sie für Barbaren hielt (die sie — nicht nur in den Augen der Oströmer — auch waren), und die Wut des geistig Unterlegenen gegen den Klügeren, dieses Phänomen menschlicher Geisteshaltung, vergiftete vom ersten Augenblick an die Beziehungen zwischen den einander so fremden Menschengruppen.

Die Pilger waren zunächst überzeugt davon, daß sie den Romäern willkommen seien, ja sein mußten: Hurra, unsere Erretter sind da! Aber der oströmische Gouverneur von Nisch (Naissus), der Provinzhauptstadt, zeigte keine Begeisterung. Sein kundiger Blick erkannte den geringen militärischen Wert der Streiter Christi. Er meldete seiner vorgesetzten Dienststelle in Konstantinopel, er sehe keinen Grund, diese Horden in seine Provinz einmarschieren zu lassen. Im übrigen bitte er um Weisung. Und dann wartete er ab, was seine vorgesetzte Dienststelle entscheiden mochte: Eher setzte ihm kein fremder Mensch den Fuß in das ihm hier anvertraute Reich. Er hatte genügend Truppen, wohlexerzierte, bestens disziplinierte Söldner, zumeist Türken vom Stamme der Petschenegen, bedingungslos tapfere Männer, die durch nichts beeinflußbar waren, weil sie nur ihre Muttersprache verstanden und auch keine Christen waren, die man möglicherweise durch Kreuzfahrerparolen umstimmen konnte.

Das Kabinett in Konstantinopel beriet. Der Kaiser (von ihm wird noch zu reden sein) hatte Söldner erbeten. Nun erhielt er durchaus nicht erwünschte, selbständige Heere, deren Bewaffnung, Disziplin und taktische Reife anzuzweifeln waren. Das oströmische Heer, das aufgrund von exakten Heeesdienstvorschriften ausgebildet wurde, konnte mit solchen Heerhaufen nichts anfangen.

Zum andern aber verschloß sich die Regierung durchaus

nicht der – ihr gleichfalls gemeldeten – Begeisterung jener christlichen Scharen. Die Tochter des Kaisers, Anna Komnena, Schriftstellerin und Gelegenheitsdichterin, beschreibt das Heer des Volkes, das sie selbst gesehen hat:
»Diese Menschen, die ein gewisser Kukupetros anführte, waren wie von einer heiligen Glut entflammt. Alle Straßen waren voll von ihren Pferden, ihren Wagen, ihren Männern, Frauen und Kindern. Ihre Stimmung war hervorragend, denn sie alle waren gewiß, den Weg Gottes, den Weg des Himmels, zu gehen. Die gallischen Krieger (also die Franzosen, d. A.) trugen, genauso wie die Frauen und Kinder, alle das rote Kreuz auf der Schulter ...«
Die Regierung war in einer Zwickmühle: Zurückweisen oder durchmarschieren lassen und verpflegen, das war die Frage.
Man beriet tagelang.
Die Scharen Walter Sans-Avoirs verloren als erste die Geduld. Sie sahen, daß der ungarische Statthalter (in dessen Gebiet sie noch immer lagerten) sich oftmals mit seinem oströmischen Kollegen beriet; die Folgerung, man wolle sie verraten und »verkaufen«, wurde durch das untätige Warten nicht eben entkräftet.
Walter Sans-Avoir wollte eine Probe aufs Exempel machen. Er schickte einen Boten über die Grenze nach Belgrad und bat um Getreide. Der Statthalter behauptete, wahrscheinlich nicht einmal lügenhaft, er habe nichts. »Da seht ihr, was wir von den sogenannten Christen zu halten haben, die uns in unserem Kriegszug behindern, statt uns zu helfen!« rief Walter.
Die Zurückhaltung, deren sich die Pilger befleißigten, lockerte sich rasch. Man plünderte einen ungarischen Basar aus, die Magyaren fingen sechzehn Diebe, nahmen ihnen alles weg und schickten sie nackt hinüber nach Belgrad, wo Walter eben damit beschäftigt war, Gutshöfe auszuplündern.

Nun empörte sich auch Peters Gruppe. Sie war weitaus stärker. Ein winziger Anlaß genügte, um offenen Aufruhr ausbrechen zu lassen. Ein ungarischer Händler betrog einen von Peters Leuten beim Verkauf eines Paars Schuhe; der Franzose erschlug den Ungarn, und als die Polizei (Ungarn und Oströmer unterhielten Polizeitruppen in den Städten) eingreifen wollte, entbrannte ein wilder Aufstand. Die Pilger rasten durch Semlin, ein Ritter namens Godefroy Burel ernannte sich zum Befehlshaber und schickte den händeringenden Peter von Amiens mit wilden Flüchen zum Beten in sein Zelt. Es gelang Burel und seinen Männern, die Zitadelle von Semlin zu erstürmen, 3000 Ungarn zu töten und ihre Vorräte zu erbeuten. Dann aber, nach dieser Untat, die die Ungarn nicht verdient hatten, flohen sie, vom bösen Gewissen getrieben, allesamt hinüber nach Belgrad, zum oströmischen Statthalter. Es war ein Glück, daß dieser nun endlich genaue Weisungen aus Konstantinopel hatte: »Einkaufen lassen, Plünderungen verhindern, von Petschenegen flankieren, zum Weitermarsch antreiben!« lautete der Befehl. Außerdem mußten die Kreuzfahrer Geiseln stellen. Godefroy Burel und andere Ritter wurden nominiert. Die Kreuzfahrer konnten reichlich Lebensmittel einkaufen, die Bevölkerung erwies sich als freundlich und schenkte den ärmeren Pilgern sogar Lebensmittel und Kleider.

Die Banditen und Räuber, die sich dem Zug angeschlossen hatten, waren enttäuscht. Sie forderten mit Nachdruck, man solle sie plündern lassen. Peter von Amiens beschwor sie, sich an die Disziplin zu halten, aber kurz nachdem sie Nisch passiert hatten und auf dem Weg nach Sofia waren, ließen sich die Plünderer nicht mehr zurückhalten. Einige Dörfer wurden angezündet. Der Statthalter verlor die Nerven und ließ die Söldnertruppe zuschlagen.

Man kann nicht von einem Gefecht sprechen. Der Zusammenstoß mit den disziplinierten, geschulten, von Offizieren mit Militärakademie-Ausbildung geführten Romäern verlief so, wie heutzutage der Zusammenprall eines Indianerstammes mit einer Maschinengewehrkompanie abrollen würde. Binnen einer halben Stunde waren alle Pilger des Volkes in alle Winde zerstreut, ein Viertel erschlagen, die Schatztruhen Peters von den Petschenegen fortgeschafft, Weiber und Kinder in die Gefangenschaft geschleppt, der Rest der Streiter Christi aber auf wilder Flucht durch das serbische Bergland.

Es dauerte viele Tage, ehe sich die Scharen wieder zusammenfanden. Sie waren kleinlaut und sahen in der Polizeiaktion den Finger Gottes.

Der ferne Kaiser zu Konstantinopel tat das, was man auch heute tun würde: Er sandte an Peter von Amiens eine Botschaft, in der er den Vorfall bedauerte und bagatellisierte. Im übrigen, so versicherte er, werde er die Pilger herzlichst in seiner Hauptstadt empfangen. Strafe oder Sanktionen für die Untaten werde er nicht fordern, da die Scharen schon genug gestraft seien und sich auf einer löblichen Mission befänden.

Peter brach vor Freude über diese Botschaft des mächtigen Kaisers in Tränen aus. Die kleinen, unwissenden Pilger aber betrachteten mit Neid und wachsendem Abscheu die Macht eines Reiches, dessen Stärke sie sich nicht erklären konnten, dessen Zivilisation sie fürchteten und dessen Christentum sie als »Ketzerei« verachteten. Die Europäer waren ja mit der Überzeugung in den Osten gekommen, als Retter und Helfer erwartet zu werden: Nun sahen sie sich einer mißtrauischen Bürokratie gegenüber, die ihnen jedes Maß Getreide vorrechnete und sie zum Quittieren unverständlicher Belege mit drei Kreuzchen zwang.

Nein: Ostrom war für diese Scharen kein ehrlicher Bundesgenosse. Aus dem Unvermögen, den Partner zu verstehen, wurde rasch Abneigung und Haß. Der Same zur Todfeindschaft zwischen Kreuzfahrern und Ostrom war gelegt.

Am 1. August 1096 traf das Heer des Volkes vor Konstantinopel ein. Nur fünf Tagereisen weiter residierte ein türkischer Sultan. Die Kämpfe konnten beginnen.
Der Kaiser riet Peter und Walter Sans-Avoir, auf die Hauptheere zu warten, die der Papst angekündigt hatte. Seine militärischen Fachleute hatten die Heerhaufen dieser Erstankömmlinge schlicht als »Zivilistenpack« charakterisiert. Aber Peters Streiter Christi wollten nicht warten.
Der Kaiser ließ sie schließlich ziehen.
Er war ein erfahrener General und wußte, daß er sie nicht lebend wiedersehen werde.
Während die Streiter Christi, angeführt von Peter von Amiens und Walter Sans-Avoir, gegen ihren Todfeind marschierten, in der Gewißheit, trotz ihrer Armut und Unerfahrenheit einem glorreichen Sieg entgegenzuziehen, waren die großen Herren Westeuropas noch immer nicht bereit zum Abmarsch. Sie ließen sich Zeit, diese Grafen und Herzöge, diese Ritter und Barone. Es gab so vieles zu ordnen und zu klären: Wer im Falle ihres Todes ihre Güter erben werde, woher man das Geld für Pferde, Rüstungen und Waffen nehmen, wer ihre Gattin überwachen und wer das Besitztum gegen übermütige Feinde beschützen solle. Als der Termin, den der Papst gestellt hatte – der 15. August 1096 – herannahte, war noch keiner der Großen abmarschbereit.
Die Preise für Grundbesitz waren durch das große Angebot an Ländereien stark gesunken. Für zehn Hammel erhielt man ein Tagewerk gutes Land. Da aber die Beauftragten des Papstes forderten, jeder Teilnehmer des Zuges müsse Lebensmittel für zwei Monate und erstklassige Waffen mit sich führen und womöglich ein oder zwei Ersatzpferde noch dazu, boten die Adeligen immer mehr Land zum Verkauf an, um den Kriegszug zu finanzieren: Anderes Vermögen hatten sie ja nicht.
Man kann daraus die Folgerung ziehen, daß die religiöse

Begeisterung für den Zug nach Jerusalem alle wirtschaftlichen Bedenken auslöschte; Gegner solcher Anschauungen haben allerdings die Meinung vertreten, die Kreuzfahrer hätten sich solch gewaltige Beute erhofft, daß sie ihren armseligen heimischen Besitz zunächst einmal gerne hingaben.

Fest steht, daß halbe Grafschaften ihre Besitzer wechselten. Nur ganz reiche Feudalherren finanzierten ihren Zug ohne Verkäufe, etwa Stephan von Blois. Die Kirche kaufte kein Land, gab aber Geld gegen Verpfändung von Liegenschaften.

Nicht jeder war so geschickt im Erpressen der Juden wie der fromme und gottesfürchtige Herzog Gottfried von Lothringen und Bouillon. Aber auch er mußte schließlich, weil er zum Führer einer Heeresgruppe ausersehen war und entsprechend aufzutreten hatte, zwei Schlösser nebst Liegenschaften verkaufen und sein Stammschloß Bouillon an den Bischof von Lüttich verpfänden. Seine Gefolgschaft war dementsprechend zahlreich und erstklassig ausgerüstet.

Der Papst griff immer wieder in die Vorbereitungen ein. Seinen Legaten gelang es schließlich, einen Plan durchzusetzen, der vernünftig war und auf den Erfahrungen gescheiter und nüchterner Jerusalem-Pilger fußte: Man konnte nicht als geschlossene Masse marschieren. Keines der Länder Europas wäre imstande gewesen, Heere solcher Größenordnung (zwischen 30.000 und 50.000 Mann) zu ernähren. Urban II. empfahl, in vier Heeresgruppen zu marschieren.

Die östliche Gruppe – sie umfaßte die lothringischen, brabantischen und wallonischen Ritter – erhielt Gottfried von Bouillon zu ihrem Befehlshaber und sollte durch Ungarn und Serbien marschieren, also den – unrühmlichen – Spuren der Scharen Peters von Amiens folgen.

Raymond von Toulouse und St. Gilles, der reiche und ältliche südfranzösische Herr, verkündete, er werde nicht mehr in seine Heimat zurückkehren. »Das Heilige Grab sehen und dann ruhig sterben«, war sein Wahlspruch. Da er aber eine ungeheure Aktivität entfaltete, die in allem und jedem nur einen Zweck und ein Ziel hatte: den Rittern klarzumachen, daß nur einer geeignet sei, sie anzuführen: Raymond, muß seine Pilger- und Todessehnsucht nicht eben wörtlich genommen werden. Später, im Heiligen Land, als es um die Frage ging, wer über Jerusalem regieren solle, zeigte sich Raymond als derjenige, der am begierigsten die Herrschaft anstrebte.

Sein großes und erstklassig ausgerüstetes Heer wählte einen schwierigen Weg: Quer durch Norditalien und die ganze endlos lange dalmatinische Küste mit ihren tiefeingeschnittenen Buchten entlang bis nach Durazzo (im heutigen Albanien), wo das Heer endlich die römische Via Egnatia nach Konstantinopel erreichen konnte.

Die dritte Gruppe der Nordfranzosen, der Normannen und der flandrischen Ritter wurde vom Bruder des Königs von Frankreich (der Herrscher war noch immer im Kirchenbann) geleitet: Der königliche Prinz Hugo von Vermandois war einer jener grundlos adelsstolzen Männer; er war eitel, von sich eingenommen und unfähig, die Lage richtig einzuschätzen. Der Herzog der Normandie, Robert, und der große Feudalherr Stephan von Blois schlossen sich ihm an.

Keiner von ihnen war so recht bei der Sache. Stephan mit Adélie, der Tochter des normannischen Herzogs Wilhelm der Eroberer (er hatte 1066 England erobert), verheiratet, verspürte überhaupt keine Lust, ins Heilige Land zu ziehen. Er war reich. Ihm gefielen die Wälder der Loire viel besser. Aber seine energische, männlich fühlende Gattin wollte einen Helden zum Mann: »Wenn du es denn verlangst, so will auch ich das Kreuz nehmen!« schrieb ihr Stephan resignierend. Auch Herzog Robert von der Nor-

mandie wäre lieber daheim geblieben. Er fürchtete die Intrigen und Niederträchtigkeiten seiner zahlreichen Verwandten, die ihn sicherlich um all sein mühselig erworbenes Vermögen bringen würden ...
Diese dritte Gruppe zog durch Italien, bis nach Bari, um sich dort über die Adria setzen zu lassen.
Den gleichen Weg sollten die süditalienischen Normannen wählen. Über sie und ihren großen Herzog Bohemund wird gesondert zu berichten sein.
Nun, da die strategischen Vorbereitungen getroffen waren, konnte nichts mehr den Aufbruch hindern. Ganz Frankreich – es stellte etwa 80 Prozent aller Krieger – war zutiefst erschüttert und erfüllt von Abschiedsschmerz und Nimmerwiedersehen:
»In der unendlichen Zahl unserer Provinzen gab es in jedem Haus Unruhe. Überall schickte sich jemand an, die Fahrt zu unternehmen: Hier der Vater, dort der Sohn, und anderswo gar alle Bewohner des Hauses. Allerseits sandte man sich immer wieder Botschaften, man trieb einander zur Eile an, einer ermahnte den andern, keine Verspätung eintreten zu lassen. Auch die geringste Verzögerung wurde mit Schimpfworten bestraft. Und dann kamen diejenigen, die als Scharführer ausersehen worden waren, und holten ihre Leute ab. Unter Schluchzen und Seufzern rissen sich die Pilger aus den Armen ihrer Lieben und sagten ihnen auf ewig Lebewohl. Der zärtlichen Umarmungen war kein Ende. Jeder wußte, daß er ab nun auf Gottes Wegen wandeln werde ... «
Kunstreiche Schmiede, von ihren Lehensherren aufgefordert, verfertigten für zurückbleibende Frauen die unmenschliche Folter der eisernen »Treue-« oder »Keuschheitsgürtel«, deren Schlüssel der Herr Gemahl mit ins Heilige Land nahm, und deren Tortur manche Frauen, die sich mit dem Schmied nicht zu arrangieren wußten, fünf und sechs Jahre lang ertrugen. Wer keinen Keuschheits-

gürtel anfertigen ließ, beauftragte den nächsten Priester, über die Treue der Ehefrau zu wachen. Nur ganz große Feudalherren waren finanziell in der Lage, ihre Frauen und Kinder mitzunehmen. Die Führer waren angewiesen, genau zu prüfen, ob zusätzlich Geld und Nahrungsmittel, Pferde und Wagen für die Frauen mitgebracht wurden.

Jedem der Heere waren Scharen von Nichtkämpfern zugeordnet: Priester, Knechte, Fourage-Verwalter, Hufschmiede, Pferdezüchter, Waffenschmiede, Maurer, Schuster, Schneider, Zimmerleute, Weiber zum Kochen, Ammen, Kurpfuscher für Mensch und Tier und, trotz des Wütens frommer Prediger, Huren mit ihren »Beschützern«. Im Zuge des Grafen von Toulouse gab es an die 350 junge Frauen, die man immer wieder zu vertreiben suchte, weil sie nicht angeben konnten, was sie taten und zu wem sie gehörten. Aber auf rätselhafte Weise verminderte sich ihre Zahl nie; ja den eifernden Priestern schien es, als kämen die gleichen verworfenen Gestalten immer wieder zurück und trügen nur andere Namen ...

Nicht minder groß war die Zahl der Händler. Sie waren das Barometer der jeweiligen Lage. Sah die Situation rosig aus, kam man in wohlbestellte, reiche Landschaften, sanken ihre Preise für Fleisch, Gerste, Hafer und Hirse. Auf langen Märschen durch dürre, arme Gebiete verkauften sie alles und jedes zu Wucherpreisen; in den Wüsten Kleinasiens erlangten sie traurige Berühmtheit, als sie jeden Schluck Wasser mit Silber aufwogen. Die Händler hatten immer, auch in der mißlichsten Lage, jedwede Ware. Selbst nach monatelanger Belagerung in wüstenhaften Gegenden konnte man bei ihnen vom Hammel bis zum Ei, vom Granatapfel bis zum Schlauch voll Wein, alles kaufen. Über die Preise durfte man sich freilich nicht wundern. Der Gewinn scheint niemals unter tausend Prozent gelegen zu sein. Die Heerführer ignorierten den schamlosen Wucher, und auch die Priester, denen solch unchristliches Handeln an den Streitern Gottes mißfiel, predigten vergeblich gegen die Händler. Sie hatten ebensowenig Erfolg wie die europäischen Regierungen, die nach 1945 den Schwarzhandel unterbinden wollten.

Als erster Zug setzte sich, nur wenig nach dem 15. August, das Heer Gottfrieds von Bouillon in Bewegung. Seine Lothringer sahen in ihm den Inbegriff des untadeligen, christlichen Ritters. Sie rühmten alles an ihm: Seine hohe Abkunft – er war über seine Mutter ein Nachkomme Kaiser Karls des Großen – sein angenehmes, leutseliges Wesen und, nicht zuletzt, sein Aussehen:

Schlank, groß, mindestens 1,80 Meter, mit blondem lockigem und glänzendem Haar, mit einem wundervollen, langen, ebenfalls blonden, welligen Bart saß er eindrucksvoll zu Pferde. Nur Gegner kritisierten den beginnenden Fettbauch-Ansatz.

Über seine christlichen Tugenden wußte man Wunder zu berichten, wie sich denn überhaupt die Legende des Herzogs bemächtigt hat und ihm Eigenschaften andichtete, die er nie besaß. Er war immer und in jeder Situation der Meinung, Ratschluß und Ausweg lasse sich nur im Gebet und in der Bußprozession finden. Seine Überlegungen gipfelten in der Gedankenkette: »Da ich in Gottes Diensten kämpfe, kann ich nicht besiegt werden. Werde ich aber geschlagen, oder widerfährt mir sonst ein Unheil, dann bin ich oder sind meine Mitkämpfer, Sünder, die etwas tun, was Gott, unserem Herrn, mißfällt. Nur durch Reue und Buße kann ich ihn versöhnen ...«

Gottfried tat so eifrig Buße, daß er – wie seine Feinde, die ihn lächerlich machen wollten, verbreiteten – »auf den Knien Schwielen« hatte, weil er angeblich so intensiv auf dem Kirchenfußboden hin- und herrutschte.

Er überragte die meisten Kreuzfahrer um Hauptеslänge und übertönte sie im Gebet mit seiner lauten, andächtigen Stimme. Für jeden hatte er ein freundliches Wort, niemand ging ungetröstet von ihm. Freilich, sein Privatvermögen mehrte er geschickt, freute sich kindlich über Geschenke oder Beute und pflegte zuweilen, in engstem Freundeskreise, aufzuzählen, was er seit Beginn des Zuges schon alles dazuerworben hatte.

Die ersten Gefechte zeigten ihn als einen zwar mutigen, aber fahrigen und nicht standhaften Feldherrn, der in heiklen Situationen die Nerven zu verlieren drohte.

Sein großer Widersacher während des ganzen Zuges, der reiche Graf Raymond von Toulouse, St. Gilles und Herr der Provence, hat oftmals geringschätzig über Gottfrieds militärische Begabung gespottet und daraus die Folgerung abgeleitet, nur er, Raymond, könne Oberbefehlshaber des gesamten Christenheeres sein. Er war an die sechzig, als er das Kreuz nahm, und scheint vom Papst, wie wir schon wissen, gewisse Zusagen bekommen zu haben, daß er im obersten Führungsgremium des Zuges zu finden sein werde.

Die oströmische Kaisertochter Anna Komnena beschreibt ihn als vornehm und rühmt ihn, im Gegensatz zu anderen Heerführern, als einen Mann von lauterem Lebenswandel, fügt jedoch sogleich hinzu, daß dabei auch sein Alter zu bedenken sei. Seine Habgier war in ganz Südfrankreich bekannt, und dieses Verlangen nach Besitz trübt sein Bild. Raymond war überzeugt, daß ihm früher oder später der Oberbefehl zufallen werde wie eine reife Frucht. Daß der Papst den Bischof Adhémar von Le Puy (jenen, der als erster das Kreuz nahm) mit dem Oberbefehl betraute, störte Raymond nicht: Früher oder später, so mutmaßte er, werde man einen weltlichen Führer brauchen.

Indes erwies sich Bischof Adhémar als wahrer Glücksgriff des Papstes: ein Mann von unerschütterlichem Mut, von lauterem Wesen und so bestimmtem Auftreten, daß selbst die wildesten Schreier verstummten, wenn er sprach; die geborene Führernatur, der wie von selbst jene Autori-

tät zuflog, um die Gottfried und Raymond mit schwankendem Erfolg kämpften.
Die dritte Heeresgruppe zog spät im Herbst nach Italien. Robert von der Normandie mußte schließlich, um genügend Kapital zusammenzubekommen, nach zeitraubendem Feilschen sein Herzogtum an seinen Bruder Wilhelm Rufus von England verpfänden, der unbekümmert um seinen entsetzten Klerus verlauten ließ, er schere sich den Teufel um das Heilige Land. Robert hingegen war für einen Normannen ausnehmend sanftmütig und unkriegerisch, nicht feige, aber darauf aus, jeden Streit zu vermeiden. Er willigte ein, sein Herzogtum zu verpfänden, weil sich der Papst persönlich als Garant anbot.
Hugo von Vermandois, der Bruder des Königs, dem man nominell die Führung dieser Gruppe anvertrauen mußte, beschäftigte dauernd eine große Zahl von Vorausreitern, die überall zu verkünden hatten, ihnen folge ein Mann königlichen Geblütes, den man gebührend empfangen müsse. Als es darum ging, sich mit dem Herrscher von Ostrom zu arrangieren, war Hugo leicht umzustimmen: Man mußte ihn nur als Bruder eines Königs behandeln – und man konnte alles von ihm haben.
Gemächlich, von Stephan von Blois, dem dritten der großen Herren dieser Gruppe, nicht eben angefeuert, zog das Heer über Lucca und Rom nach Süditalien. In Rom hatten sie peinliche Auseinandersetzungen mit einem von der deutschen Partei Kaiser Heinrichs IV. eingesetzten Gegenpapst Wibert, der die Heiligen Scharen verfluchte, sich vor ihnen in der Engelsburg verbarrikadierte und erklärte, ein Unternehmen, das Papst Urban angezettelt habe, könne nur des Teufels sein.
»Viele, die bis dahin mit uns gezogen waren, kehrten nach Hause zurück, feige, und ohne das weitere abzuwarten«, schreibt der Chronist Fulcher von Chartres.
Viel zu spät im Jahr trafen die Heerscharen in der großen

Hafenstadt Bari ein. Winterstürme wüteten und unterbrachen die Schiffahrt. Es hieß, sich auf einen längeren Winteraufenthalt einrichten. Und wieder »fürchteten viele der Ärmeren und Feigen das bevorstehende Elend, verkauften ihre Waffen, ergriffen den Wanderstab und kehrten nach Frankreich zurück«.

Der Chronist ist empört: »Diese Fahnenflucht erniedrigte sie vor dem Angesicht Gottes wie dem der Menschen und bedeckte sie mit unauslöschlicher Schande.«

Erst im März 1097 waren die Kapitäne von Bari bereit, zunächst die Scharen des Herzogs Robert und Stephans von Blois überzusetzen. Ein Ereignis versetzte sie zunächst in Angst und Schrecken, dann aber in Begeisterung und exaltierte Freude.

Eines der mit etwa 400 Mann besetzten Schiffe kenterte ohne ersichtliche Ursache inmitten der übrigen, kleinen Flotte. Fast alle ertranken. Die große Bestürzung der Pilger wandelte sich in Verzückung, als ihre Geistlichen ihnen angeschwemmte, ertrunkene Kameraden zeigten: Jeder der Toten hatte auf seinem Schulterblatt das Zeichen des Kreuzes eingeschnitten. Die Pilger stimmten Lobeshymnen auf Gott an, rasten in religiöser Verzückung und fügten sich selbst Kreuz-Schnitte zu; ein Abt ritzte sich das heilige Zeichen auf die Stirn, andere malten es sich mit dem eigenen Blut auf den Körper. Der Chronist Fulcher empört sich, als er notieren muß, daß selbst einige Dirnen behaupteten, Gott habe sie mit dem (aus roter Schminke gemalten) Kreuz vor allen Weibern ausgezeichnet. Ein anderer Betrüger im Heer spielte sich groß auf: Er hatte einen seltsamen Augenfehler, wohl eine Pigmentstörung in der Iris, die Kreuzesform zeigte. Er stieg deshalb zu großem Ansehen empor. Man versprach ihm ein Bistum im Heiligen Land.

Tagelang lobten die Scharen Gott für das Wunder des Kreuzeszeichens. Die Kirchen leerten sich auch des Nachts nicht. Viele der Kleinmütigen, die schon heimwärts unterwegs waren, kehrten wieder um, flehten Gott um Verzeihung an und gelobten neuerlich, ins Heilige Land zu ziehen.

Die vierte Heeresgruppe, die der süditalienischen Normannen, machte aus ihren Absichten kein Hehl. Sie vertraute weniger auf Gott als auf ihre Körperstärke, ihre Tollkühnheit, ihre bessere Bewaffnung und ihren Fürsten Bohemund. Wenn sie überhaupt annahmen, der Herr sei mit den Heiligen Pilgern, dann konnte Gottes Wohlwollen nur einen Zweck haben: die Normannen mit Land und reicher Beute zu belohnen.

» . . . und eroberten sich ein Reich«

Die meisten Märchen, so behaupten die Literaturhistoriker, sind im Zeitalter der Kreuzzüge entstanden. Gewisse Motive, die für das frühe Mittelalter charakteristisch sind, kehren in ihnen immer wieder.

Die Geschichte des Herrn von Hauteville mag Muster für eine ganze Reihe von Märchen gewesen sein. Sie hat einen großen Vorteil: Sie ist wahr . . .

Es war einmal ein armer, kleiner normannischer Landedelmann, der in der Nähe des wind- und regenumtosten Ärmelkanals seine mageren Äcker bewirtschaftete. Zu essen gab es nicht viel daheim auf Schloß Hauteville, und nur eines hatte Ritter Tankred in Überfluß: Kinder. Seine sechs Söhne waren sein ganzer Stolz.

Was waren das aber auch für Burschen: Einer größer gewachsen als der andere, durch die Bank bildschön, alle tollkühn, bedenkenlos und schlau, viel klüger und mutiger als die gewiß nicht feigen und dummen Söhne der anderen normannischen Barone in der Nachbarschaft.

Aber — der gute alte Tankred konnte ihnen nichts geben als einen guten Rat: »Zieht hinaus in die Welt, ihr Söhne! Pilgert zur Kirche des Heiligen Michael von Monte Gargano: Er ist der Fürsprecher für uns Normannen bei unserem König Christus. Er wird euch weiterhelfen. Ihr werdet schon sehen.«

Die sechs Söhne machten sich auf den Weg nach dem fernen Monte Gargano. Wochenlang waren sie unterwegs und bestanden viele Abenteuer, ehe sie in Süditalien ankamen. Dort aber sahen sie, auf welche Weise St.Michael seinen Normannen half: Es gab reiche Ländereien, wohlhabende Städte, fette Bauern, Bürger mit Goldtruhen und Geldsäcken. Aber die einheimischen Herren, die auf den Burgen saßen, waren feig, dumm und ohne Unternehmungsgeist.

Robert, der schlaueste der Brüder, den sie in ihrem normannischen Dialekt »Guiscard«, das »schlaue Wiesel«, nannten, riet ihnen: »Brüder, hier bleiben wir, von hier gehen wir nicht mehr fort.«

Und sie eroberten sich, jeder einzelne, Schlösser, Städte und viele Dörfer. Sie scheuten sich auch nicht davor, es dem Bruder, der, ihrer Meinung nach, zu viel hatte, wieder wegzunehmen. Um eines aber scherten sie sich nicht: Um die Bewohner des Landes. Sie mußten den neuen Herren dienstbar sein; von ihnen aber erlernten sie rasch neue handwerkliche Künste, ihr ewig wacher Geist verarbeitete das fremde Leben rasch.

Und als sie starben, da waren sie nicht mehr Söhne eines bettelarmen französischen Grafen, sondern reiche, mächtige Fürsten Süditaliens, Herzöge wohl sogar. Und sie konnten ihren Söhnen Gold, herrliche Waffen, uneinnehmbare Burgen, Herden edler Pferde und wogende Weizenfelder hinterlassen. Doch was das beste war: Noch war das Land nicht restlos aufgeteilt, noch konnte man neues Land erobern, in Sizilien oder jenseits der Meere, vom arroganten Kaiser der Romäer etwa, der sich wer weiß was einbildete und doch nur ein Popanz war.

Und es vergingen kaum fünfzig Jahre, da hatten sie sogar schon einen König in ihrer Familie: So rasch stiegen die Märchenprinzen von Hauteville zu Ehren empor.

Bohemund von Tarent war der Lieblingssohn Robert Guiscards. Gemeinsam mit dem Vater und seiner Mutter Sigilgaita zog er schon als Kind in den Krieg. »Die hohe Frau Sigilgaita trug immer Kettenpanzer, ritt wie ein Mann und warf die besten Krieger in den Sand«, berichtet die Chronik der Normannen. Der Vater, der sicher nicht ohne Grund das »schlaue Wiesel« genannt wurde, erzog Bohemund in zwei »Tugenden«: im Kriegshandwerk und in der Kunst, niemals zu zeigen, was man wirklich denkt. Bohemund wuchs zum schönsten Ritter Italiens heran. Die Romäer in Konstantinopel, die keinen Grund hatten, den Sohn ihres Todfeindes Robert Guiscard zu schätzen, sind unverfängliche Zeugen für seinen Charme.

Anna Komnena, die Kaisertochter, beschreibt ihn mit den Augen einer reifen Frau, die genug schöne Männer gesehen hat:

»Niemals hat man auf römischem Boden einen Mann wie Bohemund gesehen, weder einen Barbar noch einen Griechen. Er war eine aus Bewunderung und Schrecken gemischte Erscheinung, die freilich gerade deshalb ihren Eindruck auf die Frauen nicht verfehlte. Er war, um ihn im einzelnen zu beschreiben, so hoch gewachsen, daß er, wo immer er auch in eine Gesellschaft kam, alle Anwesenden um eine Elle (also etwa 30 Zentimeter, d. A.) überragte, und er hatte eine Gestalt, von der Männer und Frauen träumen: Breite Schultern, keine Spur von Fett, gut entwickelte Brust, schmale Hüften, kräftige Oberarme. Er entsprach im großen und ganzen den Idealmaßen, wie sie der Bildhauer Polyklet vor tausend Jahren aufgestellt hat. Er hatte starke Handgelenke und stand fest auf kräftigen Beinen, mit kräftigem Hals, breiten Schultern. Er hatte eine sehr weiße Haut, wie man sie oftmals bei Barbaren findet, aber in seinem Gesicht mischte sich das Weiße angenehm mit der Röte der Gesundheit. Er war weißblond, machte aber nicht die Unsitte der anderen Barbaren mit, das Haar schulterlang und ungepflegt herabhängen zu lassen. Er hatte sich einen eigenen Haarschnitt ausgedacht, der die schönen Ohren freiließ.

War sein Bart blond oder rötlich? Ich kann es nicht sagen, denn ich sah ihn nie anders als marmorglatt rasiert. Doch schien mir der Bart eher rötlich zu sein. Seine blauen Augen drückten gleichzeitig Mut und Würde aus, seine Nase entsprach seiner breiten Brust, seine breite Brust der Nase. Es ging von diesem Mann ein gewisser Zauber aus, der durchaus nicht gestört wurde durch etwas Erschreckendes, etwas unbestimmt Grausiges, das aus seinem Wesen kommen mußte. Denn der ganze Mann, die ganze Person wirkte trotz der meisterhaften Zusammenstellung körperlicher Schönheit hart und wild. Alles in seinem Wuchs, in seinem Blick und selbst in seinem Lachen machte alle, die in seiner Umgebung waren, schaudern.

Er hatte einen wendigen, geschmeidigen Geist, war verschlagen und bei allen Gelegenheiten niemals um eine Ausflucht verlegen. Seine Worte waren wohlüberlegt, seine Pläne langfristig und undurchsichtig, seine Antworten zweideutig ...«

Die Kaisertochter, die zu den verwöhntesten Damen ihrer Zeit gezählt hat, konnte sich Bohemunds Zauber nicht entziehen. Wie erst muß dieser Normanne auf »gewöhnliche« Menschen, auf Mitstreiter und Feinde, gewirkt haben!

»Wer in diese schönen blauen Augen blickt, der schaudert!«, schreibt der Chronist Fulcher von Chartres. »Denn sie haben eines noch nicht geschaut: Liebe und Mitleid.«

Dies waren nun Eigenschaften, die ein Krieger Christi, auf dem Weg das Heilige Grab zu erobern, leicht entbehren konnte. Bohemund machte keine besonderen Anstrengungen, seine wahren Ziele zu verschleiern. Er wollte eine Herrschaft im Nahen Orient, ob mit oder ohne den Segen der Kirche, ob mit oder gegen den Willen des Kaisers zu Konstantinopel.

Die Zeiten, da man auszog, sich ein Fürstentum zu erobern, diese Zeiten, die in den Märchen ihren Niederschlag gefunden haben, waren noch nicht vorbei.

Bohemund war entschlossen, den Beweis dafür anzutreten.

Märchenstadt am Bosporus

Konstantinopel war die einzige christliche Großstadt der Welt, neben Bagdad und einigen indischen und chinesischen Städten wohl überhaupt die einzige Stadt des Mittelalters, die mehr als 100.000 Einwohner zählte.
Den modernen Menschen hätte die Vielfalt der kommunalen Einrichtungen frappiert – Kanalisation, Bäder, Spitäler mit Abteilungen für Chirurgie, »Interne« und Hautkrankheiten, Feuerwehr, Polizei, Sportplätze und Turnhallen, eine große Universität – und er hätte Vergleiche zu heutigen Städten ziehen können, die gar nicht einmal so ungünstig für die Stadt des großen Konstantin ausgegangen wären. Die Hauptgeschäftsstraße, die Mese, eine breite und einige Kilometer lange Avenue, war von gedeckten Basaren, Warenhäusern, Restaurants und Hotels mit Zimmern jeder Preislage gesäumt. Tag und Nacht waren Tausende Menschen auf den Straßen, saßen in den Weinschenken und machten ihre Geschäfte. Die Reichen und ihre Damen wurden in kostbaren Sänften durch das Menschengewühl getragen. Es gab Mietsänften, Mietpferde und Mietwagen.
Die Frauen wählten unter Dutzenden verschiedener kosmetischer Präparate. Die orientalischen Salbenerzeuger hatten längst den Lidschatten, den Lippenstift und das Wangenrouge entdeckt. Aus einer Preisliste ist ersichtlich, daß es zwölf Schattierungen von »Make-up« gab.
Auf den Lebensmittelmärkten konnte man Obst und Fleisch, Gemüse und vor allem Fische in unendlicher Vielfalt kaufen. Kein exotisches Gewürz fehlte. Die Stadt, deren Reichtum auf ihrem Überseehandel beruhte, lieferte

ihren Bewohnern jedwede indische und afrikanische Delikatesse.

Der mittelalterliche Besucher, dessen heimische Städte in finsterer Enge, in Schmutz und Gestank, in Armseligkeit und Not gefangen waren, muß von Konstantinopel erdrückt worden sein. Selbst der reiche Stephan von Blois schreibt seiner gestrengen Ehefrau Adélie, daß er nun schon den fünften Tag wie betäubt durch die Straßen der Stadt gehe und sich noch immer wie im Traume vorkomme. Wie mag es erst den armen Schluckern der Pilgerheere ergangen sein, die aus der tiefsten Provinz, aus dreckigen, primitiven Hütten und eiskalten, unheizbaren Ritterburgen kamen ...

Sie hatten freilich nicht nur für die kommunalen Einrichtungen der Stadt und die Reichtümer ihrer Bürger ein Auge; ebensosehr bewunderten sie die Kirchen und deren Reliquien: Was immer ein Pilgerherz suchen mochte, um Fürsprache bei Christus zu haben — hier in Konstantinopel konnte man es finden.

Da gab es die wundertätigen Häupter nahezu aller Apostel (übrigens gleich zweimal das des Heiligen Stephan), genug Haare Mariens, um damit vier Perücken anzufertigen, unzählige Splitter vom wahren Heiligen Kreuz, Dutzende von Glasphiolen mit dem heiligen Blute Jesu, allzu viele Nägel vom Kreuz, allzu viele Zweiglein aus der Dornenkrone, aber auch die Dornenkrone selbst, das Schweißtuch der Heiligen Veronika (dessen Abdruck eines menschlichen Antlitzes auch den Gelehrten von 1973 noch Rätsel aufgibt); da gab es peinliche Grotesken, die ihre Anbeter fanden, wie etwa die aus Nazareth, dem Ort der Beschneidung Jesu, importierte »Vorhaut des Herrn« oder — Seltsamkeit der Seltsamkeiten — jenen Finger des ungläubigen Apostels Thomas, den dieser einst in die Seite des Herrn gelegt haben soll.

Die Reliquien waren in Kirchen zur Schau gestellt, deren

Pracht und Bilderschmuck, deren Gold und Silber alles in den Schatten stellte, was das Abendland in seinen Gotteshäusern anzubieten hatte. Der fremdartige und prunkvolle Gottesdienst des griechisch-orthodoxen Ritus mit seinen Weihrauchwolken und den Scharen singender Priester schuf eine transzendente Welt, die in religiöse Ekstasen sinken ließ. Vollends der Raum der großen Kirche der Heiligen Weisheit, der Hagia Sophia (sie wird auch von ernstzunehmenden Autoren oftmals einer nicht existierenden »Heiligen Sophie« zugeschrieben) –, dieser unermeßlich große Kuppelbau, der nun schon ein halbes Jahrtausend die Stadt überragte, faszinierte den Christen. Das Rund unter der gigantischen Kuppel faßte 5000 Menschen, die Wände waren (ehe die Mohammedaner 1453 die Fresken und Bilder beseitigten) bis zum letzten Fleckchen mit heiligen Szenen bemalt, mit Mosaiken ausgeschmückt und mit Ornamenten verziert. Man hat Belege gefunden, nach denen die Verwaltung der Hagia Sophia täglich 800 Kerzen benötigte, nicht mitgerechnet die Zahl der von den Gläubigen gespendeten Lichter. Fast ebenso prächtig die zahllosen anderen Kirchen, etwa die von der Heiligen Helena, der Mutter des großen Konstantin, erbaute allerheiligste Marienkirche der östlichen Christenheit, das Theotokos-Gotteshaus, der »Gottesgebärerin« geweiht.
»Ich habe in sechzehn Tagen an 40 Altären in 25 Kirchen Messen mitangehört, aber ich könnte noch zwei Monate lang an immer neuen Altären beten!« schreibt ein Pilger nach Hause.
Die Feudalherren, die sich daheim stets bemüht hatten, mit eichenen, schweren Möbeln, groben Kotzen und Fellen erlegter Tiere einen Hauch von altväterisch-barbarischer Gemütlichkeit in ihre Schlösser zu bannen, sahen sich nun den Erzeugnissen von Kunsttischlern und Glasbläsern, von Goldschmieden und Couturiers gegenüber, deren Vollkommenheit sie sich nicht einmal erträumen konnten.

Wurden sie von griechischen Adeligen oder Kaufleuten zum Mahl geladen, so kamen sie sich nicht nur wie Tölpel vor, sie waren es auch wirklich.
Die Frauen verwirrten sie vollends. Die adeligen Damen und Töchter aus ersten Häusern schienen ihnen geschminkt wie Dirnen, die leichten Seidenkleider nur dazu bestimmt, teuflische Lüste zu entfachen. Die Frauen daheim durfte man mit ihnen gar nicht in einem Atem nennen, diese früh verblühten, von ewigem Kindbett verbrauchten, ausgemergelten Gestalten, die mit dreißig zahnlose, geschlechtslose Wesen waren und die man sich nicht anders als in mißfarbenen, formlosen Kleidern vorstellen konnte. Die Damen Konstantinopels aber waren auch in reiferem Alter aufs raffinierteste herausgeputzt, begehrenswert, geschminkt, wohlriechend und schön, von Sklaven, Zofen und Eunuchen begleitet. Zudem schien es ihnen Spaß zu machen, mit den Barbaren aus dem fernen Frankenland zu — flirten, würden wir heute sagen. Dafür aber hatten diese groben, ungeschlachten und geradlinigen Männer kein Verständnis: Sie merkten, daß sie Begehren erweckten und wollten mit den fremden Frauen schlafen. Weigerten sich die Damen, gab es Skandale, Raufhändel und Polizeiaktionen.
Kaiser Alexios Komnenos, ein fähiger, temperamentvoller und einfallsreicher Herrscher voll persönlichem Charme und eine echte Führernatur, hätte gerne keine anderen Schwierigkeiten gehabt, als die erotischen Abenteuer der Krieger aus dem Abendland zu schlichten. Sein Kabinettsrat tagte wochenlang, ehe sich die Regierung zu einer eindeutigen Haltung gegenüber den rasch nacheinander eintreffenden Heeren entschloß.
Empfangskomitees, die die Fürsten an den Grenzen des Reiches begrüßt hatten, berichteten dem Kaiser, daß er mit gut ausgerüsteten, tapferen und erfahrenen Soldaten rechnen könne. Alexios, der den Einfall, den Papst um Solda-

ten zu bitten, sicherlich längst bereute, faßte den Entschluß, sie unmittelbar an seine Person zu binden: Man erzählte ihm, daß die Ritter nichts für so heilig hielten wie ihren Lehenseid. Die Folgerung lag nahe, von jedem der großen Herren den Lehenseid zu fordern. Mochten sie in den Krieg ziehen und so viel für sich erobern, als sie nur wollten: Der Kaiser blieb ihr Lehensherr.

Der Gedankengang war für die »fränkischen« Ritter – diese Bezeichnung der Griechen bürgerte sich rasch ein – gar nicht fremd. Daheim war es ja nicht anders. Der Herzog der Normandie leistete dem französischen König den Lehenseid, scherte sich aber ansonsten den Teufel um seinen Souverän. Nur – gar zu leicht wollten sie dem Kaiser die Eidesleistung nicht machen.

Ein langwieriges Lavieren zwischen den Kreuzfahrern und dem mit allen Salben geschmierten erfahrenen Fuchs auf dem Kaiserthron setzte ein, ein echter »Nervenkrieg«, der viele Wochen dauerte. Der Kaiser wechselte blitzschnell zwischen überschwenglichen Gunst- und Geschenkbezeugungen und feindseligem Sperren jedweder Nahrungsmittelzufuhr.

Die Geschenke sollten dreierlei erreichen: Erstens einmal den Franken beweisen, wie mächtig der Kaiser war, so daß es keine Schande sein konnte, sein Lehensmann zu werden; zum anderen mochte das den Herren zeigen, wie viel Gold sie zu erwarten hatten, wenn sie sich mit Ostrom gut stellten; und schließlich sollte mit dem Gold der Versuch unternommen werden, den einen Feudalherrn gegen den anderen auszuspielen. Alexios hatte mit allen drei Varianten Erfolg.

Er imponierte: Der reiche, einfältige und träge Stephan von Blois schreibt seiner strengen Gemahlin: »Dein Vater (Wilhelm der Eroberer, d. A.) machte stets viele und reiche Geschenke. Aber es ist nichts, verglichen mit dem, was dieser Mann verschenkt.«

Kaiser Alexios lockte:
Hugo von Vermandois, der immer wieder einen Empfang forderte, würdig eines Mannes, der den König von Frankreich zum Bruder hat, erhielt nicht nur billigen Trunk, sondern auch reichste Geschenke an Gold, Silber und kostbaren Reliquien, die daheim mit Gold aufgewogen werden mochten. Daß er, gleich einem Gefangenen oder einer Geisel, dauernd von petschenegischer Polizei bewacht wurde, machte dem eitlen, goldgierigen Mann nichts aus.
Als wenig später das große Heer Gottfrieds von Bouillon eintraf und der Kaiser den störrischen und eigensinnigen Gottfried zu sich in den Palast bat, um über das Ablegen des Lehenseides zu konferieren, da erhielt er zunächst überhaupt keine Antwort. Boten gingen hin und her, ehe Gottfried abschließend erklärte, er wolle das Eintreffen der anderen Heerführer abwarten, um zu sehen, was die dächten. Gerade das aber trachtete der Kaiser zu verhindern.
Er sandte den eitlen Hugo zu Gottfried und beauftragte den bestochenen, einfältigen Königsbruder zu erzählen, wie herrlich es ihm im kaiserlichen Palast erging, seit er sich »Freund des Kaisers« nennen durfte.
Aber Gottfried war noch nicht gewillt nachzugeben. Man konnte mehr aus dem Kaiser herausholen. Er lockerte ein wenig die Disziplin seiner Truppen, die in den östlichen Vororten der Stadt lagerten und nur gruppenweise zu Besichtigungen und Gebeten in die Stadt gelassen wurden. Die Lothringer und Luxemburger begannen daraufhin, die Villen der Vororte auszuplündern. Gottfried wartete nur auf einen nichtigen Zwischenfall, um richtig aufsässig zu werden oder zumindest den Gewalttätigen zu spielen.
Er fand ihn rasch. Drei Soldaten verrichteten mitten auf einer Hauptstraße, genau wie sie es daheim in Frankreich gewohnt waren, ihre Notdurft. Die Stadtpolizei verhaftete sie (denn den an antiken Vorbildern geschulten Ge-

sundheitsbehörden war der Zusammenhang zwischen Seuchen und Unrat bekannt: Die großen Kanalisationssysteme der Antike waren in Konstantinopel voll funktionsfähig). Eine brüllende Soldateska belagerte erst die Polizeistation, stürmte sie dann; von allen Seiten strömten Rauflustige beider Seiten herzu, es kam zu einer Massenschlägerei, und am Abend gab es sechzehn Tote. Die fränkischen Ritter schleppten einige sechzig Polizisten im Triumph als Gefangene in ihr Lager vor den Toren der Stadt. Daraufhin sperrte der Kaiser die Lebensmittelzufuhr.

Jetzt ließ Gottfried die Zügel noch ein wenig lockerer, und seine Soldaten begannen die Häuser der reichen Vorstadt Pera auszuplündern und anzuzünden. Eine Kirche der Heiligen Kosmas und Damian ging in Flammen auf, und schließlich standen die Truppen vor einem der gewaltigen Stadttore Konstantinopels, willens, die Stadt anzugreifen. Das war zwar ein aussichts- und sinnloses Unterfangen, aber es gab dem Nervenkrieg einen ernsten Hintergrund.

Man schrieb den 2. April 1097, es war Gründonnerstag. Kaiser Alexios übertrieb das Entsetzen, das ihn befallen haben mag, an solch einem heiligen Tag Christen anzugreifen. Aber er tat es dann doch. Freilich hatten die kaiserlichen Garden (es waren zumeist Normannen aus England und Wikinger, Varäger aus Rußland) den ausdrücklichen Befehl, über die Köpfe der Franken zu schießen. Das ganze war eine Farce und von beiden Seiten wohl auch so gemeint, ein Kräftemessen, um die bessere Ausgangsbasis zu erobern.

Als der Kaiser am Karfreitag seinen treuen Hugo von Vermandois nochmals zu Gottfried sandte, konnte man die Zeremonie des Lehenseides für den Ostersonntag vereinbaren, ein reines Vergnügen für die Zeremoniäre des oströmischen Hofes.

Stundenlang wurde jedes Detail beraten. Es gab endlose

Debatten mit Gottfrieds Abgesandten: Mußten die fränkischen Ritter die »Proskynesis« leisten oder nicht? Diese orientalische Form des Kniefalls, bei welcher sich der Besucher des Kaisers der Länge nach vor der Majestät auf den Boden wirft, wurde von den fränkischen Rittern als entwürdigend abgelehnt. Die Hofschranzen wieder konnten und wollten darauf nicht verzichten, denn die Proskynesis hatte tiefen, christlich-symbolischen Charakter.

Schließlich einigte man sich auf einen Kompromiß: Sowie Gottfried das Knie beugen werde, um sich den Anschein zu geben, er wolle sich hinwerfen, sollte ihn der Kaiser huldvoll aufheben. Mit Kreidestrichen wurde auf dem Marmorfußboden des Palastes der Ort des Ereignisses markiert.

Die fränkischen Ritter wurden, einer psychologisch wohldurchdachten Sitte gemäß, durch immer prunkvollere Säle geführt. Ein oströmischer Beobachter vermerkt, daß sie während dieses Ganges zum Kaiser im Blachernenpalast kleine Figuren aus Gold, Alabaster und Porzellan einsteckten — Souvenirs an eine große Stunde.

Im Thronsaal, der in Gold und Rot gehalten und mit großen Spiegeln ausgeschmückt war — dazwischen Mosaike mit Christus, dem Herrn der Welt — verlief alles zunächst zeremoniengemäß. Gottfried beugte das Knie, und der Kaiser hob ihn sogleich auf, die Ritter sprachen der Reihe nach auf lateinisch und französisch die kurze Eidesformel, der Kaiser wiederholte seinen Part auf griechisch, dann rief er Gottfried und einige führende Herren des Stabes zu sich und plauderte mit Hilfe eines Dolmetschers als großer Herr leutselig mit den fremden Rittern, erzählte ihnen über seine Erfahrungen mit der türkischen Taktik und den Waffen der Ungläubigen.

Anna Komnena, die von einer den Damen reservierten Balkonloge aus der Zeremonie beigewohnt hatte, berichtete über eine typische Episode:

»Während der Kaiser mit den Grafen, die eben seine Lehensmannen geworden waren, plauderte, hatte ein Adeliger die Kühnheit, sich auf den durchlauchtigsten Thronsessel des Kaisers zu setzen. Mein Vater, der Kaiser, duldete es wortlos, denn er kannte ja schon seit langem die freche Art dieser Franken. Aber Graf Baudouin, der Bruder des Herzogs Gottfried, trat dazwischen, faßte den Ritter bei der Hand und hieß ihn sofort vom Thronsessel aufstehen. Der Kaiser tat weiterhin, als sehe und höre er von all dem nichts; auch daß der freche Mensch sagte, ›der Alte‹ – also der Kaiser! – habe einen erstklassigen Sessel, ignorierte er. Dann aber sagte der Zurechtgewiesene laut genug, daß es alle hören konnten: ›Seht den Kaiser an, welch ein Flegel! Er allein soll sitzen dürfen, während so hervorragende Kriegsleute wie unser Herr Gottfried vor ihm stehen müssen!‹ Der Kaiser rief einen Dolmetscher und ließ sich die Worte übersetzen, sagte aber nichts. Erst als sich alle verabschiedet hatten, rief er den unverschämten Burschen zurück und fragte ihn, woher er komme. ›Ich bin reinblütiger Franzose!‹ rief der, ›und von Adel wie Ihr! Der Mann, der es wagt, sich mit mir zu messen, den muß man erst finden!‹ Der Kaiser erwiderte: ›Du wirst überreichlich Gelegenheit zum Kämpfen finden . . .!‹«
Mit einem Gefühl der Bitterkeit zog sich Gottfried in sein Lager jenseits der Stadtmauern zurück. Wohl hatte er vom Kaiser mehr Gold erhalten, als er je in seinem Leben besessen hatte, wohl konnte er jedem seiner Krieger ein Geschenk machen und ein Freudenfest mit Wein, Ochsen und Schafen am Spieß und Musik nebst Weibern bieten, aber der Neid auf den Reichen, Mächtigen, den zivilisatorisch Überlegenen, verbitterte ihn und machte ihn ungerecht, gehässig und mißtrauisch gegen alles, was der Kaiser unternahm.
Wenige Tage später schob der Kaiser die ersten beiden

Kreuzheere – das eine unter des Königs Bruder Hugo, das andere unter Gottfried – nach Kleinasien ab. Die Fahrt über den Bosporus, damals »St. Georgs-Arm« geheißen, dauerte nur eine Stunde; in schöner, fruchtbarer Umgebung erwarteten die Krieger das Eintreffen der nächsten Heere. Stephan von Blois schrieb begeisterte Briefe nach Hause ...

Am 9. April kam Bohemund mit seinen Normannen an. Der Held vieler Kämpfe gegen die Oströmer hatte sich eine eigene Taktik zurechtgelegt: Kein Schwertstreich gegen den Kaiser, keine Plünderung, keine Gewalttat. Als hervorragend disziplinierte, schweigende und düster-geschlossene, eisengepanzerte Schar durchritten und -wanderten die Normannen Nordgriechenland. Des Kaisers Spione versuchten vergeblich, die Ziele Bohemunds herauszubekommen.

Kaum war Bohemund vom Kaiser in einem Kloster außerhalb der Mauern Konstantinopels untergebracht, kamen auch schon die Boten, um ihn zu einer Audienz zu bitten. Beide, der Kaiser und der Normanne, erwiesen sich als diplomatische Meister. Bohemund enthüllte seinen Plan: Der Kaiser solle ihn zum »Groß-Domestikos des Ostens« ernennen, zum »Oberbefehlshaber der Heere Ost«. Damit hätte Bohemund eine Legitimation erhalten, das Unternehmen gegen die Ungläubigen zu leiten und Oberbefehlshaber des gesamten abendländischen Heeres zu werden, ein Ziel, das er gerne mit dem Lehenseid an den Kaiser erkaufte. Er hielt ohnedies nichts von Eiden ...

Der Kaiser durchschaute die Absichten Bohemunds: Hatte der Normanne erst einmal die Heere in seiner Hand, dann würde er auch mit Ostrom nicht viel Umstände machen. Man mußte klug verfahren.

So begann er zunächst einmal, Bohemund mit Geschenken zu überhäufen, mit Gold, Ringen, kostbaren Gewändern und Rüstungen, aber auch mit Einladungen zu Falkenjagden und zu Hofveranstaltungen. Die Ernennung aber, die Bohemund anstrebte, zögerte er hinaus. Schließlich, als er die Entscheidung nicht mehr aufschieben konnte, sagte er ihm:

»Ich zweifle nicht, daß du, Bohemund, der geeignetste Mann für den Posten des Groß-Domestikos bist, und ich bin auch sicher, daß du ihn dir, wenn du weiter so loyal zu Meinem Hause und Meiner Politik stehst, erhalten wirst. Zum Zeichen Meiner Huld und um zu zeigen, wie sehr Ich dir vertraue, erstatte Ich dir und allen deinen Männern bis auf weiteres alle Kosten, die ihnen durch den Zug nach dem Osten entstehen. Auch werde Ich sie weiterhin verproviantieren.«

Bohemund wußte danach nicht, wie er daran war und hoffte noch einige Wochen lang, die ersehnte Ernennung werde schließlich doch erfolgen. Jedenfalls hatte er keine Bedenken, mit Gold schwer beladen und mit neuen Pferden und Waffen ausgerüstet, nach Kleinasien überzusetzen.

Sein Neffe Tankred aber, ein ungestümer junger Mann, lehnte die ihm unverständliche Haltung Bohemunds ab: Ohne dem Kaiser irgendwelche Eide zu leisten oder Verpflichtungen zu übernehmen, durchzog er mit seinen Truppen nachts die Stadt und schiffte sich nach Kleinasien ein. Bohemund war es zufrieden: Wenn die Normannen etwas gegen den Willen des Kaisers unternahmen, konnte er sich jederzeit auf den »bösen Tankred« ausreden ...

Die größten Schwierigkeiten hatte Kaiser Alexios mit Raymond von Toulouse, der nach einem harten, alle Kräfte abfordernden Marsch die Adria entlang in recht übler Stimmung in Thrazien eintraf. Die Südfranzosen seines Heeres waren undiszipliniert, es kam immer wieder zu Plünderungen. Der Oberbefehlshaber und Legat des Papstes, Bischof Adhémar, wurde sogar verwundet. Der

Prälat war vom Wege abgekommen, wurde von der Petschenegen-Polizei, die den Heerzug überwachte, für einen Plünderer gehalten, verprügelt und schwer verletzt.
Zudem wartete Raymond darauf, von Papst Urban II. endlich den Oberbefehl zu erhalten, den er so sehr anstrebte. Daß Bohemund sein einziger ernstzunehmender Rivale war, das wußte er: Man berichtete ihm, wie sehr Bohemund in der Gunst des Kaisers Alexios stehe. Wütend und übellaunig folgte der alternde Herr – er litt, nach allem, was wir von seiner Umgebung hören, an Nierensteinen und Hämmorhoiden – in den Palast des Kaisers. Er dachte nicht daran, dem Kaiser den Lehenseid zu leisten und sagte dies auch unumwunden.
Erstens sei er gekommen, um Gottes Werk zu verrichten. Gott sei daher sein einziger Lehensherr.
Zweitens könne er sich nicht – durch den Lehenseid – auf eine Stufe mit allen übrigen Rittern stellen: Er sei ja, wie man nun schon sagen dürfe, ausersehen, den Oberbefehl über das gesamte Heer zu übernehmen.
Der Kaiser erwiderte, davon habe er noch nichts gehört, aber er werde einem Heer, dessen Oberbefehlshaber ihm keinen Treueid leisten wolle, jede Unterstützung versagen.
Der Nervenkrieg begann von neuem. Die besorgten und auf weitere Geschenke erpichten Führer drangen in Raymond, doch endlich den Eid zu leisten. Er blieb störrisch, wiewohl er sah, wieviel ihm entging: Denn Alexios schenkte ihm nicht ein Goldstück; und der habgierige Raymond litt sehr darunter.
Schließlich sandte ihm Bohemund, der fest überzeugt war, des Kaisers Mann beim Heer zu sein, eine harte Botschaft: »Wenn du außerstande bist, dich mit dem Kaiser zu arrangieren, und wenn es deshalb zwischen dir und ihm zu Mißhelligkeiten kommt, werden meine Normannen auf der Seite des Kaisers stehen.«
Nun erst willigte Raymond ein, neuerlich mit dem Kaiser

zu verhandeln. Es darf angenommen werden, daß ihm Alexios unter vier Augen sagte, er habe für den gefährlichen Bohemund nichts übrig. Auch scheint Raymond ein gewaltiges Geschenk erhalten zu haben, denn nach dieser Geheimaussprache sehen wir Raymond als Parteigänger des Kaisers. Den oströmischen Diplomaten gelang es zudem, eine neue Eidesformel auszuarbeiten, in der Raymond zwar keinen Lehenseid leistete, sich aber dennoch verpflichtete, dem Kaiser zu dienen. Als Freund der Oströmer verließ Raymond den Palast. Wenig später setzte auch sein Heer über den Bosporus.

Der Zug nach Jerusalem konnte endlich beginnen; eineinhalb Jahre waren schon vergangen, seit der Papst die Ritter dazu aufgerufen hatte.

Der Kampf um Nikäa

Die Heere der Streiter Gottes zur Befreiung Seiner Stadt Jerusalem lagerten in einer fruchtbaren Küstenlandschaft östlich von Konstantinopel, dort, wo sich heute eine ganze Reihe erstklassiger Strandhotels erhebt. Sie verbrachten eine gute Zeit und vergaßen die Strapazen des Anmarsches und die Hungertage des Balkanwinters.

Ihr ganzes Sinnen und Denken war nun auf den Kampf gegen die Türken gerichtet, die, nur etwa 200 Kilometer entfernt, die alte Konzilstadt Nikäa zur Hauptstadt eines Sultanats gemacht hatten. Der Kampf würde schwer sein, sagten ihnen ihre Führer. Und wenngleich Gott mit ihnen war, so mußte man nicht denken, man habe den Sieg schon in der Tasche: In den letzten Tagen vor dem Aufbruch konnte man im Lager erbarmungswürdige Gestalten sehen, abgemergelte, mit Wunden bedeckte Landsleute, die Überreste des »Heeres des Volkes«, jener Unglücklichen, die Peter von Amiens und Walter Sans-Avoir nach Jerusalem führen wollten. Sie erzählten jammervolle Geschichten vom Untergang ihrer Freunde.

Ein kleinerer Trupp – etwa 5000 Mann – war zuerst von Konstantinopel her zum Plündern ausgezogen, hatte eine Burg erobert, die die Türken freiwillig räumten, waren aber kurz danach in dem elenden, alten Gemäuer eingeschlossen worden. Dort hatte sie ihr Schicksal ereilt:

»Die Türken belagerten uns in der kleinen Burg, die wir erobert hatten. Brunnen und Quellen befanden sich außerhalb der Festung. Renault, einer der Führer, wollte dort den Türken einen Hinterhalt legen, aber er und seine Leute wurden niedergemacht, und dann, vom Tage Michaelis an, belagerten sie uns in der Festung. Sie schnitten uns von jeglicher Wasserzufuhr ab. Die Unsrigen litten dermaßen Durst, daß sie ihren Eseln und Pferden die Adern aufschnitten und ihr Blut tranken. Das half aber nichts. Andere warfen Schärpen und Lappen in Latrinen, tränkten sie mit der eklen Flüssigkeit und versuchten zu trinken. Andere urinierten einander in die hohle Hand und tranken des anderen Harn ... Die Priester aber bestärkten uns durch Gebet, durchzuhalten ...«

Es nützte nichts. Nach acht Tagen kapitulierte die kleine Burg, weil die Türken allen jenen, die zum Islam übertreten wollten, das Leben versprachen. Führerlos und entmutigt, stimmten die Menschen fast alle der Kapitulation zu. Man tötete sie zwar nicht, aber man schleppte sie in die Sklaverei.

Eine Groteske der Geschichte will es, daß die Hauptmacht unter Peter von Amiens – an die 25.000 Mann – die Nachricht der Katastrophe in völlig veränderter Form erhielt: Man brachte Bauern ins Lager – türkische Lockspitzel – die erzählten, der erste Trupp der »Streiter Christi« habe Nikäa erobert und unermeßliche Beute gemacht.

Daraufhin waren die Massen nicht mehr zurückzuhalten: Beute, endlich Beute! Singend und lärmend marschierten sie Nikäa, dem lockenden Ziel, entgegen. In einem Engpaß, knappe zehn Kilometer von ihrem Ausgangspunkt entfernt, warteten schon die Türken im Hinterhalt und überfielen die Ahnungslosen mit einem Hagel von Pfeilen. Obwohl die Männer Peters nicht feige waren und tapfer kämpften, war in einer halben Stunde alles vorbei. Wer noch nicht erschlagen war, floh in das eben erst verlassene Lager zurück, in dem Frauen, Kinder und Priester zurückgeblieben waren: Über sie alle fielen die Türken her und erschlugen sie in einem furchtbaren Blutbad. Einige wenige, die gefangen genommen wurden, mußten ihre toten Freunde zu einem Hügel auftürmen.

Solch eine Katastrophe konnte nicht gerade ermutigen, umso weniger, als doch hier offensichtlich Gott seine Streiter hatte umkommen lassen. Aber die Bischöfe im Heer wußten zu berichten, daß die Scharen Peters in Konstantinopel sogar die Kirchen geplündert hätten: Von einem Kloster hätten sie die Bleiplatten gestohlen und verkauft, Ikonen von den Wänden gerissen, sogar eine heilige Monstranz habe man entweiht, in Stücke geschnitten und unter einigen Kriegern aufgeteilt. Nun habe Gott gezeigt, was er von solchen Kriegern hält: Nichts. Sie sind wie Spreu vor Seinem Atem.

Eine Bußprozession, in der die Ritter barfuß, nur mit Säcken angetan, rund um das Lager zogen, Bußpsalmen singend, beendete die kurze Ruhepause. Das Ziel war klar: Die große und reiche Stadt Nikäa, in der der Heilige Konstantin dem ersten Konzil der Christenheit präsidiert hatte.

Der Sultan der Seldschuken, Kilidsch Arslan, machte sie, nachdem er Jahre zuvor die Oströmer vernichtend geschlagen hatte, zu seiner Residenz. Die Christen der Stadt aber hatte er nicht vertrieben. Er hatte eine türkische Garnison in die Stadt gelegt und seinen Harem, seinen Hofstaat und seine Beamten mitgebracht. Alles in allem ging es den Christen Nikäas genauso gut oder schlecht wie unter den Oströmern. Die Steuerlast war sogar um einiges geringer als vorher. Der Sultan selbst war ein milder Herrscher, tolerant und Schmeichlern zugetan. Wer ihm gute Nachrichten überbrachte, den belohnte er.

Also wurde ihm, als das Kreuzheer herannahte, mitgeteilt, es sei nicht viel besser als die Scharen Peters, die er erst vor kurzem vernichtet hatte. Und weiter, hieß es, seien die Franken von Kaiser Alexios in Unfrieden geschieden: »Du, Erhabener, wirst spielend mit ihnen fertig!«, schrieb man ihm in sein Feldlager an der Ostgrenze seines Reiches, im östlichen Anatolien. Daraufhin beruhigte sich der Sul-

tan und beließ sogar seinen Harem und seine Schätze in der Stadt.
Die Christen erzählten, einander überbietend, von den großen Schätzen in der Stadt, die man erbeuten konnte. Der Einwand, daß Nikäa eine von Christen bewohnte Stadt sei, wurde geflissentlich überhört.
Am 26. April 1097 begann der Marsch nach Nikäa. Das Heer Gottfrieds bildete die Spitze, dann folgten die Normannen unter dem Befehl Tankreds (Bohemund war – wieder einmal – zu Geheimunterredungen beim Kaiser), und schließlich folgten Raymonds und Hugos Scharen. Ohne Zwischenfälle, aber sorgsam darauf bedacht, in keinen Hinterhalt zu fallen, durch Pioniereinheiten unterstützt, die den Weg ebneten und verbreiterten, langte das Heer vor Nikäa an und vermochte die Stadt mit ihrer starken Garnison einzuschließen. Am 3. Juni war die gesamte Streitmacht rund um Nikäa aufmarschiert, an die 60.000 Mann, ein gewaltiges Heer, dessen Kampfkraft der Sultan noch immer unterschätzte.
Das erste große Gefecht zwischen Türken und Kreuzfahrern entbrannte vor den Mauern Nikäas. Es erwies sich, daß die Christen im Einzelkampf, zu Pferd und zu Fuß, jedem einzelnen Türken überlegen waren. Es war nicht Tapferkeit, sondern die Kunst des Waffenführens und der Vorteil des größeren Körpergewichts, was die Kreuzfahrer triumphieren ließ. Der Sultan zog sein Heer in die Berge zurück. Er hatte an die 3000 Mann verloren, mehr, als er im Augenblick verkraften konnte. Die Sieger schnitten den Toten die Köpfe ab und schleuderten sie mit Wurfmaschinen in die belagerte Stadt.
Die türkische Garnison hatte nur noch eine Versorgungslinie offen: über den See, der die Stadt im Westen begrenzte. Die Christen besaßen keinerlei Schiffe und mußten den Kaiser bitten, ihnen zu helfen. Alexios tat das sehr gerne: Er bewies den Franken, wie sehr sie seiner be-

durften. Als die Belagerten am 18. Juni die Schiffe der Oströmer auf dem See auftauchen sahen, traten sie mit dem kaiserlichen General – nicht aber mit den ihnen unbekannten Kreuzfahrern! – in Übergabeverhandlungen ein.

Ob der General die Führer des Kreuzheeres davon verständigte, daß die Übergabe in der Nacht zum 19. Juni erfolgen werde, wissen wir nicht. Der Generalangriff, den das Christenheer für den frühen Morgen eben jenes 19. angesetzt hatte, konnte indes unterbleiben: Von den Türmen und Zinnen der Festung Nikäa wehte der oströmische Doppeladler.

Die Wut der christlichen Heerscharen auf den Kaiser kannte keine Grenzen: Man hatte sie um ihre Beute geprellt. Viele Tage berannten sie nun schon die Stadt, Tausende waren verwundet, große Krieger, wie Baudouin von Gent, gefallen: Und nun erlaubte man ihnen nicht einmal eine kurze Plünderung. Sie sahen zudem, wie die reichen Türken der Stadt mitsamt ihren Schätzen, ihren Kindern und Weibern, nach Konstantinopel geschafft wurden.

Der Kaiser, dem man den wachsenden Unwillen des Heeres hinterbrachte, ordnete an, daß der Staatsschatz des Sultans von Nikäa sogleich unter die Kreuzfahrer aufgeteilt werde: Ein Berg von Gold, Silber und Edelsteinen wurde vor ihnen auf einem freien Platz aufgeschüttet, ein märchenhafter Anblick, wie er in den Geschichten aus Tausendundeiner Nacht fortlebt.

Die Führer erhielten vom Kaiser eine gigantische Geschenksendung. Der große Haufe Goldes konnte also unter die Streiter Christi, je nach ihrer Dienststellung, aufgeteilt werden.

Eine »Kleinigkeit« verlangte der Kaiser als Gegenleistung: Jeder, der noch nicht den Lehenseid geleistet hatte, wurde, ehe er seinen Beuteanteil in Empfang nehmen konnte, neuerlich dazu aufgefordert. Tankred, Bohemunds

Neffe, wollte sich den Eid teuer abkaufen lassen. Er fordere, sagte er dem Schwager des Kaisers, der den Eid entgegennehmen wollte, so viel Gold wie alle anderen Fürsten zusammen erhalten hatten: So viel sei seine Kampfeskraft und Treue eben wert. Als der kaiserliche Verwandte unmutig ablehnte, ohrfeigte ihn Tankred. Erst als ihn sein Onkel Bohemund zurechtwies, schwor er widerwillig den Eid.

Die Kreuzfahrer waren aber bald neuerlich empört, als sie erfuhren, Alexios lasse alle türkischen Gefangenen gegen geringes Lösegeld frei. Die Sultanin empfing er in Konstantinopel sogar mit königlichen Ehren und sandte sie ohne Lösegeld ihrem Gatten nach. Das war, in den Augen der Franken, Verrat. Ja, noch mehr: eine Dummheit. Daß im Orient seit eh und je der Krieg nicht so barbarische Züge zeigte wie im Westen, verstanden die Kreuzfahrer nicht. Der Unterlegene hatte, ihrer Ansicht nach, das Recht auf Leben, Ehre und Schonung verwirkt. Er verfiel mitsamt seiner Familie dem Sieger, der mit ihm, wie mit einer Sache, tun konnte, was er wollte: Am besten, ihn gegen ein immenses Lösegeld freilassen.

Im Feldlager vor Nikäa wurde der Weitermarsch beraten. Der Optimismus war groß: Man hatte die Türken davongejagt, die Straße ins Innere von Kleinasien war frei.

»In fünf Wochen«, so frohlockte der eifrige Briefschreiber Stephan von Blois, »werden wir in Jerusalem sein ...«

Es wurde Sommer, unbarmherziger, kleinasiatischer Sommer. Die Hitze stieg rasch an, die grünen Felder wurden abgeerntet und verdorrten.

Durch die Halbwüste Anatoliens quälte sich das Heer weiter und weiter, dem fernen Jerusalem entgegen.

Das Wunderheer

Kann eine Armee in der Stärke eines modernen Korps, mit einem Troß von Kindern, Weibern und Handwerkern, ohne wohlorganisierten Nachschub, ohne Trainkolonnen, ohne jedwede ärztliche Betreuung, ohne Kenntnis primitivster hygienischer Grundvoraussetzungen – kann solch ein Heer durch die glutheißen, wüstenhaften, wasserlosen Hochebenen Kleinasiens ziehen, ohne an Klima und Hitze und nicht zuletzt an der eigenen Unvernunft zugrundezugehen? Wie konnten gepanzerte Ritter, wie vermochten ihre Pferde einen tausend Kilometer langen Ritt durch das unwirtliche Anatolien zu ertragen?

Gelehrte früherer Jahrhunderte haben gemeint, daß Gott seinem Heere Stärke und Kraft verlieh, um mit allen Unbillen des Zuges fertigzuwerden. Auch wir, deren Soldaten es gewohnt sind, vom Toilettenpapier bis zum Rasierschaum alles geliefert zu erhalten, können uns den geradezu fühlbar von diesem Kreuzheer ausstrahlenden Energien nicht verschließen, jener Kraft, die dazu beitrug, alle Mißlichkeiten zu überwinden. Die moderne Wissenschaft liefert allerdings Anhaltspunkte, die das Wunder auf Erklärliches zurückführen.

Zunächst einmal muß ein Irrtum korrigiert werden: Der Ritter der ersten Kreuzzüge trug noch keine jener prachtvollen, sozusagen auf Taille gearbeiteten, ungeheuer schweren Rüstungen, wie wir sie etwa von Kaiser Maximilian I. her kennen. Zweckmäßigkeit war alles, Schönheit und Eleganz sollten erst viel später entwickelt werden.

Der Ritter des elften Jahrhunderts, unser Kreuzfahrer also, trug einen Eisenhelm mit Nasenschutz. Je nach Zuge-

hörigkeit zu einer bestimmten Gruppe war der Helm kegelförmig, pagodenartig oder viereckig. Den Nacken schützte ein Eisenkettengehänge.
Ein nachthemdartiges, langes, bis zu den Waden reichendes Gewand mit halblangen Ärmeln war sein Hauptschutz. Nur ganz wenige Ritter trugen zusätzlich noch Arm- oder Beinschienen.
Das lange Gewand bestand zumeist aus einander überlappenden Metallstückchen, auf einem Lederkleid aufgenäht oder -genietet. Die Normannen bevorzugten Panzer aus eng ineinander verhakten Ketten. Das Gewand war hinten und vorn geschlitzt, um ein leichtes Auf- und Absitzen des Reiters zu ermöglichen.
Unter der Rüstung mußte der Ritter ein Gewand aus Tuch oder Filz tragen, das vor dem rauhen Panzerhemd schützte und Quetschungen oder Hiebe und Stöße abschwächte. Oft genug war ein schlechtsitzendes Panzerhemd Ursache ständigen Wundseins und eine dauernde Qual.
Wie dünn auch immer solch ein Metallschutz gewesen sein mag — die Angriffswaffen aus der Ferne, die leichten Pfeile drangen nicht durch, und nur darauf kam es an.
Wie man es aushalten kann, mit einem Filzunterkleid, darüber einen wärmespendenden Metallpanzer, bei vierzig Grad Celsius durch wasserlose Steppen zu reiten, diese Frage scheint uns Menschen einer höheren Zivilisation mehr Kopfzerbrechen zu bereiten als den Kreuzfahrern. Kaum ein Chronist nimmt davon ernstlich Notiz: Gewiß, es war heiß, und die vielen Flüche gegen die Hitze mißfielen Gott im Himmel. Das ist alles, was wir hören. Wäre das Klima nicht auszuhalten gewesen — die Zeitgenossen hätten nicht verfehlt, es ausdrücklich und immer wieder anzuprangern.
Die Menschen dieses Zeitalters waren unter Umständen groß geworden, die ihnen Strapazen, die wir nicht einen

Tag ertragen könnten, als klein erscheinen ließ. Nur die Gesündesten überlebten, alles Kränkliche starb schon im Kindesalter. Die Überlebenden hielten Unmenschliches aus. Es gab nur ganz wenige, ausdrücklich erwähnte Fälle, da einen Ritter in glühender Hitze der Schlag traf. Meist suchte man dann nach einer Ursache: Er hatte zuviel gegessen, er war ein Sünder, oder er war betrunken.

Übrigens verwendeten die Kreuzfahrer sehr bald den hellen, leichten Stoffüberwurf, den die Muselmanen über ihren Panzern trugen. Er nahm außerordentlich viel von der Hitze weg: Man denke an den Burnus der Araber.

Das Panzerkleid war relativ einfach an- und auszuziehen. Es kann keine Rede davon sein, daß es die Ritter dauernd trugen, weil es kompliziert anzulegen war; erst in späterer Zeit waren die Ritter außerstande, sich selbst die Rüstung anzuziehen.

Auch die Frage, wieviel die Pferde der ersten Kreuzritter an Gewicht zu tragen hatten, kann mit ziemlicher Genauigkeit beantwortet werden. Die Gelehrten haben zunächst einmal das Durchschnittsgewicht des Kreuzfahrers zu ermitteln versucht. Es gibt ja allenthalben im Vorderen Orient genug Gräberstätten aus dem 11. und 12. Jahrhundert.

Wir müssen vergessen, was uns von Gottfried von Bouillon und Bohemund erzählt wird, die alle ihre Mannen überragten: Der durchschnittliche Kreuzfahrer war um 1,65 Meter groß und wog, da er chronisch unterernährt war, selten mehr als 65 Kilogramm. Die Sättel, die man verwendete – und es sind einige aus dem Mittelalter erhalten geblieben – wogen um 20 Kilogramm, das Panzerhemd ebensoviel: Man hat Stücke, wie sie die Kreuzfahrer verwendeten, in Indien gefunden und genau vermessen. Lanze, Schwert und Helm mögen zusammen ebenfalls an die 15 Kilogramm gewogen haben.

Hier die Rechnung:

Ritter	65 Kilogramm
Sattel	20 „
Panzerhemd	20 „
Waffen, Helm	15 „
Summe	120 Kilogramm

Das aber ist ein Gewicht, das jedes kräftige Pferd wochenlang zu tragen vermag. 1914 trug das Pferd eines britischen Kavallerieoffiziers im Durchschnitt 108 Kilogramm, die deutschen und französischen Pferde der schweren Reiterei noch mehr. Die Kreuzfahrer verwandten daher auch keine überschweren, massiven Wagenpferde, sondern einen aus den arabischen Pferden entwickelten Schlag, der sehr wohl mit seinem gepanzerten Ritter in die Schlacht galoppieren konnte. Das Tempo, das die Pferde erzielten, muß beträchtlich gewesen sein: Wenn sie unversehens mit einem anderen Pferd zusammenstießen oder tödlich getroffen wurden, überschlugen sie sich – ein Beweis dafür, daß sie eine hohe Geschwindigkeit gehabt haben mußten.
Die Pferde ähnelten leichten oder mittelschweren Jagdpferden und sind wohl auch jederzeit zum Jagen verwendet worden. Skelettmessungen ergaben, daß das Kreuzfahrer-Pferd eine Schulterhöhe von 1,50 bis 1,60 Meter hatte und etwa 420 Kilogramm wog – Maße, die dem »normalen« Dienstpferd bei der Polizei vieler Länder entsprechen.
Die Kreuzfahrer erkannten scharfsichtig, womit sie ihre aus Europa mitgebrachten Hengste kreuzen mußten, um deren Eigenschaften zu verbessern. Cypriotische, griechische, aber auch innerasiatische Stuten wurden häufig zur Zucht herangezogen, um Ausdauer und kräftige Beine zu vererben.
Alle Reittiere waren imstande, wochen- und monatelang

ohne längere Ruhepause dahinzuziehen, vorausgesetzt, daß man sie richtig pflegte – und das taten nun die Kreuzritter wirklich. Ein Heer von Knechten betreute die Tiere. Hufschmiede und Feldschere beobachteten sie unausgesetzt. Tollkühne setzten ihr Leben dafür ein, vor den Augen der Feinde Futter für die Pferdeherden zu holen.
In den Krieg zog man nur mit Hengsten. Sie wurden jahrelang darauf trainiert, das Kampfgetümmel mit seinen vielen Menschen, seinem Geschrei, seinen schwirrenden Pfeilen, flatternden Fahnen und seinem Drauflosreiten bis zum Zusammenprall in Gemütsruhe zu ertragen. Am guttrainierten, edlen Pferd erkannte man den Stand des Ritters; es überraschte die reichen Herren, wenn – wie es im Laufe der Kreuzzüge öfter vorkam – ein kleiner, unbemittelter Mann ein edles Roß ritt. Man legte ihm dann nahe, es zu verkaufen: Der Mann lebte offensichtlich über seinem Stand.
Die Türken waren kleiner gewachsen und wogen weniger. Sie mögen selten mehr als 60 Kilogramm »in den Sattel gebracht« haben. Ihre Pferde, interessante Kreuzungen innerasiatischer Pferderassen mit dem klassischen Araberpferd, waren kleiner, zierlicher, aber auch beweglicher als die Kreuzfahrer-Pferde.
Grundsätzliche Unterschiede gab es in der Reittechnik. Die ersten Siege der Franken könnten zu einem Teil, wie es Pferde- und Reitnarren gerne wahrhaben möchten, auf die wuchtigere, folgerichtigere Reittechnik der Kreuzfahrer zurückzuführen sein.
Die Türken erlernten das Reiten nur zu dem Zweck, vom Sattel aus Pfeile abzuschießen, danach davonzureiten, wieder zurückzurasen und neuerlich einen Hagel von Pfeilen abzufeuern. Wer aber im schnellen Reiten gezielte Pfeile abschießen will, der muß eine Technik anwenden, die man den »schwebenden Sitz« nennt. Um ihn vollendet durchführen zu können, verwendeten die Türken extrem kurze

Steigbügel. Das erhöhte nicht nur die Treffsicherheit der berittenen Schützen, es machte die ganze Reiterattacke beweglicher. Im Zusammenprall mit anderen Reitern, im Stoß oder Schlag mit Lanze und Schwert, erwies sich der extrem kurze Steigbügel freilich als fatal: Die Türken purzelten auch schon bei leichten Zusammenstößen reihenweise aus dem Sattel.

Die Kreuzfahrer hatten sich einen Reitstil zurechtgelegt, der ihnen die Gewähr gab, sich auch bei schwerem Zusammenstoß auf dem Pferd, im Sattel zu halten: Ein extrem »langer« Reitsitz also, die Beine gestreckt, die Bügel lang und weit vorn am Sattel befestigt. Die Gefahr, vornüber zu fallen, wenn man zusammenstieß, war gering. Die Beweglichkeit des Reiters war allerdings kleiner.

Er hatte aber auch eine ganz andere Taktik eingetrichtert bekommen: In mäßig schnellem Galopp auf den Feind einreiten, die Lanze mit der ganzen Wucht des Pferdes zustoßen lassen, den Gegner, falls der Stoß nicht Erfolg hatte, im Nahkampf vom Pferd werfen.

Aber schon das erste Gefecht gegen die Türken zeigte den Franken, daß sie umlernen mußten. Der Gegner entzog sich jedem massiven Angriff, schoß aus jeder Lage, auch nach hinten und von der Seite, mit ganzen Wolken leichter Pfeile, stellte sich nie den schweren Reitern und war auch nicht zu verfolgen, weil die kleinen, flinken Araberkreuzungen schneller waren als die größeren Kreuzfahrer-Pferde.

Die Pfeile durchdrangen zwar nicht die Panzerhemden der Franken, aber sie verletzten die Pferde schwer, und töteten auch viele. Und Pferde, wie Stephan von Blois nach Hause schreibt, waren schwieriger zu bekommen als neue Knechte.

Die Kreuzfahrer lernten bald, daß ihre Armbrustschützen zu Fuß eine wesentliche Rolle im Kampf gegen die türkischen Bogenschützen zu spielen hatten: Sie mußten die leichten Reiter in respektvoller Entfernung halten und den schweren Reitern Gelegenheit geben, anzugreifen. Bot sich aber einmal diese Chance, dann siegten die Kreuzfahrer auch über eine fünf- und sechsfache Überzahl.

Die Pferde wurden, was die allgemeine Hygiene anlangt um vieles besser betreut als die Kreuzfahrer selbst. Man guckte den Orientalen die Art der Fütterung bei großer Hitze ab, gab trockenes Gras und Gerste, und erhielt die Pferde gesund.

Die Menschen indes ernährten sich weiter auf eine im heißen Klima unvernünftige Weise: Sie aßen große Mengen eingesalzenen, sehr fetten Schweinefleisches, dazu altes, steinhartes, wurmiges Gersten- und Haferbrot und kochten sich die unvermeidliche Grütze aus diversem Getreideschrot, alles schwer verdauliche Nahrungsmittel, die im heißen Klima mit seinem schlechten Wasser leicht zu Darmstörungen führten. Erst nach jahrzehntelangen trüben Erfahrungen lernte man, Latrinen anzulegen und nicht wahllos rund um den Lagerplatz seine Notdurft zu verrichten. Was das bei annähernd 60.000 Menschen bedeutet, wie es nach zwei Wochen Feldlager rundum ausgesehen hat, kann man sich gut vorstellen.

Es gab fast niemals Wasser zum Waschen, aber es bestand wohl auch kaum ein Bedürfnis danach. Aus diesem Grund verbreiteten sich Infektionskrankheiten wie Ruhr und Typhus mit rasender Schnelligkeit. Schon in Kleinasien kam es zu Dysenterie-Epidemien, wenig später kam Typhus dazu. Die Malaria packte zeitweilig ein Drittel aller Kreuzfahrer. Während der Bezwingung der Taurus-Pässe im Süden Kleinasiens, waren fünfzig Prozent aller christlichen Pilger krank. Es scheint, daß, begünstigt durch das Reizklima der Paßhöhen, zusätzlich noch eine Grippeepidemie mit Lungenentzündung als Folge aufgetreten ist. Die schwere Form des Paratyphus mit Haarausfall, Verlust der Finger- und Zehennägel und schrecklicher Verfärbung der Zunge ängstigte die ahnungslosen Kreuzfahrer. Sie sahen in allem das Werk Satans oder die strafende Hand Gottes.

Im Winter 1097/98 dezimierte, als Folge der einseitigen Ernährung, der Skorbut die Reihen der Kämpfer. Die Ärzte der einheimischen Christen, zumeist Armenier, rieten, vollkommen richtig, zu frischen Früchten, Granatäpfeln etwa. Aber die Kreuzfahrer wollten von den unbekannten Dingen nichts wissen. Sie fürchteten, vergiftet zu werden, und unglücklicherweise starb ein Graf, der seinem armenischen Arzt Glauben geschenkt hatte, nach dem Genuß grüner Feigen.

Die Historiker schätzen, daß im ersten Halbjahr des Kreuzzugs ein Sechstel aller Männer und Frauen einer Infektionskrankheit erlag, Tausende trugen dauernde Schäden nach schwerem Typhus davon, und an die 10.000 litten jahrelang an den Folgen des Skorbuts, zumindest verloren sie ihre Zähne.

Die Wundärzte und Feldschere »verordneten« gegen jedwede Krankheit Wein oder Schnaps – gewiß kein Fehler, aber auch nur selten von echtem Nutzen. Es waren ahnungslose Männer, Scharlatane vom Schlage eines Doktor Eisenbart, die nicht einmal imstande waren, eine Verwundung aus der Schlacht zu behandeln. Tausende starben an relativ harmlosen Verletzungen, weil sie unsachgemäß, ohne die vielen – im Orient längst bekannten – Wundsalben behandelt wurden.

Noble Verwundete pflegte man deshalb stets zu einheimischen Ärzten zu bringen, die dann auch, gegen Wucherhonorar, ihre alte Kunst spielen ließen, Knochensplitter operierten, Brüche schienten und sogar Schädel-Trepanationen durchführten. Die fränkischen Feldschere lernten rasch. Nach einigen Jahren vermochten sie bereits im Konsilium mitzureden, wenn griechische Ärzte eine Diagnose zu stellen versuchten.

Da das Kreuzheer von einigen tausend Frauen begleitet war, gab es fast täglich eine Geburt. Unter den mißlichen Bedingungen des Lagerlebens starben erschreckend viele Kinder. Es zeigte sich aber ganz deutlich, daß neugeborene Knaben weit weniger Überlebenschancen hatten als Mädchen – ein Phänomen, das die Medizin überhaupt häufig konstatieren konnte. Auch während der ganzen späteren Geschichte der Kreuzfahrerstaaten beobachteten die Väter mit großer Besorgnis, wie ihre sehnlichst erwarteten Erben in zartem Alter starben, während die Mädchen fast stets überlebten, eine physiologische Tatsache, die die Politik stark beeinflußte.

Wer aber glaubt, daß die Kreuzfahrer, die eine Welt durchzogen, von der sie sich zwei Jahre zuvor nicht einmal etwas träumen lassen konnten, weil sie außerhalb ihrer Vorstellung lag, ängstlich, beunruhigt oder verstört gewesen seien, wer annimmt, daß sie Seuchen, unbekannte Krankheiten und neuartige Kampfesweisen der Feinde ängstlich machten, der vergißt eine Grundhaltung des Heeres: die Gewißheit, Gottes Streiter zu sein.

Bei all ihrer immer wieder zutage tretenden Niedertracht, in all ihrer kleinlichen, abstoßenden Habsucht, in all ihrem persönlichen Ehrgeiz dienenden Handlungen findet sich dennoch stets auch ein Wesenszug, um den wir Skeptiker des 20. Jahrhunderts die Kreuzfahrer beneiden können: den unbedingten Glauben an die Gerechtigkeit der Sache, für die sie unterwegs waren; die Gewißheit, daß Gott es gewollt hatte, sie nach Palästina zu schicken.

Wer das Kreuz nahm und IHM nachfolgte, dem konnte nichts mehr geschehen. Schlimmstenfalls sah er das Paradies um einige Jahre früher als seine Freunde.

Menschen, die so denken, sind die furchtbarsten Feinde. Denn sie fürchten den Tod nicht.

Der »wilde Osten« Westeuropas

Selten haben es Männer verstanden, ihre Gier nach Besitz so vollendet hinter idealistischen Zielen zu verbergen, wie die Anführer des Ersten Kreuzzuges. Vor ihre Soldaten freilich, vor diese ahnungslose, zutiefst aufgewühlte Masse traten sie mit immer den gleichen Phrasen hin, redeten immer nur von dem großen Ziel, das es zu erreichen galt: »Jerusalem, das Heilige.«

Im Jahre 1097 genügte es, die mutlosen Massen daran zu erinnern, daß sie Streiter Christi seien – und schon waren sie wieder bereit, jede Mühsal zu ertragen – ein Phänomen, das sich nur aus den Erkenntnissen der Massenpsychologie erklären läßt.

Im Zelt der Heerführer ging es längst um andere Dinge. Die Differenzen wurden immer größer. Die Beute von Nikäa, die Goldgeschenke des Kaisers Alexios – sie hatten den Fürsten gezeigt, wieviel es schon hier, im Vorfeld des Heiligen Landes, zu erwerben gab. Die Chance, zum einzig wahren Besitz, zu Land, zu kommen, stieg mit jedem Marschtag und war umso größer, je isolierter man sich von seinen Mit-Feldherren hielt: War man allein, brauchte man nicht zu teilen und konnte sich, war das Erreichte lohnend genug, gleich als neuer Herr etablieren.

Das Heer hatte davon keine Ahnung. Es sah seine Anführer vor den Feldaltären knieen, in härenen Gewändern Buße tun, barfuß sich geißeln und tönende Reden über Jerusalem führen: Wie sollte man da mißtrauisch sein? Auf zum Heiligen Grab!

Der Weitermarsch von Nikäa aus konnte nur auf der römischen Heerstraße vor sich gehen, hinein ins Herz des südlichen Kleinasien. Die Beratungen der Anführer waren äußerlich zwar ruhig, aber von tiefstem Mißtrauen gegeneinander getragen: Warum, so fragte etwa Gottfried, wolle Raymond erst eine Tagesreise nach ihm aufbrechen? Könne er Gründe dafür nennen?

Jedermann fühlte, daß Gottfried der Meinung war, Raymond wisse um verborgene Reichtümer und wolle niemand anderen dabeihaben. Bohemund und Tankred sagten, die süditalienischen Normannen würden sich überhaupt nur dann an Kriegsratbeschlüsse halten, wenn sie für sie opportun wären: Das war nun, in dieser Phase des Kreuzzugs, glücklicherweise der Fall.

Man zog schließlich doch, weil das Land rings um Nikäa ausgeplündert und wasserarm war, in zwei etwa zehn Stunden voneinander entfernten Heersäulen nach Osten. Nach 120 Kilometern, nächst der Weggabelung von Doryläon, traf die erste Heeresgruppe unter Bohemund und den Nordfranzosen auf die Türken.

Bohemund war darauf vorbereitet. Die Zeltstadt der Kreuzfahrer mit ihren Hunderten von Weibern, Kindern, waffenlosen Pilgern und Priestern, Handwerkern und Händlern, war rings um mehrere Quellen errichtet worden; Bohemund rief seine Unterführer zusammen und gab den Befehl aus, sich nur zu verteidigen und nicht anzugreifen, bis die zweite Heeresgruppe unter Raymond eintreffen werde.

Ein Bote raste zurück, um sie zu größter Eile anzuspornen. Jeder hatte seine Aufgabe, auch die Frauen, die Alten und die Kinder, die Wasser tragen und Feuerbrände löschen mußten.

Die türkische Taktik war den Europäern damals noch unbekannt: Unablässig schossen die Reiter ihre Pfeile ab. Der klassisch gebildete Chronist Wilhelm von Tyros berichtet: »Beim ersten Ansturm schossen die Türken auf uns so dichte Pfeilmengen, daß weder Regen noch Hagel eine größere Dunkelheit hätten hervorrufen können« — ein Bild, das er von den Perserkriegen der alten Hellenen entlehnt hat. »Diese Kampfesart«, schreibt er weiter, »war unseren Streitern völlig unbekannt. Sie sahen ihre Pferde fallen, die sie nicht schützen konnten, und sie versuchten vergeblich, den Feind mit Schwert oder Lanze zu erreichen.«

Alles hing jetzt davon ab, ob sich Bohemund so lange im verschanzten Lager halten konnte, bis das zweite Heer unter Raymond heran war. Auszuharren war nicht einfach. Denn die Türken ritten nun auch schon Attacke gegen die Zeltstadt.

Fulcher von Chartres: »Schon verloren wir alle Hoffnung, unser Leben zu retten; wir wurden uns unserer Sünden und Verbrechen bewußt, und wir erflehten demütig das göttliche Mitleid ... Wir alle sangen und beteten, viele von uns weinten. Eine Menge Kleinmütiger warf sich bereits zu Boden, bekannte laut Sünden, von denen bisher niemand etwas geahnt hatte ... Und glücklicherweise, versöhnt durch unsere flehentlichen Bitten, hob der Herr unseren Mut. Die Türken wurden immer schwächer ...«

Ganz so war es nicht. Der Sultan hatte keine Ahnung, daß er nicht das ganze Kreuzheer vor sich hatte und daß eine zweite Abteilung folgte. Er ließ Salve um Salve von Pfeilen abfeuern, des nahen Sieges gewiß. Als die Pfeile knapp wurden und er eben den letzten Sturmangriff befehlen wollte, kamen Raymonds Vorhuten in Sicht. Zuerst nur ein Zaudern, das rasch zur Verwirrung wurde und schließlich in Panik ausartete, als Adhémar, Bischof von Puy, mit einigen tausend Mann von einem Hügel herab auf die Türken losstürmte (er hatte sich von einem einheimischen Christen dahin führen lassen) — und der Sieg für die Christen war gewonnen. Die Türken ritten davon, ließen ihren Sultan mit seiner Leibgarde den Rückzug dekken. Das Lager mit dem Zelt und den Schätzen der Türken fiel den Kreuzfahrern in die Hände.

Der Sultan, als echter Orientale, teilte seinen Untertanen fatalistisch mit, die Franken seien stärker als erwartet, man könne gegen sie nichts tun: Er habe eine Bataille verloren, Ruhe sei jetzt die erste Untertanenpflicht.
Nur noch eines unternahm er: Auf jener Straße, der seiner Meinung nach die Kreuzfahrer entlangziehen mußten, verwüstete er alles, ließ sogar Ölbäume umhauen, schüttete Quellen zu und ließ Zisternen verunreinigen. Dann zog er sich in die Salzwüsten des zentralen Anatolien zurück und wartete ab.
Die Chronisten der Kreuzfahrer feierten diesen ersten echten Sieg über ein Türkenheer überschwenglich. Man lobte, um den eigenen Erfolg zu vergrößern, die Türken maßlos. Die Siegesboten, die per Schiff nach Westeuropa zurückfuhren, mußten berichten, daß die Türken die »edelsten und tapfersten Ritter neben den Franzosen und Normannen« seien, ja, der Verfasser der »Gesta Francorum« weiß sogar zu melden, man habe authentisch festzustellen vermocht, Türken und Franken hätten die gleichen Urahnen — die Trojaner, die ihrerseits wieder die Todfeinde der verräterischen Griechen (lies: Oströmer) gewesen seien; schade, daß der verschiedene Glaube Türken und Franken trenne, sie seien ja eigentlich Stammesbrüder ...
Nach zwei Tagen schon brach das Kreuzheer wieder auf. Es gab nicht genügend Futter für die Pferde, auch war die Hitze arg und die steppenhafte Gegend nicht einladend.
Mißtrauen siegte über Vernunft. Die gesamte Heeres- und Pilgerschar, insgesamt wohl 60.000 Menschen, zog ein- und dieselbe Straße, die durch die Verwüstungen des geschlagenen Sultans markiert war. Die Verpflegungsprobleme waren kaum lösbar.
Die Pferde fraßen nun tagelang nichts als dürre Dornbüsche, bekamen davon aber die Cholik (oder eine andere Darminfektion) und starben zu Hunderten: Der einzige

Vorteil war, daß man sich mit Pferdefleisch vollessen konnte.
Die Ritter, die nun zu Fuß gingen, hatten unter der Last ihrer Helme, Panzerhemden und Waffen zu leiden, die sie aufgebürdet bekamen. Die Händler im Lager kauften an Rüstung auf, was zu bekommen war, richtige »Baisse«-Spekulanten; denn die Preise für ein Panzerhemd oder einen Helm sanken ins Bodenlose. Nach zehn Tagen Wüstenmarsch gab es für einen Helm nur noch ein Ei und ein Glas Wein.
Wieder, wie schon zwei Jahre zuvor, erschien ein Komet am Himmel. Die Priester verglichen ihn aber diesmal mit dem Stern von Bethlehem, und er erfüllte die Krieger Gottes mit Zuversicht.
Am Fuße des bis zu 3.700 Meter hohen Taurus-Gebirges erreichten die Pilger christliches, von Armeniern besiedeltes Land. Die wohlhabenden Städte bemühten sich rührend, den müden, ermatteten Scharen zu helfen. Baudouin von Boulogne (in der deutschen Geschichte unter dem lächerlich klingenden Namen Balduin bekannt), der Bruder Gottfrieds von Bouillon, einer der scharfsinnigsten, kühlst rechnenden Ritter des ganzen Zuges, freundete sich mit den Armeniern an, ließ sich von ihnen in ihre Sitten und die politische Situation einweihen. Er rekognoszierte auch die kleinste Möglichkeit, zu einer Herrschaft zu kommen.
Daheim in Frankreich hatte Baudouin als dritter Sohn keine Chance, zu Besitz zu kommen. Er war hart und skrupellos genug, ihn sich um jeden Preis, auch den der größten Niedertracht, anzueignen. Da er ein Mann war, der Geduld zu üben verstand, und da er meisterhaft seine Gedanken verbarg, ahnten seine Gefährten nichts von all seinen Plänen, wiewohl er zweifellos unausgesetzt an nichts anderes mehr dachte.
Am Fuß der Taurus-Pässe, am Beginn der uralten Völkerstraße der »kilikischen Pforte«, erhielt Baudouin von

seinen armenischen Freunden einen Fingerzeig: Die kilikischen Armenier seien ihrer schwachen, moslemischen Herrscher müde, sie würden einen starken Herrn, notabene einen Christen, gerne anerkennen.

Baudouin teilte daraufhin seinem Bruder Gottfried von Bouillon mit, er werde nun das Heer verlassen, um sich ein Fürstentum zu erobern.

Tankred, der Neffe Bohemunds, auch er arm und landlos, war außer sich vor Wut. Denn er hatte die gleiche Absicht: Auch der Normanne verließ das Hauptheer; die Soldaten Christi sahen verlegen und betreten diesem Abmarsch der Abenteurer nach. »Wir sorgten uns, wie unser Oberster Kriegsherr im Himmel dies wohl aufnehmen werde!« fürchtete sich ein Chronist.

Baudouin, der drei Tage hinter Tankred marschierte, hatte die Geburtsstadt des Heiligen Paulus, Tarsos, im Auge. Aber als er vor die Stadt kam, fand er sie bereits von Tankred besetzt. Die Normannen hatten die wenigen Türken der Besatzung zum Abzug veranlaßt. Baudouin, dem die Armenier offenbar konkrete Zusagen gemacht hatten, forderte Tankred auf, ihm die Stadt zu übergeben. Tankred, weit schwächer als Baudouin, mußte zähneknirschend abziehen und beschloß, die östlich davon gelegene Stadt Adana zu erobern.

Baudouin saß nun als Herr in der kleinen Stadt, mußte aber bald erkennen: Als »Graf von Tarsos« würde er keine Reichtümer ansammeln können. Beratungen mit seinen armenischen Freunden folgten.

Eine Hartherzigkeit sondersgleichen machte ihn zum meistgehaßten Feind der Normannen: Eine Gruppe von 300 Rittern aus Tankreds Gruppe geriet nahe vor Tarsos in einen Hinterhalt von zahlenmäßig überlegenen türkischen Freischärlern. Die Normannen ritten, so schnell sie konnten, zum nächsten christlichen Stützpunkt: Es war Baudouins Tarsos.

»Laßt uns in die Stadt, die Türken sind hinter uns her!« flehten die Christen ihre Brüder in der Stadt an. Baudouin öffnete die Tore nicht, ja er gab ihnen nicht einmal Antwort. Die Normannen behaupteten, er habe sogar zugesehen, wie die 300 Krieger seines Feindes Tankred von den Türken massakriert wurden.

Baudouins Glückssträhne dauerte an. Er erhielt sogar eine unerwartete Verstärkung. Ein berufsmäßiger Seeräuber, Guinmer aus Boulogne, also ein unmittelbarer Landsmann Baudouins von Boulogne, landete mit einem wüsten Haufen dänischer, friesischer und englischer Spießgesellen in Tarsos, leistete freudig seinem Landsmann Baudouin den Lehenseid, in der sicheren Annahme, hier werde man etwas »erben« können, und bot sogleich die Hilfe seiner Banditen an.

Baudouin, der entschlossen war, sich ein anderes, reicheres Herrschaftsgebiet zu suchen, belehnte den Verbrecher mit Tarsos. Bedenkenlos lieferte er die reiche christliche Stadt dem Strolch aus, der sie innerhalb weniger Monate zugrunderichtete.

Baudouin zog weiter nach Osten, voll Angst, Tankred könne ihm irgendwo zuvorkommen. Am Ufer eines kleinen Flüßchens holte er den Normannen ein. Tankreds Leute stürmten mit dem Geschrei »Rache für den Verrat von Tarsos!« auf Baudouins Haufen. Bischöfe und Prälaten warfen sich dazwischen: »Welche Schande! Kreuzfahrer gegen Kreuzfahrer . . .!«

Mit Mühe und Not wurde ein Friede zusammengekleistert. Beide Führer erklärten feierlich, sie würden sich wieder dem Hauptheer anschließen, das unter großen Plagen das Taurusgebirge überquert hatte und Antiochia belagerte, die Perle Syriens.

Baudouin hatte noch einen weiteren Grund, zum Kreuzheer zu stoßen: Seine Gattin Godvère und seine vier Kinder waren an Malaria Tropica erkrankt und lagen im

Sterben. Er kniete noch an ihren Betten und empfahl ihre Seelen Gott. Aber eine Stunde später konferierte er schon wieder mit seinem armenischen Berater.

Der christliche Fürst von Edessa – die Stadt liegt etwa zweihundert Kilometer östlich und landein vom Mittelmeer – bat Baudouin um Hilfe. Nach kurzer Beratung mit seinem Bruder Gottfried und dessen gewiß, daß ihm Tankred diesmal nicht folgen werde, zog Baudouin aus, um sich sein Fürstentum zu erobern.

Märchenhaft ist alles an diesem Zug nach dem »wilden Osten«: Schon der Beginn, da Baudouin das Totenbett seiner getreuen Gattin verläßt; der rührende Hilferuf des greisen Fürsten von Edessa; der Siegeszug von Baudouins Scharen durch ein Land, von dem sie daheim in Frankreich nicht einmal träumten. Sogar die Namen der eroberten Burgen – Ravendel und Turbessel – haben Märchenklang. Und dann der jubelnde Empfang der verlorenen Schar fränkischer Abenteurer in der großen, reichen und prächtigen Stadt Edessa: Ein orientalisches Märchen.

Für den greisen Thoros war die Lage freilich wenig märchenhaft. Baudouin wollte nicht als Feldherr und Söldner für die Christen Edessas kämpfen. Brutal machte er Thoros darauf aufmerksam, daß er nicht gekommen sei, um Dienst zu nehmen: Besitzen wolle er, und dafür biete er Schutz.

Baudouin schlug dem alten kinderlosen Fürsten vor, er solle ihn adoptieren. Die Adoption fand am 8. Februar 1098 in feierlicher Form auf dem größten Platz Edessas statt. Baudouin und sein neuer Vater Thoros entblößten ihre Oberkörper, ein weites Hemd wurde ihnen beiden übergestülpt. Vater und Sohn rieben dann eine genau bestimmte Zeit lang ihre Oberkörper aneinander. Das gleiche Schauspiel, sehr zum Gaudium der vor Lachen brüllenden Franken, mußte Baudouin mit seiner greisen Adoptivmutter vollziehen.

Der neue Herrscher jagte den Türken der Umgebung Schrecken ein und unterjochte mehrere kleinere armenische und türkische Herren.
In einer genialen Intrige entledigte sich Baudouin alsbald seines neuen Adoptivvaters. Er unterstützte eine Verschwörung gegen Thoros. Sie hatte Erfolg: Thoros wurde von den Aufrührern in seinem Palast belagert, und Baudouin empfahl ihm, sich zu ergeben, er bürge für seinen Schutz. Als der Fürst mit seiner Gattin den Palast verließ, um ins Exil zu gehen, riß ihn die Volksmenge in Stücke. Baudouin war, als man ihn zu Hilfe rufen wollte, eine Stunde lang unauffindbar ...
Am 10. März war Baudouin Herrscher in Edessa und nahm den fränkischen Titel »Graf« — »Comes« — an.
Die Kreuzfahrer, die zu diesem Zeitpunkt noch immer Antiochia belagerten, hörten von Baudouins Erfolg. Einige Dutzend beschlossen, das Heilige Grab von anderen Streitern befreien zu lassen und stießen zu dem neuen Grafen, der sie sogleich mit Gütern entflohener Türken und Armenier belehnte. Die Armenier, zuerst von Baudouin und seinen Erfolgen (er eroberte die reiche Stadt Samosata) begeistert, haßten ihn bald, weil er sich nur von den Franzosen beraten ließ und die Einheimischen kujonierte.
Eine Verschwörung, die im Sommer ausbrach, unterdrückte er grausam: Ihre Häupter wurden zu Tode gefoltert, andere geblendet, einigen schnitt man die Zungen ab, anderen die Füße. Nur wenige reiche Adelige durften sich für kleine Vermögen freikaufen. Ihnen wurde »nur« die Nase abgeschnitten. Danach kehrte Ruhe ein in Edessa.
Baudouin hatte es als erster Kreuzfahrer geschafft. Er war Graf eines reichen und mächtigen Staates und hatte die großen Herren — die Bohemund und Raymond, die Gottfried und Hugo — überflügelt.
Das ließ diese großen Herren freilich nicht mehr ruhig schlafen.

Die Kämpfe um Antiochia

Eine einzige Festung sperrte noch den Weg nach Jerusalem: Antiochia.

Die alte, hellenistische Großstadt, die in ihren besten Zeiten, um 200 n. Chr., etwa eine Million Einwohner hatte, war auch im Jahre 1098, als die Kreuzfahrer sie einzuschließen begannen, trotz schwerster Erdbeben und unzähliger Plünderungen, noch immer eine reiche, betriebsame und wohlhabende Stadt. Sie war vorwiegend von Christen bewohnt, freilich von Anhängern verschiedener Glaubensbekenntnisse, die einander bis aufs Messer bekämpften.

Überragt vom Silpiosberg mit seiner Zitadelle, von einer Mauer umgürtet, die so lang war, daß sie 360 Wachttürme benötigte, stellte sie ein Viereck von etwa vier Kilometern Seitenlänge dar. Es war eine für die mittelalterlichen Menschen riesige, glänzende, alles in ihrer Heimat Geschaute überragende Stadt.

Antiochia büßte mit dem siegreichen Vormarsch des Islam seit 650 n. Chr. mit jedem Jahrhundert von seinem Glanz ein. Damaskus, die Hauptstadt der Omaijaden, ebenso wie die islamische Metropole Aleppo, vermochten ihr viele wichtige Handelsgeschäfte wegzunehmen. Aber noch kamen und gingen täglich dutzende Karawanen in ihren Basaren aus und ein, und der türkische Emir Yaghi Siyan (den die Kreuzfahrer »Cassian« nannten) vermochte von den Erträgen der diversen Zölle und Steuern großartig zu leben. Er war ein Condottiere und sollte eigentlich einen Großteil der Einnahmen seinem Oberherrn, dem Emir von Aleppo, abgeben, aber er dachte nicht daran. Er fühlte sich

als Souverän und war es wohl auch. Denn die Emire Syriens, einschließlich der großen Herren in Bagdad, Damaskus und Mossul, hatten andere Sorgen. Sie lagen dauernd miteinander in Fehde – in dieser Hinsicht von ihren westlichen Feinden in nichts unterschieden. Und die einzige große Macht, Ägypten, wurde von einer Dynastie regiert, die nicht nur religiöse Differenzen mit den Türken auszutragen hatte, sondern in ständigem Kleinkrieg mit den eigenen räuberischen Emiren und Lehensherren lag. Grund genug für den Emir von Antiochia (wie übrigens für zahllose andere »Herrscher« seines Schlages in ganz Vorderasien), sich durch raffiniertes Lavieren und Gegeneinander-Ausspielen der Nachbarn selber erfolgreich und einträglich zu behaupten.
Nun aber, da das Kreuzheer nahte – und es war größer, als Yaghi Siyan je gefürchtet hatte – änderte sich die Situation grundlegend. Jetzt entsann er sich, daß er Türke und ein Moslem war und daß ihm daher alle Türken und Moslems helfen mußten, die Franken zu vertreiben. Boten gingen von Bagdad bis Mossul an alle Emire, Sultane und kleinen Herrscher:
»Helft! Zieht aus zum Heiligen Krieg! Der Islam ist in Gefahr!«
Aber die Fürsten wollten keinen »Heiligen Krieg«. Sie, die mit einer Handvoll türkischer Söldnertrupps die Araber unterjochten, mußten jede Volkserhebung fürchten: Wer weiß, wohin es sich entwickelte, wenn man das Volk zum »Heiligen Krieg« aufrief ...
Also zogen die Emire und Kleinfürsten nur türkische und kurdische Söldner aus allen Teilen Vorderasiens zu einem riesigen Heer zusammen (vorsichtige Schätzungen besagen: 200.000 Mann), unterstellten es dem wegen seiner Grausamkeit gefürchteten Atabeg von Mossul, Kerboga, der seit langem damit kokettierte, seine Macht bis ans Mittelmeer auszudehnen: Antiochia zu retten war für ihn

nicht nur eine löbliche, Allah wohlgefällige Aufgabe, sondern auch eine lohnende. Denn Kerboga gedachte Antiochia seinem Reich einzuverleiben.
Mittlerweile begann das Kreuzheer, die riesige Stadt einzuschließen. Die geschickten Handwerker und Pioniere der Franken, wahre Improvisationskünstler, forderten Holz, Eisen, Seile und Winden, um fahrbare Belagerungstürme, diesen Artillerie-Ersatz des frühen Mittelalters, bauen zu können (auf ihren bis zu zwanzig Meter hohen Plattformen, die stark armiert waren, schob man die Stoßtrupps bis an die feindlichen Mauern heran, die sie dann mit einer Art von Zugbrücke enterten). Aber es gab nur Steine in der Umgebung, kein Holz.
Der Spätherbst war in diesem Jahr 1097 feucht, unfreundlich und bald auch eisig. Ein Nordlicht und ein Erdbeben verwirrten die Kreuzfahrer.
»Ich kann nicht verstehen, wie man sich über die syrische Hitze beklagen kann!« schreibt Stephan von Blois an seine geliebte Adélie. Die Kreuzfahrer froren erbärmlich und konnten nur selten kochen. Es gab kein Brennmaterial.
Bald aber kam der Hunger. Sie hatten ursprünglich riesige Vorräte an Getreide, Vieh und Wein, aber da es niemanden gab, der mit dem Proviant haushielt, wurde wochenlang gepraßt und in den Tag hineingelebt. Gegen Weihnachten hatten nur noch die Händler reiche Vorräte, die Pilger Christi aber begannen zu hungern. Der Kriegsrat der Kreuzfahrer beschloß, Fouragetrupps auszusenden, um Lebensmittel zu requirieren, aber die Ergebnisse waren mager. Man aß Leder, Rinde und genießbare Erde. Als es gelang, den etwa 20 Kilometer von der Stadt entfernten Mittelmeerhafen der Stadt, St. Symeon, zu erobern, und als dreizehn genuesische Galeeren eintrafen, von Kaiser Alexios mit Lebensmitteln und dem nötigen technischen Gerät zum Bau von Türmen versehen, besserte sich die Versorgung, aber nur für kurze Zeit.

Spione beobachteten alles und meldeten den Moslems jeden Schritt der Kreuzfahrer. Bohemund beschloß, ein Exempel zu statuieren, das in seiner Wildheit noch Jahrhunderte später im Vorderen Orient die Runde machte, wenn von der fränkischen Art, Krieg zu führen, die Rede war.

Er ließ drei der Spionage überführte Männer umbringen, dann aber mit großem Aufwand und viel Geschrei auf riesige Spieße, wie man sie zum Ochsenbraten verwendete, stecken, genau so zurichten wie einen Festbraten und langsam über einem kleinen Feuer garbraten. So, rief Bohemund lauthals, werde man alle Spione behandeln; sie seien eine Leibspeise für die Normannen ...

Über die unmittelbare Wirkung dieser normannischen Nuance der psychologischen Kriegführung wissen wir nichts.

Die Lebensmittelknappheit überschattete alsbald jede andere Überlegung im Kreuzheer. Moderne Forschungen ergaben, daß der weitaus größte Teil der Verluste des ersten Kreuzheeres vor Antiochia entstand: Ein Siebentel des Mannschaftsstandes verhungerte, etwa ein Drittel der Kinder und Frauen und mehr als die Hälfte der Priester.

Die Wochen und Monate gingen dahin. Die Kreuzfahrer konnten nichts anderes tun, als den Ring um die Stadt so dicht wie nur möglich zu halten; sie vermochten nicht zu verhindern, daß immer wieder Vorräte in die belagerte Festung gelangten.

Immer drohender wurden die Nachrichten vom Herannahen des Ersatzheeres unter dem gefürchteten Kerboga. Folgerichtig forderte Raymond von Toulouse, man müsse den Generalsturm wagen, denn sei man vorher noch nicht im Besitz Antiochias, so werde das Kreuzheer zwischen Belagerten und Ersatzheer zermalmt werden. Dies aber fand den wütenden Widerspruch Bohemunds, der unter tausenderlei Vorwänden von einem Generalsturm abriet.

Raymond fühlte in ohnmächtiger Wut den wahren Grund: Der Normanne wollte sich zum Herrn der Stadt machen und daher derjenige sein, der wesentlich zu ihrer Eroberung beitrug. Der Generalsturm wurde aufgeschoben.

Die spottsüchtigen Moslems aus Antiochia sperrten den christlichen Patriarchen der Stadt in einen Käfig und ließen ihn täglich an Stricken über die Stadtmauer hinab. Ein Stadtausrufer sang obszöne Verse, während die Soldaten den Kirchenfürsten mit Harn und Kot beschmutzten.

Endlich bekam Bohemund jenes Endchen in die Hand, das es ihm ermöglichte, bei der Eroberung der Stadt die entscheidende Rolle zu spielen. Eines Nachts wurde er von einem zum Islam übergetretenen Armenier namens Firuz aufgesucht. Dieser Firuz, türkischer Offizier in Antiochia, aber wegen Schleichhandels mit Getreide degradiert, haßte seinen Oberherrn und war bereit, gegen einige Säcke Gold die Stadt zu übergeben. Er kommandierte noch immer zwei der 360 Türme: Sie würde er zu gegebenem Zeitpunkt preisgeben. Bohemund willigte in den Handel ein, aber unter einer Bedingung: Nur ihm oder einem Normannen (falls er, Bohemund, nicht mehr leben solle) dürfe Firuz die Türme ausliefern. Noch aber hieß es warten, bis der richtige Tag herankam.

Das war nun der schwierigste Teil: dieses Warten. Seit dem 21. Oktober lag das Heer vor Antiochia. Jetzt schrieb man Ende Mai. Schon desertierten die ersten der Streiter Christi. Unser alter Bekannter Peter von Amiens, der das »Heer des Volkes« ins Verderben geführt hatte, in Konstantinopel aber wieder zum Kreuzheer gestoßen war, bekam es mit der Angst zu tun und lief einfach davon. Eine Katastrophe überlebt zu haben, war ihm wohl genug.

Unangenehmer war es, daß auch ein so großer Herr wie der reiche Stephan von Blois bei Nacht und Nebel davon-

ging. Er schützte »tödliche Krankheit« vor, aber jeder wußte, daß der gute Herr Stephan einfach genug hatte; er fürchtete das Ersatzheer mehr als seine strenge Gemahlin.
Drei Tage hätte Stephan noch aushalten müssen. Denn in der Nacht zum 3. Juni war Firuz zu seinem Verrat bereit. Jetzt erst weihte Bohemund seine Gefährten ein. Mit vielen »Das habe nur ich getan ... das habt ihr mir zu verdanken ... wenn ich nicht gewesen wäre ...« erläuterte er ihnen den Plan. Es lief programmgemäß ab.
Wilhelm von Tyrus: »Firuz gab das ausgemachte Zeichen und ließ sofort ein Seil herab, an das wir eine Strickleiter befestigten, die er hinaufzog. Aber niemand wagte, als erster hinaufzuklettern, auch als Bohemund dazu aufforderte; da trat der edle Herr selbst vor und stieg hinauf. Er kletterte schnell alle Sprossen hinauf, und seine Hand berührte die Mauerkrone, wo sie Firuz ergriff und ihn hinaufzog. Bohemund sprach dabei: ›Es lebe diese Hand!‹ Dann umarmte er Firuz.«
Gleich danach kletterten sechzig weitere Normannen hinauf und wurden auf jene beiden Türme verteilt, die dem Firuz unterstellt waren. Ein Stoßtrupp öffnete das nahe St. Georgstor, und die Masse des Heeres wälzte sich in die Stadt. Es gab kaum Straßenkämpfe. Yaghi-Siyan floh aus der Stadt, sein Sohn aber verschanzte sich in der Zitadelle. Bohemund hatte nur ein Ziel: Auf dieser Zitadelle sein Purpurbanner zu hissen. Als es ihm mißlang, bohrte er es auf dem höchsten Punkt des Silpiusberges ein: »Dies ist meine Stadt, aus der mich niemand mehr vertreiben wird.«
Zwölf Stunden später war in Antiochia kein Türke mehr am Leben. Man hatte sogar hunderte Christen umgebracht, ausgeplündert, ihre Frauen geschändet. Unersetzliche Werte wurden mutwillig verwüstet. Aber die Christen hatten wenig Zeit, sich Siegesfeiern hinzugeben.

Denn am 5. Juni, nur zwei Tage später, wurden sie von dem großen Heer des Atabegs Kerboga eingeschlossen. Der Türke aus Mossul lagerte genau dort, wo noch einige Tage zuvor das Hauptquartier der Kreuzfahrer gewesen war. Am 10. Juni hatte er sie vollständig eingeschlossen. Ein Entrinnen war unmöglich.

Angst, die aus bösem Gewissen stammte, kam hinzu. Kerboga schwor, er werde »jeden Christenhund« zu Tode foltern; man hatte ihm hinterbracht, daß die Kreuzfahrer die Gräber der gefallenen Moslems aufbrachen, die Kleider der Leichen nach Gold und Wertgegenständen und sogar die Gedärme der Toten nach verschluckten Wertgegenständen durchsuchten. Das war selbst für den als »schrecklich« und brutal bekannten Kerboga unfaßbar. Die ersten Gefangenen, die er machte, wurden denn auch vor den Augen der Kreuzfahrer lebendigen Leibes geschunden. Kein Zweifel: Die Feinde lernten voneinander.

Die Lage der Kreuzfahrer schien hoffnungslos. Von 200.000 Mann eingeschlossen, tausende Kilometer von daheim entfernt, nur auf sich und eine wankelmütige, christliche Stadtbevölkerung gestützt – wie sollten sie sich erretten?

Es war eine echte »Stress-Situation«, die – wie der Psychologe weiß – die unwahrscheinlichsten Phänomene hervorzubringen vermag. Die Masse der Kreuzfahrer hungerte nach einem Zeichen, nach einem Wunder, das den Beweis liefern mochte, Gott sei noch immer ihr oberster Herr.

Zehn Tage, nachdem aus den Belagerern Belagerte geworden waren, erschien ein provençalischer Pferdeknecht bei seinem Lehensherrn, dem Grafen Raymond von Toulouse und St. Gilles, und berichtete von einer Vision, die ihn seit Tagen verfolgte. Raymond ermunterte den Verstörten, zu erzählen. Und Pierre Barthélemy, der Kreuzfahrer und Bauer, übrigens ein Mann mit schlechtem Leumund, ein

Spieler und Hurer, berichtete dem Grafen in Anwesenheit des Bischofs Adhémar das Folgende:
Am Tage nach dem großen Erdbeben, als die Kreuzfahrer noch Antiochia belagerten, erschienen zwei Männer in leuchtenden Gewändern vor ihm: »Der eine, ältere, ein Mann mit rotblondem Haar und schwarzen Augen, mit weißem, langem Bart; der andere, jüngere, der schönste Mensch, den ich je sah. Und der Ältere sagte zu mir: ›Steh auf und hab keine Furcht! Höre, was ich dir zu sagen habe! Ich bin der Apostel Andreas. Suche den Grafen Raymond von St. Gilles auf, den Bischof von Le Puy und deinen Herrn, Pierre-Raymond von Hautpoul, und sage ihnen: »Warum unterläßt es der Bischof, dem Volk jeden Tag zu predigen und es zu ermahnen, und warum segnet er sie nicht mit seinem Kreuz?«‹ Er forderte mich auf, mit ihm in die Stadt zu gehen; wir betraten die Kirche des Apostels Petrus, in der zwei Lampen so viel Licht gaben, als wäre es voller Mittag. Er sagte zu mir: ›Warte hier‹, und stieg dann unter die Erde, zog eine Lanze hervor, gab sie mir und sagte: ›Hier ist die Lanze, die die Seite jenes geöffnet hat, der der ganzen Welt das Heil brachte.‹ Während ich sie, vor Freude schluchzend, in der Hand hielt, sagte ich: ›Herr, wenn du willst, werde ich sie dem Grafen Raymond übergeben.‹ Er sagte: ›Bald werdet ihr sie haben. Denn die Stadt wird genommen werden. Dann wirst du mit zwölf Männern kommen und dort suchen, wo ich sie nun von neuem verberge.‹«
Adhémar, der in Konstantinopel vor einer anderen heiligen Lanze gebetet hatte und von Berufs wegen schon zahlreiche Visionen religiöser Schwärmer zu beurteilen gehabt hatte, glaubte dem schmierigen Bauernjungen kein Wort. Raymond aber, der um die elende Stimmung im Heer wußte, griff die Worte des Apostels Andreas auf: In fünf Tagen, so gelobte er, und nach strengsten Buß-Übun-

gen, mit denen sich jedermann geistlich vorzubereiten habe, wolle er selbst mit seinen Leuten die Suche nach der allerheiligsten Lanze aufnehmen.

Noch am gleichen Tage hatte ein Geistlicher namens Stephan eine andere Vision. Ihm erschien in der Kirche Unserer Lieben Frau der Herr persönlich. Das Heer habe sich, ließ Christus verlauten, durch Gier und Fleischeslust die Gunst des Herrn beinahe verscherzt, aber wenn die Krieger sofort zum christlichen Lebenswandel zurückkehrten, dann werde er ihnen in fünf Tagen ein Zeichen seiner Gnade senden. Die Muttergottes erschien dann und sagte zu Christus, dies seien die Leute, für die sie schon so oft Fürsprache eingelegt habe.

Raymond frohlockte: Die fünf Tage entsprachen der Zeit, die er für die Bußübungen angesetzt hatte. Stephan, der überall in Antiochia von seiner Vision erzählte, setzte es durch, daß sich alle Heerführer vor dem gesamten fränkischen Heer zeigten und beim Heiligen Sakrament schwuren, mit ihnen allen zu siegen oder zu sterben. Der Chronist: »Seltsam gestärkt gingen wir daran, uns geistlich vorzubereiten.«

Eine Feuerkugel, die in drei Teile zerbarst, erhellte die Stadt in dieser denkwürdigen Nacht, ein göttliches Startzeichen zum Beginn der Bußübungen.

Am 14. Juni begann die Suchaktion in der Kirche des Heiligen Petrus. Raymond von Agiles schreibt: »Vom Morgen bis zum Abend gruben wir. Graf Raymond sah uns Stunde um Stunde zu. Am Abend ging er mutlos fort, und auch viele von uns begannen zu erschlaffen. Wir aber haben die Arbeit forgeführt. Als der junge Mensch, der von der Lanze gesprochen hatte, sah, daß wir ermüdeten, legte er seinen Gürtel und seine Schuhe ab. Barfüßig und im Hemd stieg er in die durchwühlte Grube und ermahnte uns, zu Gott zu beten, er möge uns die Lanze geben zum Trost und Siege Seines Volkes . . .«

Und tatsächlich – was zwölf Schatzsuchern mit Spaten und Schaufel nicht gelungen war, der Visionär fand, während er alle Anwesenden beten hieß, die Hände vor dem Gesicht verschränkt, auf Anhieb die heilige Lanze. Man trug ihn mitsamt seinem Fund in verzückter Prozession durch die Stadt. Vergessen war die Hungersnot, die Angst vor dem Ende: Gott hatte ihnen ein Zeichen Seiner Gnade gesandt.

Der Ruhm des Visionärs Stephan ließ übrigens Pierre Barthélemy nicht ruhen. Auch er behauptete nun, mit dem Herrn selbst gesprochen zu haben. Die Bischöfe examinierten ihn über gewisse liturgische Einzelheiten, die Christus ihm angeblich gesagt hatte, man überführte ihn der Lüge. Das ganze aber blieb in kleinstem Kreise. Für das Volk, dafür sorgte schon sein Gönner Raymond von Toulouse, blieb der Seher der »Mann des Tages«, vollends, als er ankündigte, in wenigen Tagen werde es eine große Schlacht gegen die Türken geben: »Wenn ihr fünf Tage lang fastet, dann wird euch der Sieg gehören!« hatte Jesus gesagt.

Zu fasten war für die Hungernden keine Buße: Sie taten das schon seit vierzehn Tagen, aßen – wieder einmal – Leder, unreifes Obst und kochten das Blut verendeter Pferde. Fünf Tage lang darauf zu verzichten, mochte nicht schwer sein. Am zweiten Tag des allgemeinen Fastens erkrankte Raymond, vermutlich an einem typhoiden Fieber. Bohemund, der keine Sekunde lang an die Phantasien Pierre Barthélemys geglaubt hatte, sandte eine Gesandtschaft zu Atabeg Kerboga. Es war eine besondere Bosheit darin, daß er die Führung der Delegation, deren Chancen, nicht abgeschlachtet zu werden, fünfzig zu fünfzig standen, dem geflohenen, von Bohemund persönlich wieder eingefangenen und am Kragen ins Lager zurückgezerrten Peter von Amiens, dem Einsiedler, anvertraute.

Die Vorschläge, die Peter zu überbringen hatte, entsprachen dem Haudegen-Geist Bohemunds: Die Türken und die Christen sollten je zehn auserlesene Ritter Zweikämpfe austragen lassen. Siegten die Franken (woran Bohemund offensichtlich nicht zweifelte), dann sollte Kerboga dem Kreuzheer freien Abzug gewähren. Es spricht für den realen Sinn des türkischen Fürsten, daß er das Ansinnen zurückwies: Bedingungslose Kapitulation war sein einziger Gegenvorschlag.

Die Delegation aber brachte andere, wichtigere Nachrichten aus dem Türkenlager mit: Die Moslems waren uneinig, Kerboga hatte ihnen einen »Spaziergang nach Antiochia« versprochen, nun zog sich der Kampf hin, die Feinde waren außerordentlich tapfer, geschickt und todesmutig. Die Emire von Aleppo und Damaskus eiferten gegeneinander und fürchteten eine Teufelei ihrer unehrlichen Verbündeten. Die einzelnen Türkenhorden und ihre Stammesältesten trugen Privatfehden aus; Kerboga, der für Ordnung sorgen wollte, strafte wahllos und unbarmherzig streng jeden, den er bei Privathändeln ertappte. Das wieder trug ihm den Haß der Unterführer ein: Er war nicht ihr Chef, sondern nur Atabeg von Mossul. Was bildete er sich ein?

Es scheint eine geheime Absprache der Emire gegeben zu haben, diesen anmaßenden Kerboga nicht zu mächtig werden und ihn in entscheidender Situation im Stiche zu lassen.

Davon wußten die Kreuzfahrer natürlich nichts, als sie sich am Morgen des 28. Juni 1098 zum Ausfall bereitstellten. Bohemund war, da Raymond noch immer krank war, mit dem Erstellen des Schlachtplans betraut worden. Er löste sein Problem glänzend und hatte auch jenes Glück, das erfolgreiche Offiziere brauchen.

So lange die Schlacht tobte, standen die Priester auf den Wällen Antiochias und beteten; Bischöfe schwangen das Zeichen der Huld Gottes, die neugefundene heilige Lanze. Die Ritter kämpften zum großen Teil zu Fuß. Ihre Pferde

waren krepiert. Da sie selbst von den Wolken leichter Pfeile nur schwerlich verletzt werden konnten, kamen sie nach Verlassen der Stadt zügig voran; Bohemund durchschaute Kerbogas Plan, die Kreuzfahrer auf unwegsames Gelände zu locken, und hielt seine Leute beisammen, die von einer Vision ermutigt wurden: Auf dem Berghang erschienen auf weißen Pferden, christliche Banner schwingend, die Heiligen Georg, Demetrios und Merkurius.
Die Ritter und ihre Knechte stapften unerbittlich voran, einer Walze gleich, und die Pfeile der Türken fanden nur vereinzelte Opfer. Nun sahen die Gegner des Atabeg den Augenblick für gekommen, ihrem unbeliebten Anführer eins auszuwischen. Als erster gab der Emir von Damaskus ein Zeichen: »Alles mir nach!« – und verließ im Galopp das Schlachtfeld; zahlreiche kleine Emire folgten seinem Beispiel, und als schließlich der Emir von Homs als letzter Kehrtwendung machte, gab Kerboga den Tag verloren. Die Kreuzfahrer, denen St. Andreas befohlen hatte, sich nicht mit dem Plündern des Lagers aufzuhalten, verfolgten die Fliehenden und töteten sie zu Tausenden. Kerboga entkam, aber seine Macht war für ewig dahin, weil er sich schwach gezeigt und verloren hatte.
Der Sieg mußte den halb verhungerten Kreuzfahrern als ein Wunder erscheinen. Sie verfolgten die Türken mit dem alten nun wieder zu Ehren kommenden Feldgeschrei »Gott will es!«. Niemals hatten sie sich mehr als die Streiter Christi gefühlt ...
Noch saß in der Zitadelle hoch über der Stadt eine türkische Besatzung. Als die Kreuzfahrer siegten, bot der Kommandeur die Übergabe an. Man brachte seine Abgesandten zu dem krank im Bett liegenden Grafen Raymond, der eilig sein eigenes Banner zur Zitadelle hinaufschickte, um es zu hissen: Denn er sah sich, wie seine Biographen berichten, schon als Herr von Antiochia. Aber Achmed, der Sohn Yaghi Siyans, weigerte sich, das Banner

Raymonds aufzuziehen: Er wolle sich nur dem Helden Bohemund ergeben. Wahrscheinlicher ist, daß er ein Geheimabkommen mit dem Normannen getroffen hatte. Tatsächlich übergab er die Festung erst, als der siegreiche Bohemund erschien und sein Purpurbanner auf der höchsten Zinne hißte.

Wie so oft in der Geschichte, entzweiten sich die Sieger. Raymond und seine Südfranzosen sahen sich in wachsendem Gegensatz zu den von den Normannen angeführten anderen Heeresgruppen. Raymond war noch immer schwer krank. Sein Freund, der Bischof Adhémar, bekam gleichfalls Typhus. Bohemund, dem die Führerlosigkeit der Südfranzosen sehr gelegen kam, behandelte Antiochia bereits wie sein Eigentum. In den Genuesen fand er wertvolle Bundesgenossen: Er stellte ihnen – War er dazu berechtigt? Niemand fragte ihn danach – einen Freibrief aus, der ihnen ein kleines Stadtviertel nebst vielen Privilegien einräumte. Bohemund wußte, daß ihn die Kauf- und Seeleute der aufstrebenden Handelsstadt unterstützen würden. Der Gedanke, Antiochia dem oströmischen Kaiser zu übergeben, wie er es durch seinen Lehenseid beschworen hatte, kam ihm gar nicht in den Sinn.

Im Laufe des Juli wurde Antiochia von einer schweren Typhus- und Ruhrepidemie heimgesucht. Als einer der ersten erlag der päpstliche Legat und angesehenste Prälat, Bischof Adhémar, der Krankheit, ein schwerer Verlust für Raymond, der sich oft und oft der Autorität des weisen und gütigen Kirchenfürsten bedient hatte.

Pierre Barthélemy, der Mann, dem man die heilige Lanze verdankte, hatte nicht vergessen, wie ihn Adhémar einst abkanzelte. Der Bischof war noch nicht kalt, da erschien dem rührigen Seher wiederum der Heilige Andreas. Er teilte ihm mit, Adhémar habe, weil er nicht an die heilige Lanze glaubte, schreckliche Stunden in der Hölle verbringen müssen. Nur durch die Fürbitte Bohemunds

– welche Überraschung! – sei er befreit worden. Auch sagte der Apostel, solcherart in die Tagespolitik eingreifend, er sei der Meinung, daß man Antiochia demjenigen überlassen müsse, der derzeit darauf Anspruch erhebe ...

Das ging eindeutig auf Bohemund. Die Anhänger Raymonds tobten und behaupteten, Pierre Barthélemy gebe keine Visionen wieder, sondern sei ein von Bohemund bezahlter Gauner. Die Normannen spannen diesen Gedanken weiter und taten kund: solch einem kleinen Betrüger sei der angeblich so kluge Graf Raymond aufgesessen, den Schwindel mit der Lanze habe ihr Fürst Bohemund vom ersten Tage an durchschaut. Es sei hoch an der Zeit, mit Pierre Barthélemy abzurechnen.

Die Streitigkeiten unter den Fürsten nahmen kein Ende und verzögerten den Aufbruch nach Jerusalem. Dies aber war das einzige Ziel, das der Masse der Kreuzfahrer vorschwebte. Zwei Jahre waren sie nun schon unterwegs, jeder fünfte Mann war tot oder schwer krank – und die Fürsten zankten sich um irdische Güter. Raymond, der allmählich wieder zu Kräften kam, tat so, als verteidige er nur die rechtmäßigen Ansprüche des Kaisers Alexios, indem er Bohemund jedes Recht auf Antiochia absprach. Gottfried von Bouillon, der den Herbst damit verbrachte, das umliegende Land auszuplündern und von den Türken zu säubern – sein Pferd war stets mit den Köpfen getöteter Türken behängt – war insgeheim für Bohemund, der ihn bestochen hatte, aber er wagte nicht offen für den Normannen einzutreten. Auch die Nordfranzosen, die die Provençalen haßten, waren von Bohemund gewonnen.

Das Heer aber, nicht zuletzt durch die Visionen Pierre Barthélemys aufgestachelt, wollte nur eines: Eine rasche Entscheidung zugunsten Bohemunds – und dann nichts wie fort nach Jerusalem.

Sie stellten ein Ultimatum, das ein schönes Dokument für ihren Eifer darstellt:

»Wir verachten jedes hinhaltende Vorhaben, das jene betreiben, die sich der Einkünfte Antiochias erfreuen wollen. Mögen sie hierbleiben, wenn sie kein Gewissen haben. Wir verachten auch jene, die vorgeben, sie müßten auf den Kaiser der Romäer warten. Sie mögen es tun und sich von Alexios wieder mit Gold überhäufen lassen. Wenn aber die Fürsten gegeneinander die Waffen erheben, dann werden wir unverzüglich nach Jerusalem aufbrechen. Vorher aber – und dabei wird uns Gott helfen – werden wir diese Stadt so zerstören, daß keiner etwas davon hat ...«
Die Fürsten waren natürlich nicht bereit, sich von den Drohungen des gemeinen Volkes einschüchtern zu lassen. Sie kannten die alte Feldwebel-Weisheit, daß man Soldaten beschäftigen muß, weil sie sonst aufsässig würden: Also begannen sie mehrere langwierige und blutige Feldzüge in die weitere Umgebung Antiochias. Währenddessen rang man um einen Kompromiß zwischen Bohemund und Raymond.
Der Vertrag mutet in seiner schwächlichen Substanz wie ein modernes UN-Dokument an: Raymond erklärte sich bereit, einen – zu einem späteren Zeitpunkt – von den Fürsten gefällten Entscheid über Antiochia anzunehmen, vorausgesetzt, daß Bohemund schwor, den Kreuzzug bis nach Jerusalem zu begleiten, und nur, falls er sich durch Eid verpflichten wolle, den Kreuzzug nicht um seines persönlichen Ehrgeizes willen aufzuhalten.
Raymond behielt dennoch einige der von ihm besetzten Stadtviertel Antiochias in seiner Hand. Den größten Teil aber besetzten Bohemunds Normannen.
Visionen waren nun nicht mehr nötig. Jedermann begann den ekstatischen Bauernlümmel zu hassen, der unentwegt Gesichte hatte, die fatal nach Bestellung aussahen. Wochen- und monatelang quälte und ärgerte man den armen Pierre Barthélemy, bis er eines Tages verlangte, sich der Feuerprobe zu unterziehen.

Am Karfreitag, dem 8. April 1099, wurden in einer engen Gasse zwei Holzstöße aufgeschichtet. Der Bischof von Orange und andere Geistliche segneten die Scheiterhaufen und zündeten sie an. Pierre Barthélemy, nur mit einem Hemd bekleidet, lief rasch durch die hochlodernden Flammen und erlitt fürchterliche Brandwunden.

Er wäre ohnmächtig in die Flammen zurückgefallen, hätte ihn nicht ein Ritter weggezerrt. Zwölf Tage lebte er noch, dann erlag er seinen Verletzungen. Für die Provençalen aber blieb er ein Heiliger, der unversehrt aus den Flammen auferstanden war. Sein Hemd wurde noch lange verehrt ...

Am 13. Jänner 1099, mehr als zwei Jahre, nachdem sie aus der Heimat ausgezogen waren, verließ das Heer Antiochia.

Das Ziel hieß nun Jerusalem.

Endlich, endlich: Jerusalem

Der Reisende, der heutzutage vom internationalen Flughafen Israels, Lod, nach Jerusalem reist, benutzt im wesentlichen den gleichen Weg, den die Kreuzfahrer auf der letzten Etappe ihres nun schon drei Jahre dauernden Weges zurücklegten: In Lydda, dem heutigen Lod, versammelte sich das Kreuzheer, ehe es in die Berge von Judäa aufstieg.

Die vielen kleinen Stadtstaaten längs der Küste des Mittelmeers – Tyrus, Beirut, Tripolis, Akko und viele andere, die durchwegs von ganz oder halb unabhängigen arabischen oder türkischen Fürsten regiert wurden – hatte das Kreuzheer, wenn sie allzu mächtig waren, umgangen, schwächere wurden erobert oder mit günstigen Verträgen zum Liefern von Lebensmitteln gezwungen.

Die ersten Lehren dieses Zuges durch das Heilige Land waren, daß man auch mit Mohammedanern Verträge schließen, ja, daß man sich sogar mit ihnen verbünden konnte, um andere islamische Fürsten zu bekämpfen. Daß man sich ihrer auch zum Kampf gegen andere christliche Fürsten bedienen konnte, ist nur die logische Weiterfolge des neuen Gedankens von der Bündnisfähigkeit der Moslems.

In Lydda berieten die Fürsten, was weiter zu geschehen habe. Es war gnadenlos heißer Palästina-Sommer geworden, und viele Anführer meinten, es werde dem Heer nicht zugemutet werden können, in dieser Gluthitze zu kämpfen. Aber die Mehrheit war für den Kampf: Schließlich war man nicht drei Jahre lang unterwegs, um nun nur einige fünfzig Kilometer vom Ziel entfernt, ein halbes

Jahr zu warten oder gar, wie es manche wollten, nach Ägypten zu ziehen und den Herrn des Landes, den Großwesir el-Afdal – er beherrschte den minderjährigen Kalifen el-Mustali vollkommen – zu bekämpfen.

Nein. Es gab nur eines: den Kampf um die Heiligen Stätten. Jeder Dorfname erinnerte ja schon an ein Ereignis aus der Heiligen Schrift. In Emmaus etwa, dem Dorf der Ostermontags-Begegnung der Jünger mit dem auferstandenen Herrn, küßten tausende Pilger zum erstenmal einen Boden, von dem sie annehmen durften, er habe Christi Fuß getragen.

Abgesandte aus Bethlehem, dem Geburtsort Jesu, erschienen in Emmaus beim Heer: Ihre Stadt sei rein christlich und bereit, die Tore den Kreuzfahrern zu öffnen.

Dies hören und mit einer Schar normannischer Ritter aufbrechen, war eins für Tankred. Noch in der Nacht langte er vor Bethlehem an, deren Bewohner ihn zunächst für einen Moslem hielten. Erst im Morgengrauen erkannten sie, daß es Christen waren, die vor den Mauern ihrer Stadt standen. Und mit ihren Kirchenfahnen, ihren Reliquien (darunter mehreren Windeln Jesu) und all ihren Prälaten und Honoratioren zogen sie in feierlichem Zuge zu Ritter Tankred, der ihre Huldigung entgegennahm. Von diesem Tag an hielt er sich für einen »Grafen von Bethlehem«; doch sollte dieser feierliche Augenblick, da fränkische Ritter die Geburtsstätte Christi betraten, zu einem ständigen Quell von Ärger und Streit unter den Fürsten werden.

Das Hauptheer marschierte nun Tag und Nacht weiter, um endlich, endlich Jerusalem zu erreichen. Eine Mondesfinsternis erschreckte sie durchaus nicht. Im Gegenteil: der Mond, das türkische Herrschaftssymbol, wurde beim Herannahen des Kreuzheeres verfinstert – welch ein gutes Omen!

Am frühen Morgen des 7. Juni 1099 erblickte die Vorhut

des Herzogs Gottfried die Mauern und Türme der Stadt. Der Punkt (es befindet sich dort heute eine dem Propheten Samuel geweihte Moschee) wurde von den Kreuzfahrern »Montjoie« (Berg der Freude) genannt. Wenige Stunden später schlug das Heer rund um die Heilige Stadt ihr Feldlager auf.

Jerusalem erwies sich als eine der großen Festungen der islamischen Welt. Tausend Jahre lang bauten alle seine Beherrscher an den Mauern, die die strategisch günstige Lage der Stadt Davids verbesserten und immer wieder erneuert wurden. Sie umschlossen im Jahre 1099 im wesentlichen die heutige Altstadt; die Davidsburg beherrschte die Stadt. Ein römischer Aquaedukt versorgte (und versorgt auch heute noch) die Altstadt mit gutem Wasser.

Die Belagerer waren nicht so gut daran, denn alle Quellen mit Ausnahme des Tümpels Siloam am Fuß der Südmauer (er gab nur schlammiges, stinkendes Wasser) waren verwüstet und verunreinigt. Zehn Kilometer weit holten findige Händler und Kreuzfahrer in Rindshäuten das Wasser und verkauften es becherweise an die Kreuzfahrer. Seltsamerweise fand jedermann solch einen unchristlichen Handel ganz natürlich; die Zeitgenossen beklagen nur den hohen Preis des Wassers, nicht die unverständliche Habgier von Kameraden.

Vierzehn Tage lang wehte der glutheiße, alles austrocknende Chamsin, der Wüstenwind, und machte das Leben der Belagerer zu einer Dursthölle. Man prügelte sich um Wasser, man tötete für Wasser und man verkaufte seine Kinder für Wasser. Der Kriegsrat der Kreuzfahrer kam zu der Überzeugung, daß angesichts der Wassernot die Stadt rasch genommen werden müsse.

Ein Eremit, der zu den Anführern sprach — sie hatten barfüßig und in Büßerhemden eine Wallfahrt zum Ölberg unternommen —, behauptete, Gott habe ihm mitgeteilt, daß ein am 13. Juni zu unternehmender Sturmangriff erfolgreich sein werde: Sie müßten nur den rechten Glauben an den Sieg haben. Die Begeisterung der Kreuzfahrer kannte keine Grenzen, und mit Todesmut versuchten sie, Sturmleitern anzulegen und die Wälle zu erklettern. Der Angriff scheiterte. An die 700 Mann wurden getötet.

Am 15. Juni wurde beschlossen, vordringlich Belagerungsmaschinen zu bauen, fahrbare, an die zwanzig Meter hohe, bewehrte Türme, von denen aus die Stadtmauern über Enterbrücken erstürmt werden konnten. Zwei Tage später – eines der wenigen wirklichen Wunder des Ersten Kreuzzugs – liefen im Hafen von Jaffa (dem heutigen Tel Aviv) sechs Schiffe ein, zwei genuesische und vier englisch-normannische Galeeren. Sie hatten Lebensmittel an Bord, vor allem aber wunderbarerweise gerade jene Materialien, die man zum Bau der Belagerungstürme benötigte. Tankred und Robert von Flandern schafften noch zusätzlich Stämme und Bretter aus der Gegend von Samaria, etwa 180 Kilometer weit, herbei.

Die Arbeitspartien der Handwerker schafften in mehreren Schichten und stellten große Mengen von Leitern, Enterbrücken und Brustwehren her, die von den Frauen und Greisen, zum Schutz gegen die Wunderwaffe des »griechischen Feuers«, mit schwer brennbaren Ochsenhäuten beschlagen wurden.

Die zahlenmäßig größte Arbeitspartie baute unter der fachmännischen Leitung zweier Ritter, Gaston von Béarn und Guillaume Ricou, zwei Belagerungstürme. Unbemerkt von den Belagerten wuchsen sie rasch in die Höhe. Als sie fertig waren und der Sturmangriff beginnen konnte, stellte sich, gerade zur rechten Zeit, wieder eine richtungweisende Vision ein. Sie war an die Person des toten Bischofs Adhémar geknüpft, dessen Führergestalt die Kreuzfahrer offensichtlich unausgesetzt beschäftigte und auch nach seinem Tod noch faszinierte.

Am Morgen des 6. Juli behauptete ein Mönch, ihm sei Adhémar erschienen, habe allen Kreuzfahrern befohlen, ihre selbstsüchtigen Intrigen aufzugeben, eine mehrtägige Fastenzeit durchzuhalten und barfüßig, im Sack, Asche auf dem Haupt, rund um Jerusalems Mauern zu wallfahrten: Dann werde die Heilige Stadt innerhalb von neun Tagen erobert werden.

Drei Tage lang fasteten die Kreuzfahrer tapfer, wiewohl sie in den letzten zwei Jahren tagtäglich gehungert hatten. Am 8. Juli, einem Freitag, wandelte eine absonderliche Prozession zum Gaudium der islamischen Verteidiger Jerusalems rund um die belagerte Stadt. Voran schritten die Bischöfe und Priester. Sie trugen Kreuze, die Heilige Lanze, Reliquien aus Bethlehem und wundertätige Bilder. Ihnen zunächst die Fürsten, und dann, unabsehbar, das Heer der Kreuzfahrer, ihre Frauen, Handwerker, Pilger, Kinder, Händler, Dirnen, Banditen. Alle waren sie barfuß, in Säcke gekleidet, viele von ihnen tatsächlich mit Asche bestreut. Sie sangen Bußpsalmen und beachteten das Geschrei und die Spottreden der Mohammedaner nicht. Auf dem Ölberg, dort, wo Christus gestorben war, sprachen die besten Redner des Kreuzheeres zu ihnen, allen voran Arnulf von Rohes, der sich zum ersten Prediger des Zuges entwickelt hatte. Unter seinen drängenden Worten fielen sogar Raymond und Tankred einander weinend in die Arme ...

Am nächsten Tag wurden die Belagerungstürme zu ihren vorgesehenen Plätzen gerollt: an den Fuß des Berges Zion und an die Nordmauer, von wo aus in der Nacht zum 14. Juli der Generalangriff beginnen sollte. Die Hauptlast lag auf den Lothringern und Nordfranzosen Gottfrieds, die den Turm an der Nordmauer besetzten.

Raymond, der den zweiten Turm befehligte, kam nicht voran. Der Beschuß mit Schleudersteinen und griechischem Feuer war an seinem Abschnitt außergewöhnlich stark.

Das Heer blickte auf die Lothringer.

Auf dem obersten Stockwerk des Turmes – er war an die zwanzig Meter hoch – befehligte Gottfried gemeinsam mit seinem Bruder Eustach von Boulogne den Angriff. Gegen Mittag des 14. Juli schien es, als werde der Widerstand der Verteidiger geringer.

Ein Chronist: »Als dann die Stunde kam, zu der unser Herr es zuließ, daß er für uns den Kreuzestod erlitt (also 15 Uhr, d. A.), erkletterte ein Ritter namens Liétaud als erster über eine Brücke die Stadtmauer.«

Gilbert von Tournai, ein Landsmann des Liétaud (oder Liutolt), folgte ihm, und Gottfried führte nun die erprobtesten Krieger der Lothringer auf die Mauerkrone. Sie hakten Sturmleiter um Sturmleiter ein und ließen sie in den Wallgraben hinab. In ununterbrochenem Strom erkletterte nun die Auslese der Lothringer und Nordfranzosen die Wälle, um gleich danach auf der anderen Seite in die Stadt hinabzuspringen und den Kampf gegen die kopflosen Verteidiger aufzunehmen, die nach Süden flohen, dorthin, wo die Angreifer unter Raymond noch nicht recht vorangekommen waren.

Gottfried stand, das Urbild eines schönen, tapferen Ritters, hoch oben auf der Mauer, das Schwert in der Rechten. Sein blonder Bart wehte im heißen Chamsin, während er die Kreuzfahrer antrieb und ermunterte.

Durch das Säulentor, das Gottfrieds Leute öffneten, drangen die italienischen Normannen in die Stadt und jagten, von dem tollkühnen Tankred angeführt, die Moslems vor sich her. Die Besiegten flohen in das heilige Herz der Stadt, auf den Platz Harem-es-Scherif, zum Felsendom und zur heiligen Moschee el-Aqsa, beides Gotteshäuser, die dem Islam über alles teuer sind. Wollten sie sich dort weiterverteidigen? Man wird es nie erfahren, denn die Kreuzfahrer fielen über sie her, erschlugen sie auf dem Weg zu den Moscheen, vor den Moscheen und in den Moscheen.

An die 15.000 Menschen wurden schon beim ersten Sturmlauf der Rasenden hingemetzelt.
Das Geschrei und Geheule der mordenden und niedergemetzelten Menschen drang bis zur Südmauer und veranlaßte die Verteidiger, ihren Platz aufzugeben und sich in der Zitadelle der Davidsburg auf dem Berge Zion in vorläufige Sicherheit zu bringen. Ihr Befehlshaber bot ein Zelt voll Gold, wenn Raymond ihm und seiner Besatzung freien Abzug gewähre. Raymond gab sein Wort, und die Krieger wurden aus der Stadt gebracht.
Sie waren die einzigen Mohammedaner, die das Blutbad, das nun folgte, überlebten.
Ein Chronist: »Der ganze Tempel Salomos (der Felsendom, d. A.) war vom Blut der Heiden überrieselt. Nachdem die Unsrigen die Heiden vor den Toren zu Boden geschlagen hatten, ergriffen sie im Tempel eine große Zahl von Männern, Frauen und Kindern und töteten. Bald durchrasten die Kreuzfahrer die ganze Stadt und rafften Gold, Silber, Pferde und Maulesel an sich. Sie plünderten die reichen Häuser aus. Andere erkletterten das Dach des Tempels, ergriffen die Sarazenen, Männer und Frauen, und schlugen ihnen zu Hunderten die Köpfe ab ... Niemand hat je zuvor von einem ähnlichen Blutbad unter heidnischem Volk gehört.«
Was nun folgt, gehört zu den abscheulichsten und dunkelsten Bildern des an Greueln gewiß nicht armen Zeitalters der Kreuzzüge. Archaische Vorstellungen, wie sie jedes Volk in seiner Urzeit besitzt, brechen hervor: Die »Streiter Christi« werfen sich in das Blut ihrer Feinde, beschmieren sich selbst, besudeln andere mit dem Blut der ermordeten, gemarterten, gefolterten Feinde, wälzen sich in knöcheltiefen Blutpfützen, schluchzen, rasen, morden weiter, schänden Frauen, um sie sogleich nach dem Orgasmus zu erstechen, werfen kleine Kinder an die Wand, verschmieren deren Blut. Es ist eine höllische Orgie, die, nur

einige Kilometer von Golgatha und vom Ort der Bergpredigten entfernt, den Ersten Kreuzzug beendet.
War es, wie die modernen Ethnologen meinen, der uralte Glaube, daß das Blut des Feindes unverwundbar macht, daß seine magischen Kräfte auf den eigenen Körper übergehen? Daß die unkontrollierbaren Kräfte der Massenseele, die den unsichtbaren Kräften des Atoms gleichen, ausgebrochen sind, daß sich drei Jahre lang zurückgestaute Aggression nun Bahn brach mit der Gewalt eines Naturereignisses: das ist zwar die Erklärung, aber kaum eine Entschuldigung für die Taten der Kreuzfahrer. Sie haben – und die islamische Welt rechnete es ihnen jahrhundertelang getreulich vor – 35.000 Moslems, darunter mindestens 12.000 Frauen und 6.000 Kinder, hingeschlachtet. Sie haben 5.400 Juden, die sich in ihre Hauptsynagoge flüchteten, eingeschlossen und dort bei lebendigem Leibe verbrannt.
In dieser Mordorgie starb jenes bescheidene Erbe der Antike, das dem Andersgläubigen ein Restchen von Achtung und Verständnis entgegenbrachte, dieses aus den besten Zeiten hellenisch-römischen Denkens hinübergerettete Ideengut, das die Araber bis zum Tage von Jerusalem, ebenso wie die Oströmer, bewahrt hatten. Der Weg war frei für die geistlichen Kriege, für den Mord und die Folterung Andersdenkender. Im Blutbad von Jerusalem verendete der letzte Rest von Toleranz, den sich die Menschheit aus besseren Tagen bewahrt hatte. Es sollten hunderte Jahre vergehen, ehe West und Ost wieder die Achtung vor andersdenkenden Mitmenschen fanden.
Achtzehn Stunden lang rasten die Mörder durch die Stadt. Als es keinen lebenden Mohammedaner mehr gab, als sie allesamt, gleich Leuten, die an einer tagelangen Orgie teilgenommen hatten, durch die Straßen wankten, hieß es plötzlich: »Zur Kirche des Heiligen Grabes! Zur Kirche der Auferstehung unseres Herrn!«

Und die blutbeschmierten, verwahrlosten Scharen, die kaum noch menschliche Antlitze hatten, wandelten sich innerhalb weniger Augenblicke in psalmodierende, Litaneien betende, fromme Pilger. Reliquien, Fackeln, Kerzen, Bilder, Fahnen wurden herbeigeschafft. Weinend vor Erregung, schluchzend und mit ausgebreiteten Armen, die Augen ekstatisch weit geöffnet, so zogen die Streiter Christi in die Kirche des Heiligen Grabes ein. Tausende warfen sich zu Boden, beschmutzten ihn mit dem fremden Blut der Getöteten, verpesteten die Luft mit dem Gestank des Mordes und erfüllten das Gotteshaus mit ihren unverständlichen, ekstatischen Schreien.

Um die Reliquie aller Reliquien, das Wahre Heilige Kreuz, zu erlangen, folterten die Kreuzfahrer einen syrischen Christen zu Tode. Er wollte nicht angeben, wo er es versteckt hatte; denn solchen Bestien – man hatte seine Familie ermordet –, so sagte er, liefere er dieses Kreuz nicht aus, an dem Christus in Liebe zu allen Menschen gestorben sei. Man trieb ihm Pinienstäbchen unter die Nägel und zündete sie an. Als er noch immer schwieg, zerbrachen sie ihm Knochen um Knochen. Und schließlich hatten sie Erfolg: Ehe er starb, verriet er das Geheimnis.

Und wieder dieses ekstatische Schluchzen, dieses Sich-zu-Boden-Werfen vor der Reliquie, dieses Massenerlebnis, das über das Begreifen unserer Zeit hinausgeht und nicht nachempfunden werden kann. Das Wahre Kreuz wurde zum Palladium der Kreuzheere. In jede Schlacht zog es mit, Kraft, Mut und Ausdauer ausstrahlend.

Boten wurden in die Heimat gesandt, um der Christenheit den Triumph des Willens Gottes mitzuteilen. Papst Urban II. vor allem sollte verständigt und um Rat gefragt werden, was nun mit dem Heiligen Land zu geschehen habe: Wer sollte dort, wo Christus König war, regieren? Urban hatte die Bewegung ins Leben gerufen. Er sollte nun entscheiden.

Aber als der Bote in Rom eintraf, lebte Urban II. nicht mehr. Odo de Lagéry war am 29. Juli, vierzehn Tage nach der Erstürmung Jerusalems, gestorben. Er hatte vom Sieg seiner Idee nichts mehr erfahren.

Verteidiger des Heiligen Grabes

Eine Stadt erobern ist eines, ein besiegtes Land regieren, voll mit den Feinden von gestern, ein anderes.
Die Sieger von Jerusalem, die nach der Orgie von Mord und religiösem Überschwang ernüchtert und nüchtern die Zukunft der heiligen Stätten überdachten, hatten keinen Grund, optimistisch zu sein.
Waren sie nicht ein verlorener Haufe, eine Heerschar von wenig mehr als 35.000 Mann? Waren sie nicht von der Heimat, von den anderen Christen, durch Wüsten, Meere und Gebirge getrennt? Waren sie nicht von Feinden umgeben, die — nach dem schauervollen Blutbad von Jerusalem — nur an Rache dachten? Konnte sich im Heiligen Land ein christlicher Staat überhaupt behaupten?
Wir Menschen des 20. Jahrhunderts sind geneigt, diese Frage zu verneinen. Der schließliche Untergang der Kreuzfahrerstaaten scheint uns rechtzugeben.
Wir lassen aber vor allem eines außer Acht: Den unbedingten Glauben der Kreuzfahrer, daß Gott der Herr sie ins Heilige Land gerufen und ihnen den Sieg gewährt hatte. Nicht der Papst, sondern Christus, der Heerkönig, sprach durch Urban II. zu ihnen. Hatte er sie so weit geführt, dann war es doch wohl selbstverständlich, daß auch das weitere Schicksal nur von Seinem Willen abhing. So lange ER es wollte, konnte den Kreuzfahrern nichts geschehen. Und der Tod auf dem Schlachtfeld war nur Sein Geschenk.
Freilich — über die Frage, was nun im einzelnen Christi Wille sein mochte, gingen die Ansichten der Sieger stark auseinander. Selbst der Papst scheint nur eine höchst vage

Vorstellung davon, was in Jerusalem geschehen sollte, gehabt zu haben. Sein Legat Adhémar von Puy ist zweifellos ohne genaue Instruktionen mit dem Kreuzheer losmarschiert. Hätte er welche gehabt, er hätte sie seinem Freund Raymond von Toulouse mitgeteilt; und Raymond hätte sie nun, da es darum ging, die Zukunft zu bestimmen, hervorgeholt.

Gottfried von Bouillon, der vom Kreuzheer als der »Held von Jerusalem« gefeiert wurde, galt neben Raymond als aussichtsreichster Bewerber um das höchste Amt im neueroberten Land. Bohemund, der populärste des Feldzugs, saß in Antiochia und ließ wissen, er wolle in Jerusalem nicht herrschen: Dem schlauen Normannen war das nahe dem Meer gelegene, reiche Antiochia lieber als das arme, exponierte, wenngleich sehr heilige Jerusalem.

Das Tauziehen um den Herrscherposten – man müßte es eigentlich ein Pokern nennen – begann schon mit der Frage, wer religiöses Oberhaupt werden solle. Adhémar, der dafür auserwählt schien, war tot. Die Normannen schlugen einen der ihren, den besten Prediger des Kreuzzugs, Arnulf von Rohes, vor. Er war am Hofe Wilhelm des Eroberers (jenes Normannen, der 1066 England erobert hatte) Prediger und Hauslehrer gewesen, war aber ein Weiberheld sondergleichen. Im Heer gab es zahlreiche Spottgedichte, Vier- und Fünfzeiler nach Art unserer »Frau Wirtin«-Verse, die den munteren Prälaten aufs Korn nahmen.

Raymond und die Südfranzosen erklärten das ganze für eine »normannische Machenschaft« und forderten zuerst einmal die Wahl eines Staatsoberhauptes.

Man ließ daraufhin zunächst die Patriarchen-Frage fallen, weil es keine Einigung gab. Es scheint aber, daß, wie man gleich sehen wird, Gottfried von Lothringen und Arnulf von Rohes miteinander einen Gegenseitigkeitsvertrag abschlossen, nach dem Prinzip »Hilfst du mir, helf ich dir«: Arnulf, der blendende Prediger und Redner, machte den Kreuzfahrern klar, daß dort, wo Christus König gewesen sei, kein sterblicher Mensch eine Krone tragen könne. »Nach der Dornenkrone keine Königskrone!« war eine seiner rhetorischen Lieblingsfiguren.

Drei Tage später bot man Raymond von Toulouse und St. Gilles die Königskrone eines neu zu schaffenden »Königreichs Jerusalem« an. Und er, der stets danach brannte, die Führung des ganzen Zuges innezuhaben, der intrigiert und betrogen hatte, um seine Gegner, vornehmlich Bohemund, abzuhalftern – er lehnte, überraschend für alle, ab. »Ich kann in Christi Stadt nicht König sein!« sagte er, und war, wie seine Chronisten später vermuten, davon überzeugt, daß er es damit allen Konkurrenten in dieser ersten Wahlgesprächs-Runde unmöglich gemacht hatte, sich um den Königstitel zu bewerben. Das war ein übler Trugschluß.

Denn als die Wahlmänner (angesehene Lehensleute und Prälaten) den nächsten Kandidaten, Gottfried von Bouillon ansprachen, da sagte dieser, von Arnulf von Rohes bestens instruiert: »Ein König – nein!« Werde denn nicht dauernd gepredigt, in Jerusalem dürfe es keine Könige geben? Aber vielleicht sei es möglich, einen »Verteidiger des Heiligen Grabes« (»Advocatus Sancti Sepulchri«) zu wählen ...? Wenn man sich zufrieden gebe, von einem Mann mit einem solch bescheidenen Titel regiert und angeführt zu werden, bitte – dann sei er, Gottfried, bereit, die Bürde, die ihm der Gekreuzigte also auferlege, anzunehmen.

Das Weitere lief wie am Schnürchen: Jubelschrei der Wahlmänner und des Heeres, mit Ausnahme der sprachlosen Südfranzosen, rasch improvisierte Feier, während welcher Gottfried alle nötigen Eide schwur: Kein Zweifel, die Sache war bestens organisiert.

Noch am gleichen Tage besetzte der vor Wut schäumende

Raymond die Zitadelle Jerusalems, die Davidsburg, verrammelte ihre Tore und erklärte, er werde hier noch viele Monate bleiben. Da die Burg praktisch die ganze Stadt beherrschte und die Südfranzosen überaus zahlreich waren, verlegte sich der neue Herrscher Jerusalems aufs Parlamentieren. Der alternde Raymond brauchte nicht viel, um voll Bitterkeit und zutiefst verletzt zum Abzug überredet zu werden. Er »schmiß ihnen alles hin«, wie ein Chronist treffend schreibt, erklärte, er habe genug vom Heiligen Land, sein Gelübde sei mehr als erfüllt, und er werde unverzüglich heimreisen.
Bald aber überlegte er es sich anders und zog zum Jordan; sein unglücklicher Prophet Pierre Barthélemy hatte nach einem seiner Gesichte erklärt, das Heer der Südfranzosen müsse, mit Palmzweigen in den Händen, im heiligen Flusse baden und danach frische Kleider anziehen. Das taten sie denn auch, freilich sehr erstaunt: »Wir wissen bis heute nicht, warum der heilige Mann uns das befahl!« schreibt Raymond d'Aguilers. Hygienische Überlegungen darf man ausklammern.
Es nimmt nicht Wunder, daß der neue »Verteidiger des Heiligen Grabes«, Gottfried, sogleich seinen Partner Arnulf von Rohes zum Patriarchen bestellte. Es war zwar höchst fraglich, ob er dazu berechtigt war, vertraglich war er sicherlich verpflichtet: Der gemeinsame Pakt ging auf ...
Die vordringlichste Aufgabe der neuen Regierung war es, die ägyptische Bedrohung abzuwehren. Spione, die man auf der Folter zum Reden brachte, erhärteten das Gerücht, daß der ägyptische Wesir el-Afdal mit einem riesigen Heer nach Palästina marschierte; es scheint tatsächlich mehr als 100.000 Mann stark gewesen zu sein.
Noch einmal bewährte sich der Geist, der die Franken nun schon vier Jahre erfüllte: Alle Heerführer, sogar der tödlich gekränkte Raymond, vergaßen den persönlichen Zwist

und marschierten in Eilmärschen nach Süden, Gottfried zu Hilfe, den Ägyptern entgegen.
Am 12. August 1099 kam es bei Ashkalon, im Süden Palästinas, zur entscheidenden Schlacht. Der Wesir, der keine Ahnung hatte, wie nahe das Kreuzheer war, wurde mit seiner großen Armee überrannt. Binnen wenigen Minuten schon entschied die Wucht des fränkischen Ritteraufgebots das Treffen. Die Normannen Tankreds kamen als erste in das Zeltlager des Wesirs und erbeuteten ungeheure Schätze. Ringsum wiederholte sich das Morden und Abschlachten von Jerusalem.
Die einzigen im Kreuzheer, die über den Sieg nicht froh waren, waren die Händler: Die Preise für Gold, Silber, Wein, Getreide, Fleisch und Sklavinnen (die man geheim, vor den Priestern verborgen, handelte) sanken auf einen Tiefstand. Waffen konnte man überhaupt nicht anbringen, so viel war erbeutet worden.
Im Triumph kehrte das Kreuzheer nach Jerusalem zurück. Fürs erste war kein neuer Angriff der Sarazenen zu befürchten.
Damit aber fingen Gottfrieds Probleme erst an: Tausende seiner Krieger sahen ihr Gelübde nämlich jetzt als erfüllt an. Sie hatten das Grab Christi befreit und in der Erlöserkirche gebetet. Sie hatten Reichtümer erworben, und sie waren vier Jahre von zu Hause fort. Nun wollten sie, sündenlos, wie sie nun waren, heim.
Nur wenige ließen sich dazu überreden, als Gutsbesitzer und Feudalherren in Palästina zu siedeln. Das Land war ihnen nicht reich genug, die Gefahren im Verhältnis zu groß. Schließlich, als Gottfried Bilanz zog über die Reste seiner Heeresgruppe, stellte sich heraus, daß er nur wenig mehr als 300 Ritter und an die 3000 Mann Fußvolk behalten hatte: eine Schar, die einem Angriff starker feindlicher Kräfte nicht widerstehen konnte.
Daher wurde jedem Heimkehrer und jedem offiziellen

Boten, der nach Europa fuhr, der strikte Auftrag erteilt, überall und an jedem Ort neue Jerusalem-Pilger zu werben, vornehmlich aber solche zu finden, die im Heiligen Land bleiben wollten.

Die Chroniken Europas sind seither voll von Berichten über die Eroberung des Heiligen Grabes durch die christlichen Pilger und ergehen sich in wortreichen Schilderungen all der Wunder, von denen die Heimkehrer berichten. Sie vergessen aber auch niemals, die Schätze aufzuzählen, die sie mitbrachten.

Die Werbewirkung war gewaltig. Niemand wird wohl ergründen können, ob es die »besondere Frömmigkeit der mittelalterlichen Menschen« war, die sie veranlaßte, das Kreuz zu nehmen und nach Jerusalem zu pilgern, oder der Anblick der Gold- und Silberbeutestücke, der seidenen Gewänder und der nie geschauten Andenken; ob es die Aussicht, Reliquien mit unbekannter, unvorstellbarer Wunderwirkung mit heimzubringen, war oder die Chance, als großer Held gefeiert zu werden. Tatsache ist jedenfalls, daß ein niemals abreißender Strom von einzelnen Pilgern, von Gruppen und auch mehr oder weniger großen Heerscharen nach dem Heiligen Land aufbrach, sich in Jerusalem vor dem Grab des Erlösers zu Boden warf, sündenfrei aufstand, um sich danach für einige Wochen oder Monate dem risikoreichen Kampf gegen die Sarazenen zur Verfügung zu stellen; freilich auch mit der Chance, reiche Beute zu machen.

Die willkürliche Einteilung, die spätere Historiker trafen, indem sie von einem Ersten, Zweiten, Dritten, Vierten ... Sechsten Kreuzzug sprachen, trifft nicht die wahren Verhältnisse. Die »numerierten« Heerzüge waren lediglich besonders groß, oder sie wurden von hohen Persönlichkeiten angeführt.

Schon im Winter 1099/1100, der auf die Eroberung Jerusalems folgte, trafen die ersten neuen Pilgerscharen am

Heiligen Grab ein. Ein Chronist Jerusalems bezeichnete sie zwar als »zuchtlose Rotte«, aber sie wurden von Gottfried nicht ungern gesehen: Mit ihrer Hilfe konnte er darangehen, die wichtigste Aufgabe des neuen Staates zu erfüllen: die Küstenstädte Palästinas und Syriens in fränkische Hand zu bringen oder zumindest ihre arabisch-türkischen Herren zu unterwerfen. Der Handel Syriens und Mesopotamiens mit dem Mittelmeer – und damit nach Europa und Nordafrika – lief (und läuft auch heute noch) über die wenigen guten Hafenplätze der palästinensisch-syrischen Küste. Haifa, Akko, Tyros, Sidon, Beirut, Tripolis und Tortosa wurden allesamt, um es vorwegzunehmen, zwischen 1101 und 1110 erobert.

Der neue Staat war danach von Italien aus relativ leicht erreichbar, die Handelshäuser in Venedig, Genua und Pisa, die großen Händler des süditalienischen Normannenreiches, sie alle wurden damit unmittelbar in die Geschehnisse des Nahen Ostens verwickelt. Der Orienthandel – seine Gewinnspannen lagen zwischen 400 und 2000 Prozent – hat seit der Eroberung der syrischen Mittelmeerhäfen einen ungeheuren Aufschwung genommen. Der Einfluß, den die Handelsrepubliken auf die Politik der Staaten des Heiligen Landes nahmen, wurde immer größer, je mehr Gewinn auf dem Spiele stand.

Am Ende des Zeitalters beherrschen Venedig und Genua den Orienthandel und das Mittelmeer.

Zu Lebzeiten Gottfrieds stiegen sie freilich erst zögernd in das Orientgeschäft ein. Die Chronisten jener Tage jubelten noch über jedes Schiff aus dem Westen, das in Jaffa eintraf. Denn jedes bedeutete Verstärkung, neue Mannschaft und neues Kriegsmaterial. Man brauchte sie für viele Aufgaben.

Gemeinsam eroberte und verheerte man Gebiete jenseits des Jordan, beschenkte einige der Araberfürsten und bestrafte andere, nahm Handelsbeziehungen auf und schuf wertvolle Grundlagen für einen Transithandel, der in den nächsten hundert Jahren den Reichtum des Heiligen Landes ausmachen sollte.

Die Gewissenlosigkeit, mit der die Fürsten die Treue ihrer Lehensleute ausnützten, wenn es um greifbare Erfolge ging, zeigte sich bei der Belagerung der kleinen Hafenstadt Arsuf nördlich Jaffas. Ein Vertrag mit den Kreuzfahrern sah einen gegenseitigen Geiselaustausch vor.

Gérard von Avesnes ging als Kreuzfahrer-Geisel in die belagerte Stadt. Kaum war er eingelassen, eröffneten die Christen wortbrüchig den Angriff. Die Bürger von Arsuf hängten daraufhin Gérard gefesselt außen an die Stadtmauer, genau dort, wo die Kreuzfahrer am heftigsten angriffen. Der Unglückliche flehte seine Freunde an, nicht auf ihn zu schießen. Aber Gottfried schrie hinüber, selbst seinen eigenen Bruder würde er in einem Kampfe für Christus nicht verschonen, und setzte den Sturmangriff fort. Von zwölf Pfeilschüssen getroffen, starb Gérard als Märtyrer, was freilich eine höchst eigenwillige Auslegung dieses Begriffs voraussetzt. Biographen, die Gottfried zum Kreuzfahrer-Heros machten, ersannen die Fabel, Gérard sei durch ein Wunder Gottes am Leben geblieben und später wieder zum Kreuzfahrerheer gestoßen, solcherart Gottfrieds zartes Gewissen entlastend ...

Im Juli 1100 traf in Jaffa erstmals auch ein venetianisches Geschwader ein. Die Kunde von der pisanischen Aktivität im Heiligen Land ließ die Kaufleute der Lagunenstadt nicht ruhig schlafen. Gottfried, der schon lange nach einem Gegengewicht zu den Pisanern suchte, war froh. Er ritt nach Jaffa, um die Neuankömmlinge persönlich zu begrüßen.

Noch während der Begrüßungszeremonie wurde er ohnmächtig. Sein Gefolge war davon überzeugt, er sei vergiftet worden, aber alle Anzeichen deuteten darauf hin, daß ihn ein typhöses Fieber befallen hatte. Sein durch Malaria geschwächter Körper widerstand überraschend lang der Krankheit. Man trug ihn in einer Sänfte hinauf nach Jerusalem. In der kühleren Höhenluft fühlte er sich etwas besser und vermochte noch die Bedingungen auszuhandeln, die es den Venetianern erlaubten, im ganzen Heiligen Land Handel zu treiben:

In jeder Stadt einen Basar und eine Kirche.

In jeder Stadt eine Bank und Wechselstube.

In jeder Stadt, die sie erobern halfen, ein Wohnviertel, das im großen und ganzen ein Drittel der bewohnten Fläche nicht übersteigen sollte.

Als Gegenleistung sollte Venedig helfen, die Häfen Akko, Haifa und Tripolis zu erobern.

Es war Gottfrieds letzte Handlung als »Verteidiger des Heiligen Grabes«. Wenige Tage später, am 18. Juli 1100, starb er.

Auch seine Kameraden und Freunde waren sich darüber im klaren, daß sie damit einer großen Sorge ledig wurden. Denn der fromme, in Bigotterie verfallende Gottfried war zweifellos nicht der Mann, aus dem von Feinden umgebenen, von Intrigen zerrissenen Heiligen Land einen Staat zu zimmern.

Der Weg war frei für nüchterne und kalte, aber staatsmännisch denkende Herrscher.

König des Heiligen Jerusalem

Es wäre verwunderlich gewesen, wenn die Frage, wer Nachfolger Gottfrieds im Heiligen Jerusalem werden solle, ohne niederträchtige Ränke vor sich gegangen wäre. Als Hauptintrigant sehen wir den neuen Patriarchen Dagobert, der dem »Verteidiger des Heiligen Grabes« die letzten Stunden mit fürchterlichen Erzählungen von der Höllenpein schwer machen ließ: Nur eine Rettung gebe es für die sündige Natur des Menschen, flüsterten die Priester am Sterbebett – Jerusalem, die Burg Christi, in die Hände Seiner Kirche zu geben. Tatsächlich verfaßte Gottfried eine solche Schenkung. Dagobert wurde darin zum Herrn von Jerusalem bestellt.

Aber die Lothringer und Nordfranzosen, die mit ihrem Herrn Gottfried Gefahr und Todesnot geteilt hatten und in ihm, nehmt alles nur in allem, einen untadeligen Ritter und Christen sahen, wollten nur einen weltlichen Herrscher aus seiner Familie anerkennen. Und nur einer kam dafür in Betracht: Baudouin, Graf von Edessa, Gottfrieds Bruder. Die Lothringer forderten ihn auf, sofort nach Jerusalem zu kommen und seines Bruders Erbe anzutreten.

Dagobert hatte andere Pläne. Er erinnerte sich der großartigen Zusammenarbeit mit einem Manne, der bedenkenlos und habgierig genug war, um mit ihm, dem Oberhaupt der Kirche im Heiligen Land, Halbpart zu machen: Bohemund, der Fürst von Antiochia. Dagobert sandte einen Eilboten zu dem Normannen, aber der Brief erreichte Bohemund nicht.

Er konnte ihn gar nicht erreichen, denn der Fürst von Antiochia, in die widerwärtigen Streitereien seiner zahl-

reichen kleinen armenischen und türkischen Nachbarn verwickelt, geriet beim Versuch, nach der armenischen Stadt Melitene zu marschieren, in einen türkischen Hinterhalt.
Sein Aufgebot, an die 120 Ritter und etwa tausend Mann Fußvolk, wurde niedergemetzelt, unter ihnen zwei Bischöfe, er aber und sein Kampfgefährte Richard von Salerno wurden gefangengenommen und in die nordtürkische Burg Neocaesarea (etwa 300 km westlich von Trapezunt) verschleppt.
Die Begeisterung der Türken kannte keine Grenzen: Der Held aller Helden gefangen! Der Emir frohlockte vollends: Der Schrecken der Gläubigen war ein hohes Lösegeld wert. Er konnte warten ...
Fast zum gleichen Zeitpunkt brach Baudouin von Edessa nach Jerusalem auf, um sein Erbe anzutreten. Er war, wie sein Biograph treuherzig schreibt, »geziemend betrübt über den Tod seines Bruders Gottfried, aber weit mehr erfreut über das zu erwartende Erbe«.
Baudouin war noch nicht weit von Edessa wegmarschiert, als ihm ein Soldat vorgeführt wurde, der die unglaubliche Kunde brachte, Bohemund sei gefangen. Als Legitimation wies er eine hellblonde Haarsträhne vor, die er Bohemund abgeschnitten hatte. Die Botschaft des Gefangenen war kurz: »Befreit mich, ehe mich die Sarazenen tief in ihr Gebiet verschleppen.«
Baudouin hatte freilich anderes im Kopf. Er war sicher, daß Bohemunds Befreiung nur eine Frage des Lösegeldes und nicht des Kampfes sei; er tat einige Tage lang so, als wolle er nach dem Norden aufbrechen, den Besiegern Bohemunds nach, zog aber dann dennoch nach Süden, Jerusalem und seinen Intrigen entgegen.
In Antiochia, dessen Ritter von Bohemunds Gefangenschaft zutiefst verwirrt waren, versuchte er beruhigend zu wirken, verfrachtete seine armenische Gattin nebst Hofstaat auf einige Schiffe und ritt dann weiter. Einen türki-

schen Widerstand vor Beirut überwand er durch Geschick, Tapferkeit und List und traf am 9. November 1100, ein Vierteljahr nach Gottfrieds Tod, vor Jerusalem ein. Die Bevölkerung begrüßte ihn, schenkt man den nordfranzösisch-lothringisch gefärbten Berichten Glauben, begeistert: Endlich war wieder ein Herr, ein Herrscher, in Jerusalem. Man erinnere sich der widerwärtigen Streitigkeiten, die Baudouin mit Tankred, dem jungen Neffen Bohemunds, ausfocht, als sie sich vom Kreuzheer trennten, um im kilikischen Taurus nach Beute und Herrschaft zu suchen, und man wird sofort verstehen, daß Tankred diesen seinen neuen Oberherrn verabscheute. Sein Versuch, die Bevölkerung zum Widerstand aufzuhetzen, schlug fehl; die kleinen Ritter, Handwerker und Bauern jagten Tankred aus der Stadt.

Auch der Patriarch Dagobert gab die Sache verloren, zog sich zu Bußübungen in ein Kloster zurück und appelierte an die Großzügigkeit Baudouins, nicht ohne auf seine guten Beziehungen zu dem reichen Pisa hinzuweisen. Die Versöhnung kam rasch zustande, denn Baudouin erwies sich als glatter, geschickter Verhandler, freilich auch als ein Mann ohne jeden Skrupel: Dagobert bezahlte immer wieder Kirchengelder um Kirchengelder an den neuen Herrscher – unter dem Druck erpresserisch-unverschämter Unterstellungen.

Baudouin kannte keine Sentimentalitäten. Als ein Bischof zaghaft darauf hinwies, daß man in Jerusalem nach der Dornenkrone keine Königskrone tragen dürfe, erwiderte er nur sarkastisch lächelnd: »So? Wer hat dir das gesagt? Etwa unser Herr persönlich? Bist du so einer?«

Der Bischof schwieg ängstlich.

Ohne Gegenstimmen wurde Baudouin zum König von Jerusalem gewählt, und niemand scheint diesmal an dem Titel Anstoß genommen zu haben.

Hatte jemand in Jerusalem geglaubt, Baudouin werde getreulich das Werk seines Bruders fortführen, so wurde er getäuscht: Selten hat es so ungleiche Brüder gegeben wie Gottfried und Baudouin. Nur die Körpergröße hatten sie gemeinsam: beide waren sie über 1,80 Meter groß, Baudouin wohl schon nahe an der Zweimeter-Marke. Das aber war auch schon alles.

Gottfried war blond und trotz seiner Körpergröße ein pyknischer, rundlich wirkender Typ. Baudouin war schwarzhaarig, aber er hatte einen weißen, von keinerlei Bartstoppeln blau verfärbten Teint, der bei dunkelhaarigen Männern selten ist. Er war hager und wirkte trotz seiner breiten Schultern drahtig, ganz der Typ eines modernen Leichtathleten.

Gottfried war huldvoll und gütig, Baudouin hochfahrend und kalt; Gottfried liebte es, mit den einfachen Leuten Brei aus dem Kessel zu kratzen. Baudouin haßte das Getriebe und den Gestank rund um das Lager der kleinen Leute, und obwohl er ohne ein Wort der Klage jedwede Härte auf sich nahm, sah ein jeder, daß er verschwenderische Pracht und Luxus (das jedenfalls, was man im Jahre 1100 dafür hielt) jedem anderen Lebensstil vorzog. Von Gottfried wird berichtet, er habe geschworen, so lange er das Kreuz trage, jedwede sexuelle Regung abzutöten. Baudouin indes wurde, bald nachdem er das Herrscheramt in Edessa übernommen hatte, mit dem durchaus nicht abschätzig gemeinten Titel des »größten Hurenbocks jenseits des Euphrat« bedacht – ein Ruf, der ihm nach Jerusalem vorauseilte und unter den außerhalb der Mauern wohnenden rund 500 Dirnen wohlige Erwartung auslöste.

Aber hierin enttäuschte er das Volk. Als König von Jerusalem hielt er sein Liebesleben so sehr vor den Augen der Öffentlichkeit verborgen, daß es nicht ein einziges Mal zu einem peinlichen Eklat kam. Die Skandalaffären steuerte vielmehr seine armenische Gattin bei, die sich wahllos jeden gutgewachsenen jungen Mann ins königliche Bett holte. Schon auf der Fahrt von Antiochia nach Jaffa, die sie mit einer von jungen Ruderern bemannten Galeere absolvierte, verführte sie der Reihe nach den Kommandanten, den Steuermann, den Oberruderer und so weiter bis hinab zum letzten Schiffsjungen – dies zumindest behaupten die normannischen Geschichtsschreiber, die freilich keinen Grund hatten, dem ersten König Jerusalems und seiner Familie besondere Tugenden nachzusagen ...

Baudouin war nicht der Typ, der vergaß. Zu gegebener Zeit holte er alle Anschuldigungen gegen seine Frau hervor, fügte neue hinzu – man ertappte sie mit einem jungen Ritter in einer gewiß eindeutigen Situation – und sperrte sie in ein Kloster. Die Königin, der man krankhafte, nymphomanische Begierde nachzusagen begann, erbat und erhielt die Erlaubnis, nach Konstantinopel zu reisen, wo sich ihre Spur verliert.

Baudouin hatte sofort Gelegenheit, sich als Staatsmann zu bewähren. Tankred, sein alter Widersacher, mittlerweile der mächtige Fürst von Galiläa geworden, ließ sich mehrfach zu einer Aussprache bitten. Erst als er erfuhr, der neue König habe eine ideale Lösung für ihn bereit, kam er an einem neutralen Ort mit Baudouin zusammen: Man bot ihm an, als Regent für seinen gefangenen Onkel Bohemund nach Antiochia zu gehen. Tankred nahm freudig an. Denn der Norden war reich und fruchtbar, von hervorragenden Handwerkern bewohnt, die vom Rohrzucker bis zur feinen Stahlklinge, vom Seidenbrokat bis zur wohlriechenden Essenz, wertvolle Güter für den Handel mit Europa erzeugten. Und wer weiß, wie lange Bohemund in Gefangenschaft bleiben mochte? Lange genug jedenfalls, um auch für Tankred einige Schätze abfallen zu lassen. Kampf mochte es genug geben. Zunächst mit den fränkischen Nachbarn, die gleich den Normannen nach mehr Macht und Reichtum strebten. In der nordsyrischen Landschaft zwischen Beirut und Antiochia hatte sich, unter schweren, erbitterten, von den Christen mit größter Tapferkeit geführten Kämpfen, Raymond von Toulouse und St. Gilles eine Grafschaft aufgebaut, die rund um die große, reiche Hafenstadt Tripolis (im heutigen Libanon) gelagert war.

Raymond tat nach wie vor so, als sei er der treueste Parteigänger und Lehensmann des Kaisers von Konstantinopel, dem sowohl Antiochia wie die Grafschaft Tripolis gehörten. Das brachte ihn im Gegensatz zu Tankred, der Raymond unter fadenscheinigen Vorwänden verhaften ließ, als er, nach stürmischer Meerfahrt, im Hafen von Antiochia, St. Syméon, an Land ging. Mit Ausnahme der Normannen, die sogleich Spottverse auf Raymond machten, waren die Kreuzfahrer empört. Tankred gab seinem berühmten und angesehenen Häftling schließlich den – schimpflichen – Laufpaß: Niemals mehr dürfe Raymond die Grenzen des Fürstentums Antiochia überschreiten, war die Bedingung.

Raymond und seine Nachkommen, die die Grafschaft Tripolis erbten, hielten sich lange Jahre daran.

Die Zeit begann für den gefangenen Bohemund zu arbeiten. Tankreds hektische Tätigkeit erfüllte König Baudouin mit Sorge. Er leitete langwierige Verhandlungen mit den türkischen Emiren ein, die sich um die Frage stritten, wer das geforderte Lösegeld – 260.000 Goldstücke – erhalten solle. Bohemund selbst griff recht aktiv in diese Verhandlungen ein. Er war noch immer einer der strahlendsten und schönsten Männer seiner Zeit, noch immer ein Frauenheld und noch dazu vom Ruhm seiner Heldentaten während des Kreuzzugs verklärt. Die Burg, in der er gefangensaß, beherbergte auch den Harem des Emirs. Mit Hilfe einiger Frauen, die ihm Briefchen und kleine Geschenke zustecken ließen, nahm er selbst Verbindung zu seinem Besieger auf und vermochte ihn zu überzeugen, daß es das beste sei, ihn, Bohemund, freizulassen: Er sei ein unerbittlicher Gegner ihres gemeinsamen Feindes, des Kaisers der Romäer. Der Emir ließ noch dazu mit sich handelnd, und Bohemund wurde für 190.000 Goldstücke freigelassen.

Tankred übergab seinem Onkel mit peinlichster Genauigkeit das Fürstentum, forderte aber alle jene Gebiete für sich, die er persönlich erobert hatte. Aber Bohemund lehnte ab. Frostig trennten sich Onkel und Neffe. Als wenig später der Graf von Edessa von den Türken gefangengenommen wurde, schlug man Tankred vor, für den gefangenen Fürsten die Regentschaft zu übernehmen. Und Tankred nahm an.

Jahrelange Gefechte mit den Türken folgten. Tankred und Bohemund, wiewohl in der Minderheit, siegten dank der unglaublichen Tollkühnheit ihrer normannischen Ritter. Oftmals schlugen fünfzig Normannen 3.500 Türken in die Flucht.

Einen Zweifrontenkampf aber – gegen die Türken und gegen das Oströmische Reich – konnte sich Bohemund nicht leisten. Dennoch nahm sein Haß gegen Kaiser Alexios und die Oströmer geradezu manische Züge an: Seit 1104 führte er, sehr zum Vergnügen der türkischen Emire, einen regelrechten Krieg gegen die Truppen des christlichen Kaisers.

Es war ein hoffnungsloser Kampf. Denn Ostrom war, neben Ägypten, die einzige Flottenmacht im östlichen Mittelmeer, und die oströmischen Hafenstädte waren unmöglich nur vom Land aus zu erobern. Die Verluste der Normannen waren hoch, die Emire sahen die Zeit eines Gegenschlages, der den Fürsten von Antiochia vernichten mochte, heranahen.

Als Bohemund nicht mehr weiter wußte, teilte er einer großen Ratsversammlung, zu der auch Tankred geladen war, mit, er werde nach Frankreich reisen, um neue Mannschaften zu holen. Auch werde er dem Abendland die

Augen öffnen über die Niederträchtigkeiten, die der Kaiser der Romäer gegen die Kreuzfahrer begangen habe und noch immer vollführe.

Mit einer kleinen Flotte, bis zum Deck mit Beute — Gold, Silber, Stoffe, Glaswaren, Gewürze — beladen, segelte Bohemund aus Syrien ab. Tankred war zum zweitenmal Regent Antiochias, diesmal von seinem Onkel bestellt.

In Süditalien, bei seinen normannischen Verwandten und Landsleuten, wurde Bohemund als Held der Kreuzzüge und Feind der Romäer begeistert gefeiert: Schon sein Vater Robert Guiscard hatte ja 1085 versucht, Ostrom zu erobern, diesen unangenehmen Konkurrenten auf den Meeren und den Märkten.

Mit zahlreichen Empfehlungsbriefen an den wankelmütigen Papst Paschalis versehen, reiste Bohemund nach Rom und überzeugte den Heiligen Vater, daß der wahre Feind der Christenheit der Abtrünnige auf dem Kaiserthron sei. Paschalis war unklug genug, einen Legaten zu ernennen, der in Frankreich den Kreuzzug gegen Konstantinopel predigen sollte. Gemeinsam mit Bohemund reiste der Legat nach Frankreich.

Wie begeistert man dort den großen Helden aufnahm, beweist die Tatsache, daß ihn König Philipp mit seiner Tochter Constance vermählte; und des Königs zweite Tochter Cécile sollte nach Antiochia reisen, um dort Tankreds Gattin zu werden.

Die französischen Ritter waren zwar nicht bereit, sich zu einem Kreuzzug gegen das christliche Kaiserreich der Romäer aufzumachen, aber die Stimmung schlug eindeutig, und für Jahrhunderte, um: Konstantinopels Herrscher war der »zweite Antichrist«, ein Verräter an Christus. Die Normannen und Italiens Seestädte taten ein übriges, um diese Ansichten über die Konkurrenz lebendig zu erhalten: Männer mit der Autorität eines Bohemund mußten ihnen hochwillkommen sein. An seinen Worten zwei-

felte kein guter Christ. Schon die nächsten Feldzüge nach dem Heiligen Land waren voll von Mißtrauen gegen das alte christliche Reich am Bosporus.
Bohemund kam mit einem großen Truppenaufgebot nach Süditalien zurück und eröffnete im Oktober 1107 den Krieg gegen Ostrom. Er belagerte die große Festung Dyrrhachion (das heutige Durazzo) in Albanien. Der unüberlegte Feldzug – Bohemund wurde durch die Flotte der Oströmer von Italien abgeschnitten – endete mit einer vollständigen Niederlage der Normannen.
Anna Komnena schildert, voll Bewunderung für ihren Vater, Kaiser Alexios, wie der ruhmreichste und glänzendste Held der Christenheit, der turmhohe, breitschultrige Bohemund, als Bittsteller im Zelt ihres kleinen, drahtigen Vaters stand und demütigende Bedingungen entgegennahm. Das weitere Verhalten Bohemunds nach diesem Vertrag, der ihn ausdrücklich, für alle Zeiten und für alle Angehörigen seines Hauses einschließlich der Nachkommen Tankreds, als »Lehensmann« des Kaisers deklarierte, ist nur von der Psychologie her zu verstehen: Der strahlende, sieggewohnte Held war so sehr mit dieser seiner Rolle verwachsen, daß es ihm undenkbar schien, als Gedemütigter in sein Fürstentum Antiochia zurückzukehren. Als reizbarer, mürrischer, rasch alternder Herr, dem Trunk, dem Würfelspiel ergeben, in den Bordellen Vergessen suchend, so starb der strahlende Bohemund als kleiner süditalienischer Potentat im Jahre 1111.
Tankred blieb als fähiger Regent von Antiochia an der Macht. Er bewahrte das Fürstentum für den kleinen Sohn Bohemunds.
Wir aber kehren noch einmal zurück ins Jahr 1100, da Bohemund eben gefangengenommen worden ist ...

Der Aufbau Jerusalems

Mehr als alle päpstlichen Legaten und Prediger erregte die abendländische Christenheit die Nachricht, Bohemund, ihr Ideal und ihr Held, sei gefangen und werde nun im finstersten, hintersten Kleinasien gequält und gemartert: Konnte, ja mußte man ihn nicht befreien?
Zehntausende nahmen in Frankreich, in Deutschland und in Oberitalien im Laufe des Winters 1100/1101 das Kreuz: Gott wollte, daß sie auszogen, Seinen Knecht Bohemund aus den Klauen der Sarazenen zu befreien (dieser zweite große Zug nach dem Nahen Osten wird, wiewohl nahezu 100.000 Menschen aufbrachen, von den Historikern nicht als »Kreuzzug« gezählt).
In der Lombardei ließen sich mehr als 20.000 Männer, zumeist kleine, religiös aufgewühlte Bauern und Handwerker, nur sehr wenige Ritter und Adelige darunter, begeistern, Leute, wie sie seinerzeit auch Peter von Amiens und Walter Sans Avoir gefolgt waren. Sie zogen dahin, ein Haufe von gläubigen, heilige Lieder singenden Scharen, mit Frauen, Kindern, Priestern niederster Weihe, begleitet von Räubern, Gaunern, Huren und Zuhältern, durch den Balkan. Der Marsch war, ebenso wie ihr Aufenthalt in Konstantinopel, durch schamlose Plünderungen gekennzeichnet. Sie versuchten, als sie keine Geschenke erhielten, den Palast des Kaisers zu stürmen, erschlugen – was Anna Komnena, die Tochter des Kaisers, besonders empörte – seinen Lieblingslöwen und wurden mit Mühe und gutem Zureden nach Kleinasien abgeschoben.
Aber schon nahte sich ein zweites, durchwegs aus Franzosen bestehendes Kreuzheer der oströmischen Haupt-

stadt. Wieder waren die chancenlosen Söhne großer Herren sein Rückgrat.
Auch Stephan von Blois, der während der Belagerung von Antiochia mutlos geflohen war, schloß sich den Scharen an. Seine ehrgeizige und ruhmsüchtige Gattin Adélie behauptete, die Schande seines feigen Verhaltens nicht überleben zu können, sperrte ihn vom Schlafzimmer aus und zwang ihn, neuerlich ins Heilige Land zu ziehen.
Das Heer war hocherfreut, als ihnen Kaiser Alexios empfahl, den alten Kreuzfahrerhelden Raymond von Toulouse als Führer anzunehmen. Raymond weilte gerade, wehklagend und Beschwerde gegen die Normannen führend, in Konstantinopel. Er fühlte sich von dem Kommando hoch geehrt; aber als der Kriegsrat beschloß, unverzüglich zur Befreiung Bohemunds zu schreiten, opponierte er heftig. Seinem Erzfeind zuliebe einen unüberlegten Feldzug ins Unbekannte zu führen – das war zuviel. Auch Stephan hielt den Zug für Unsinn, aber die Argumente der Gegner des Unternehmens fanden keine Beachtung, ja, Stephan wurde als »Feigling« gar nicht einmal angehört.
Lombarden und Franzosen vereinigten sich in Nikomedia. Ohne eine Vorstellung von den Schwierigkeiten zu haben, die sie erwarteten, marschierten die zwei Heerhaufen gemeinsam ins Ungewisse, allgemeine Richtung Nordosten, Bohemunds Gefängnis entgegen.
Es kam, wie es kommen mußte: Hunger und Durst demoralisierten das Heer, und als es zum ersten Gefecht mit den Türken kam, war die Katastrophe da. Raymond von Toulouse schlug sich mit einem Fünftel des Heeres zum Schwarzen Meer durch, vier Fünftel wurden niedergemetzelt. 3.500 junge Frauen füllten die sarazenischen Sklavenmärkte bis nach Basra und Persien.
Nicht genug daran, zog auch ein zweites französisches Kreuzheer unter Guillaume von Nevers aus, um Bohe-

mund zu befreien. Er folgte den Spuren des ersten Heerhaufens, aber niemand wollte oder konnte ihm sagen, wohin das Heer unter Raymond hinmarschiert war.

Auch dieses zweite Heer wurde geschlagen, die Ritter und Fußtruppen fielen zu neun Zehntel, Guillaume von Nevers floh mit einigen Kameraden halb nackt und waffenlos zum Mittelmeer.

Das dritte und größte Heer dieses für die Kreuzfahrer unseligen Sommers 1101 stand unter dem Befehl eines berühmten Dichters und Troubadours, des Grafen Guillaume von Aquitanien, bestand aber zur Hälfte aus süddeutschen Kreuzfahrern unter Herzog Welf von Bayern, dem sich der Salzburger Erzbischof Thiemo angeschlossen hatte. Auch die babenbergische Markgräfin von Österreich, Ida, einst eine gefeierte Schönheit, nun eine verblühende Vierzigerin, zog mit; sie hatte sich, nur aufgrund von Erzählungen, in Fürst Bohemund unsterblich verliebt . . .

Das neue Heer zog etwa 200 Kilometer hinter der Gruppe des Herzogs Guillaume von Nevers dahin; es gab nichts mehr zu requirieren, das Heer litt Hunger und man gab unrichtigerweise Kaiser Alexios die Schuld daran.

Die einzelnen Heerführer haßten einander; die Motive ihrer Eifersucht waren lachhaft und klein. Jeder der adelsstolzen Anführer hielt den anderen für einen Dummkopf und Feigling und wollte ganz bewußt gar nicht wissen, was der Konkurrent getan hatte.

Im September, zwei Wochen nach der Vernichtung des zweiten und nur einen Monat nach dem Ende des ersten Heerhaufens, kam auch für das große, mehr als 60.000 Personen zählende letzte Korps das Ende.

Nur ganz wenige entkamen, darunter fast alle Anführer. Es zeigte sich nun schon ganz deutlich, daß die reichen und mächtigen Ritter mit ihrem persönlichen Gefolge keine Skrupel hatten, in aussichtsloser Situation das Schlacht-

feld und ihre ins Unglück geführten Leute im Stich zu lassen.
Erzbischof Thiemo von Salzburg freilich wurde zu Tod gefoltert. Herzog Welf von Bayern schlug sich abenteuerlich mit wenigen Getreuen nach Tarsos am Mittelmeer durch. Die Markgräfin Ida von Österreich wurde — so berichten islamische Legenden — so lange vergewaltigt, bis sie ihrem Peiniger, einem türkischen Emir, doch noch einen Sohn schenkte, der später der berühmte Kriegsheld Zengi wurde . . .
Auf den Schlachtfeldern Kleinasiens blieb in diesem Katastrophensommer der Ruhm der Unbesiegbarkeit der Franken. Die Türken, die nach ihrer Niederlage von Doryläon fatalistisch vor den Franken geflohen waren, schöpften neue Hoffnung und rafften sich zu neuem Widerstand auf. Die Straße quer durch Anatolien, der Landweg ins Heilige Land, war nun doch nicht frei; nach wie vor bedrohten ihn die Türken, eine Tatsache, die nur einer Mächtegruppe gelegen kam: Den italienischen Seerepubliken, die nun allmählich das Monopol für die Anreise zum Heiligen Land in die Hand bekamen.
Die wenigen hundert Überlebenden der Feldzüge sammelten sich allmählich in Jerusalem; Stephan von Blois vermochte endlich, am Grab des Erlösers zu beten, und teilte dies sofort seiner vielgeliebten Gattin Adélie mit. Jerusalems König Baudouin hatte für die Ankömmlinge sogleich Verwendung: Zum zweiten Mal versuchte der ägyptische Wesir el-Afdal die Franken aus Palästina zu vertreiben. Wieder siegte das Heer des neuen Königs von Jerusalem. Drei Gründe, so erzählte man sich damals im Heiligen Land, hätten den Sieg der Franken herbeigeführt: erstens die Reliquie des wahren Heiligen Kreuzes, das der Patriarch Dagobert mit in die Schlacht trug; zweitens das Reuebekenntnis, das König Baudouin während der Schlacht, als alles verloren schien, ablegte und schließ-

lich das wundervolle Streitroß des Königs, die schnellste und schönste Stute des Nahen Ostens, das Wunderpferd Gazelle.

Die nächste Auseinandersetzung mit den Ägyptern, ein gutes Jahr später, schien schon verloren: Der König und wenige Ritter, unter ihnen Stephan von Blois, entkamen nach der kleinen Festung Ramleh bei Jaffa, wo sie sich in einem kleinen Turm verteidigten. In der Nacht erhielt Baudouin von einem Araber, dessen Frau er freigelassen hatte, vertraulich die Nachricht, daß el-Afdal noch vor Tagesanbruch den Turm erstürmen wolle und beabsichtige, keine Milde walten zu lassen.

Baudouin bestieg seine Wunderstute Gazelle, die ihn in rasendem Lauf durch die Reihen der Feinde trug. Seine Freunde ließ er bedauernd zurück. Am Morgen wurden sie alle umgebracht. Nur der Marschall Kaiser Heinrichs IV., Konrad, der sich als ein Held von ungeheuren Kräften erwies, blieb am Leben und wurde in die Sklaverei verkauft. Stephan von Blois aber wurde erschlagen. Adélie konnte zufrieden sein: Schließlich war ihr Gatte doch noch als Held gefallen.

Während sich die Franken in Jaffa belagert sahen, ereignete sich wieder ein Wunder: Im Augenblick höchster Verzweiflung am 25. Mai 1102 – lief eine riesige Flotte, etwa 200 Schiffe, bemannt mit Engländern und Franzosen, in Jaffa ein. Schon am 27. Mai führte Baudouin das neuformierte Heer zum zweiten Sieg über Ägypten.

Drei Jahre später schlug Baudouin die Ägypter abermals, und damit war die Kraft des arabischen Staates am Nil zunächst erschöpft. Freilich vermochten kleinere Gruppen von Ägyptern Jahr für Jahr ins Königreich Jerusalem einzubrechen, zu plündern und die Entwicklung zu stören.

Baudouin aber hatte nun die Hände frei, um die Küstenstädte zu erobern. Bis zum Jahr 1110 beherrschte er sie allesamt. Es waren Jahre, die die Erfindungsgabe und die

Ausdauer, die Tapferkeit und die Entbehrungsfreude der fränkischen Ritter in schönstem Lichte zeigen, soferne man die Geschichte mit den Augen des Europäers sieht.
Große Burgen sollten das Königreich absichern. Sie stehen heute noch als Zeugen der Baukunst der Franken, die ihrerseits wieder viel von den oströmischen Ingenieuren gelernt hatten.
Baudouin erweiterte sein Königreich nach dem Süden; in einem großangelegten Kriegszug eroberte er den Negev und erreichte die Hafenstadt Eilath am Roten Meer, belegte die vorgelagerten Inseln mit einer Garnison und zog dann weiter nach dem heutigen Jordanien, das man damals mit seinem biblischen Namen »Moab« bezeichnete. Durch Moab führten die großen Karawanenwege von Arabien ans Mittelmeer; Gewürze und Weihrauch, dem mittelalterlichen Menschen unentbehrlich, kamen auf diesem Weg nach Europa. Setzte sich Baudouin in den Besitz der Schlüsselstellungen, kontrollierte er den letzten Handelsweg vom Mittleren Osten zum Mittelmeer. Eine große Burg, »Le Crak de Monréal«, der »königliche Berg«, erfüllte diesen Zweck viele Jahrzehnte lang.
Alle diese Unternehmungen kosteten Geld. Baudouin beklagte es oft, daß er als Graf von Edessa mehr Geld gehabt habe denn als König von Jerusalem. Der Patriarch Dagobert war selbst geldgierig und hütete die Kirchenschätze gleich einem Drachen. Die Europäer aber, die der Sache des Heiligen Landes Geldmittel zukommen ließen, stifteten niemals den weltlichen Behörden, sondern immer nur der Kirche. Baudouin mutmaßte deshalb, der Patriarch horte einen immensen Schatz. Kein Chronist weiß zu berichten, wie es geschehen konnte, daß Papst Paschalis plötzlich der Meinung war, Dagoberts Amtsführung müsse überprüft werden; wahrscheinlich aber hat Arnulf von Rohes, der abgehalfterte Patriarch und ehemalige Freund Gottfrieds, die Sache eingefädelt. Der Papst entsandte

den Kardinal-Legaten Mauritius von Porto nach Jerusalem. Baudouin erhob sofort bei ihm gegen Dagobert Beschwerde und wärmte die alte Intrige wieder auf, die Dagobert einst gemeinsam mit Bohemund gegen ihn zu spinnen gehofft hatte. Auch behauptete er, Dagobert habe ihn ermorden lassen wollen. Mauritius, ein ängstlicher, älterer Herr, suspendierte zunächst einmal, auf alle Fälle, Dagobert bis zur Klärung der Lage.

Dagobert mimte den total Verzweifelten, warf sich insgeheim vor dem König auf die Knie und flehte um Gnade. Baudouin blieb hart, aber als Dagobert murmelte, es sei schade, er sei bereit gewesen, sich den Frieden 300 Goldstücke kosten zu lassen, wurde der König rasch großmütig und verzieh ...

Nach einigen Wochen brauchte Baudouin wieder Geld. Er wußte, daß die beiden Prälaten, Dagobert und Mauritius, an einer üppigen Festtafel beisammen saßen. Wütend stürmte er in den Festsaal, brüllte, nun sehe er, wieso ihm die Kirche kein Geld geben könne: Hier werde es verpraßt, während die Soldaten Gottes Hunger litten. Dagobert wurde anmaßend: Die Kirche könne mit ihrem Geld tun, was sie wolle, schrie er, während der Kardinallegat Mauritius die Hände rang ...

Nachdem man genug gebrüllt hatte, machte Dagobert eine vage Zusicherung: Er wolle ein Reiterregiment bezahlen. Das Geld dafür sah Baudouin nie.

Aber die Habgier ließ den Patriarchen selbst in eine Falle laufen. Der Normannenfürst Roger von Sizilien sandte dem Patriarchen eine Spende von 1000 Goldstücken, mit der Auflage, ein Drittel dem König zu übergeben. Dagobert unterschlug das Geld, und nun, da Roger mitteilen ließ, welche Auflage er mit seiner Spende verbunden hatte, war Dagoberts Stellung nicht mehr zu halten. Man setzte ihn ab, und er reiste zu seinem Freund Tankred, der als Vertreter Bohemunds in Antiochia regierte. Tankred forderte energisch die Wiedereinsetzung des Patriarchen, aber eine große Kirchensynode setzte ihn endgültig ab. Dagobert jedoch, der den Papst von früher her kannte – er war mit Paschalis in Spanien gewesen –, wußte um dessen Beeinflußbarkeit. Er reiste nach Rom, wurde tatsächlich wieder als Patriarch von Jerusalem bestätigt, starb aber, noch ehe er neue Verwirrung stiften konnte.

Der Weg für Arnulf von Rohes' zweites Patriarchat war frei. Er wurde einstimmig gewählt und hielt dem König unverrückbar die Treue. Daß er die griechischen, syrischen und anderen Sekten der Christenheit nicht unterdrückte, sondern sie alle zu einer Einheit im Geiste Christi zusammenzufassen suchte, gehört zu seinen großen Leistungen, die die Schattenseiten seines Charakters – die Ausschweifungen und die Korruption – vergessen lassen.

Seine Weitherzigkeit in den Dingen der Ehe und Liebe, die dem mittelalterlichen Mönchtum heilig und heikel waren, führte schließlich zu seiner neuerlichen Absetzung.

Schuld trug zweifelsohne König Baudouin, der unablässig darauf aus war, die ständige Finanznot seines Königtums zu beseitigen. Im Winter 1112 erfuhr Baudouin, daß die reiche Gräfin Adelheid von Sizilien einen Gatten suchte. Ihr Sohn, Roger II. von Sizilien, war großjährig geworden, und sie konnte nun daran denken, der Pflichten einer langen Witwen- und Regentschaft ledig, das Leben noch einmal zu genießen.

Die unermeßlich reiche Gräfin wollte gerne eine Königskrone tragen; der Antrag, den Baudouin zunächst geheim stellen ließ, schmeichelte ihrem Ehrgeiz, und sie ließ ihre Kronjuristen ein Heiratsabkommen ausarbeiten. Wesentlicher Punkt war, daß, falls ihre Ehe kinderlos bleibe, (was anzunehmen war, denn Adelheid war 46), ihr Sohn Roger das Königreich erben sollte. Baudouin ging darauf ein; er sah nur noch das Geld der Gräfin.

Im Sommer 1113 stach sie von Sizilien aus in See.

Im Hafen von Akko empfing sie König Baudouin. Zum erstenmal erschien er und sein Hof, orientalischer Sitte gemäß, in seidenen Gewändern. Pferde und Maultiere trugen purpurgefärbtes Lederzeug und goldene Schellen, Orientteppiche lagen auf den Straßen, überall wehten Banner, und die Priester schwangen Weihrauchfässer. Baudouin zog mit seiner überreifen Braut nach Jerusalem, wo sie Patriarch Arnulf so rasch wie möglich traute.
Schon am nächsten Tag verfügte Baudouin über die Mitgift, bezahlte den Kriegern ausständigen Sold, kurbelte die Bauarbeiten an Befestigungen wieder an und gab an Handwerker und Kaufleute Kredite.
Die Ehe war ein Mißerfolg. Adelheid fand den Königspalast von Jerusalem, den steinernen, uralten »Tempel Salomonis«, durchaus nicht standesgemäß, und Baudouin bedauerte, daß er das Königreich einem Normannen, den er nicht einmal kannte, vererben sollte ...
Da trafen anonyme Anzeigen beim Papst ein: Der Patriarch Arnulf habe eine ehebrecherische Verbindung eingesegnet; König Baudouin sei gar nicht kirchenrechtlich geschieden worden. Paschalis sandte einen Legaten nach Jerusalem, der tatsächlich feststellen mußte, daß der König des Heiligen Jerusalem ein Bigamist zu sein schien. Arnulf wurde nach Rom zitiert; noch einmal half ihm seine glänzende Beredsamkeit: Er erlangte des Papstes Verzeihung, unter der Bedingung, den König zur Lösung seiner Ehe mit Adelheid zu zwingen.
Das konnte Arnulf mit gutem Gewissen zusichern. Adelheid, aller ihrer Schätze beraubt, lag König Baudouin sicher nicht sehr am Herzen.
Noch zierte sich der König – er fürchtete die Reaktion der mächtigen Normannen von Sizilien – dann aber gab er, scheinbar unter dem Eindruck seiner Beichtväter, nach und erklärte, er könne nicht im Stande der Sünde sterben und müsse Adelheid verstoßen.

Adelheid segelte, all ihr Geld und Gut in Jerusalem zurücklassend, heim nach Palermo.
Das Jahr 1117 brachte zwei Mondesfinsternisse und — am 16. Dezember — ein außerordentlich starkes Nordlicht. Die Völker wurden — so legten es die Priester aus — gewarnt. Tod und Fürstensterben lag in der Luft.
Alle Personen, die in die Ereignisse der letzten Jahrzehnte verwickelt gewesen waren, starben — ein seltsamer Zufall der Geschichte — innerhalb weniger Monate:
Am 21. Januar 1118 Papst Paschalis; am 16. April Gräfin Adelheid; am 28. April der Patriarch Arnulf; am 15. April Kaiser Alexios; und auch König Baudouin sollte das Frühjahr nicht überleben.
Nach einem kurzen Feldzug, der ihn bis an den östlichen Nilarm führte, erkrankte er an einem ruhrähnlichen Fieber; es könnte auch Malaria gewesen sein. Am 2. April starb er in tiefer Bewußtlosigkeit.
Er hinterließ ein gefestigtes Königreich, dessen Handel mit Ost und West im Aufblühen war. Sein Vermächtnis war einfach genug, und es gilt auch heute noch: »Laßt es niemals zu, daß die Araber Syriens und Ägypten einig werden und gemeinsam über uns herfallen.«
Es ist ein Vermächtnis, das auch von Ben Gurion, Golda Meïr oder Moshe Dayan stammen könnte.

Die Gemeinschaft in Outremer

Es hat den Anschein, als habe sich im Königreiche Jerusalem der Gedanke durchgesetzt, die Krone dem Fürstenhause Gottfrieds und Baudouins zu erhalten: Ohne allzuviele Intrigen einigte man sich darauf, den Vetter des Königs, Baudouin du Bourg (oder Bourcq), den Grafen von Edessa, zum König zu wählen. Der etwa 35jährige zweite Baudouin war, sobald er von der Krankheit seines königlichen Vetters gehört hatte, nach Jerusalem geeilt und stand am Sterbebett des bewußtlosen Fürsten.

Schon am Ostersonntag 1118 wurde er gekrönt. Die Chronisten bekritteln seine allzu große Leutseligkeit. Wir würden heute sagen, daß der neue Herrscher es nicht verstand, Distanz zu halten. Auch er war groß, ein blonder Hüne; aber er wirkte in Reden und Benehmen weniger fürstlich als seine beiden Vettern. Anna Komnena sagt, er sei ein wenig täppisch und unbeholfen herumgestolpert, als er im Palast ihres Vaters geladen war. Alle aber sind sich darin einig, daß Baudouin II. ein persönlich integerer Mensch war, daß er mit seiner armenischen Gattin Morphia ein vorbildlich glückliches Familienleben führte, das nur dadurch getrübt war, daß er vier Töchter, aber keinen Sohn und Nachfolger hatte, und daß er von außergewöhnlicher Tapferkeit war.

Er übernahm ein im großen und ganzen in seinen Grenzen gesichertes Königreich, dem er alsbald durch die Eroberung des unermeßlich reichen, industriell hochentwickelten Tyros, der letzten Hafenstadt, die nördlich von Jaffa noch in islamischem Besitz war, zu weiterem Ansehen verhalf.

Das nördliche Syrien war weit mehr bedroht. Schon ein

Jahr nach Baudouin II. Wahl zum König wurde der Fürst von Antiochia, Roger, ein Verwandter Bohemunds und Tankreds, von dem türkischen Emir von Aleppo, Ilghazi, vernichtend geschlagen: »Ager Sanguinis«, das »Blutfeld«, nannten die Kreuzritter den Ort ihrer fürchterlichen Niederlage. Der Fürst und die meisten seiner Ritter fielen; der Sieger schleifte Hunderte von Gefangenen auf Ketten hinter den Pferden her, trieb sie durch die Gassen von Aleppo und hieß Knaben und Frauen die Christen zu Tode martern. Was denn auch geschah.
Nur dem mangelnden Weitblick des Emirs Ilghazi ist es zu danken, daß Antiochia damals nicht in türkische Hand fiel. Die Stadt war ohne Verteidiger. Bürger und Bauern wurden bewaffnet, die Priester legten den Harnisch an und warteten auf das Türkenheer. Die ganze Stadt war – so der normannische Chronist – voll vom Jammern der Witwen und Waisen. In der Tat fiel die Blüte der normannischen Kreuzfahrer in jener Schlacht am »Blutfeld«.
Baudouin II. zog in Gewaltmärschen von Palästina herauf nach Antiochia. Sein Erscheinen genügte, um die Türken einzuschüchtern. Die Hauptaufgabe bestand darin, die Lehen neu zu verteilen. Die Witwen, als deren Erbinnen, mußten so rasch wie nur möglich mit brauchbaren, jüngeren Rittern verheiratet werden. Der König »kämmte« sein Heer durch, machte förmlich Jagd unter Neuankömmlingen und brachte schließlich doch genügend Ehemänner zusammen. Es gab zahlreiche Hochzeiten, so daß, wie der Chronist vermerkt, der Festesjubel allmählich die Trauer überwand.
Seine alte Grafschaft Edessa übergab der König seinem Vetter und Jugendgespielen Joscelin von Courtenay.
Die Franken des syrischen Nordens wurden durch dieses rasche Eingreifen des Königs, ebenso wie dessen Krieger aus dem Süden, in dem Gefühl bestärkt, daß sie alle eine auf Gedeih und Verderb verbundene Einheit seien. Der

kleinliche Separatismus, diese Aufspaltung in Südfranzosen, Normannen und Lothringer machte einem neuen Geist der Gemeinsamkeit Platz. Natürlich war es kein Nationalgefühl in modernem Sinne. Der Franke Antiochias fühlte sich dem Landsmann aus Jaffa oder Jerusalem mehr verbunden als seinem Vetter daheim in der Champagne oder in Burgund.

Um diese Zeit kam für alle syrischen Gebiete der Sammelname »Outremer« (auch »Oultremer«) auf, was zwar »Übersee« schlechthin bedeutet, aber dennoch nur auf die Kreuzfahrerstaaten angewendet wurde.

Dieses Outremer begann rasch, wie alle Kolonien dieser Welt, eine ganz eigene Lebensform zu entwickeln. Wohl war und blieb die Umgangssprache französisch, wohl lebte man in einem feudalen, auf Lehenshoheit gegründeten Staat, wohl waren alle führenden Männer in Outremer lateinische Christen, aber nun, da schon zwanzig Jahre seit dem Einmarsch der Kreuzfahrer vergangen waren, machte sich in einem immer stärkerem Maße, in einer Art von Progression, der Einfluß der Umwelt geltend. Noch dazu war diese Welt kulturell und zivilisatorisch dem mittelalterlichen Lebensstil überlegen und den Gegebenheiten eines subtropisch-heißen Landes besser angepaßt.

Wollten sich die Franken in dieser fremden Welt behaupten, so mußten sie sich das Beste ihrer Feinde zueigen machen. Ja noch mehr: Sie mußten sich mit den Orientalen arrangieren und, als logische Folge, auch mit ihnen amüsieren, mit ihnen gesellschaftlich zusammenkommen.

Es bedeutete einen schweren Schock für jeden neuankommenden Pilger, der danach brannte, die ungläubigen Sarazenen zu massakrieren, wenn er die Bewohner Outremers Arm in Arm mit Mohammedanern durch die fremdartigen Straßen der syrischen Städte spazieren sah, wenn er sie beim Schach- und Würfelspiel, an festlicher

Tafel oder gar bei Reiter- und Ritterspielen mit Muselmanen beobachtete. Immer wieder kam es zu Mord und Totschlag, wenn neue Pilgerscharen in den Häfen ankamen. Vor allem die Moscheen waren das Ziel ihrer Angriffe. Die Handelsherren aus Venedig, Genua und Pisa erlaubten, ebenso wie die Feudalherren des Landes, ihren Geschäftspartnern islamischer Konfession ohne vieles Zaudern, in den großen Häfen Gebetshäuser, Moscheen, zu errichten: Wer sich in seiner Lebensart geachtet weiß, ist ein angenehmer Geschäftspartner. Den neuen Pilgern aber war jede Moschee ein Ort des Teufels. Sie rasten in diese Gotteshäuser und erschlugen manchen ehrbaren arabischen Kaufmann, der ahnungslos dort zu Allah betete.

Nicht minder ungeheuerlich und unverständlich schien den Soldaten Christi, daß die im Heiligen Land lebenden fränkischen Ritter die Lebensformen ihrer Umgebung annahmen. Sie trugen seidene Burnusse und Kaftane, legten den praktischen arabischen Kopfschutz, die weiße Kefieh, an (die auch heute noch in nahezu unveränderter Form getragen wird) und ernährten sich, von zweckmäßigen, vom Klima diktierten Überlegungen geleitet, nach Art der Araber.

Die fremden Früchte und Speisen mochten noch hingehen für die Neuankömmlinge, aber daß die Gattinnen und Töchter der Franken die morgenländische Mode übernahmen, daß sie sich — teuflisches Blendwerk! — schminkten, daß sie sich um einen hellen Teint zu behalten, mit Schleiern verhüllten wie Türkenweiber — das war unerhört.

Das Weib des frühen Mittelalters war Gebärmaschine, sonst nichts. Im Orient aber erwuchs aus dem Luxus des Harems christlicher Abart eine nie abreißende Reihe machtvoller und gebildeter Frauen, die in der Öffentlichkeit weit mehr zu sagen wagten, als es um 1100 jemals eine mitteleuropäische Frau gekonnt hätte. Die fränkischen Frauen waren hingerissen von den modischen Stof-

fen des Orients, diesen Brokaten, Seiden und Schleiern, sie gaben sich dem Luxus des täglichen, heißen Bades hin, erfuhren zu ihrem mit Schauern der Angst vor Teufelswerk gemischten Erstaunen von der Gabe der Orientalinnen, vornehmlich der Syrierinnen, aus dem (im mittelalterlichen Europa brutalen, peinlichen) »ehelichen Beilager« eine wahre Kunst der Liebe zu machen. Die fränkischen Ehemänner waren leicht davon zu überzeugen, daß hier nicht der Teufel seine Hand im Spiel hatte, zumal Outremer das Glück beschieden war, eine Reihe von lebenslustigen Patriarchen zu erhalten, die sich allesamt durch praktische Übungen davon überzeugten, daß in der Liebe nach syrischer Art kein Satan verborgen war.
Wer reich war, trug dies auf aufdringliche Weise zur Schau. Daheim in Europa waren sie mittellose, händelsüchtige, kleine Leute gewesen, diese Lehensherren und Barone von Outremer – nun zeigten sie jedermann, was sie sich mit ihres Schwertes Kraft erobert hatten. Pelze, gold- und edelsteinbestickte Stoffe, Ringe an jedem Finger, Goldketten bis zu den Knien, goldene und kristallene Pokale, herrliche, edelsteingeschmückte Kreuze, Kelche und Tabernakel wurden angeschafft. Man behängte seine Frauen mit Gebirgen von Halbedelsteinen und überschüttete sie mit Parfums, erwarb Eunuchen und hielt sich, wie es im Orient seit je üblich war, Maitressen.
Die Mehrzahl der einheimischen Bewohner von Outremer bestand aus Christen der verschiedensten Richtungen. Die Lateiner waren zweifellos in einer verschwindenden Minderheit. Mohammedaner gab es noch genug, wenngleich zehntausende geflohen waren und – gleich den Palästinensern unserer Tage – in Ägypten, Damaskus, Bagdad und Aleppo eine revanchistische Fronde aufrechterhielten.
Heiraten zwischen Franken und eingeborenen Christen waren häufig. Sowohl Ritter wie auch kleine Leute suchten und fanden syrische oder armenische Gattinnen. Bau-

douin I. und sein Nachfolger begünstigten solche Ehen. Nur so mochte es gelingen, dem Königreich eine bodenständige Bevölkerung zu sichern, Familien, die mit dem Land, ihrer Heimat, verwurzelt waren. Und man konnte endlich davon abgehen, immer nur auf Neueinwanderer angewiesen zu sein.

Die Nachkommen solcher Ehen zwischen Franken und Syrern wurden »Poulains« (auch »Poulencs«) genannt. Die Franzosen selbst sind nicht einer Meinung, woher der Ausdruck kommt. »Poulain« heißt »Füllen«; »Poulaine« bezeichnet altmodische Schnabelschuhe. Daß es ursprünglich ein Spottname war, steht fest. Mehrfach brachen Raufereien aus, weil eine Gruppe die andere »Poulains« genannt hatte.

Besondere Bewunderung erregten die Paläste der reichen Adeligen, etwa der Palast der Ibelins in Beirut, oder der Königliche Palast von Akko. Große Fenster, Marmor- und Mosaikböden, von Teppichen bedeckt, Gemälde und Brokatbespannungen an den Wänden, Kunstmöbel, kostbare Tisch- und Bettwäsche (»Damast« kommt ja von »Damaskus«) — das alles waren Dinge, von denen sich der Westeuropäer daheim, in seiner kleinen, armseligen Behausung, nichts träumen ließ.

In der Geselligkeit der Franken lag die Ausgelassenheit und Zügellosigkeit eines Tanzes auf dem Vulkan: Morgen schon mochte die ganze Herrlichkeit dahin sein, mochte der türkische Emir, den man gestern noch bewirtete, mit neuen Söldnern einfallen, plündern, schänden, morden, mochte der eigene Fürst zu einem Raubzug aufrufen, von dem sicher nicht alle Männer heimkehren würden.

An den syrischen Höfen erblühte die Poesie der französischen Troubadours zu vollem Glanze; in der fremden, orientalischen Umgebung wurde sie erstmals als Ausdruck einer neuen, schöneren, freieren Lebensform gewürdigt.

All das, was wir Heutigen gemeinhin unter »Rittertum« verstehen, dieses um Turniere und schöne Frauen kreisende, in feste Konventionen einmündende Spiel mit dem Abenteuer, fand in Outremer seine erste Umwandlung: Es gab neben dem Dienst an Gott und dem Kampf für Christus noch andere, im Menschen selbst liegende Werte, die zu entdecken man sich nun anschickte.
Auf dem Höhepunkt der mittelalterlich-ritterlichen Gesellschaft zeichnete sich bereits der Weg in die Zukunft ab, da der Mensch die alte Frage »Was bin ich?« neu formulieren und neu stellen wird.
Denn die neuen Herren Outremers spielten nicht nur Schach mit ihren mohammedanischen Freunden. Sie heirateten nicht nur die Töchter ihrer griechisch-armenischen Glaubensbrüder. In endlosen Diskussionen um die letzten Dinge weitete sich ihre Welt, brach die Macht der hellenistischen Philosophie in das enge Haus mittelalterlichen Glaubens. Anschauungen, »Ketzereien«, die die Kirche längst aus Europa ausgemerzt hatte – gnostische, manichäische Irrlehren, esoterische Spekulationen – faszinierten den ausgeruhten Geist der Franken.
Die dauernden Kontakte mit Pilgerscharen aus der alten Heimat bewirkten, daß diese neue Welt von Gedanken auch das Abendland überflutete. Langsam erst, dann immer stärker, stellte auch Europa alles in Frage, was bisher als unumstößlich galt. Unmerklich änderte sich die mittelalterliche Welt ...
Für die herrschenden Adeligen Outremers blieb die Lage immer gleich: Es galt, einen ununterbrochenen Kleinkrieg durchzuhalten, der Männer und Geld verschlang. Jahr für Jahr fielen Lehensleute des Königs, mußten für verwaiste Güter und deren Witwen neue Herren gefunden werden.
Die Unterstützungen von daheim kamen zwar regelmäßig, aber zumeist waren es Pilger, die zwar ein, höchstens zwei Jahre für Christus kämpfen wollten, dann jedoch

froh waren, wieder heimzureisen. Aber nur mit schweren Reitern, die den Türken in kämpferischer Hinsicht immer überlegen waren, konnte man die Kriegszüge führen, jene Kämpfe, die ihrerseits wieder dazu dienten, Beute zu machen. Die Beute wieder wurde in erster Linie dazu verwendet, jene Ritter anzulocken, die man brauchte, um Kleinkriege führen zu können ...

Ein Ausweg schien es, als die Fürsten und Könige der Christen das Kidnapping zur hohen Kunst erhoben und darin ihren sarazenischen Gegnern in nichts nachstanden. Die Finanzlage besserte sich solcherart kurzfristig.

Baudouin II. begann zahlreiche seiner Kriegszüge (die man sich eher als den Ausmarsch einer beutegierigen Bande vorzustellen hat) zumeist dann, wenn die Kassen des Königreichs leer waren, wenn man Arbeiten an Burgen nicht mehr aufschieben konnte und Zahlungen vor der Tür standen, und wenn unter der feindlichen Kriegerschar genügend Prominenz war, für die man ein hohes Lösegeld erpressen konnte.

Baudouin II. wurde selbst das Opfer eines solchen Kidnapping: Während der Falkenjagd kam er von seinem Feldlager ab, verirrte sich in den Schilfwäldern des Euphratufers und wurde von den Soldaten des Emirs Balak gefangengenommen. Fast zur gleichen Zeit ging auch der Graf von Edessa, Baudouins Vetter und Jugendgespiele, Joscelin de Courtenay, in die Falle.

Gemeinsam fanden sich beide Fürsten in einer düsteren türkischen Burg. Das Lösegeld, das Balak forderte, war enorm, und es scheint, als sei das Land zunächst außerstande gewesen, die Summe aufzubringen. Joscelin, der perfekt armenisch sprach, bestach einen Bauern: Fünfzig Armenier aus der Umgebung besetzten, als Händler verkleidet, in tollem Handstreich die Burg und machten sich, von Baudouin und Joscelin unterstützt, zu Herren der Festung. Balak raste wutschnaubend mit einem Heer heran und belagerte die Burg. Joscelin vermochte zu fliehen. Aber Baudouin, mit mehreren hundert christlichen Gefangenen, erduldete die Belagerung, bis Balak schließlich die Burg erstürmte. Alle Freunde des Königs wurden umgebracht, weil sie, wie sich herausstellte, einige Frauen aus dem Harem des Emirs verführt hatten.

Nur Baudouin selbst blieb unversehrt: Für einen toten König hätte Balak keinen Heller bekommen. Nach beinahe zweijähriger Gefangenschaft (Balak war mittlerweile gestorben, sein königlicher Gefangener wie eine Sache weitervererbt worden) ging der König frei, nachdem man 80.000 Goldstücke bezahlte. Venedig streckte Gelder vor, auch Pisa und einige süditalienische Fürsten beteiligten sich.

Die Umgangsformen zwischen Sarazenen und Franken waren gut genug, um jederzeit Verhandlungen über Lösegeld führen zu können. Es bildete sich sogar eine Art von Kidnapper-Ehrenkodex heraus: Wer Geld für einen Gefangenen entgegennahm, obwohl das Opfer schon tot war, der wurde von Freund und Feind gleichermaßen als »Betrüger« verachtet. Das Kidnapping selbst galt indes als durchaus ritterlich und ehrenhaft.

Um Geld kreisten die Gedanken der Fürsten; um jenes Geld, das Soldaten und damit Weiterexistieren verhieß. Die Finanziers jener Tage – die Seerepubliken Italiens – gaben Anleihen nur gegen unerhörte Privilegien. Die Machtpolitik der Großmächte von heute, die über finanziellen Einfluß zu politischer Macht zu kommen hoffen, wirkt dagegen weitherzig, großzügig und vornehm. Venedig und Genua gaben Geld nur gegen Steuerbefreiung, Zollausschließungs-Klauseln, Monopole, Alleinrecht auf Bank- und Lombardgeschäfte und erhielten als Pfand zuweilen die Hafengebühreinnahmen mehrerer Jahre. Mehrfach mußten, allein um dem Zinsendienst zu genügen, neue Anleihen aufgenommen werden.

Trotz aller Geld-Injektionen blieb um 1130 der Stand des königlichen Heeresaufgebotes kläglich. Im Jahre 1128 meldeten alle Lehensherren dem König den Stand ihrer einsatzfähigen Ritter: Für das Königreich Jerusalem waren es 593.

Rechnet man, daß jeder Ritter mit etwa zehn bis zwanzig mäßig ausgebildeten und bewaffneten Fußsoldaten anrückte, und daß es eine leichte Reiterei, gebildet aus einheimischen Christen (die »Turkopolen«), gab, so kommt man auf eine gewiß nicht imponierende Heeresmacht von etwa 10.000 Männern.

Viele der Feudalherren waren unsichere Bundesgenossen. Sie waren zuweilen um nichts beleidigt und sagten in entscheidender Situation ihrem Lehensherrn den Gehorsam auf: Weil er ihre Frau nicht geziemend gegrüßt, weil er ihnen eine alte Stute als jung verkauft, weil er ihren Beuteanteil am jüngsten Raubzug zu gering bemessen hatte.

Man wird daher die Begeisterung verstehen, mit der die Könige von Jerusalem die Gründung christlicher Ritterorden begrüßten. Die Grundidee, die den Orden zugrundeliegt, ist einfach genug und fußt auf den uralten Regeln, die sich die Benediktiner einstens gaben: Unbedingter Gehorsam gegen die Oberen, Frömmigkeit, Keuschheit und persönliche Armut.

Im Zeitalter der Kreuzzüge und des Rittertums nimmt das mönchische Gelübde die Farbe des Kampfes für Christus an. Frömmigkeit heißt Kampf für Christus, als dessen Ritter — ohne irgendeinen »dazwischengeschalteten« Lehensherrn — sich das Mitglied eines Ordens fühlt. Man zieht sein Schwert nur gegen die Feinde des Herrn Jesus Christus, gegen diese aber überall, zu jeder Zeit, und immer zum Tode bereit, der ohnedies nur den Weg zum Paradies freigibt. Von den Mönchsorden ist die uniformierte Kleidung entlehnt und das Aufnahme-Ritual, die Weihe an Gott; von den ersten »Pilgern Christi« stammt das Abzeichen: Ein Kreuz wird auf das Obergewand aufgenäht. Von der Ritterschaft entlehnte man all das, was jeweils unter Ritterlichkeit verstanden werden mochte. Weil aber nur vornehme Männer wußten, wie man ritterlich lebte, konnten nur die Söhne großer Adelshäuser in einen der neuen Orden als »Ritter« aufgenommen werden.

Die Hospitaliter zu Jerusalem, die als dienender Orden schon um das Jahr 900 von Kaufleuten aus Amalfi gegründet worden waren, um Pilgern Unterkunft und Verpflegung zu gewähren, begannen zur Zeit Baudouins I., ihren Pflichtenkreis zu erweitern und die Verteidigung des Königreichs als eine ihrer Hauptaufgaben zu sehen. Sie nähten sich auf den Mantel ein weißes Kreuz und ersetzten ihren Schutzheiligen Johannes den Barmherzigen durch den kampfesfreudigeren Johannes den Evangelisten. Klarste Ausprägung des Gedankens eines militärisch und christlich-mönchisch organisierten Ordens findet man in den Tempelrittern, die im Todesjahr Baudouins I. die Erlaubnis erhielten, einen Teil der al-Aqsa-Moschee (im Tempelviertel Jerusalems) als ihr Stammhaus einzurichten.

Es gab drei Klassen von Brüdern: Die Ritter, durchwegs Angehörige des europäischen Hochadels aller Nationen (weißer Mantel, rotes Kreuz), als zweite Klasse die Dienenden (Sergeanten: schwarzer Mantel, rotes Kreuz) und schließlich die Kleriker, die keine Waffen trugen, ebensowenig wie die Hausbesorger und Reitknechte.

Die Tempelritter lernten vom ersten Tag ihrer Aufnahme an eines: Ihre Individualität unterdrücken, sie auslöschen und aufgehen in einer neuen Einheit: in dem namenlosen Heer der Ritter.

Gebete, Exerzitien, Fastenzeiten wechselten mit scharfen Übungen und – da sich Outremer ohnedies dauernd im Kriegszustand befand – mit Einsätzen gegen die Sarazenen. Meditation in der Einsamkeit der Zelle förderten das Entstehen eines esoterischen Christentums, das sich im

Laufe der Jahrzehnte in seltsamen Aufnahmeritualen manifestierte, die an die Denkformen frühchristlicher Gnostiker erinnern. Eine Symbolik, die uns Heutigen kaum noch etwas sagt, für den Tempelritter aber durchaus verständlich war, beeinflußte die Gedankenwelt des Ordens.

Die Könige von Jerusalem nahmen die militärische Hilfe der bestens gedrillten, disziplinierten und todesmutigen Orden begeistert an. Daß die Orden dagegen erklärten, sie unterstünden niemandem als ihrem Ordensoberen, ihrem Großmeister, und selbst in kirchlichen Angelegenheiten seien sie nur dem Papst, nicht aber den Bischöfen, ja nicht einmal dem Patriarchen von Jerusalem unterstellt, nahm man gelassen in Kauf. Man zeigte König Baudouin II. die 686 Artikel der Templer-Ordensregeln, er befand sie für christlich gut und mit den Usancen, nach denen das Königreich regiert werde, übereinstimmend. Wieviele geheime Artikel er nicht zu Gesicht bekam, wissen wir nicht. Wir können nicht einmal mit Sicherheit sagen, wieviele es gab.

Zwei Punkte aber haben schon um 1130 die Templer unbeliebt gemacht:

Zum ersten: Man sagte ihnen Homosexualität, ja sogar Verführung von Knaben nach. Einige Fälle wurden jedes Jahr angezeigt, sie erregten Ärgernis, wurden aber stets niedergeschlagen. Zweifel sind kaum möglich.

Zum zweiten aber – und das sollte den Templern auch den Untergang bringen: Sie wurden die Bankiers der Kreuzzüge und sie verstanden ihr Geschäft so gut, daß sie alsbald zur reichsten Gesellschaft der Welt zählten. Das verzieh man ihnen umso weniger, als ja nicht erst seit 1870 der Antiklerikalismus darauf hinzuweisen pflegt, wie schlecht sich irdischer Reichtum mit Frömmigkeit, Christentum und Mönchtum verträgt.

Die Templer finanzierten kleine und große Reisen ins Heilige Land. Sie belehnten Haus und Hof, Ländereien,

Schmuck und Pferde, sie besorgten die Passagen, bezahlten Reisekosten und Ausrüstung, alles gegen Zinssätze, die um 40 Prozent lagen. Den Großen dieser Welt, die mit stattlichem Gefolge nach Jerusalem pilgerten, wurden wahre Vertragskunstwerke unterbreitet. Man wird an die Methoden moderner Reisebüros erinnert, die mit dem Slogan »See the world now, pay later« (Sieh dir die Welt gleich an, zahl' später!) arbeiten: Wer seine Pilger- oder Kriegsfahrt mit Hilfe der Templer begann, hatte keine finanziellen Sorgen, oder erst, wenn er heimkehrte und keine Beute gemacht hatte. Die Verbindung moderner Geldgeschäfte mit tiefer Frömmigkeit und ritterlich-christlichen Tugenden, mit Wucherzinsen und dem Lombardieren von Wechseln machte sich nicht gut. Die Christen waren überzeugt: In den Schatzkammern der Templer ruhte das Geld der Pilger . . .

Für die erfolgreiche Teilnahme an den Feldzügen erhielten die Ritterorden häufig große Ländereien zum Geschenk, auch vermachten viele fromme Herren und Witwen dem Orden Gutshöfe, Schlösser und Gold. Um 1160 gehören die Johanniter und Templer mit Abstand zu den größten Grundherren des ganzen Outremer.

Um ihren Besitz zu sichern, investieren sie Geld und Arbeit in den Bau von Burgen und Befestigungsanlagen. Die Johanniterburg zu Akko etwa beeindruckt auch heute jeden Besucher. Der »Krak des Chevaliers« im Antilibanon ist ein einzigartiges, kühn angelegtes und kostspielig ausgeführtes Bauwerk.

Diese Burgen aber waren es, die in Notzeiten, wenn die Sarazenen das Land überfluteten, den Bestand der christlichen Staaten garantierten.

Eine geschickte Werbung führte beiden großen Ritterorden die Blüte der jungen Adeligen Europas zu. Es galt als modern, die Ordensgelübde abzulegen und sich als Ritter aufnehmen zu lassen.

Zunächst schien es, als habe Jerusalem damit eine Truppe gefunden, die sich nicht durch persönlichen Ehrgeiz in schädliche Intrigen und Unternehmungen einlassen würde. Bald aber zeigte es sich, daß auch die Großmeister der Orden ihre eigenen, undurchsichtigen Ziele verfolgten. Der Gegensatz und die Eifersüchteleien zwischen Johannitern und Templern wurden von Jahrzehnt zu Jahrzehnt größer und gipfelten in regelrechten Schlachten, die sich die Verteidiger der Christenheit lieferten.

Tatsache bleibt freilich, daß von 1130 an die größte Last der Verteidigung des Heiligen Landes auf den Ritterorden ruhte; nur sie waren bereit, bis zum letzten Mann in aussichtslosen Stellungen auszuharren, nur sie scheuten sich nicht, zu zweit oder zu dritt einen islamischen Heerhaufen von hundert Mann anzugreifen. Was man sich heute von den Taten kühner Westernhelden erzählt, das galt im Heiligen Land von den Ordensrittern: Tollkühnheit gepaart mit ritterlichem Anstand, im Zweifelsfall immer auf der Seite des Guten und des Rechts (also des Christentums): So gehen sie in die Ritterromane ein und werden Vorbilder ganzer Serien von Helden, von König Artus' Tafelrunde über die Gralsritter (man denke nur an die Esoterik der Parsifal-Sage) bis hinunter zu den billigen Ritterromanzen, die dem Bürger des ausgehenden Mittelalters unseren Krimi ersetzten.

In ihren besten Tagen vermochten die beiden großen Orden an die 5.000 erstklassig ausgebildete und ausgerüstete Ritter nebst Knechten zu stellen, eine eherne, eine furchtbare Streitmacht.

Die islamische Welt hatte jahrzehntelang der geballten Wucht der christlichen Ritterorden nichts entgegenzustellen. Es war eine uneinige Welt: Die Araber haßten ihre türkischen Oberherren; die Sunniten Vorderasiens verabscheuten die Schiiten in Ägypten und Persien; die Seldschuken bekämpften ihre Verwandten, die Turkmenen, die in größeren Trupps ins Land kamen, plünderten und zahlungswillige Condottiere suchten; jeder Emir dachte nur an seine persönliche Bereicherung, und der Tod eines Herrschers führte zu blutigen, endlosen Nachfolgewirren. Da jeder Herrscher zahlreiche Söhne hatte – zuweilen traten bis zu 40 Leibeserben auf – dauerte es Jahre, ehe sich der Brutalste und Mordlustigste unter den Nachkommen durchzusetzen vermochte.

Es nimmt nicht wunder, daß in der islamischen Welt, die sich ebenswo weit von den Ideen Mohammeds entfernt hatte wie die kirchliche Macht von der Lehre Christi, reformistische, ja revolutionäre Sekten entstanden, die das herrschende System bekämpften, es als pragmatisch ablehnten und eine kompromißlose neue, reine Form des Islam forderten.

Ihre Gedankengänge sind für den Europäer von heute kaum faßbar. Sie gehen von komplizierten, mit gnostischer Philosophie überladenen Vorstellungen aus, sie huldigen einer Zahlen- und Symbolmystik, in der die »Sieben« eine besondere Rolle spielt. Sie sind der Meinung, daß der schrankenlose Mord an Gegnern ein geeignetes, ja ein gottgewolltes Mittel zur Machtergreifung ist.

Das islamische »Establishment« fürchtete die neue Bewegung ebensosehr wie die Christen. Schon ihre Herkunft machte sie suspekt. Die Sekte der Ismaeliten, von der sie sich ableiteten, wurde schon im frühen Mittelalter gegründet, und seit je von den Rechtgläubigen verabscheut.

Alle jene, die sich dem Geheimbund verschrieben, wurden von den Führern zu Haschischrauchern gemacht. Im Rauschzustand scheinen sie – möglicherweise durch zusätzliche hypnotische Beeinflussung – den Aufträgen und Befehlen ihrer Oberen willenlos ausgeliefert gewesen zu sein. Die Araber nannten sie, nach dem Rauschgift, »Haschiyun« oder »Haschischim«. Die Franken machten daraus die Neu-

schöpfung »Assassinen«, ein Wort, das im Französischen auch heute noch »Meuchelmörder« bedeutet.
Meuchelmord war in der Tat der häufigste, ja der übliche Auftrag, den die Rauschgiftsüchtigen von ihren Ordensoberen erhielten – Mord an feindlichen Mohammedanern ebenso wie an Christen. Unerwartet, aus dem Dunkel der Nacht auftauchend, mitten im Gewühl des Basars, am Hafen, im Ehebett, wo immer ein Feind der »Assassinen« auch sein mochte – der Dolch des Mörders fand ihn. Und so unauffällig wie er gekommen war, verschwand der Mörder auch wieder. Faßte man ihn, so schwieg er stumpf vor sich hin, ein Rauschgiftsüchtiger, der »high« ist, wie man heute sagen würde.
Die Oberen vermochten ihre Mörder davon zu überzeugen, daß jede Mordtat ein Stein weniger auf dem Weg zum Paradies mit seinen Wonnen sei. Sie schufen sich in den Haschischrauchern eine der unheimlichsten und effektivsten Mörder-Garden, die die Geschichte kennt.
Innerhalb weniger Jahrzehnte bauten sich die Assassinen in den unzugänglichen Bergen Ostsyriens und Kurdistans uneinnehmbare Burgen, von denen aus ihre Mörder ausschwärmten. Unter ihrem Scheich Abu Sinan, den die Franken den »Alten vom Berge« nannten, war ihr Einfluß am größten. Bald danach aber erfolgte ihr moralischer Niedergang: Gleich den Gangstern unserer Zeit, insbesondere der berüchtigten »Murder Inc.«, boten Abu Sinans Nachfolger die Dienste der Assassinen jedem an, der den Fixpreis für einen Mord bezahlte, ob Christ, ob Mohammedaner war gleichgültig, wenn nur die Kasse stimmte.

Verschwörungen und Intrigen

Die Jahre zwischen 1127 und 1135 sind die ruhigsten und glücklichsten in der Geschichte Outremers. Weder vorher noch nachher war der Islam so uneins, so schwach und so unfähig, große Aktionen gegen die fränkischen Eindringlinge zu führen. Die zahllosen Sultane, Emire, Atabegs und Wesire bekämpften und ermordeten einander in trüber Regelmäßigkeit, aber nur, um ihrerseits alsbald von neuen Prätendenten beseitigt zu werden.

Unabhängig von all diesen Streitigkeiten zogen die großen Karawanen aus dem Inneren Asiens auf den alten Straßen zu den Häfen des Mittelmeers. Den Kaufleuten war es gleichgültig, wer ihre Waren abnahm – ob Sarazene, Kreuzfahrer oder Italiener. Ein stetiger Strom von Waren und Reingewinn floß nach Venedig, nach Genua, nach Pisa und nach Marseille.

Die Städte mit ihren exquisiten Handwerkertraditionen beherbergten wahre Fabriken modernen Stils mit hunderten Webstühlen, mit Glas- und Seifenerzeugnissen, mit Waffenwerkstätten, Juwelieren, Goldschmieden und Parfummanufakturen.

Da König Baudouin II. die Hoffnung aufgeben mußte, noch einen Sohn zu bekommen, suchte er für seine Lieblingstochter, die den märchenhaften Namen Melisende trug, einen Gatten: Der Mann seiner Wahl mußte geeignet sein, als König in Jerusalem zu herrschen. Boten und Herolde durchforschten ganz Frankreich, um einen würdigen Ritter ausfindig zu machen. König Ludwig VI. von Frankreich empfahl seinen Verwandten Fulk von Anjou, einen reichen, geschickten und mutigen Mann von etwa vierzig Jahren. 1129 kam Fulk nach Jerusalem, ein kleiner, magerer, über seine Jahre gealterter, drahtiger Mann mit rotem Haar, das gleich spärlichen Flaumfedern sein häßliches Gesicht umstand. Er war außerordentlich begabt in administrativen Dingen und ein guter Organisator, er mangelte aber des persönlichen Charmes.

Die blutjunge und bildschöne Melisende — von ihrer armenischen Mutter hatte sie die Leidenschaftlichkeit und das exotische Aussehen geerbt -- fand ihren Gatten »dürr, unansehnlich und stinkend«. Er aber liebte sie vom ersten Augenblick an mit der Glut des alternden Mannes. Aus all seinen Handlungen ist zu entnehmen, daß er seiner Gattin alsbald sexuell hörig geworden sein muß.

Baudouin unternahm gemeinsam mit seinem neuen Schwiegersohn Fulk einen Feldzug, um seine Tochter Alice, die Bohemunds Sohn Bohemund II. geheiratet hatte und nun verwitwet war, zur Raison zu bringen. Der zweite Bohemund, ein strahlender, blonder Jüngling, in vielem das Abbild seines berühmten Vaters, übernahm nach Tankreds Tod die Herrschaft als Fürst von Antiochia. Aber schon 1130 wurde er während eines kleinen Grenzkrieges von den Türken erschlagen. Versehentlich: denn der Emir erwartete sich von Bohemund ein hohes Lösegeld. Er war untröstlich, als man ihm das abgeschlagene Haupt des Heldenjünglings überbrachte und ließ unmutig alle Offiziere des Feldzuges aufknüpfen.

Bohemunds Erbin war ein einjähriges Mädchen, Prinzessin Constance, die Enkelin König Baudouins II., aber Alice, ihre Mutter, scheint Gelüste gehabt zu haben, selbst zu regieren und sich einen neuen Gatten auszuwählen. Baudouin und Fulk belagerten Alice in Antiochia. Es kam zu peinlichen Szenen zwischen Vater und Tochter, bis Alice schließlich für ein Jahr nach dem kleinen Hafen Latakia verbannt wurde. Sie haßte seither ihren Schwager Fulk und intrigierte bei ihrer Schwester, der Königin Melisende, ständig gegen ihn.

Bald danach, im August 1131, starb Baudouin II., und Fulk wurde zum König von Jerusalem gekrönt. Eine Verschwörung, die aufs engste mit der ehelichen Treue der schönen Königin Melisende verknüpft ist, machte Fulk jahrelang zu schaffen.

Im Mittelpunkt steht ein wunderschöner Jüngling. Hugo von Le Puiset, ein entfernter Verwandter König Baudouins, kam als strahlender junger Mann nach Jerusalem, um ein kleines, auf ihn vererbtes Lehen anzutreten. Der König nahm ihn in seinen Hofstaat auf; es schickte sich wie von selbst, daß der junge Mann der Gespiele der gleichaltrigen Prinzessin Melisende wurde.

Sowie er großjährig war, verheiratete man ihn mit Emma, der 44jährigen Nichte des Patriarchen Arnulf de Rohes, der dafür gesorgt hatte, daß sie Millionen besaß. Mit ihrem Geld vermochte der junge Hugo das Leben eines Playboys zu führen. Emma liebte ihren schönen, leichtlebigen Gatten sehr, aber ihre Zwillingssöhne aus erster Ehe, Eustach und Walter, etwa gleich alt wie Hugo, haßten den neuen Stiefvater, der ihr Erbe verpraßte. Sie überwachten alle seine Schritte und kamen dahinter, daß er sich weiterhin, zu ungewöhnlicher Stunde und an unpassenden Orten, mit der – mittlerweile verheirateten – Prinzessin Melisende traf.

Auch als Königin hatte sie des öfteren mit Hugo Zusammenkünfte in einsamen Schlössern. Weil sie niemals ein Hehl daraus machte, daß sie ihren Gatten, König Fulk, verachtete, war die Hofkamarilla von ihrer Untreue überzeugt. Hugo, der sich von allen Seiten bedroht sah (der König, eifersüchtig, erwog seine Ermordung), sammelte eine Partei der Unzufriedenen um sich. Seine Stiefsöhne, notgedrungen auf die Seite des Königs getrieben, führten die andere Seite an.

Im August 1132 beschuldigte Walter während einer Sitzung der Großen des Reiches seinen Stiefvater Hugo der Verschwörung gegen den König:
»Ich fordere Euch auf, sich deshalb mit mir im Zweikampf auf Leben und Tod zu messen und sich damit zu rechtfertigen!« rief er Hugo zu. Der nahm lächelnd an, und man vereinbarte Ort und Stunde des Duells.
Am Tag des Zweikampfes waren hunderte Zuschauer erschienen, um das Schauspiel mitzuerleben. Königin Melisende, daheim in ihrem Palast, war, wiewohl Hauptperson, »die ruhigste von allen«: Kein Wunder, denn sie scheint gewußt zu haben, was nun folgte.
Hugo von Le Puiset erschien nicht. Das Duell fand nicht statt. Ein Chronist nimmt an, daß jene beiden Frauen, die ihn liebten, die Königin und seine Gattin Emma, Hugo dazu überredeten, nicht zu kämpfen, sondern zu fliehen. Denn beide Damen waren von der Richtigkeit eines Gottesurteils im Zweikampf überzeugt. Sie mußten, da sie die Schuld Hugos kannten, annehmen, er werde nach Gottes gerechtem Ratschluß getötet werden. Da sie ihn beide liebten, überredeten sie ihn, zu fliehen.
Eine Zeitlang lebte er am Hof des Emirs von Ashkalon und beriet die Sarazenen in ihren Kleinkämpfen gegen die Franken, verübte wohl auch einige kleinere Heldentaten. Schließlich aber, und weil Königin Melisende so inniglich für ihn bat, durfte er wieder zurückkehren.
Als er eines Abends wieder daheim in Jerusalem weilte – er würfelte mit Freunden in der »Straße der Kürschner« –, rannte ihm ein bretonischer Ritter einen Dolch in den Rücken. Natürlich nahm jedermann an, König Fulk habe das Verbrechen anbefohlen, aber der König ließ den Mörder sofort verhaften und verurteilte ihn zum langsamen Abschlagen aller Gliedmaßen. Als der Unselige nur noch den Kopf besaß, wiederholte er, qualvoll lallend, daß er aus eigenem Antrieb gehandelt habe . . .

Das Ansehen des Königs war zwar gerettet, aber die Verschwörung schwelte noch lange weiter. Hugo überlebte den Anschlag, aber nun verließ er doch Outremer und erwarb eine Herrschaft am Monte Gargano in Unteritalien, wo er auch starb.

Königin Melisende und ihre Liebe zu dem schönen Hugo ging in viele Ritterromanzen ein. König Fulk, der alles tat, um die Liebe seiner Frau zu erringen, und der sogar, weil sie es wollte, ihrem Liebhaber verzieh, der aber gleichwohl nie von ihr geliebt wurde, ist von den Minnesängern totgeschwiegen worden — eine der vielen Ungerechtigkeiten der Weltliteratur.

Mit solchen und ähnlichen Streitigkeiten vollauf beschäftigt, verabsäumten es die Franken, die uneinigen Sarazenen an entscheidenden Punkten zu besiegen. Aleppo zu erobern, jene große, reiche Stadt, die die Verbindungen zwischen Kleinasien, Damaskus und dem Irak kontrollierte, war in diesen Jahren durchaus im Bereich der Möglichkeit.

Schon aber begann sich die große Wende abzuzeichnen. Der türkische Kriegsheld Zengi (dem die Legende zuschreibt, er sei der Sohn der Babenbergischen Markgräfin Ida von Österreich) vereinigte unauffällig und systematisch von Mossul im Irak aus zahlreiche kleine Emirate unter seiner Hand und hatte zunächst nur ein Ziel: Die Grafschaft Edessa, diesen Vorposten der lateinischen Christenheit jenseits des Euphrat, abzuriegeln und einzukreisen. Er wäre wohl schon um 1138 zum Generalangriff gegen Edessa geschritten, hätte nicht der oströmische Kaiser Johannes, der Sohn Alexios' und Bruder der Anna Komnena, einen großen Feldzug nach Syrien unternommen.

Kaiser Johannes Komnenos war ein begabter Feldherr, ein kluger Politiker, aber keine glänzende Erscheinung. Seine an Begabungen so reiche Familie mochte ihn nicht und spottete hinter ihm drein, weil er für Literatur und

Philosophie kein Interesse aufzubringen vermochte. In der Realpolitik aber kannte er sich aus: Wollte er die türkischen Emire in Kleinasien, seine Todfeinde, entscheidend und endgültig treffen und besiegen, so mußte er sie von ihren Verbündeten, den Türken in Syrien und im Irak, abschneiden. Da es auch tunlich schien, den Franken in Antiochia klarzumachen, wer ihr Lehensherr war, unternahm Kaiser Johannes im Jahr 1137 einen großen Feldzug gegen Syrien. Zum erstenmal seit mehr als hundert Jahren zogen wieder oströmische Truppen durch das südliche Kleinasien, durch die Tauruspässe, überrannten die Festungen am Mittelmeer und standen bald vor Antiochia. Fürst von Antiochia war seit einem Jahr Raymond von Poitiers. Der mittellose, französische Abenteurer, von Fulk ins Land gerufen, brachte nichts mit als eine gewaltige Körpergröße und eine ebensolche Kraft sowie den Ruf, ein großartiger Würfelspieler zu sein, überhaupt ein Mann, der eine trostlose Gesellschaft zu amüsieren verstand. König Fulk ließ ihn kommen, weil er endlich statt der machtlüsternen und dabei einfältigen Fürstenwitwe Alice einen Mann (und als solchen schilderte man ihm Raymond) an der Spitze seines mächtigen Vasallenstaates haben wollte. Freilich — vor Alice mußte man den Plan, den er entworfen hatte, geheimhalten.

Man erzählte der Fürstin, ein neuer, weithin berühmter Ritter sei aufgetaucht, bereit, um ihre Hand anzuhalten. Während sich nun die junge Witwe schmückte und schön machte, entführten einige Ritter die Erbin Antiochias, Bohemunds II. Töchterchen Constance, ein Kind von neun Jahren, brachten sie in die Kathedrale und vermählten sie dort mit dem 37jährigen Raymond von Poitiers. Alice, endgültig abgeschlagen, ging ins Kloster.

Gegen diesen Raymond eröffnete nun Kaiser Johannes die Feindseligkeiten. Gewaltige Belagerungsmaschinen hämmerten gegen die Stadtmauern Antiochias, und Raymond bat König Fulk um Hilfe. Doch der König winkte ab, verwies auf den Eid, den die ersten Kreuzfahrer dem Kaiser Alexios geschworen hatten, und riet, einzulenken. Das tat denn Raymond auch, und er arrangierte sich mit dem Kaiser.

Der Kaiser befahl seinem neuen Vasallen, mitzuziehen, um die wichtige syrische Stadt Schaizar zu erobern. Der Einsatz der Oströmer an Maschinen und Material war hoch. Ihre Geschichtsschreiber beklagen, daß die Ritter des Fürsten von Antiochia nichts unternahmen, um mitzuhelfen bei der Erstürmung der Festung. Raymond, so berichten sie, sei in seinem Zelt gesessen, habe mit Freunden gewürfelt und nur lässige Scheinattacken reiten lassen. Wie immer es auch war, Schaizar konnte nicht erobert werden, und der Kaiser trat in Verhandlungen mit dem belagerten Emir, der ihn mit großen Schätzen bestach. Am 21. Mai 1138 hob Johannes die Belagerung auf.

Feierlich zog er in sein Lehen Antiochia ein. Er ritt auf einem Pferd, Raymond und die anderen Vasallen schritten zu Fuß daneben, Patriarch und Bischöfe empfingen ihn beim Stadttor.

Am Gegensatz zwischen Lateinern und Orthodoxen in der Stadt entzündete sich ein Volksaufstand, der den Kaiser schließlich veranlaßte, sich nach Kleinasien zurückzuziehen.

Vier Jahre später zog er neuerlich nach Antiochia; der Zug stand unter einem Unstern, denn in Kleinasien starben zwei der vier Söhne des Kaisers, und er selbst sollte die umfangreichen Vorbereitungen zur Belagerung der fränkischen Metropole nicht überleben: Während einer Wildschweinjagd im Taurus verletzte er sich versehentlich mit einem Pfeil, bekam Blutvergiftung und starb innerhalb von fünf Tagen.

Wenige Monate später verunglückte auch König Fulk tödlich. Königin Melisende hatte gewünscht, ein Picknick im Freien zu arrangieren. Die königliche Gesellschaft scheuchte einen Hasen auf, dem der König nachritt. Das Pferd stolperte, warf den Reiter ab, und der Sattel brach dem König das Genick. Seine beiden Söhne waren dreizehn und sieben Jahre alt, und Melisende war durchaus willens, für sie die Regentschaft zu übernehmen. Aber hatte schon Fulk weniger Autorität besessen als seine Vorgänger, so war die Königin-Regentin noch weniger imstande, die närrischen Streiche vieler ihrer Vasallen im Zaume zu halten.

Der Atabeg von Mossul, Held Zengi, beobachtete die Vorgänge genau. Sein »Angstgegner«, der Kaiser Johannes, war tot; dessen Nachfolger Kaiser Manuel schlug sich jahrelang mit Palastwirren herum. Daß er nach Syrien kommen werde, war nicht so bald anzunehmen. Königin Melisende würde wohl schwerlich in der Lage sein, ihr Heer nach dem Norden zu senden.

Außerdem erfuhr Zengi, daß Raymond von Antiochia gar nicht gut mit seinem Nachbarn, dem Grafen Joscelin von Edessa, stand. Also, folgerte Zengi, war nun die Zeit gekommen, Edessa wie eine reife Frucht zu ernten.

Nur vier Wochen hielt die große Stadt, in der einst die erste Christengemeinde außerhalb Palästinas entstanden war, der Belagerung stand. Ein Scheinangriff hatte den Grafen Joscelin mit der Hauptmasse des Heeres weggelockt, Hilferufe nach Jerusalem und Antiochia blieben ohne Antwort.

Nur Priester und Handwerker verteidigten die Stadt, und als am Heiligen Abend des Jahres 1144 eine Mauer einbrach, fegte eine Panik die Verteidiger hinweg. Zengi verschonte alle einheimischen Christen Edessas, die Franken aber ließ er in die Sklaverei schleppen. Als großer Sieger des Islam wurde er von Persien bis Kairo gefeiert. Der Kalif von Bagdad verlieh ihm den seltenen Titel eines Königs.

Schon plante er den entscheidenden Feldzug gegen Antiochia selbst. Raymond reiste in seiner Verzweiflung nach Konstantinopel, warf sich dort theatralisch reuevoll vor dem Grab des Kaisers Johannes zu Boden, um sich sodann zum neuen Kaiser, dem jungen Manuel, bringen zu lassen, der ihm zwar verzieh, aber nur sehr vage Versprechungen abgab. Nur ein Wunder konnte Antiochia retten ...

Am 14. September 1146 wurde Zengi von einem seiner Eunuchen ermordet. Der Kriegsheld hatte den Sklaven dabei ertappt, wie er aus seinem, Zengis, Weinglas trank, und ihn deshalb geohrfeigt. Der Eunuch wartete, bis sein Herr schlief und stach ihn dann nieder.

Die Wirren nach Zengis Tod gaben den Franken eine Atempause. Sie schien umso wertvoller, als der Verlust Edessas Europa aufrüttelte. Ein neuer, gewaltiger Kreuzzug zog aus.

Die Gunst der Stunde sprach für die Franken.

»Gebt uns Kreuze!«

Fünfzig Jahre waren vergangen, seit Papst Urban II. mit flammenden Reden die Franzosen aufgerufen hatte, als Pilger und Krieger Christi ins Heilige Land aufzubrechen. Vorsichtige Berechnungen haben ergeben, daß seit dem denkwürdigen Jahr 1096 insgesamt etwa 750.000 Europäer ins Heilige Land gezogen sind. Die meisten kehrten wieder heim, ein Drittel erlag den Strapazen der Reise und den Kämpfen.

War dieses Europa bereit, einem neuen Appell des Papstes zu folgen und in gewaltigem Aufbruch nach Outremer zu ziehen, nur weil Edessa gefallen war, eine Stadt unter vielen?

Papst Eugen III., von der schwärmerischen und revolutionär-religiösen Bewegung Arnold von Brescias aus Rom vertrieben, konnte nicht selbst nach Frankreich ziehen, um zu predigen, wie dies Urban II. getan. Er war wohl auch kein mitreißender Redner und sandte daher lediglich eine päpstliche Bulle an den jungen König Frankreichs, Ludwig VII., und forderte ihn auf, das Kreuz zu nehmen.

Ludwig war ein frommer, eifriger Christ, einer von jener Sorte, die mit der peinlich genauen Erfüllung religiöser Äußerlichkeiten vertuschen, daß sie außerstande sind, die großen Gedanken des Christentums zu begreifen. Er war entschlossen, den Kreuzzug selbst anzuführen.

Zu Weihnachten 1145 berief er alle seine großen Vasallen nach Bourges, teilte ihnen mit, daß er beschlossen habe, das Kreuz zu nehmen, und forderte sie auf, mit ihm zu ziehen. Die Sache war schlecht organisiert. Der König hatte mit niemandem darüber gesprochen. Es fand sich kein Adeliger, der als erster vorgetreten und andere mitgerissen hätte. Im Gegenteil: Man befürchtete, die Abwesenheit des Königs werde Unruhe ins Land bringen. Auch wurde die Frage erörtert, wer das alles bezahlen solle – kurz, der König blieb, wütend und beschämt, allein zurück.

Aber er gab noch nicht nach. Für den Ostersonntag, den 31. März 1146, berief er nach Vézelay neuerlich eine Ratsversammlung ein. Diesmal aber versicherte er sich eines Mannes, den man noch zu Lebzeiten als Heiligen verehrte, eines Kirchenlehrers, der das »Gewissen Europas« genannt wurde und der in seinen Mönchshänden alle Fäden der komplizierten europäischen Politik jener Jahre vereinigte: Bernhard von Clairvaux.

Er war ein schüchterner, introvertierter Mönch aus burgundischem Hochadel gewesen, als er, knapp 22 Jahre alt, die Macht erkannte, die von ihm ausging, wenn er den Menschen die Lehre Christi verkündete. Wen immer er ansprach – der Zauber seiner Worte bewirkte, daß Bernhard Macht über jeden Menschen gewinnen konnte. Später hat ihm die Kirche den für uns Heutige etwas seltsam klingenden Ehrentitel eines »Doctor Mellifluus«, des »Honigfließenden Doctor« verliehen, eines Mannes also, der süß wie kein anderer zu reden vermag.

Bernhard wollte den Orden der Zisterzienser, der nach der Stadt Cîteaux benannt (und selbst wieder durch eine Reform der Benediktiner entstanden) war, von Grund auf reformieren und mit neuem Leben erfüllen. Statt prächtiger schwarzer Kutten trugen die Zisterzienser nur selbstgewebte, schafwollene Gewänder, die sie auch des Nachts anließen. Sie wuschen sich fast niemals und nahmen das Ungeziefer, das sie solcherart heimsuchte, als Prüfung Gottes auf. Die Wahrheiten der Bibel, das Erleben Gottes ohne verstandesmäßiges Grübeln, Gebete zur heiligsten Mutter Gottes in niegekannter Innigkeit und Entrücktheit,

Arbeit bis zur körperlichen Erschöpfung – das sollten die Haupttugenden der Zisterzienser sein. Man verbannte die meisten Bilder aus den Kirchen, baute einfache, schmucklose Klosterkirchen ohne Turm und ging, den Gleichnissen Jesu entsprechend, buchstäblich in die Wildnis, um dort dem Samenkorn Gottes den Boden zu bereiten ...

Bernhard gründete mit dreißig Mönchen, die ihm ergeben, mehr noch, verfallen waren, in Clairvaux ein Kloster. Hier erzog er eine Elite von Mönchen, die hinausziehen konnten in alle Welt, um Christi – oder besser sein, Bernhards – Wort zu lehren. Päpste, Kardinäle, Bischöfe waren Schüler des großen Bernhard. Bis zu seinem Tode gründete er 338 Tochterabteien, jede mit mehreren hundert Mönchen.

Je älter er wurde, umso größer wurde sein Ansehen, umso unbegreiflicher sein Arbeitspensum. Er schlichtete komplizierte theologische Fragen, er führte einen erfolgreichen Kampf für Papst Innozenz II. gegen einen Gegenpapst, für die deutschen Könige Lothar von Supplinburg und danach für Konrad III. von Hohenstaufen, verfaßte Streitschriften gegen die Mönche von Cluny, gegen den Scholastiker Peter Abälardus, verhinderte Judenpogrome, sammelte Almosen für Waisenkinder und fand Zeit, um Tag für Tag vor hunderten Menschen zu predigen: Wäre sein Leben nicht so voll glühenden Eifers und geradezu durchsichtiger Aufrichtigkeit gewesen, sein Lebenswandel nicht so über jeden Zweifel erhaben und weltenfern von jeder persönlichen Habsucht, man könnte ihn einen »Kirchen-Manager« nennen.

An ihn nun wandte sich Ludwig VII. um Hilfe. Bernhard sollte zu den Adeligen Frankreichs predigen. Die Autorität des schon zu Lebzeiten als Heiligen verehrten Mannes war ungeheuer. Er sagte den Fürsten und Königen ungeschminkt die Wahrheit und versetzte seine Zuhörer durch die Wahl der Worte und den »Honigfluß« seiner Rede in

religiöse Ekstase. Oder, um ein moderneres Bild zu gebrauchen: Er formte aus ihnen eine Masse.
Und nun wiederholt sich in Vézelay der Vorgang von Clermont. Nach der Rede Bernhards, deren genauen Inhalt wir nicht kennen und deren wesentlichster Teil wohl das Versprechen der Absolution an alle jene, die ins Heilige Land ziehen, war, brach die Menge wieder, wie schon 1096, in den Ruf »Kreuze! Gebt uns Kreuze!« aus, und wieder nähten hunderte Männer und Weiber aus rasch herbeigeholtem Zeug Kreuze auf die Gewänder der Streiter Christi.
Was dem König mißlungen war, das führte der Heilige Bernhard zum klaren Erfolg.
Selbst wenn man dem Heiligen guten Glauben zubilligt, wenn er von sechs Siebenteln aller Männer redet, die das Kreuz genommen haben sollen — es mögen im ganzen doch »nur« an die 200.000 Kreuzfahrer aufgebracht worden sein.
Aber nicht genug damit. Der Heilige Bernhard beschloß, auch den deutschen König Konrad III., den ersten Hohenstaufen auf dem Thron, zu überreden. Im Herbst 1146 war er schon bei ihm in Frankfurt, aber Konrad wollte nicht. Der mühselige Bürgerkrieg mit den Welfen und die Interessen Deutschlands in Italien beschäftigten ihn viel zu sehr.
Bernhard ließ den König einfach unhöflich stehen und predigte zu den kleinen Leuten. Ein Dolmetscher mußte zwar seine Worte übersetzen, dennoch aber fanden sich Zehntausende, die das Kreuz nahmen. Als der König von Bernhards Erfolgen hörte, willigte er ein, den Prediger nochmals anzuhören.
Zu Weihnachten 1146 trafen sie einander in Speyer.
Bernhards Rede war ungewöhnlich: Er sprach den König so an, als sei er nicht Bernhard, sondern Christus selbst:
»Mensch, was soll ich denn noch alles tun, um dich meine

Macht fühlen zu lassen? Gibt es etwas, was ich dir noch nicht getan habe?«

Konrad wurde von der allgemeinen Begeisterung der Massen mitgerissen. Er versprach, das Kreuz zu nehmen. Auch sein Neffe Friedrich, der spätere Kaiser Barbarossa, gelobte die Heerfahrt, und zahlreiche Adelige schlossen sich an. Konrads Vasallenkönige Wladislaw von Böhmen und Boleslaw IV. von Polen schlossen sich mit ihren Rittern an; die Chronisten sprechen von einer Million. Nüchterne Betrachtungen aber ergaben, daß es wohl an die 20.000 Personen waren.

Abgesandte Bernhards ermunterten sogar Engländer, Friesen und Norweger zum Kreuzzug. Eine kleine Flotte mit einigen hundert Rittern, in der Mehrzahl Engländer, fuhr durch den Ärmelkanal und landete schließlich in Portugal, wo sie von portugiesischen Kriegern bestürmt wurden, sich an der Eroberung der sarazenischen Hauptfestung Lissabon zu beteiligen; die Hilfe für die Heiligen Stätten laufe ihnen nicht davon, hier aber sei eben eine wichtige Schlacht für Christus im Gange.

Die Krieger blieben, machten reiche Beute und eroberten Lissabon.

Es sollte, was freilich angesichts der gewaltigen Heeressäulen, die durch den Balkan zogen, niemand vorauszusagen gewagt hätte, der einzige greifbare Erfolg des sogenannten Zweiten Kreuzzugs bleiben.

Je nachdem, aus welchem Land der Historiker stammt, stellt er dem französischen oder dem deutschen Kreuzheer das schlimmere Zeugnis aus. Die Mißhelligkeiten unter den Deutschen waren groß, König Konrad zu alt und zu weich, um sich durchsetzen zu können, Friedrich Rotbart noch zu unerfahren und jung dazu. Es gab Streitigkeiten zwischen den Polen, den Böhmen, den französisch sprechenden Lothringern und den Deutschen. Einer schalt den andern roh oder falsch, und als schließlich Ludwigs VII.

rein französisches Heer die Deutschen einholte, kam es zu wüsten Szenen.
Die Lothringer des deutschen Heeres kamen des öfteren um Hilfe zu ihren französischen Landsleuten. Es gab dauernd Streit und mit Mühe und Not brachte Kaiser Manuel, nicht anders als sein Großvater Alexios vor fünfzig Jahren, die Kreuzfahrerheere hinüber nach Kleinasien.
König Konrad zog als erster von Nikäa aus den Seldschuken entgegen. Selten ist der Ausmarsch eines großen Heeres rascher und unrühmlicher zu Ende gegangen wie dieser erste deutsche Kreuzzug. Am 15. Oktober 1147 verließ Konrad Nikäa, am 15. Oktober finden wir den König mit einer Handvoll Getreuer bereits auf der Flucht zurück nach Nikäa. Vier Fünftel seiner stolzen Heeresmacht waren in einem Hinterhalt erschlagen worden, die riesige Beute kam bis nach Persien, wo man noch Jahrhunderte später deutsche Schmuckstücke und Waffen finden konnte.
Ludwig VII. kam etwa vierzehn Tage nach der Vernichtung von Konrads Kreuzheer in Nikäa an. Er war in übler Stimmung. Seine Unterführer lagen ihm dauernd in den Ohren, er solle sich mit dem sizilianischen Normannenkönig Roger gegen den oströmischen Kaiser Manuel verbünden, die Waffen gegen Konstantinopel kehren und den »abtrünnigen Hund auf einem christlichen Thron, den Antichrist in der Larve des Gläubigen« umbringen und — was nicht zu verachten war — die Beute aus Konstantinopels Plünderung unter dem Heer verteilen. Aber Ludwig, gewiß kein Freund der Oströmer, war für solch einen Entschluß zu feige. Er ließ sich von Kaiser Manuel bewirten und zur Jagd einladen und nahm kostbare Geschenke an.
Es mag für die Kreuzfahrer freilich wie ein Donnerschlag gewirkt haben, als sie erfuhren, daß der Kaiser mit dem Seldschukensultan einen Frieden geschlossen hatte: der christliche Kaiser mit dem Oberhaupt der Türken!

Manuel freilich brauchte freie Hand. Denn der Normannenkönig Roger schickte sich an, Griechenland auszuplündern: Hunderte thebanische Seidenweber wurden gefangengenommen und mitsamt ihrem Maschinenpark nach Palermo gebracht, um die dortige Industrie anzukurbeln. Korfu und Korinth wurden gründlich ausgeplündert und angezündet. Der Kaiser konnte sich keinen Krieg in Kleinasien leisten. Mit Segenswünschen entließ er die wütenden Kreuzfahrer.

Hochmütig sahen die Franzosen auf die Reste des deutschen Heeres herab, auf jenes Heer, das nach nur zehn Tagen fast vernichtet worden war. Die beiden Könige besprachen zwar einen gemeinsamen Marschplan, aber die Deutschen konnten, aus welchen Gründen immer, mit den Franzosen nicht Schritt halten und waren immer um einen Tagesmarsch hinterher. Die Heere zogen in leidlicher Ordnung die kleinasiatische Küste entlang und nahmen erst im südlichen Kleinasien den Weg durch das Mäandertal ins Landesinnere. In den Gebirgen wiederholten sich die Plagen, denen das Heer des Ersten Kreuzzugs ausgesetzt gewesen war.

Als die Krieger mit Frauen und Gesinde in Attalya am Mittelmeer eintrafen, entschied König Ludwig, daß die Weiterreise per Schiff zu erfolgen habe. Er selbst und seine unmittelbaren Gefolgschaftsleute fanden sogleich Transporter, der größere Teil der Kreuzfahrer aber erduldete noch viele Wochen lang schwerste Entbehrungen, ehe man sich, arg dezimiert, im Spätfrühling 1148 in Antiochia zusammenfand.

Hier, in der syrischen Metropole, konnten sie gemeinsam und nach Herzenslust auf den Kaiser in Konstantinopel schimpfen, der sie so schmählich im Stich gelassen hatte. Immer neue Schandtaten, die die Oströmer angeblich verübt haben sollten, wurden kolportiert, und sie wurden alle geglaubt.

König Konrad aber machte mittlerweile eine Schwenkung und wurde zum Verbündeten der Oströmer. Sein Halbbruder Herzog Heinrich Jasomirgott von Österreich wurde mit der byzantinischen Prinzessin Theodora vermählt, die alsbald nach Wien reiste, um hier, an diesem Vorposten des Deutschen Kaiserreichs, für Ostrom zu werben.

Am ersten Kriegsrat in Antiochia nahmen Ludwig VII., seine Großen und Raymond von Poitiers teil. König Konrad fehlte. Er war erkrankt und ließ sich von seinem neuen Freund, dem Kaiser und leidenschaftlichen Amateur-Arzt Manuel pflegen. Der Kriegsrat gab ein beschämendes Bild von Uneinigkeit; und noch dazu entzweiten sich Ludwig und Raymond aus persönlichsten Motiven.

Raymond forderte das einzig Richtige: Den Feind an seiner schwächsten Stelle, in Aleppo, anzugreifen und die Stadt zu nehmen. Die Franzosen aber erklärten, sie hätten gelobt, zuerst einmal in Jerusalem am Heiligen Grab zu beten und erst danach, nach Rücksprache mit der Königin von Jerusalem, ihre Entscheidung zu treffen. Ludwig hatte aber noch einen anderen Grund, um so rasch wie möglich aus Antiochia wegzukommen. Seine lebenslustige Gattin, Eleonore von Aquitanien, eine der temperamentvollsten und schönsten Frauen ihres Zeitalters, schenkte ihrem Onkel Raymond mehr Aufmerksamkeit, als einer Nichte zukam. Die junge, vor Kraft und Leben sprühende Frau langweilte sich an der Seite ihres frömmelnden Gatten schier zu Tode. Der landsknechthafte, riesige, immer zu ordinären Späßen aufgelegte Raymond scheint ihrem Ideal eher entsprochen zu haben. Leidenschaftlich und unverblümt unterstützte sie den Plan Raymonds, und als Ludwig, schon sehr gereizt, erklärte, er breche noch diese Woche nach Jerusalem auf, sagte sie ihm ins Gesicht, sie werde nicht mitgehen und die Ehescheidung beantragen.

Am Abend dieses Tages holten Ritter des Königs Eleonore

aus dem Palast ihres Onkels, brachten sie zu ihrem Gatten (man mußte die Tobende zeitweilig gefesselt halten), und nun konnte das Heer nach Jerusalem aufbrechen.
Dort war mittlerweile auch der genesene König Konrad eingetroffen, so daß einem großen Kriegsrat nichts im Wege stand. In der glanzvollen Versammlung fehlte freilich, wie nicht anders zu erwarten war, Raymond von Antiochia. Auch die Grafen von Tripolis waren nicht erschienen: Die Söhne des Hauses Toulouse beschuldigten einander des Giftmordes und kamen deshalb nicht zur Ratstagung.
Die Versammlung aber beschloß das Dümmste: Einen Angriff auf Damaskus. Mit Recht schreibt Stephen Runciman: »Es lag ausgesprochen im Interesse der Franken, die Freundschaft der Damaszener zu bewahren ... ein Angriff auf Damaskus war ... der sicherste Weg, um seine Herrscher in die Arme Nur-ed-Dins zu treiben (der in Aleppo saß).«
Aber die Aussicht auf Beute, die in dem reichen Damaskus sicher zu holen war, verblendete Kreuzfahrer und Fürsten von Outremer gleichermaßen. »Nach Damaskus!« hieß die Parole, und nach Damaskus brach man am 16. Juli 1148 auch auf. Ein riesiges Heer, wie es die Franken noch nie aufgestellt hatten, erreichte um den 25. Juli 1148 die syrische Metropole. Dank der Tapferkeit der Deutschen wurde das damaszenische Heer in die Stadt zurückgetrieben, und die Kreuzfahrer konnten voll Freude sehen, wie man in den Straßen der Stadt bereits Barrikaden errichtete.
Aber Emir Unur verlor nicht die Nerven. Er bat alle islamischen Fürsten um Hilfe, erhielt sie auch und ließ nun andere »Waffen« sprechen.
Bald begann das Kreuzheer zu murren: Die Fürsten führten sie zu einem neuen taktisch unsinnig gelegenen Lagerplatz, an dem es nicht einmal Wasser gab. Die vordem

besseren Stellungen hatten sie ohne stichhaltigen Grund verlassen, es sei denn, man nimmt als Grund an, was jeder Kreuzfahrer glaubte: daß Emir Unur den Königshof von Jerusalem und den Fürsten von Galiläa bestochen habe.

Im Fürsten-Hauptquartier entzweite man sich indes neuerlich. Es ging dort um die unglaublich wichtige Frage, wer Regent von Damaskus werden solle. Die einheimischen Fürsten erwarteten, daß einer der Ihren die Stadt als Kronlehen des Königreichs Jerusalem erhalten werde. Aber die Kreuzfahrer-Fürsten sagten, man hätte Damaskus dem Thierry von Flandern versprochen, der ein Verwandter des Königshauses von Jerusalem war. Die Uneinigkeit wuchs, man konnte den Unmut der kleinen Leute im Heer förmlich fühlen, und am fünften Tage, nachdem die bestochenen Fürsten Outremers stürmisch den Rückzug gefordert hatten, befahlen die Anführer den schmählichen Rückzug, der noch durch wütende Angriffe der siegestrunkenen Damaszener beeinträchtigt wurde.

Wenig später durcheilte das Gerücht das Heilige Land, die Bestechungsgelder des Emirs von Damaskus hätten sich als schwach vergoldetes Eisen herausgestellt, und ein bitteres Gelächter löschte die letzte Achtung vor den Männern aus, die ausgezogen waren, um die Ehre von Christi Königreich wiederherzustellen.

Im darauffolgenden Winter 1148/49 verließen die Fürsten das Heilige Land. Konrad verbrachte den Winter bei seinem neuen Verbündeten und Freund Kaiser Manuel, indes König Ludwig es vorzog, sich mit dem Todfeind eben dieses Manuel, dem sizilianischen König Roger, zu befreunden. Ludwig brauchte zudem eine Rechtfertigung, um seinem Volke und dem Heiligen Bernhard zu erklären, wieso der große Kreuzzug so kläglich gescheitert war. Die Ursache konnte, ja durfte nicht bei den Kreuzfahrern liegen: Nur die Niedertracht der Oströmer, die keinerlei

Unterstützung gewährt hatten, sondern dauernd Verrat übten, war, nach Meinung der Franzosen, die Ursache.

St. Bernhard, der in all seiner Beredsamkeit kein stichhaltiges Argument zu finden vermochte, um das Scheitern des von ihm gepredigten Kreuzzugs hinreichend erklären zu können, griff die »Ostrom«-Legende bereitwillig auf: Gott hatte sich des Antichrist in Gestalt des Kaisers Manuel bedient, um Seine Streiter zu prüfen, die zu leichtfertig und zu wenig klarsichtig gewesen waren, um die Schliche Satans zu erkennen.

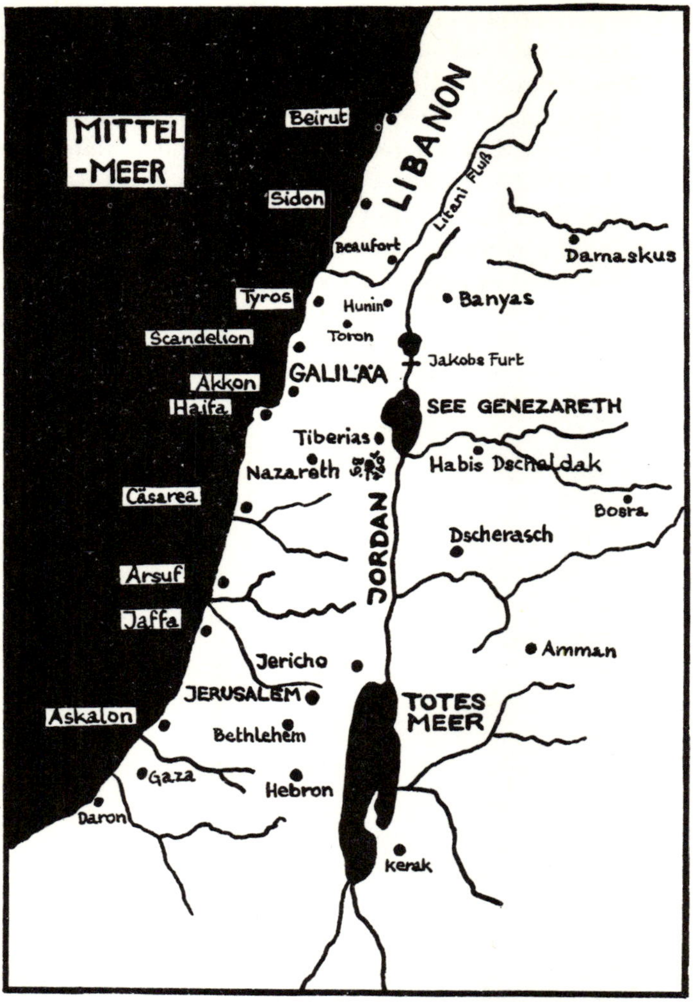

Das Königreich Jerusalem im 12. Jahrhundert

Der Schurke Renaud

Es wäre falsch, wollte man annehmen, das Leben der Bürger von Outremer sei durch die Katastrophen, die den Zweiten Kreuzzug begleiteten, auf furchtbare Weise überschattet worden. Denn — so zumindest spiegeln es die Chroniken wider — nach außen hin nahm alles seinen alltäglichen Lauf. Dazu gehörten freilich die alljährlichen, mehr oder wenigen blutigen Sommer-Gefechte, dazu zählten barbarische Überfälle, Plünderungen und Räubereien. Aber eine ernsthafte, den Lebensnerv bedrohende Gefahr durch große, muselmanische Heere schien nicht zu bestehen.

Der Lebensstandard der Kaufleute, Handwerker und kleinen Adeligen war beachtlich, zweifelsohne höher als der in Westeuropa, der Handel mit Asien, Afrika und Südeuropa wuchs Jahr für Jahr, die Entwicklung des Kunsthandwerks zur Manufaktur war erstaunenswert — kurz, es lohnte sich, die Mühsal einer Reise nach Outremer auf sich zu nehmen und dort ein paar Jährchen zu bleiben, zu beten, zu kämpfen, wohl auch zu plündern, ein wenig zu handeln und dann wieder heimzukehren.

Im Lande selbst wollten nur die wenigsten für immer bleiben. Das Klima, im Verein mit endemisch wütenden Krankheiten, der Malaria, dem Typhus und der Ruhr, hielt sie ab.

Politischer Weitblick mangelte allen. Die Bürger sahen nicht über die Mole ihres Hafens hinaus, die Adeligen nicht weiter, als der Blick von ihrem Bergfried reichte. Und selbst die Führer Outremers waren in ihre kleinlichen, persönlichen Intrigen verstrickt, die sich ihnen geradezu aufdrängten, weil sie längst alle untereinander verwandt und verschwägert waren und dauernd mit Erbschaftsstreitigkeiten befaßt wurden: Und nichts ist bösartiger als der Zank unter Verwandten.

Man sah einander dauernd – zu Ostern, zu Weihnachten, zu Hochzeiten und an Geburtstagen: Immer die gleiche Gesellschaft mit immer den gleichen Fehlern, Torheiten und Lastern. Man konnte einander einfach nicht mehr ertragen und tat dem Vetter jeden nur denkbaren Tort an.

Die Könige von Jerusalem aus dem Hause Anjou, die Söhne Fulks, waren von den Intrigen nicht ausgenommen. Überall saßen ihre Verwandten, immer wieder hatten auch sie Rücksichten zu nehmen oder Bosheiten auszuteilen.

Baudouin III., der als Dreizehnjähriger nach dem tödlichen Jagdunfall seines Vaters den Thron bestieg, mußte gemeinsam mit seinen Ratgebern jahrelang gegen seine Mutter Melisende und ihre drei Schwestern nebst Klüngel kämpfen, ehe er sich endlich, als Zweiundzwanzigjähriger, durchsetzen und die noch immer lebenslustige Königinwitwe in einem Kloster verschwinden lassen konnte.

Nicht viel anders war die Lage in Antiochia, dem größten Fürstentum außerhalb Jerusalems: Die Fürstin-Witwe Konstanze, 22 Jahre alt und Mutter von vier unmündigen Kindern (ihr Ältester war erst fünf Jahre), wollte das Vergnügen, einen Staat zu regieren, nicht mehr sein lassen; sie lehnte zahlreiche Bewerber, die ihr vorgeschlagen wurden, ab: Der Kaiser von Konstantinopel als ihr Lehensherr schickte einen ältlichen Normannen, der seit dreißig Jahren am oströmischen Hof lebte.

Aber Konstanze wollte ihn nicht.

Ihr Vetter, König Baudouin III., empfahl drei verschiedene Freier aus Frankreich, Adelige mit dem blauesten Blut des Königreichs – aber die junge Witwe hatte an jedem etwas auszusetzen.

Man behauptete, daß sie längst mit einem Abenteurer liiert sei, der mit König Ludwig VII. während des Zweiten Kreuzzugs ins Land gekommen und der (da er daheim wegen mehrerer Verbrechen ein Verfahren zu gewärtigen hatte) in Antiochia geblieben war. Es hieß auch, daß sie seinetwegen, der »längst ihr Lager teilte«, die Freier ausschlug.

Es war eine fatale Wahl. Denn Renaud de Châtillon (auch Renault, von den Deutschen Rainald genannt), mittelloser Sohn des armen Grafen Godefroy de Gien et Châtillon, vereinigte in seiner Person alle Schattenseiten, die eine spätere Zeit jedem Kreuzfahrer zuschreibt. Von tollkühner Tapferkeit, ohne eine Spur von strategischem, ja nicht einmal taktischem Verstand, nur von dem einen Drang beseelt, dreinzuschlagen, mittendurch zu hauen, mit Streitaxt, Lanze und Kolben zu töten, im Kampf gegen zwei, drei und mehr Feinde erst richtig zufrieden – so präsentiert er sich der Nachwelt, die über ihn sagen kann, daß wohl kein anderer Fürst von Outremer so sehr zum schließlichen Untergang des Königreichs Jerusalem beitrug wie er.

Die sonst recht prüde Geschichtsschreibung des Mittelalters bescheinigt dem neuen Herrn von Antiochia, daß es zweifelsfrei sexuelle Motive gewesen waren, die die Herrin Konstanze veranlaßt hatten, diesen »Herrn Niemand« zu ehelichen: So wie er war keiner im fürstlichen Ehebett, unersättlich mochte er fünf und mehr Male am Tage von Konstanze den Beischlaf fordern.

Unersättlich war er auch in seiner Gier nach Geld. Kaiser Manuel im fernen Konstantinopel bediente sich Renauds zunächst, um die Städte des Taurusgebiets erobern zu lassen, worauf ihn der Kaiser als Fürsten – und mit fürstlichen Geschenken – bestätigte.

Renaud, den die hocharistokratischen Herren von Outremer als Emporkömmling ablehnten, suchte nach Bundesgenossen. Er fand sie in den Tempelrittern, denen er viele große Ländereien als Lehen übertrug. Geld freilich bekam er von den stolzen, steinreichen Rittern nicht. Er mußte es anderswo suchen.

Renaud wußte, daß Antiochias Patriarch Aiméry (Almerich) im Erzbischöflichen Palais kistenweise Gold und Edelsteine aufbewahrte. Er ließ den Prälaten, der nichts hergeben wollte, peitschen, bestrich die blutenden Wunden Aimérys mit Honig und setzte ihn der glühenden, von Insektenschwärmen durchbrausten Luft des antiochenischen Sommers aus.

Aiméry zahlte.

Der Hochadel und die Geistlichkeit waren entsetzt. Aber Renaud entblößte während eines Gastmahls mit der Nobilität seinen Hintern und kehrte ihn den Baronen zu. Wie so oft in der Geschichte, war auch diese Versammlung angesichts solcher Roheit und Brutalität ratlos.

Renaud nützte das Geld des Patriarchen, um gemeinsam mit armenischen Spießgesellen, Räubern aus dem Taurusgebirge, eine großangelegte Plünderungsaktion vorzubereiten. Ziel war die wohlhabende, den Oströmern gehörende, rein christliche Insel Zypern. Fünfzig Jahre zuvor hatten die Zyprioten dem hungernden, verzweifelten Heer des Ersten Kreuzzugs nach besten Kräften mit Lebensmitteln und Wein ausgeholfen. Renaud bekümmerte es nicht.

Der Raubzug gelang. Die Insel, die seit dreihundert Jahren kein Feind betreten hatte, war voller Schätze, die nun alle Renaud und seinen Spießgesellen in die Hände fielen. Aber die christlichen Ritter und ihr Fußvolk raubten nicht nur. Sie verbrannten, sinnlos wütend, jedes Haus, hieben jeden Baum um, auch Ölbäume (was für Orientalen eine unvorstellbare Untat darstellt). Die großen Viehherden wurden geraubt und zur Küste hinabgetrieben, um ihren alten Besitzern gegen Irrsinnspreise wieder verkauft zu werden. Renaud erlaubte drei Wochen lang jedwede Plünderung und Vergewaltigung. Es gab Frauen, die 45 Male von verschiedenen Männern geschändet wurden. Als Renaud und seine Banditen endlich die Insel verließen, mußte sich jeder Zypriot freikaufen. Wer nichts mehr besaß, dem wurde die Kehle durchschnitten. 35.000 Menschen kamen um, die Insel hat sich jahrhundertelang nicht erholt.

Einige prominente Zyprioten, darunter ihre Statthalter, wurden verstümmelt und zur »Berichterstattung« nach Konstantinopel gesandt.

Renaud besaß jetzt genügend Geldmittel, um eine treuergebene Heeresmacht zu besolden, die Antiochia fest in ihrer Gewalt hielt. »Es gibt Fürsten, die durch die Liebe ihrer Untertanen getragen werden«, soll er, laut den Chroniken entsetzter, syrischer Zeitgenossen, gesagt haben. »Aber man kann auch durch Brutalität regieren. Ich will es so versuchen ...«

Daß der Kaiser von Konstantinopel, Manuel Komnenos, der Plünderung seiner Provinz Zypern ruhig zusehen werde, war kaum anzunehmen. Manuel beschloß – aus Prestigegründen, wie alle seine Biographen schreiben –, einen großen Heerzug nach Syrien zu unternehmen, um Renaud zu demütigen.

Manuel und König Baudouin III. waren seit einiger Zeit verbündet: Die Nichte des Kaisers, Theodora, ein bildschönes dreizehnjähriges, aber schon vollreifes Mädchen wurde Königin von Jerusalem. Der Kaiser gab ihr 140.000 Goldstücke als Aussteuer mit, eine Summe, die man, modernen Kaufwertvorstellungen angepaßt, wohl mit etwa 25 Millionen D-Mark ansetzen kann. Baudouin verliebte sich in das blutjunge Geschöpf, schickte alle seine Maitressen weg und war dem Kaiser hinfort ein treuer Vasall.

Im Herbst 1158 zog Kaiser Manuel von Konstantinopel

aus und durchquerte ohne ernste Zwischenfälle Kleinasien, das so vielen Kreuzfahrerheeren zum Verhängnis geworden war. Die Frage drängt sich auf, wie die Kreuzzüge verlaufen wären, wenn es den Herrschern Westeuropas gelungen wäre, gemeinsam mit Ostrom zu marschieren ...

Renaud wußte, daß er gegen das Riesenheer des Kaisers machtlos war, und bot Manuel an, ihm Antiochia zu übergeben. Man beachtete seine Gesandten gar nicht.

»Dann will ich selbst zu ihm gehen. Er ist ein feiner Mann. Ich werde ihn schon drankriegen!« soll Renaud gesagt haben.

Nur mit einem Sack angetan, barfuß und sich zeitweilig – freilich nicht allzu stark – geißelnd, erschien er im Heerlager des Kaisers. Man ließ ihn warten, denn Manuel wollte eine öffentliche Demütigung.

Das große Purpurzelt wurde auf drei Seiten aufgeschlagen, alle Hofleute, alle Gesandten und Kirchenfürsten, die der Kaiser aufzutreiben vermochte, wurden geladen, als man endlich Renaud vorließ. Durch ein Spalier der Leibgarde, die zum Zeichen der Verachtung die Lanzenspitzen nach unten richtete, marschierte der barfüßige Fürst von Antiochia. Vor dem kaiserlichen Thron warf er sich in den Staub.

Manuel plauderte weiter mit einem Diplomaten und tat so, als sehe er den Bittsteller nicht. Minuten vergingen, indes Renaud mit seinen Begleitern flehend die Hände erhob. Endlich geruhte die Majestät, ihn zur Kenntnis zu nehmen.

Innerhalb weniger Minuten gestand Renaud all das zu, wogegen der große Bohemund ein ganzes Leben lang gekämpft hatte: Eine kaiserlich-oströmische Besatzung mußte in die Zitadelle von Antiochia aufgenommen werden. Zu jedem Kriegszug des Kaisers hatte Renaud eine Abordnung beizustellen, und schließlich (was die frommen Kleriker entsetzte) sollte in Antiochia ein griechisch-ortho-

doxer Patriarch eingesetzt werden. Kaiser Manuel ließ schon vorher den gemarterten lateinischen Prälaten Aiméry wissen, daß er keine Chance habe, je wieder Patriarch von Antiochia zu werden.
König Baudouin und Aiméry waren enttäuscht, daß Renaud nicht gefoltert, gehenkt oder zumindest des Landes verwiesen wurde. Sie baten den Kaiser um Audienz. Manuel war von seinem jungen Verwandten, dem Gatten seiner Nichte Theodora, den er nun zum erstenmal sah, bezaubert. Der junge König hatte die Gabe seiner Familie, der Anjou, jedermann für sich einzunehmen.
Manuel, Grieche durch und durch, und als solcher von schönen, liebenswürdigen, höflichen Menschen leicht zu beeindrucken, behielt den jungen König zehn Tage lang bei sich, überhäufte ihn mit Geschenken und besprach mit ihm das große Fest, das er in Antiochia zu halten gedachte.
Der 12. April 1159, der Ostersonntag, war dafür ausersehen. Der Kaiser war entschlossen, jeden Punkt der Unterwerfung Renauds wortwörtlich – und noch dazu demonstrativ – durchzuführen. Das verdroß die normannischen Adeligen Antiochias sehr, die gewohnt waren, in den Griechen den »Erbfeind« zu sehen. Und wie sehr sie auch Renaud verachtet haben mochten – die Griechisch-Orthodoxen, die sich nun als Herren der Stadt gebärdeten, wollten sie noch weniger. Aber Kaiser Manuel beachtete sie nicht. Während er in die Stadt einritt, einen herrlichen, mit Hermelin besetzten, von Perlen und nußgroßen Edelsteinen übersäten Purpurmantel über den Schultern, ein Diadem auf dem Haupt, wurde schon der oströmische Doppeladler, die kaiserliche Standarte, auf der Zitadelle aufgezogen.
Renaud hielt den Zaum des kaiserlichen Pferdes, und er ebenso wie seine Getreuen waren von der prachtvoll uniformierten normannisch-englischen »Warägergarde« des

Kaisers so dicht umgeben, daß ein Attentatsversuch, von dem man seit Tagen munkelte, keine Chance hatte.
Hinter dem Kaiser ritt, schlicht und ohne Krone, der König von Jerusalem. Am Stadttor wurden sie vom Patriarchen empfangen und über blumenbestreute Straßen zur Kathedrale geleitet. Der Kaiser, der es liebte, fröhliche Menschen um sich zu sehen, beschenkte die halbe Stadt. Um die Franken freundlich zu stimmen, wurde an sechs aufeinanderfolgenden Tagen ein Turnier abgehalten, diese neueste Form sportlich-kriegerischer, von Sängern und Dichtern verschönter Geselligkeit. Zum erstenmal nahmen auch die Oströmer an solch einem Turnier teil, wenngleich sie die in ihren Ohren leichtfertigen Minnelieder der Sänger verurteilten. Zudem waren die Franken weit bessere Reiter. Lediglich der Kaiser selbst scheint einige Achtungserfolge im Lanzenstechen errungen zu haben. Der Patriarch Aiméry meint, man habe ihn gewinnen lassen. Als sich König Baudouin den Oberarm brach, betätigte sich der Kaiser, wie schon an König Konrad III., wieder als Amateur-Arzt, schiente und richtete den Bruch seines Neffen ein und war glücklich, als er Genesung feststellen konnte.
Die Lateiner warteten nun mit Spannung darauf, was der Kaiser mit seinem großen Heer anzufangen gedenke: Ein entscheidender Feldzug gegen die Muselmanen schien denkbar, die Wiedereroberung Edessas gar nicht ausgeschlossen.
Aber Kaiser Manuel, der ein Reich regierte, das von Belgrad und Albanien bis Trapezunt und Kreta reichte, wollte sich in keine weitläufigen Kämpfe einlassen. Vergeblich versuchte er bei den Franken Verständnis für sein großräumiges Denken zu finden: Wenn er die Macht der syrischen Emire zerschlug, so machte er den türkischen Seldschuken in Kleinasien nur den Rücken frei – und damit den Weg zum Bosporus. Das Bestehen einigermaßen kräftiger Staaten in Syrien sei für Ostrom von Interesse,

erläuterte er ihnen. Sie schwiegen finster, unfähig, ihn zu verstehen: Einen christlichen Kaiser, der sich mit den Muselmanen arrangiert!
Die Verhandlungen Manuels mit den Sarazenen waren ergiebig: 6.000 Gefangene wurden freigelassen, Manuel kassierte auch Geldgeschenke und hatte nun tatsächlich die Hände frei gegen die Türken in Kleinasien, die er denn auch empfindlich schlug.
Wenig später kehrte der Kaiser heim. Er war der letzte oströmische Herrscher, der seinen Fuß in die alte Millionenstadt gesetzt hat.
Renaud mag aufgeatmet haben, als der Kaiser weit fort in Konstantinopel war. Niemand solle meinen, daß er allzuviel Rücksichten zu nehmen gedenke auf das, was er unter dem Zwang äußeren Drucks zugestanden habe, ließ er seine Umgebung wissen. Er hatte wenig Gelegenheit, es zu beweisen. Denn ein knappes Jahr später wurde er während eines Raubzuges im Antitaurus (er wollte die aus dem Gebirge in die Ebenen absteigenden Herden der Muselmanen abfangen) vom Statthalter von Aleppo überfallen. Wie stets schlug sich Renaud mit außerordentlicher Tapferkeit und tötete fünfzehn Türken, ehe es gelang ihn zu fesseln.
Man schaffte ihn, auf den Rücken eines Kamels gebunden, nach Aleppo, wo sich der Statthalter schon das Lösegeld für den großen Fang ausrechnete. Er war enttäuscht, als niemand unter den Franken sonderliche Lust zeigte, den brutalen Fürsten auszulösen. Es dauerte sechzehn Jahre, ehe Renaud wieder freigelassen wurde.
Er kam gerade zurecht, um zum Totengräber Jerusalems zu werden.

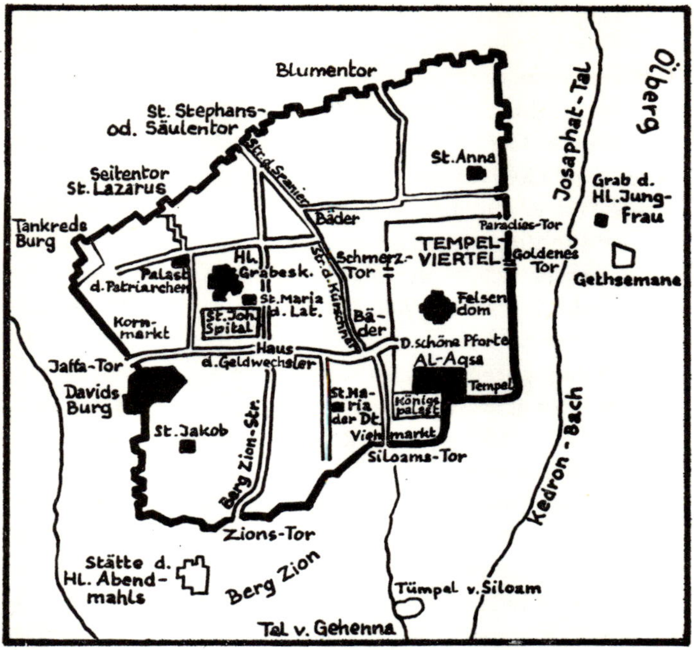

Die Stadt Jerusalem unter den lateinischen Königen

Die sonderbaren Kriege

Auch um 1150 galt noch die außenpolitische Maxime König Baudouins I., daß man niemals Syrien und Ägypten unter eine gemeinsame Herrschaft fallen lassen dürfe. Mit wachsendem Mißtrauen beobachteten die fränkischen Herrscher die zähen und unauffälligen Einigungsbestrebungen der Nachkommen des Kriegshauptmanns Zengi: Nur ed-Din, der sich allmählich als der tüchtigste Sohn Zengis erwies, brachte nach und nach von Aleppo aus nicht nur Mossul, sondern auch die ganzen kleinen Emirate des nordsyrischen Raumes, des Antilibanon und des Ostjordanlandes unter seine Herrschaft. Teils belehnte er seine zahllosen Verwandten mit den Ländern, teils setzte er türkische Condottiere über die wehrlosen Araber. Um 1154 hatte er den größten Staat, Damaskus, so weit eingekreist, daß der Fall der letzten unabhängigen Bastion Syriens nur eine Frage der Zeit war.

Es nimmt nicht Wunder, daß der verzweifelte Herr von Damaskus, Emir Mudschir, die einzigen zu Hilfe rief, die dazu in der Lage und willens sein mochten: Die Franken Jerusalems. Aber Geldgier, Intoleranz und Eifersucht ließen das Unternehmen, das zu einer grundlegenden Änderung der strategischen Lage Outremers führen konnte, scheitern. Die Barone durchritten das damaszenische Gebiet nur, um es schamlos und rücksichtslos auszuplündern, um die Moscheen und Gotteshäuser anzuzünden und zu besudeln und um schließlich einander vor den Augen der Muselmanen widerwärtige Raufszenen um Beutegut zu liefern. Mudschir mußte sie schließlich aus dem Land weisen. Damaskus war nicht zu retten.

Nur ed-Din bereitete die Eroberung von Damaskus psychologisch meisterhaft vor. Die auf eine Mißernte folgende Lebensmittelknappheit wurde dem Herrscher und seiner unseligen Bündnispolitik mit den Christen in die Schuhe geschoben, bald danach hieß es, er habe die Religion verraten und werde demnächst von den damaszenischen Adeligen ermordet werden. Mudschir richtete voll Angst unter den Reichen wie unter den Armen ein Blutbad an, um sich zu behaupten, aber es war nichts mehr zu machen:
Ohne daß die Franken ernstlich einen Finger für ihn gerührt hätten, wurde er in Damaskus eingeschlossen; und nach wenigen Tagen ergab er sich. Nur ed-Din, ein tief religiöser, frommer Mann, der nur eine Leidenschaft kannte: im Koran lesen, behandelte ihn milde und ließ ihn frei.
Der neue Herr von Damaskus beherrschte nun das Land von Kleinasien bis Jordanien. Gleich einer gigantischen Sichel umfaßte Nur ed-Dins Reich ganz Outremer. Es war nur logisch, wenn man annahm, der Sultan werde nun darangehen, die Christen anzugreifen. Aber eine gewaltige Naturkatastrophe durchkreuzte alle Pläne, die Nur ed-Din gehabt haben mochte: Eine Serie schwerer Erdbeben vernichtete 1154 vier Fünftel der westsyrischen Städte, beschädigte vor allem aber die Burgen, Stadtmauern und Festungen so schwer, daß die Sarazenen Jahre benötigten, um die Zerstörungen zu beseitigen.
Das Interesse der Franken, durch die Atempause im Norden ihres Gebietes von einer Last befreit, konzentrierte sich in diesen Jahren auf Ägypten. Der Staat am Nil war durch innere Kämpfe seiner Machthaber so gelähmt, daß er nicht einmal imstande war, die letzte Festung im Heiligen Land, das als uneinnehmbar geltende Ashkalon, zu halten, jene Festung, vor der die Kreuzfahrer schon mehrfach scheiterten.
Zwar hielten ihre gewaltigen Mauern den jungen König Baudouin III. sechs Monate auf, aber es stellte sich heraus,

daß die Kriegstechnik in den fünfzig Jahren seit der Eroberung Jerusalems bedeutende Fortschritte gemacht hatte. Die Türme auf Rädern, deren erste Typen mithalfen, Antiochia und Jerusalem zu erobern, wurden durch gewaltige, in zahlreichen Einzelheiten verbesserte Bauwerke ersetzt.

Die Araber sprechen von »Maschinen, wie sie die Welt noch nicht sah«; zum erstenmal standen sie dem praktisch-technologischen Talent der Westeuropäer staunend und hilflos gegenüber, dieser Begabung, die vom kontemplativen Denken des Orientalen so verschieden ist.

Die Franken beschossen Ashkalon mit tonnenschweren Steinbrocken; ein halbes Jahr später konnte man die ersten Sturmangriffsversuche wagen.

Ruhmsucht und Ehrgeiz, diese Schattenseiten der Ritterzeit, zeigten sich vor Ashkalon zum erstenmal in ihrer ganzen Sinnlosigkeit: Die Tempelritter waren überzeugt, daß nur ihnen allein der Ruhm des Sieges gebühre. Mehrere ihrer Brüder riegelten den Ort des Angriffs ab, um andere Christen am Mitstreiten zu hindern. Allein, ohne Unterstützung (»Wir Templer brauchen niemanden!«), drangen vierzig Ritter in die Stadt, wurden aber, als die Ägypter erkannten, wie klein die Schar war, niedergemetzelt.

Wenige Tage später ergab sich die Besatzung unter ehrenhaften Bedingungen: Ashkalon, die »Braut Syriens« benannt, wurde christlich, die große Moschee dem Heiligen Paulus geweiht, die Beute unter alle Ritter, sehr zum Mißvergnügen der Templer, geteilt.

Die Eroberung Ashkalons bezeichnet den – rein räumlich zu verstehenden – Höhepunkt des Königreichs Jerusalem. Daß die Kräfte, die zu seinem raschen Untergang führten, schon am Werke waren, daß die große »Sichel« Nur ed-Dins irgendwann einmal mit dem Schneiden beginnen würde, scheint niemand geahnt zu haben.

Nach dem Tode Baudouins III. – er starb, nur 33 Jahre alt, am 10. Februar 1162 an der Ruhr und an unsachlicher Behandlung durch fränkische Ärzte – wurde sein Bruder, Amaury (Amalrich), 25 Jahre alt, einstimmig zum König gewählt. Auch er war mit der sprichwörtlichen Anjou-Fähigkeit begabt, die Leute zu bezaubern; und obwohl er, wenn er aufgeregt war, ein wenig stotterte, scheint er doch einen weiteren politischen Blick gehabt zu haben als sein Bruder und Vorgänger.

Daß es nur einen einzigen schwachen Punkt in der andrängenden Flut der islamischen Gegenbewegung gab – eben Ägypten –, das war dem neuen König viel klarer als Baudouin. Am Nil, dies etwa war der Leitsatz für die nächsten Jahre seiner Politik, entschied sich die Zukunft des Königreichs Jerusalem, am Nil auch das Schicksal der syrischen Macht, die Outremer umklammerte. Daß der Reichtum des Landes ihn und seine Barone noch zusätzlich anlockte, war, weiß Gott, kein Nachteil. So verlagerte sich denn für das nächste Jahrzehnt der Schwerpunkt der Auseinandersetzungen zwischen Christen und Sarazenen nach Ägypten.

Im September 1163 fiel König Amaury zum erstenmal in Ägypten ein, unbehindert erreichte er den Nil. Die örtlichen Machthaber retteten sich, indem sie einige Dämme des Hochwasser führenden Stroms durchstachen und die Franken solcherart zum Rückzug zwangen. Aber Amaury ließ die Ägypter wissen: er werde wiederkommen. Eingeschüchtert bezahlte der gerade an der Macht befindliche General Dhirgam ein großes Bestechungsgeld. Hochbefriedigt kehrten Amaury und seine Ritter wieder heim. Es war ein Feldzug nach ihrem Geschmack gewesen.

Chawer, ein Wesir, den Dhirgam vertrieben hatte, lavierte geschickt zwischen den Franken und Nur ed-Din, dem Herrn Syriens: Erst bat er die Türken Syriens, ihn – gegen fürstliche Belohnung – zurück nach Kairo zu führen. Dann, als er, ohne daß Amaury es hätte verhindern können, in Ägypten saß, wollte er den syrischen Feldherrn Chirkuh loswerden und wandte sich an Amaury: Für jede der 27 Etappen der Reise von Jerusalem nach Kairo bot er 1000 Dinare an, außerdem noch zusätzliche Leistungen – Pferde, Futter, seidene Gewänder und Gold. Gemeinsam belagerten nun Franken und Ägypter den syrischen Feldherrn Chirkuh in der Festung Bilbeis. Aber es war ein seltsamer »Krieg«.

»Bei manchen Turnieren gab es mehr Blutvergießen als bei diesen Feldzügen!« notiert der arabische Chronist. »Man traf zu gelehrten und auch heiteren Gesprächen über Gott, die Weiber, die Politik, wie es gerade kommen mochte, mit den Christen zusammen – möge Allah sie strafen! – und fand sie als zwar verblendete, aber angenehme Menschen; als tapfere und ehrliebende Kämpfer.«

Alsbald aber arrangierte sich Chawer mit den Syrern, die ihn eingesetzt hatten; er bat Franken und Sarazenen, Ägypten wieder zu verlassen. Die Heere marschierten gemeinsam, nur wenige hundert Meter voneinander entfernt, wieder nach Hause.

Aber drei Jahre später, im Januar 1167, erhielt Chirkuh neuerlich die Erlaubnis, eine Eroberung Ägyptens für Nur ed-Din zu versuchen. In seinem Stab führte er seinen hochbegabten Neffen, einen zwanzigjährigen Jüngling namens Saladin (eigentlich Salah ed-Din), mit sich.

Nur ed-Din war es diesmal gelungen, die Eroberung Ägyptens als »heiligen Krieg« zu deklarieren und sich damit die finanzielle Unterstützung der ganzen islamischen Welt zu sichern.

König Amaury, dem man von der gewaltigen Rüstung Nur ed-Dins erzählte, machte dem Rat in einer staatspolitisch sehr klugen Rede klar, daß man alles tun müsse, um eine Eroberung Ägyptens durch Nur ed-Din zu verhindern. Er verfügte: Die gesamte Streitmacht des Königreichs müsse mitziehen, wer — aus welchen Gründen immer — nicht kommen könne, müsse statt dessen ein Zehntel seines Jahrseinkommens bezahlen.

Schon am 30. Jänner 1167 zog das christliche Heer aus. Amaury hatte die Absicht, Chirkuh in der Wüste Sinai abzufangen, aber das Vorhaben mißlang. Als die Franken den Nil erreichten, saßen die Syrer bereits am Westufer des Stromes in Gizeh, im Angesicht der Pyramiden und der Sphinx.

Am anderen Ufer lagerte, von Chawer hysterisch als »Retter« empfangen, das Heer der Franken. Amaury schloß einen Vertrag mit dem Ägypter ab, der ihm 40.000 Goldstücke versprach, wenn es ihm gelingen sollte, die Syrer zu vertreiben. Der Vertrag wurde im Palast des Kalifen unterzeichnet.

Das Bündnis wurde wirksam, und Franken und Ägypter brachten ein Heer auf die Beine, das weit stärker war als das der Syrer unter Chirkuh. Voll Entsetzen vermerken alle arabischen Chronisten, daß ein Kreuzfahrer-Trupp (die Scharen des Barons Hugo von Ibelin) als Besatzung in die ehrwürdige Stadt Kairo gelegt wurde. Scharmützel und Gefechte gingen zumeist unentschieden aus, einmal war Amaury nahe daran, gefangengenommen zu werden, schließlich, als immer mehr Franken ins Land kamen, schlug sich Chirkuh bis nach Alexandria durch.

Die Bürger der Stadt, die Chawer und sein korruptes Regime nicht leiden konnten, ließen den Syrer ein. Wenige Tage später war aber die große Stadt von den Franken eingeschlossen und wurde alsbald auch von der See her abgeriegelt.

Chirkuh nützte eine mondlose Nacht, um mit dem Großteil seiner Armee zu entschlüpfen. Er übergab die Verteidigung Alexandrias seinem Neffen Saladin, der dafür kaum mehr als tausend Soldaten erhielt. Und wieder erlebt man einen sonderbaren »Krieg«: Belagerer und Belagerte treffen einander in Kampfpausen, plaudern, tauschen Geschenke aus, erzählen, wie ihrer Meinung nach ein wahrer Ritter sein müsse, und knüpfen regelrechte Freundschaften an. Vor allem von Saladins Tugenden und der Feinheit seiner Sitten sind die Franken entzückt. Er scheint das Bestrickende seiner Persönlichkeit bewußt ausgespielt zu haben, um sich unter ihren Rittern Bewunderer zu sichern. Jedenfalls nahm in diesen Tagen vor Alexandria der Ruhm des jungen Fürsten, die Krone sarazenischen Rittertums zu sein, seinen Anfang. Später hat man das Unnatürliche dieser »Gespräche zwischen den Fronten«, dieses Tändeln unter Todfeinden, durch Legenden ausgeschmückt.

Nach einigen Wochen sinn- und tatenlosen Scharmutzierens wurde ein Vertrag geschlossen: Beide Teile verpflichteten sich neuerlich, Ägypten zu räumen. König Amaury rieb sich zufrieden die Hände: Chawer erlaubte ihm, die Garnison in Kairo aufrechtzuerhalten und zahlte 100.000 Goldstücke.

Was Amaury bewogen hat, diesen Vertrag zu brechen, bleibt im Dunkel. Wahrscheinlich hat ihm Kaiser Manuel außer Truppen- und Flottenhilfe, auch reiche Geschenke in Aussicht gestellt, wenn er an einem gemeinsamen oströmisch-fränkischen Feldzug gegen Ägypten teilnehme.

Chawer war entsetzt über den eiskalten Vertragsbruch des Christen. Hemmungslos warf er sich in die Arme Nur ed-Dins. Die Christen erzielten Anfangserfolge: Mit Hilfe von frisch aus Frankreich eingetroffenen, gierigen und beutelüsternen Kreuzfahrern eroberte Amaury die Stadt Bilbeis im östlichen Nildelta. Die Kreuzfahrer massakrierten die Einwohner, fast durchwegs koptische Christen. Vergeblich und verzweifelt zeigten sie ihre Kreuze und Reliquien vor. Sie wurden dennoch ermordet.

Nach diesem höchst zweifelhaften Triumph marschierte das christliche Heer bis vor Kairo, dessen große Vorstadt

Fostât angezündet wurde. Chawer wußte, daß seine syrischen Freunde im Anmarsch waren. Er ließ Amaury wissen, daß er, wenn es sein müsse, auch ganz Kairo niederbrennen werde. Tatenlos und unentschlossen lag das beutegierige Kreuzheer vor der großen Stadt. Der reiche Nachschub, auf den Amaury hoffte – Kaiser Manuel scheint ihn zugesagt zu haben – traf nicht ein. Die Ägypter sperrten den Nil durch gewaltige Ketten.

Chawer wollte nur noch Zeit gewinnen, ehe die Syrer kamen. Er erreichte zunächst, daß Amaury mit dem Heer abzog und nördlich Kairos rund um ein Feigenbaumwäldchen lagerte, in welchem die Heilige Familie auf der Flucht nach Ägypten gerastet haben soll. Dort aber wurden sie überlistet: Ohne daß sie es merkten, zog das syrische Heer unter Chirkuh an ihnen vorbei bis nach Kairo.

Chawer frohlockte nur kurze Zeit, Chirkuh hatte den Auftrag, den unsicheren Bundesgenossen zu liquidieren. Er setzte den Schatten-Kalifen in Kairo unter Druck, der sogleich den Mordbefehl gegen seinen Wesir unterzeichnete. Chawers Palast wurde dem Volk zur Plünderung überlassen, die großen Güter des Landes unter den Vasallen Nur ed-Dins aufgeteilt. Binnen einer Woche war alles vorbei, Ägypten in syrischer Hand.

In Konstantinopel war man sich zweifellos klar, was dieser Umschwung für das Heilige Land bedeutete. Kaiser Manuel erneuerte das Bündnis und schickte eine starke Flotte. Abstruse Streitigkeiten zwischen dem König von Jerusalem und den Ritterorden führten zu einer monatelangen Verzögerung. Die oströmische Flotte war leichtsinnigerweise nur für drei Monate verproviantiert und litt schon unter Mangel, noch ehe der erste Gegner gesichtet war. Zwar vermochte das oströmisch-fränkische Heer im November 1169 noch die große Festung Damiette einzuschließen, aber da man einen Überraschungserfolg verpaßte, entzweiten sich die erfolglosen Bundesgenossen.

Nach wenigen Wochen einer sinnlosen, schwächlichen Belagerung war klar: der Feldzug war gescheitert.

Jede Partei gab der anderen die Schuld. Es kann auch nicht geklärt werden, wer als erster mit den Sarazenen Verhandlungen aufnahm. Tatsache ist jedenfalls, daß die Heere am 13. Dezember 1169 abmarschierten und bei Sturm und Regen, müde und ohne Beute, zu Weihnachten Ashkalon erreichten. Die Flotte der Oströmer erlitt durch einen Wintersturm schwere Verluste.

Das Fazit des gescheiterten Feldzugs war niederschmetternd: Die »Sichel« Syriens hatte einen Stiel — Ägypten — bekommen. Der Stiel war noch dazu aus Gold: Unermeßlich war der Reichtum des Landes.

Noch war freilich das ganze, große Land der Muselmanen nicht restlos befriedet. Gegensätze zwischen Nur ed-Din und dem jungen Genie Saladin, das sich systematisch seinen Platz an der Macht erkämpfte, blieben nicht aus.

Die Sichel war noch nicht bereit zu schneiden. Noch schleppten sich die üblichen, kleinlichen und kleinen Scharmützel und Raubüberfälle durch die Jahre. Und Amaury, der klarer als viele andere die Zukunft erkannte, wollte die Zeitspanne, die Outremer blieb, nützen. Verzweifelt bat er den Westen um Hilfe. Verzweifelt reiste er nach Konstantinopel, um das Bündnis mit Ostrom zu vertiefen.

Das Schicksal schien ihm eine Chance zu geben: Am 15. Mai 1174 starb der große, fromme, ehrwürdige Nur ed-Din an Diphtherie. Wie im Osten üblich, begannen schon wenige Tage danach die Streitigkeiten der Thronerben. Amaury sah seine Pläne aufgehen: Ein großer Kreuzzug mochte die Sichel zerbrechen.

Da warf ihn ein typhöses Fieber nieder, dem der von Malaria geschwächte Körper des 38jährigen nichts entgegenzusetzen vermochte. Am 11. Juli, zwei Monate nach Nur ed-Din, starb auch er.

Der Weg war frei für neue Männer und neue Mächte.

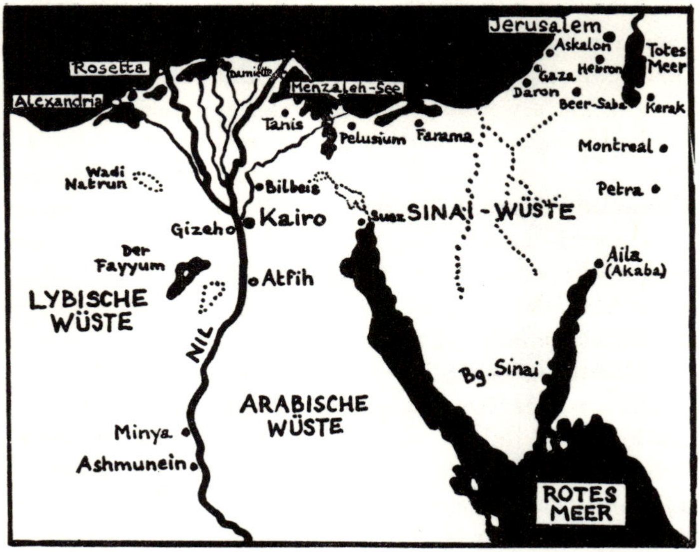

Ägypten im 12. Jahrhundert

Sultan Saladin, der edle Ritter

Salah ed-Din Ayub Jussuf war von wenig vornehmer Herkunft. Sein Vater Ayub war einer jener zahllosen türkischen Abenteurer, die in jenen Tagen aus den kargen Hochebenen Kurdistans und Persiens herabzogen, um im Solde des Kalifen von Bagdad zu Ruhm, Vermögen und Landbesitz zu kommen. Die Familie scheint nicht rein türkischen Ursprungs gewesen zu sein, es mögen auch armenische Verwandtschaften bestanden haben.

Ayub diente mit seinem Bruder Chirkuh alsbald treu dem großen Draufgänger und Helden Zengi, um dann ebenso ergeben seinem Sohne Nur ed-Din anzuhangen. Als Ayubs Sohn Salah ed-Din (was »Ehre des Glaubens« bedeutet) zwanzig Jahre alt war, erbat Ayub von Nur ed-Din für den jungen Mann eine Offiziersstelle im Heere seines Onkels Chirkuh und erhielt sie.

Vergeblich mühten sich seine muselmanischen Biographen, vom Mittelalter bis zur Moderne, jenen charakteristischen Zug darzustellen, der Saladin für Freund und Feind so unwiderstehlich und anziehend machte. Es scheint, daß, wie dies ja oft vorzukommen pflegt, es die ganze Erscheinung, der ganze Mensch Saladin war, der den Gesprächspartner bezauberte. Die Eigenschaften, die seine Landsleute an ihm finden, klingen eher banal, wie Aufzählungen aus einem Schullehrbuch: Er war milde, beschützte Witwen und Waisen, baute Häuser, Burgen und Straßen, ermäßigte Steuern, ließ Sklaven frei, war tapfer im Kriege, gut zu seinen Soldaten, selbstlos, genügsam, rein in seinen Sitten, fromm und peinlich genau in der Befolgung der Gebote des Koran: All das ist in einer Welt, die

die Gewalt als die Regel anerkannte, ungewöhnlich genug.

Seine äußere Erscheinung war durchaus nicht majestätisch; ein eher kleiner, zartknochiger, schmalschultriger Mann von relativ dunkler Hautfarbe mit nachtschwarzen, tiefen Augen, die sich oft unter schweren Lidern verbargen; dahinter freilich eine drahtige Kraft, die ihn als Schwert- und Lanzenkämpfer hervortreten ließ; eine Geschicklichkeit zu Pferde, die ihm die Bewunderung so berühmter Zeitgenossen wie Richard Löwenherz eintrug; überhaupt ein stählerner Wille, der diesen eher zarten Körper zu unerwartet großen und schweren Leistungen befähigte.

Da er nicht jeden Feind, der nicht zahlen konnte, umbringen ließ, erwarb er sich den Ruhm von Milde auch gegenüber seinen Feinden. Aber die Franken schätzten ihn dennoch nicht. Kaum ein Zeitgenosse, der in dem Vernichter des Königreiches Jerusalem nicht die »Zuchtrute« Gottes, das Werkzeug Satans sieht, kaum einer, der sich nicht bemüht, Böses und Übles über Saladin zusammenzutragen. Kaum ein Hinweis, daß da ein neuer Ton zwischenmenschlicher Beziehungen aufzuklingen schien; der – begreifliche – Haß gegen jenen Mann, der das Kreuz der Heiligen Grabeskirche in den Staub werfen ließ, überwiegt.

Augustinisches Denken – die Welt als ewiger Kampfplatz zwischen Gut und Böse, das Unglück als Folge menschlicher Sünden gegenüber Gott, der Böse als Handwerkzeug Gottes, der die Sünden durch den Diener Satans strafen läßt – kennzeichnet die Denkmodelle der fränkischen Chronisten. Jahrhundertelang bleibt Saladin für sie ein Vollstrecker des satanischen Zerstörungstriebes.

Sein Aufstieg zur Macht im Kampf mit den Erben Nur ed-Dins war um kein Haar anders als der vieler anderer Usurpatoren nach dem Tode eines großen Herrschers: Mord, Intrige, Bürgerkrieg, wieder Mord, Folterungen,

Metzeleien – Saladin ließ in Kairo etwa 150 rebellierende Leibgardisten kreuzigen – zeigen ihn als tief in seiner Zeit verwurzelt. Der seltsame, zuweilen modern anmutende Geist, der ihn beseelt hat, ließ ihn viele Jahre später, auf der Höhe seiner Macht, als man ihn lobte, er habe zehntausende Menschen durch seine Milde glücklich gemacht, die Worte finden:

»... zuweilen fühle ich mich als großer Sünder, den Gott ausspeien wird, weil ich, um zur Macht zu kommen, skrupellos war. Aber es gab, um Gutes zu tun, nur diesen Weg die Widerstrebenden beseitigen.«

Die Christenheit hatte diesem »Schwert Satans« nichts entgegenzusetzen. Das Königshaus Anjou ruhte, nach dem frühen Tod Amaurys, auf den Schultern eines Kindes, des dreizehnjährigen Baudouin.

Keiner der Könige Jerusalems ist so von tiefer menschlicher Tragik umgeben wie dieser blutjunge Herrscher, keiner hat so sehr die Phantasie der großen mittelalterlichen Dichter angeregt, wie Baudouin IV.

Sein Vater Amaury gab ihm die besten Erzieher, darunter den allseitig gebildeten Geschichtsschreiber und Erzbischof von Tyros, Wilhelm. Der Erzieher war in seinen Schützling geradezu vernarrt. Er lobt seitenlang die Gewandtheit, die Schönheit und Anmut, den Mut, die Bescheidenheit und die Kühnheit des »in Zucht« heranwachsenden blonden, kräftigen Königskindes. Bis er eines Tages eine erschreckende Beobachtung machte:

»Der kleine Baudouin spielte immer mit den kleinen Grafensöhnen, seinen Gefährten. Und wie es oft unter gleichaltrigen Knaben der Fall ist, rauften sie, zwickten und stießen einander oftmals heftig. Alle fingen dann zu weinen an, wenn sie sich wehgetan hatten. Nur der junge Baudouin litt alles ruhig, als ob er keinen Schmerz empfände ... Ich glaubte zuerst, das käme von seiner Standhaftigkeit und Härte, als ich ihn aber eines Tages zu mir rief und genau untersuchte und ausfragte, da entdeckte ich endlich, daß sein rechter Arm und die rechte Hand schmerzunempfindlich waren. Das war das untrügliche Anzeichen einer schweren und unheilbaren Krankheit, von der ich nicht mit trockenem Auge berichten kann. Der schöne, hochbegabte Knabe, mein Schüler Baudouin, war aussätzig.«

Nach dem Tode seines Vater Amaury erkannten die Barone den blutjungen Königsohn zwar als ihr Oberhaupt an, beschlossen jedoch, einen Regenten zu bestellen. Aber um die Frage, wer diese Schlüsselstellung erhalten solle, entzweiten sich die Großen des Königreichs, das noch niemals zuvor so notwendig Einigkeit gebraucht hätte wie gerade jetzt, da Saladins Reich immer mächtiger wurde und sich bereits vom Oberlauf des Tigris in Armenien bis nach Libyen erstreckte.

Raymond von Tripolis, der schließlich zum Regenten bestellt wurde, war zwar ein fähiger und energischer junger Fürst, ihm fehlte aber jede taktische Geschmeidigkeit, um mit seinen eifersüchtigen Widersachern im Königreich fertig zu werden. Auch scheint er davon überzeugt gewesen zu sein, daß er selbst den besten König abgeben würde.

Raymond wurde zum Oberhaupt einer der beiden feindlichen Parteien, in die das Land nach Amaurys Tod zerfiel. Die Hospitaliter-Ritter schlossen sich ihm an, ebenso der größte Teil der reichen, seit langem in Outremer lebenden Barone. Sie verkörperten alle miteinander – um einen Ausdruck unserer Zeit zu verwenden – die Partei der »Tauben«: Sie waren davon überzeugt, man müsse alles daran setzen, um sich mit Saladin friedlich zu arrangieren. Nur so werde man die Heiligen Stätten (und ihre Reichtümer, ihre Ländereien und Burgen) bewahren.

Genau wie heute gab es aber auch damals die »Falken«, die nur eine Lösung sahen: den Krieg. Die Tempelritter, deren maßloser Stolz und Überschätzung der eigenen

Kraft zum treibenden Faktor der »Falken« wurde, fanden in den beutegierigen und kriegerischen Neuankömmlingen, die noch immer Jahr für Jahr ins Heilige Land strömten, willige Helfer. Kampf, Abenteuer, Beute, Gold — das waren die Zielsetzungen jener Männer, die alsbald einen entsprechenden Führer finden sollten: Im Mai 1175 wurde Renaud von Châtillon nach sechzehnjähriger milder Haft von Saladin freigelassen.

Renaud de Châtillon, der in der Gefangenschaft offenbar nichts von seiner Potenz eingebüßt hatte, fand eine reiche, junge Frau, die Erbin von Oultrejourdain, also jener Ländereien östlich des Toten Meeres, die heute im wesentlichen das Königreich Jordanien bilden. Seine neue Gattin war davon überzeugt, Raymond von Tripolis habe ihren Gatten durch die Assassinen umbringen lassen. Eine Brunhild en miniature, flüsterte sie Renaud jede Nacht zu, er müsse sie an Raymond rächen: Einem Raufbold und Mörder wie Renaud mußte man solche Einflüsterungen nicht mehrmals vorsagen . . .

Der leprakranke König durchschaute trotz seiner Jugend alles, was um ihn vorging. Die furchtbare Krankheit nahm zwar ihren Fortgang — als er sechzehn wurde, fielen zwei Finger ab, und es öffnete sich ein Geschwür im Gesicht — sein Verstand aber und sein klarer Blick für die Lage sind erstaunlich reif und erschütternd tief. Je stärker ihn sein Leiden von den übrigen Menschen absonderte, je grausiger sein Anblick wurde (Besucher erzählen, daß der Gestank, der den König umgab, auch durch Räucherwerk und Parfums nicht übertönt werden konnte), desto mehr litt Baudouin unter der Unfähigkeit, Entscheidendes zu tun.

In den großen mittelalterlichen Epen kehrt seine Gestalt dichterisch verändert wieder: Der »Arme Heinrich« Hartmann von Aues, die Tragödie des Aussätzigen, der nur von einer reinen Jungfrau, die sich ihm in Liebe hingibt,

gerettet werden kann, ist – nach Ansicht moderner Literaturforscher – unter dem Eindruck des tragischen Lebens dieses jungen Herrschers entstanden.
Auch Wolfram von Eschenbachs »Parzifal«, dieses Epos, das wie keine andere große Dichtung hundertfach mit dem großen Erlebnis der Kreuzzüge verbunden ist, hat dem todkranken Heldenjüngling ein Denkmal gesetzt: Parzifal und Amfortas entstammen beide dem Hause Anjou; der todkranke Amfortas ist zweifellos vom Schicksal Baudouins her gestaltet. Man hat sogar vermutet, daß Wolfram die Heldeneigenschaften des kranken Königs und seine großartige menschliche Haltung in die Figur seines »Parzifal« hineingearbeitet hat ...
Im Jahre 1177 war Baudouin IV. sechzehn Jahre alt. Man erklärte ihn für großjährig, und Raymond legte die Regentschaft zurück. Der junge König regierte nun allein.
Etwa um die gleiche Zeit hatte Saladin alle seine Länder neu organisiert, ehrliche Statthalter eingesetzt, das Heerwesen vernünftig geordnet und überall Liebe und Bewunderung zurückgelassen. Aus christlich-koptischen Quellen wissen wir, daß die christlichen Priester Ägyptens freiwillig begannen, in ihre Gottesdienste ein Gebet um langes Leben für Sultan Saladin einzuführen. Ein fränkischer Ritter hat Saladin später gefragt, was er denn getan habe, um den Geist der Christen so zu umgarnen und zu verdüstern. Saladin erwiderte mit einem Satz: »Ich bin ein Mensch, sonst nichts; das spüren sie.«
Nun aber, da alles wohlgeordnet war, konnte Saladin behutsam an jene Aufgabe gehen, für die er sich von Allah berufen sah: Die ungläubigen Franken aus dem heiligen Jerusalem, der Stadt, von der aus Mohammed ins Paradies geführt worden war, zu vertreiben. Wie alles, was er unternahm, waren seine Vorbereitungen gründlich und dauerten jahrelang. Reformen im Heer und in der Flotte wurden durchgeführt.

Jerusalem — *das große Ziel der Kreuzzüge. Auch die moderne Stadt des 20. Jahrhunderts verleugnet nicht die verschiedenartigen christlichen und orientalischen Traditionen. (Unten: die Davidsburg).*

Konrad III. — *hier auf einer Münze dargestellt — ist der erste deutsche König aus dem Hause der Hohenstaufen und einer der großen, aber letztlich erfolglosen Führer im Zweiten Kreuzzug.*

Unten: Als ein frühes Beispiel von Toleranz und Humanität ist Sultan Saladin *in die Geschichte der Christen eingegangen. Das Bild zeigt eine persische Miniatur aus dem Ende des 12. Jahrhunderts.*

Ein exzellenter Nachrichtendienst mit Brieftauben – wir hören zum erstenmal unter der Regierung Saladins davon – verband die tausende Kilometer auseinanderliegenden Provinzen des riesigen Reichs zu einer Einheit, die Militärkommandos ebenso wie die politischen Behörden.
Die Flotte verwendete erstmals systematisch einen »Ur-Kompaß«; ein Stückchen Stroh wurde sorgsam auf ein flaches Gefäß mit Wasser gelegt; auf das schwimmende Strohhälmchen legte man dann die Magnetnadel, die sich – ein Wunder Allahs – nach Norden orientierte.
Das »griechische Feuer«, diese verheerende Waffe der Oströmer, wurde von sarazenischen »Alchimisten« weiterentwickelt und mit Destillationsprodukten von Rohöl – also wohl Benzingemischen – angereichert. Pferdezucht und Pferdedrill wurden forciert, Zuchthengste und Stuten kamen aus Andalusien, aus Marokko, aus Turkmenien und Persien. In den Gestüten des Sultans waren mehr als 1.500 Fachleute tätig. Er selbst war ein profunder Pferdekenner, dem man vergeblich unedle Tiere zum Verkauf anbot.
Der aussätzige König Baudouin war davon überzeugt, daß er sich nur behaupten konnte, wenn er rasch Hilfe erhielt. Aber gerade in dieser Situation war von Konstantinopel nichts mehr zu erhoffen. Kaiser Manuel wurde von den Seldschuken vernichtend geschlagen und rettete sich mit Mühe hinter die Mauern der Hauptstadt. Neue Armeen und die intakte Flotte konnten zwar das ärgste verhindern, aber als Manuel 1179 starb, hinterließ er seinem elfjährigen Sohn Alexios ein bankrottes Reich.
Die freigebige Hand des Kaisers, der stets Geschenke, Bestechungsgelder und Ehrengaben um sich gestreut hatte, erwies sich nun, posthum, als Ursache der Finanzkatastrophe: Die Kassen waren leer, die wesentlichsten Einnahmequellen des Staates – Steuern, Zölle, Monopolabgaben – auf Jahre hinaus an genuesische, venetianische und pisanische Bankiers verpfändet. Das große Reich kam nicht zur

Ruhe. Innerhalb weniger Jahre sank es von der stolzen Höhe einer Großmacht zum Spielball in der Hand neuer Mächte herab.

Von Ostrom konnte Jerusalem also keine Hilfe erwarten. Aber wie stand es mit Frankreich, mit Westeuropa? Auch hier keine Chance: Zwietracht und kriegsähnliche Zustände lähmten die Herrscher, und nirgendwo fand sich ein Urban II. oder ein Heiliger Bernhard, der die Adeligen mit lodernden Worten zum Kreuzzug aufgerufen hatte. Baudouins Boten kehrten mit leeren Versprechungen heim.

Um 1177 begann Sultan Saladin mit dem ersten systematischen Angriff auf das Königreich Jerusalem. Es wird berichtet, daß er überall seine Spione sitzen hatte, sogar unter den fränkischen Fürsten; einige ihrer syrischen Maitressen standen zweifelsfrei in seinem Sold. So wußte Saladin genau, daß weder Europa noch Ostrom Hilfe schikken konnten. War er der Meinung, daß nun Outremer eine leichte Beute sein werde, so ließ er es seine Heere nicht wissen. Er sprach in seinen Tagesbefehlen von schwersten Kämpfen zum Ruhme Allahs und von einem unabänderlichen Fatum, das diese Generation in den »Heiligen Krieg« führe.

Seinem Hofpoeten Usâma verriet er ein einziges Mal, was ihn in diesen Jahren vor der Wiedereroberung Jerusalems beseelte: »... und wenn ich Allah dienen und die Franken zu vertreiben vermocht habe, dann werde ich alle meine Streitkräfte zusammenraffen und, mit Gottes Hilfe, nach dem Ursprungsland der Franken, übers Meer, ziehen, um auch dort dem einzigen wahren Glauben zum Siege zu verhelfen. Wenn alle Menschen daran glauben, daß es nur Allah, den Gott des Propheten Mohammed gibt, wird der ewige Friede, das ewige Glück einkehren.« Und er habe, so Usâma, in »unbekannte, göttliche Fernen« geblickt ...

Als Saladin die ägyptische Grenze überschritt, um durch das südliche Palästina zu ziehen, war der königliche Rat zu Jerusalem uneins wie eh und je. Man beschuldigte einander des Verrats, warf — in dieser Situation! — Renaud von Châtillon nicht etwa seine Niedertracht, sondern seine »unedle« Abkunft vor und zögerte viele Tage lang, etwas zu unternehmen.

Da erhob sich, »einem längst Gestorbenen gleich«, der todkranke königliche Jüngling aus seinem dunklen Zimmer (er vermochte helles Licht kaum zu ertragen) und erschien verschleiert im Ratssaal. In einem furchtbaren Wutanfall, wie er allen Anjous eigen war, zwang er die widerspenstigen Barone zu einheitlichem Handeln. Selbst die Templer konnten sich dem wahrhaft erschütternden Auftreten dieses lebenden Leichnams und seines Heldenmutes nicht entziehen, diesem von der Lepra verwüsteten schönen Antlitz, diesem blondgelockten, breitschultrigen Jüngling, der nur noch einige Jahre zu leben haben mochte.

Jeder waffentragende Mann des Königreichs wurde aufgerufen, der Patriarch mußte das wahre Heilige Kreuz aus der Schatzkammer holen, die Ritterorden erschienen vollzählig, und man marschierte dem sorglosen Saladin entgegen, der die Nachrichten seiner Spione nicht ernst nahm. In der Nähe der Burg Mongisart, unweit des heutigen Tel Aviv, fiel das Ritterheer am 25. November 1177 über Saladins Streitmacht her. Es wurde der letzte Sieg der Ritter von Outremer über die Sarazenen, der einzige über Saladin, und eine ihrer größten Waffentaten. Es scheint festzustehen, daß nur an die 650 Kreuzritter und 3000 Fußsoldaten das Heer Saladins — 30.000 Mann — besiegten. Der Sultan wurde nur durch die Tapferkeit seiner Mameluken-Leibgarde gerettet.

Der todkranke König Baudouin, der sich von seinem syrischen Leibarzt einen schmerzstillenden Trank (wahrscheinlich Haschisch) hatte geben lassen, kämpfte in vorderster Front und riß seine Ritter unwiderstehlich mit. Am Himmel, so berichtet Wilhelm von Tyros, erschien St. Georg persönlich und segnete die Christen.

Es spricht für die taktische Meisterschaft Saladins, daß er die Überreste seines geschlagenen Heeres einigermaßen geordnet nach Ägypten zurückzuführen vermochte. Er tröstete seine deprimierten Freunde: »Wir haben unbegrenzte Hilfsmittel. Die Franken haben nichts als einen sterbenden Helden. Gott ist mit uns, nicht mit den Ungläubigen.«

In der Tat dauerte es kaum ein Jahr, und Saladin konnte die Niederlage von Mongisart mehr als wettmachen. Diesmal funktionierte sein Nachrichtendienst glänzend, er wußte um den maßlosen Ehrgeiz der Templer, deren Großmeister Odo de Saint-Amand den König verachtete. Während des Feldzugs erklärte er des öfteren, der König habe ihm nichts zu befehlen. Die Tempelritter zogen dem Heer weit voraus, was dem Sultan durch Brieftauben berichtet wurde.

Schon im ersten Aufeinanderprallen wurden die Templer von Saladin geworfen, sie galoppierten in wilder Flucht zurück und rissen das Heer des Königs mit auf ihrer Flucht. Der Templergroßmeister und Dutzende führender Barone gerieten in Gefangenschaft, tausende Fußsoldaten fielen, der König flüchtete sich in eine Burg.

Saladin wollte Odo de Saint-Amand gegen einen hochgestellten Muselmanen austauschen. Aber Odo empörte sich: Wer sei ihm schon gleichzustellen? Lieber als gegen einen kleinen Emir ausgetauscht zu werden, wolle er im Verlies verfaulen. Und so geschah es auch.

Baudouin aber sah keinen anderen Ausweg, als Saladin um einen Waffenstillstand zu bitten, den Saladin, der sich noch mit den Türken Kleinasiens arrangieren mußte, gewährte.

Zwei Jahre ruhten die Waffen. Aber zwei Ereignisse verschlechterten die Lage für die Franken. Im Jahre 1180 wurde ein neuer Patriarch von Jerusalem gewählt. In Notzeiten kam diesem Kirchenfürsten die höchste Bedeutung, nächst dem König, zu. Das Gewicht seiner moralischen Kraft mochte ein Heer aufwiegen. Aber als hätte sich alles gegen die Franken verschworen, setzte es die Mutter des Königs durch, ihren Günstling Heraklius wählen zu lassen.

Er war ein halber Analphabet aus der Auvergne in Zentralfrankreich. Schmunzelnd ließ er durchblicken, auch ein Priester könne durch schöne Frauen Karriere machen: Das tat er denn auch im Schlafzimmer der Königinmutter.

Als er Patriarch wurde, lachten sich die Dirnen Jerusalems halbtot, erzählt ein syrischer Chronist. Er aber wurde »seriös«: Er hielt sich nur noch eine einzige Maitresse, die Frau eines italienischen Tuchhändlers aus Nablus namens Paschia de Riveri, die man alsbald »Madame la Patriarchesse« nannte; Wilhelm von Tyrus schreibt, wenn man die »Patriarchin« in Samt, Seide und Schleiern, überglänzt von Brillanten und Edelsteinen, durch die Straßen Jerusalems gehen sah (er schreibt: »... mit wackelndem Steiß ...«), dachte man, es sei eine Fürstin: Aber sie war nur eine »Buhlerin«. Der neue Patriarch bekannte alsbald öffentlich, daß seine Sympathie seinem alten Kumpan und Gefährten besserer Tage, Renaud de Châtillon, gehöre.

Fast zur gleichen Zeit versetzte die Partei Renauds dem Königreich einen zweiten Schlag: Es galt, die Nachfolge nach dem sterbenden König zu sichern und seine vierzehnjährige Schwester Sibylle zu verheiraten. Man schilderte dem Mädchen einen jungen südfranzösischen Ritter namens Guy (Guido, Wido) de Lusignan in solch glühenden Farben, daß Sibylle erklärte: Ihn oder keinen wolle sie heiraten. Daraufhin holte man ihn nach Outremer.

Guy war ein dummer, eitler junger Mann, der überhaupt keine eigene Meinung hatte und den jeder, auch ein mäßig kluger Mann, als Dummkopf zu durchschauen vermochte.

Von allen Abenteurern, die in Outremer durch ihre männliche Schönheit Karriere zu machen vermochten, war Guy de Lusignan nach Ansicht aller Zeitgenossen, auch seiner Parteigänger, der einfältigste. Die Partei Renauds und des Patriarchen wußte genau: In Guy hatte sie einen König, der Wachs in ihrer Hand war, eine Puppe, die stets das tat, was man ihr eingab.

Gerade jetzt aber hätte Jerusalem den besten Mann seiner Zeit benötigt.

Denn der letzte Akt des Dramas stand unmittelbar bevor.

Ave Jerusalem

Am 11. Mai 1182 verließ Sultan Saladin Ägypten, um das Ende der christlichen Staaten in Syrien vorzubereiten. Tausende Menschen gaben dem geliebten Fürsten das Geleit. Plötzlich überschrie die gellende Stimme eines heiligen Mannes, der einen Koranvers zitierte, den Abschiedslärm. Niemals, so ergab sich daraus sinnvoll, werde Saladin Kairo wiedersehen. Tatsächlich wählte der Sultan wenig später Damaskus zu seinem Aufenthaltsort, weil es dem Kriegsschauplatz näher lag, und kehrte niemals mehr nach Kairo zurück.

Noch herrschte freilich Waffenstillstand; es war ein Zustand, den der Räuberinstinkt eines Renaud de Châtillon nicht ertragen konnte, umso weniger als vor seinen Augen — er saß jetzt auf seiner neuerbauten, riesigen Burg Kerak de Montréal jenseits des Toten Meeres — Monat für Monat reiche Karawanen unbehelligt vorbeizogen. Die Versuchung wurde immer größer, und im Sommer überfiel Renaud tatsächlich eine friedliche Kaufmannskarawane. Saladin war beunruhigt und forderte Wiedergutmachung, die ihm vom König und der friedlichen Partei auch zugesagt wurde. Die »Falken« freilich bestärkten Renaud in seiner Halsstarrigkeit, nichts wiedergutzumachen.

Da nahm Saladin einen Pilgerzug von 1500 Personen gefangen, Leute, die nicht wußten, daß der Waffenstillstand verletzt worden war und ahnungslos in Ägypten zwischenlandeten. Er bot die 1500 in Ketten gelegten Pilger gegen Ersatz der von Renaud verursachten Schäden. Die Kriegspartei am Hof zu Jerusalem bekam die Oberhand. Der König lehnte ab, und der Krieg war da.

Mit begrenzten Gefechten in Galiläa, das arg verwüstet wurde, begann der Feldzug, den Saladin als Generalprobe geführt zu haben scheint. Ein Angriff auf die Hafenstadt Beirut erprobte das Zusammenwirken von Heer und Flotte mit Hilfe der neuen Brieftaubenpost. Der Angriff wurde nicht sehr energisch geführt und blieb ergebnislos. Unentschieden endeten auch andere planlos geführte Gefechte östlich des Sees Genezareth. Das Gebiet rund um Damaskus wurde von den Franken geplündert, weil Saladin durch Unzukömmlichkeiten mit den Emiren von Mossul und Aleppo gezwungen war, den Kriegsschauplatz zeitweilig zu verlassen.

Zu Weihnachten 1182 erkrankte der aussätzige König schwer an Malaria. Einige Wochen lang war er dem Tode nahe. Keine der beiden Parteien am Hofe gönnte der anderen eine Entscheidung. Bewegungsunfähig blieb die Streitmacht der Christen rings um Nazareth, hungerte und wurde von der Ruhr heimgesucht.

Saladin, dessen Schwierigkeiten mit den Türken größer waren als erwartet, bot schließlich einen vierjährigen Waffenstillstand an. Baudouin und die Partei Raymonds von Tripolis nahmen sofort an. Der König war durch die Malaria so sehr geschwächt, daß die Lepra erschreckende Fortschritte machte. Im Laufe des Frühjahrs 1183 erblindete er fast vollständig und konnte kaum noch die Arme und Beine gebrauchen; drei Hospitaliter-Ritter waren fortwährend um den König. Zum Schutz gegen den fauligen Gestank des Todkranken trugen sie essiggetränkte Masken.

Der lebende Leichnam, der nur noch hinter dichten Schleiern zu Audienzsuchenden sprach, verlor allmählich den Willen, sich in die kleinlichen Streitigkeiten seiner Umgebung einzumischen. Als ihn die Mutter und die Schwester inständig und rücksichtslos baten, noch vor seinem Tode seinen Schwager Guy de Lusignan zum Regenten zu be-

stellen, willigte er ein. Die Barone des Königreichs zwar stimmten nicht zu, sie unternahmen aber auch nichts dagegen: Wie lange mochte Baudouin noch leben? Dem Sterbenden wollten sie einen offenen Aufruhr ersparen.
Renaud de Châtillon war um diese Zeit nicht in Palästina. Er hatte eben einen großen Beutezug gestartet, ganz im Stil der Plünderung Zyperns, die ihn und seine Kumpane einst reich gemacht hatte.
Ein seltsamer Zug bewegte sich durch die Negev-Wüste nach Eilath am Roten Meer: Riesige Schiffe, in »Moab« (also im heutigen Jordanien) gebaut, wurden über Land zum Meer transportiert. Renauds Plan war einfach: Mit diesem kleinen Geschwader wollte er die überaus reichen Schiffs-Geleitzüge, die das Rote Meer überquerten, um ägyptische Pilger nach Mekka zu befördern, ausplündern. Auch rechnete er damit, heimkehrende Ostindienfahrer abzufangen.
Der Plan ging auf. Die Christen plünderten die afrikanische Küste aus, eroberten den Pilger-Hafen Aidib (nächst dem heutigen Hafen Port Sudan, auf etwa 20 Grad nördl. Breite), wobei ihnen eine riesige, nach Mekka unterwegs befindliche Karawane in die Hände fiel, setzten dann übers Rote Meer, plünderten auch den Hafen Medinas aus, versenkten ein Pilgerschiff, das als »heilig« gekennzeichnet war und verübten zwischendurch noch weitere Untaten.
Saladin und die gesamte muselmanische Welt »waren außer sich vor Entsetzen«. Hunderte von frommen Moslems rauften sich den Bart, fasteten tagelang und schworen unbarmherzige Rache. Die geringen Sympathien, die die Franken unter den Arabern Syriens gehabt haben mochten, erloschen.
Saladin – das liest man zwischen den Zeilen der zeitgenössischen arabischen Chronisten – war durchaus nicht böse, daß es die Christen selbst waren, die ihm den Grund

lieferten, nun den Krieg von neuem beginnen zu können. Nun konnte er als gekränkter Schuldloser in den Kampf ziehen; und Renauds Unmenschlichkeiten hatten jeden Moslem auf seine Seite getrieben.

Am 17. September 1183 marschierte Saladin aus, um Rache zu nehmen für die Brandschatzungen am Roten Meer. Das Heer der Franken stand unter dem Befehl des neuen Regenten Guy de Lusignan, der schon bei diesem ersten Feldzug von jedermann als unfähig erkannt wurde. Weder folgte er dem Rat Renauds und der Draufgänger, den hinter den sogenannten »Goliaths-Tümpeln« verschanzten Saladin anzugreifen, noch folgte er dem Rat der »Tauben«, sich in eine bessere Stellung zurückzuziehen. Unschlüssig befahl er – nichts.

Die vielen Beschwerden, die man vor das Krankenlager des sterbenden Königs trug, veranlaßten Baudouin noch einmal zu einer Handlung: Er rief seine Kron-Lehensleute zusammen und forderte ihre Zustimmung, wenn er Guy seiner Regentschaft enthebe. Gleichzeitig ernannte er den sechsjährigen Sohn seiner Schwester zu seinem Nachfolger und wollte sie überreden, die Ehe mit Guy zu anullieren. Die Regierungsgeschäfte, so erklärte er den entsetzten Baronen, werde er nun wieder selbst führen. Er konnte nicht mehr schreiben, sah nichts und war außerstande, auch nur einen Schritt allein zu gehen.

Guy de Lusignan verkündete daraufhin, daß er sich von den »Wahnsinnsentscheidungen eines lebenden Leichnams« nicht beeinflussen lasse und gehorchte nicht; vom Patriarchen Heraklius und Renaud wurde er noch darin bestärkt. Einige wenige vernünftige Adelige wollten auch jetzt noch die beiden Parteien versöhnen. Eine Hochzeit schien ihnen die geeignete Methode zu sein: König Amaurys Tochter aus zweiter Ehe (mit der oströmischen Prinzessin Theodora), Isabella, war nun zwölf Jahre, alt genug, um einen Gatten zu bekommen. Man fand ihn im zukünftigen Oberhaupt der mächtigen Fürsten von Toron. Prinz Onfroi war siebzehn, sein Vater galt als Seele der Partei Guy de Lusignans und Renauds.

Renaud beschloß, die Hochzeit auf seiner Burg Kerak auszurichten, und zwar mit allem Prunk, dessen er fähig war — und das war bei einem alten Räuber nicht wenig.

Mit dem Bräutigam konnte man freilich nicht viel Staat machen: Der junge, mädchenhaft schöne Prinz war ein echter Homosexueller, manche Chronisten halten ihn sogar für einen Zwitter. Er war von rührender Güte zu seiner kleinen, hilflosen Braut und durch keinerlei Drohungen zu bewegen, sie auch nur zu umarmen oder zu küssen. Verschüchtert saß das Brautpaar inmitten der lärmenden Hochzeitsgesellschaft, die Freund und Feind zusammenbringen sollte. Gäste beider Parteien saßen in der Tat an einem Tisch, man plauderte sogar gemeinsam und lachte über die Gaukler, Zwerge, Zauberer und Tänzer, lauschte wohl auch den Minnesängern, die aus Frankreich gekommen waren.

Am dritten Tag der Hochzeit kam die Schreckensnachricht: Saladin sei auf dem Marsch nach Burg Kerak.

Wenige Stunden später konnten die Hochzeitsgäste schon die Scharen flüchtender Bauern — syrischer Christen zumeist — sehen, die sich mitsamt ihrem Vieh in den Hof der gewaltigen Burg retteten. Am Abend gab es den ersten Kampf, den Renaud wie stets tollkühn und kopflos führte. Und am Morgen des nächsten Tages waren die Hochzeitsgäste, unter ihnen viele Oberhäupter des Adels von Outremer, eingeschlossen.

Die Hochzeitsfeierlichkeiten aber gingen, so wollte es Renaud, unvermindert und mit hektischer Lustigkeit weiter. Zu Gesang und Tanz dröhnten jetzt allerdings die schweren Einschläge der Felsblöcke, die Saladins Wurfmaschinen gegen die Mauern schleuderten. Immer mehr Zimmer der Burg mußten für Verwundete und Sterbende geräumt werden. Aber auch am Rande des Untergangs vergnügten sich die Ritter und ihre Damen – eine Haltung, die die Krieger Saladins, und wohl auch den Sultan selbst, zu Bewunderung zwang. Als ihm die Brautmutter eine reich und kunstvoll garnierte goldene Schüssel mit ausgesuchten Bratenstücken von der Hochzeitstafel zusandte, erbot sich Saladin als Gegenleistung, jenen Turm, in dem das frischvermählte Paar wohnte, nicht zu beschießen ...

König Baudouin, dem man in Akko von der Belagerung berichtete, ließ sich in einer Sänfte an die Spitze des Heeresaufgebotes tragen, das er kurzfristig einberief, und zog gegen Saladin. Der Sultan, der um seine kostbaren neun Schleudermaschinen vor Kerak fürchtete, marschierte ab.

Die Hochzeitsgesellschaft war frei. Eine Aussöhnung aber – und nur sie sollte ja das Ergebnis der Hochzeit sein – kam nicht zustande. Die beiden Parteien verbrachten die nächsten Jahre bis zum Tode König Baudouins im März 1185 in immerwährendem Streit, hinreichend mit dem Spinnen von Intrigen und Gehässigkeiten beschäftigt. Schließlich intrigierte man Guy bis auf den Königsthron.

Saladin, der von allem wußte, war durch einen schweren Malaria-Anfall gelähmt. Vielleicht wäre der Untergang Jerusalems schon 1186 erfolgt. So ging noch ein Jahr gnädig vorbei, nicht ohne daß Renaud wieder eine reiche, ungeschützte Karawane, die auf den Waffenstillstand vertraute, ausgeplündert hätte. Wieder war er es, der Saladin den Vorwand zum Einmarsch gab.

Diesmal begann er den Feldzug im Norden des Königreiches. Denn er hatte sich in einem Geheimvertrag mit dem zutiefst beleidigten Raymond von Tripolis geeinigt: Falls Raymond dem Sultan keine Schwierigkeiten in den Weg lege, werde er, Saladin, nach dem Sieg über Guy alles tun, um Raymond zum König einzusetzen. In Zusatzklauseln wurde noch festgelegt, daß – wie immer auch der

Krieg ausgehen möge — Jerusalem den Christen erhalten bleiben solle.
Der Geheimvertrag kostete einigen dutzend Tempelrittern das Leben. Denn Raymond ließ eine 7.000 Mann starke sarazenische Reiterschar durch sein Territorium ziehen, was die Templer nicht ahnen konnten. Sie liefen ahnungslos ihren Todfeinden in die Hand und kamen fast alle um. Angesichts dieser Tragödie der Uneinigkeit drangen alle Ritter in Raymond, sich mit König Guy zu versöhnen. Der Herrscher war zwar unfähig, aber nicht rachsüchtig.
Mittlerweile wurde bekannt, daß das größte muselmanische Heer, das jemals zusammengebracht worden war, vor dem Abmarsch stehe. Wenngleich natürlich die Zeitgenossen übertreiben, um die Niederlage der Christen als unvermeidlich hinzustellen, so scheint Saladin doch mehr als 60.000 Mann kommandiert zu haben.
Auch die Ritter des Königreichs Jerusalem rüsteten sich zum Endkampf. Jeder Waffenfähige erschien zur Musterung. Die Ritterorden ließen nur alte und marschuntüchtige Brüder in ihren Burgen zurück. Schließich versammelten sich 1200 Ritter mit annähernd 15.000 Fußsoldaten, nebst einigen tausend Mann leichter Reiterei und Hilfstruppen. Das wahre und Heilige Kreuz, das bisher stets vom Patriarchen getragen worden war, wenn es in den Kampf ging, wurde diesmal vom Bischof von Akko getragen. Paschia de Riveri, die »Patriarchin«, hatte es Heraklius nicht erlaubt, in den Krieg zu ziehen. Er sei schon zu gebrechlich, sagte sie dezidiert. Und man fügte sich ihrem Wort. Herklius bleib daheim.
Am 1. Juli 1187 setzte Saladin mit seinem Heer über den Jordan, dort, wo der Fluß den See Genezareth verläßt, und lagerte zehn Kilometer westlich des Sees in einer quellenreichen Gegend. Ein Teil seiner Truppen schloß die Stadt Tiberias, die direkt am See liegt, ein. Die Gattin

Raymonds von Tripolis, Gräfin Eschiva, verteidigte mit »männlichem Mute und zäher Ausdauer« die Festung.
Die Christen hielten in Akko Kriegsrat. Raymond, der als erster sprach, warnte davor, den Sultan anzugreifen: In der glühenden Sommerhitze sei derjenige im Nachteil, der angreife. Man solle den Sultan »kommen lassen«: Er werde sich den Schädel einrennen. König Guy, wie stets unfähig, eine Entscheidung zu treffen oder auch nur zu erkennen, was nötig war, sagte nichts. Umso lauter aber schrien Renaud und der Tempelgroßmeister Gérard: Ob man denn vergessen habe, daß Raymond ein Verräter sei? Zuzuwarten, tatenlos zu sitzen — das sei der Rat von Verrätern.
Man marschierte also dem Feind entgegen. Auch die Franken fanden einen guten Lagerplatz bei Sephoria. Wieder sprach Raymond im Rat: Hier könne man monatelang auf den Angriff Saladins warten und alle Attacken abschlagen. Er sprach von Tiberias, das seine Frau halte und das die Tollköpfe in der Armee durchaus entsetzen wollten, weil es ja nur einige Meilen entfernt sei.
»Lieber will ich meine Frau verlieren, als daß das Königreich deswegen zugrundegehe!« rief er. Das schien zu überzeugen.
Mit der Entscheidung König Guys, nicht anzugreifen, ging der Kriegsrat auseinander. Der Templergroßmeister Gérard aber schlich sich nachts in das Zelt des Königs und vermochte ihn — wieder unter Hinweis auf den »Verräter Raymond« — zu überzeugen, daß man sich an den Ungläubigen »rächen« müsse: Man könne ihnen doch nicht eine christliche Stadt überlassen.
König Guy weckte die Herolde und ließ zum Aufbruch blasen. Als Saladin, der die ganze Nacht schlaflos in seinem Zelt lag, das Aufbruch-Signal der Christen hörte, soll er gesagt haben: »Allah hat geholfen. Er verwirrt den

Verstand der Ungläubigen. Dank sei IHM dem Allbarmherzigen und Einzigen ...«

Der 3. Juli 1187 war ein heißer Tag. Schon um vier Uhr morgens, als das christliche Heer die grünen Gärten von Sephoria verließ, plagte die Mannschaften der Durst. In langgezogener Formation wand sich das Heer die baumlosen Hügel empor, die sie vom Ufer des Sees Genezareth trennten. Vor ihnen, oberhalb der Ortschaft Hattin, erhob sich ein Plateau, das von zwei Gipfeln überragt wurde. Man nannte sie die »Hörner von Hattin«.

Der Rat war uneins, was zu geschehen habe. Die meisten Barone wollten sich angesichts des durstenden Heeres bis zum nahen See durchkämpfen. Aber die Templer erklärten, sie gingen nicht weiter, und begannen rings um einen Brunnen (er erwies sich alsbald als ausgetrocknet) ihr Lager zu errichten.

Die Christen verbrachten eine schreckliche Nacht. Aus dem Lager Saladins tief unter ihnen am Ufer des Sees tönte Gesang und Lachen. Der Wind wehte zu ihnen hinauf. Um Mitternacht (der Wind hatte sich gedreht) ließ Saladin das dürre Gras und Buschwerk anzünden. Der dichte, beißende Qualm erhöhte die Qualen der Durstenden. Niemand vermochte zu schlafen.

Im Schutze der Dunkelheit gruppierte Saladin seine Truppe um. Noch ehe der Morgen des 4. Juli anbrach, war das Heer der Christen eingeschlossen. Saladin betete lange und zweifelte nicht daran, daß er der Sieger sein werde. Die Falle war perfekt, die Christen freiwillig hineingestolpert. Wo keine sarazenischen Truppen standen, wütete ein Buschbrand.

Wiewohl sich die Christen tapfer wehrten und trotz ihrer Erschöpfung dutzende Attacken des muselmanischen Heeres abwehrten, kam die Katastrophe schon nach etwa drei Stunden, als die Befreiungsversuche der schweren christlichen Reiterei nichts ausrichteten. Saladin hatte den Befehl gegeben, die Ritter durchpreschen zu lassen, sie aber am Zurückkehren zu hindern. Das geschah auch, und bald danach setzte der Sturmangriff auf das verzagte Fußvolk ein. Der Sultan trieb seine Leute mit dem Ruf »Straft den Teufel Lügen!« gegen die Christen. Saladins Sohn el-Afdal schreibt, im Augenblick des Sieges sei sein Vater vom Pferd gestiegen, habe sich zur Erde geneigt und Gott mit Freudentränen gedankt.

Der Bischof von Akko, der das Heilige Kreuz getragen hatte, fiel, die Reliquie geriet in die Hände der Mohammedaner. König Guy und die meisten seiner Barone, sofern sie nicht gefallen waren, wurden gefangengenommen und in des Sultans Zelt gebracht.

Saladin empfing seine Gegner würdig. Er ließ den König neben sich setzen, die anderen Adeligen ringsum auf die Teppiche des Zeltes. Als er die Erschöpfung des Königs sah, reichte er ihm einen Becher Fruchtsaft, der mit Schnee vom Berge Hermon gekühlt war. Der König trank und gab den Becher an den neben ihm sitzenden Renaud de Châtillon weiter, jenen Mann, den Saladin von allen Menschen am meisten haßte.

Ängstlich rief der Sultan: »Sag' dem König, daß *er* den Trunk an diesen Mann gegeben hat, nicht ich!« Denn wer nach arabischer Sitte einem Gefangenen zu trinken gibt, bescheinigt ihm damit, daß er ihn am Leben lassen wird: Das aber wollte Saladin nun mit Renaud gewiß nicht.

Saladin wandte sich direkt an Renaud und hielt ihm seine Räubereien, seine Hinterlist, seine Wortbrüchigkeit, seine Gotteslästerungen und seine Habgier vor. Aber Renaud erwiderte voll Tollkühnheit, er bedaure nicht eine Tat. »Du stehst an der Schwelle deines Lebens«, warnte Saladin, »bereue!« Renaud schwieg.

Saladin ließ ihn vor das Zelt führen und schlug ihm eigenhändig den Kopf ab. »Ich mußte seine Untaten rächen«, sagte er später.

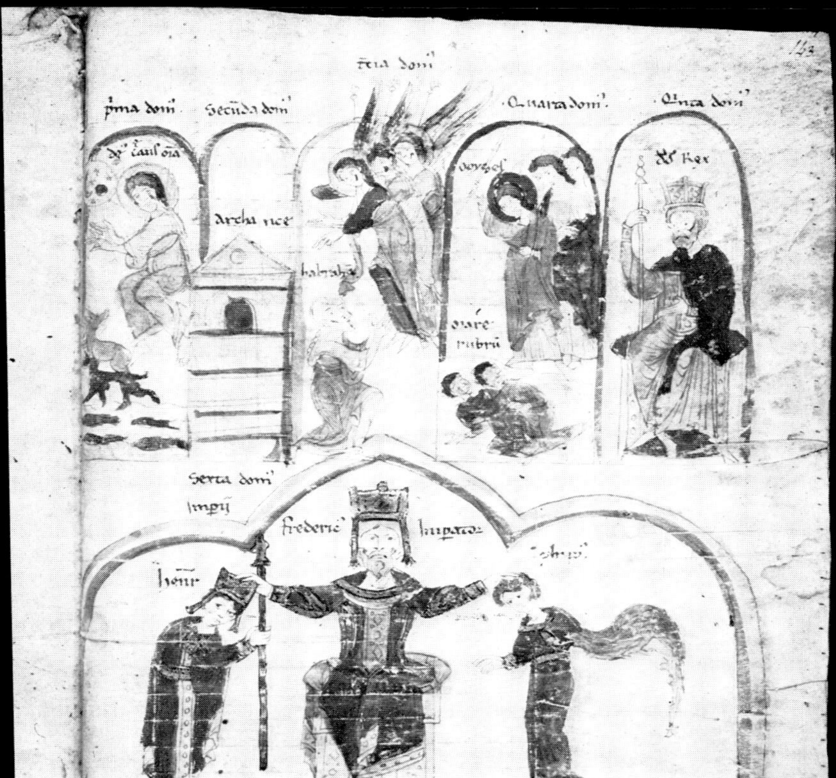

Diese Miniaturen aus der Handschrift des Petrus de Ebula, *»Liber ad honorem Augusti«, zeigen einen der tüchtigsten und legendärsten Feldherren der Kreuzzüge, Kaiser* Friedrich I. Barbarossa, *wie er (im oberen Teil) seine Söhne Heinrich und Philipp segnet und (unten) auf dem Kreuzzug sich den Weg bahnen läßt.*

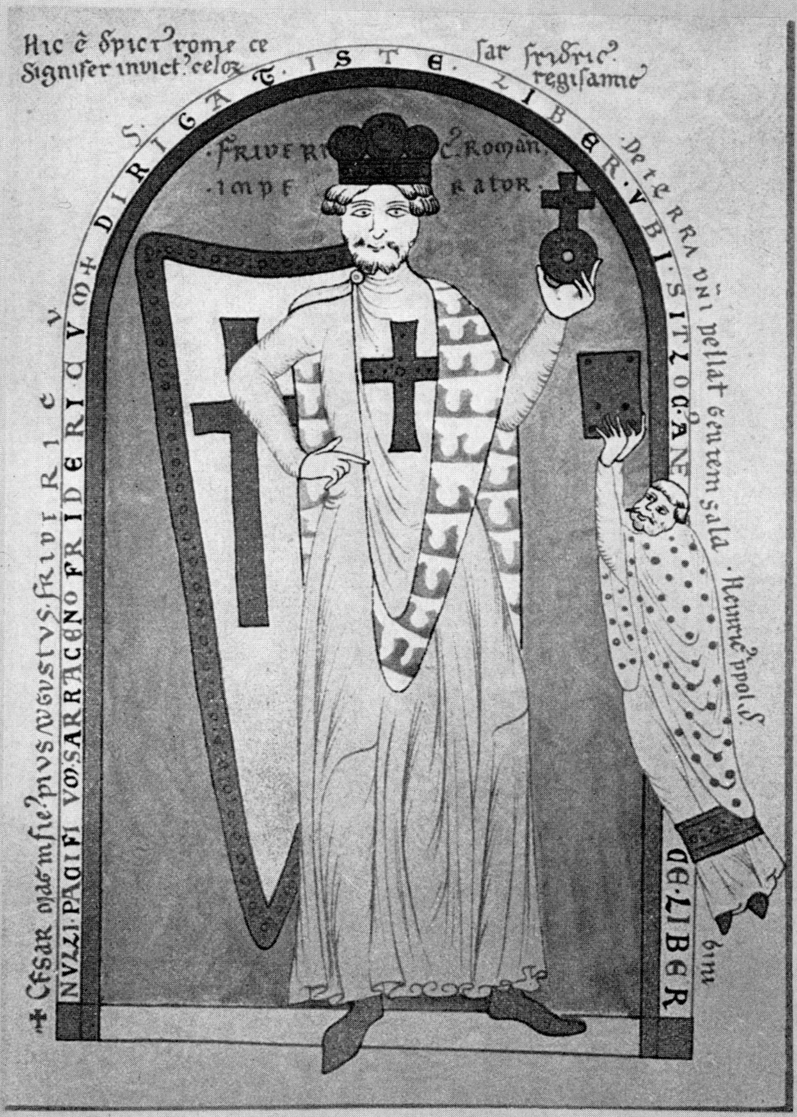

Friedrich Barbarossa *als Kreuzfahrer. Bild eines unbekannten Meisters aus dem Ende des 12. Jahrhunderts.*

König Guy fürchtete sich; er meinte der nächste zu sein; aber Saladin tröstete ihn: »Ein König tötet keinen König ...«

Wohl aber ließ er alle Tempelritter und Hospitaliter, die noch lebten, von fanatischen Bettelderwischen umbringen. Die übrigen Gefangenen wurden in die Sklaverei verkauft. Der Preis fiel so sehr, daß man einen Christensklaven für ein Paar Sandalen erhielt.

Der Sieg bei den »Hörnern von Hattin« traf das Königreich tödlich. Ohne großen Widerstand öffnete nur sieben Tage später Akko, die wichtigste Stadt des Königreichs, Saladin die Tore. Sie wurde zwar nicht geplündert, aber die Kaufleute durften nur eine begrenzte Menge ihres Eigentums mitnehmen. Unermeßliche Warenvorräte fielen in die Hand Saladins.

Nablus, Jaffa, Nazareth und zahllose Städte und Burgen im Norden Palästinas und in Galiläa öffneten ihre Tore. Sidon ergab sich kampflos, Beirut fiel nach kurzem Widerstand am 6. August. Ashkalon hielt sich einen Monat, kapitulierte aber am 4. September. Gaza wurde gegen den Templer-Großmeister Gérard eingetauscht.

Lediglich Tyros hielt sich, jene Stadt, die nur durch den Damm Alexanders des Großen mit dem Festland verbunden ist. Hinter ihre starken Wälle flüchteten sich alle diejenigen, die der Katastrophe von Hattin entronnen waren.

Sie alle, ob Kämpfende oder Gefangene, ob Flüchtlinge oder Sieger, blickten gebannt nach Jerusalem: Was würde mit der Heiligen Stadt geschehen?

Saladin versuchte Jerusalem durch Verhandlungen in die Hand zu bekommen. Die Stadt war großartig befestigt und nur nach langer Belagerung einzunehmen. Aber die Bewohner, die eine Delegation zu Saladins Hauptquartier in Ashkalon sandten, lehnten eine kampflose Übergabe stolz ab.

»Dann werde ich die Stadt mit Allahs Hilfe durch mein Schwert nehmen!« ließ ihnen der Sultan sagen.
Balian von Ibelin, einer der großen Barone des Königreichs, war nach der Schlacht von Hattin nach Tyros geflüchtet, seine Gattin und seine Kinder aber fanden in Jerusalem Zuflucht. Balian erbat von Saladin die Erlaubnis, seine Familie aus der gefährdeten Stadt nach Tyros zu holen. Saladin stimmte diesem ungewöhnlichen Ansuchen zu. Er kannte Balian von den ägyptischen Feldzügen her, ein Erinnern an die Gespräche in seiner Jugend mag es gewesen sein, das ihn dem Gegner von einst die ungewöhnliche Erlaubnis geben ließ; er forderte lediglich, Balian müsse unbewaffnet sein, und er dürfe nur eine Nacht in Jerusalem bleiben.
Es kam freilich anders. Als Balian in Jerusalem eintraf, fand er die Stadt in fieberhafter Tätigkeit. Jeder Bürger half mit, die Verteidigungsbereitschaft der Stadt zu erhöhen. Nur eines fehlte: Ein Kommandeur. Man trug Balian den Posten an, und er sandte unverzüglich einen Knappen zu Saladin, den Sultan zu bitten, ihn vom Eid zu entbinden. Saladin gewährte auch diese Bitte.
Unbehelligt zog die Familie Balians durch Saladins Lager. Mit ungeheurer Tatkraft übernahm Balian sein aussichtsloses Amt. Jeder Mann, vom dreizehnten bis zum achtzigsten Jahr, erhielt eine Waffe. Lebensmittel wurden eingelagert, alles Gold und Silber der königlichen Schatzkammern zu Geld gemacht und selbst das Dach der Heiligen Grabeskirche seiner silbernen Ziegel beraubt.
Am 20. September schloß Saladin die Stadt ein. Am 26. eroberte er den Ölberg. Genau an der Stelle, von der aus dereinst, vor 88 Jahren, Gottfried von Bouillons lothringische Ritter die Stadt erstürmt hatten, unterminierten Saladins Pioniere nun die Mauern Jerusalems.
Drei Tage später stürzte ein breiter Abschnitt der Mauer ein, und die Angreifer konnten in die Bresche eindringen

und sich dort festsetzen. Die Frage, ob man so lange kämpfen solle, bis kein Mensch mehr am Leben sei, oder ob man sich unterwerfen solle, um das Leben der Frauen und Kinder zu retten, wurde leidenschaftlich erörtert. Am 30. September ging Balian selbst zu Saladin, um die Kapitulation anzubieten. Während ihres Gespräches tobte in der großen Bresche der Kampf; mehrmals wurde Saladins Banner aufgepflanzt, um gleich danach von den Verteidigern wieder heruntergeworfen zu werden.

Saladin, der Jerusalem möglichst unversehrt bekommen wollte, zeigte sich einer ehrenvollen Übergabe nicht abgeneigt. Er konnte, wann und wo er wollte, die Stadt erstürmen. Und er wußte, daß Balian dies wußte. Umso maßvoller scheinen seine Bedingungen.

Es ging ausschließlich um jene Summen, die Saladin für das »Freikaufen« der christlichen Bürger der Stadt forderte. Zuerst dachte er an ein gestaffeltes Kopfgeld, dann forderte er eine Pauschalsumme für die 20.000 Armen der Stadt, die außerstande waren, aus eigenem zu bezahlen. Balian handelte ihn zwar auf 100.000 Denare herunter, aber auch dieses Geld war in Jerusalem offenbar nicht aufzutreiben. So kam schließlich ein Vertrag zustande, der 7.000 Menschen für 30.000 Denare freikaufte.

Am 2. Oktober 1187, dem Jahrestag der Himmelfahrt des Propheten Mohammed, da er vom Felsendom aus ins Paradies getragen worden war, legte die Besatzung die Waffen nieder.

Die Christen erinnerten sich jetzt, in diesem Augenblick, schaudernd des Verhaltens ihrer Vorfahren, die vor 88 Jahren als tobende Mörder durch die Gassen Jerusalems gerast waren, plündernd und schändend. Wie würde es ihnen ergehen?

In diesen Tagen legte Saladin den Grundstein des Ansehens, das er später bei den Christen besaß. Denn er erwies sich als korrekter und menschlicher Sieger. Niemand wurde umgebracht, keine Frau geschändet. Militärstreifen patrouillierten durch die Straßen Jerusalems und achteten auf Ruhe und Ordnung. Ein »Auslösungs-Schatzamt« wurde geschaffen, und Beamte Saladins achteten darauf, daß es dort gerecht zuging: Wer sich freikaufen konnte, durfte gehen. Der arabische Chronist stellt empört fest, daß Heraklius, der Patriarch, ächzend und stöhnend die auf ihn entfallende Quote von zehn Denaren erlegte, um dann, fast zusammenbrechend unter der Last von Gold und Silber, aus der Stadt zu wanken, während die armen Teufel, die niemand auslösen konnte, in Ketten gelegt und in die Sklaverei transportiert wurden.

El-Adil, der Bruder Saladins, war vom Anblick der weinenden Sklaven so gerührt, daß er den Sultan bat, ihm tausend von ihnen zu schenken. Saladin gab sie ihm, und el-Adil ließ sie unverzüglich frei. Balian erhielt fünfhundert Sklaven, und schließlich ließ Saladin persönlich jeden alten Mann und jede alte Frau frei. Den weinenden Edelfrauen versicherte er, er werde jeden einzelnen Fall prüfen und ihre Gatten, sowie man ihren Wert in Denaren fixiert habe, freilassen. Er bewirtete die Damen und erlaubte ihnen, sich in Zelten zu säubern und umzukleiden. Natürlich kam es auch zu Übergriffen und Erpressungen. Aber selbst jene Chronisten, die nur Übles über den Sultan berichten, geben zu, daß er davon nichts wußte und es sogleich abstellte, sowie man es ihm zur Kenntnis brachte.

Den größten Schmerz erlitt die Christenheit freilich, als Saladin daranging, die christlichen Kirchen wieder in Moscheen umzuwandeln. Soldaten kletterten auf die Spitze des »Felsendomes« und warfen das große Kreuz herunter, das Gottfrieds Lothringer dort befestigt hatten. Auch die el-Aqsa-Kathedrale wurde wieder in eine Moschee rückverwandelt, alle christlichen »Greuel«, als da sind: Darstellungen Gottes und der Menschen, wurden beseitigt, figurale Mosaike übertüncht, und am 9. Oktober feierte

Saladin in der Allah neu geweihten Moschee einen großen Dankgottesdienst.

Das Jahr 1188 füllte Saladin damit aus, die Grafschaft Tripolis zu erobern. Raymond, ihr Herr, war kurz nach der Schlacht von Hattin gestorben. An Lungenentzündung, sagten die Ärzte, an gebrochenem Herzen, behaupteten die Freunde. Binnen weniger Wochen waren die Mohammedaner Herren eines weiten Gebietes bis vor die Tore von Antiochia, das sicherlich auch genommen worden wäre, wenn Saladins Truppen nicht heimzukehren gewünscht hätten.

In Sichtweite Antiochias, dessen Fürsten nicht mehr blieb, als die Stadt selbst, der Hafen St. Symeon und einige Gärten, schloß er einen Waffenstillstand: Er wußte, daß er, wann immer er wollte, die »reife Frucht Syriens« pflücken konnte.

Nur Tyros, das von einem lombardischen Ritter und Abenteurer namens Konrad von Montferrat verteidigt wurde, blieb, neben der Festung Tripolis und einigen Burgen im Inneren des Landes, in der Hand der Christen. Konrad war davon überzeugt, daß das Abendland dem Falle Jerusalems nicht tatenlos zuschauen werde. So lange, bis der nächste Kreuzzug eintraf, hoffte er, Tyros halten zu können. Da in der Armee vor Tyros Epidemien ausbrachen, zog Saladin schließlich ab.

Rechnete er mit einem neuen Kreuzheer? Seine anmaßende Antwort auf einen Brief Kaiser Friedrich Barbarossas läßt erkennen, daß er es zumindest nicht fürchtete. Mehr denn je fühlte er sich als »Schwert des Islam«, als Mann Gottes, der auserwählt ist vor den Menschen.

Barbarossa und Löwenherz

Kein Ereignis des Mittelalters hat so rasch die Runde durch die christliche Welt gemacht wie der Sieg Saladins und die Eroberung Jerusalems. Keine Chronik gibt es, sei sie auch in noch so einem unbedeutenden Städtchen, in noch so einer kleinen Abtei aufgezeichnet worden, die nicht an irgendeinem Tage des Jahres 1188 mit den von Schmerz und Entsetzen erfüllten Nachrichten aus dem Heiligen Land aufwartete.
Man wird vergeblich auf eine objektive Darstellung der Ereignisse zählen dürfen; der Antichrist hat triumphiert – das ist der Tenor. Die einzige Frage, die sich der Christ stellt, ist die: Wie konnte es geschehen, was war die Ursache, daß unser Herr Jesus Christus es zuließ, daß Seine Heilige Stadt wieder in die Hände der Heiden fiel?
Für den mittelalterlichen Menschen kann es nur eine Antwort geben: Weil wir allesamt Sünder gewesen sind. Weil die Bürger von Outremer allzu üppig, allzu wollüstig, allzu sündhaft gelebt, gepraßt und gehurt haben, hat Gott Seine Hand von ihnen genommen. Als »Zuchtrute« bediente Er sich des Sultans Saladin. Daß dieses Werkzeug Gottes, dieser Mann Satans, sich in vielem menschlicher zeigte als die Urgroßväter der Franken von 1188, das wurde der Gnade Gottes zugeschrieben, der selbst im Unglück noch einen Mann von vergleichsweise milden Sitten und ritterlicher Denkungsart zum Rächer auserwählte. Hätte es nicht anders kommen, hätte nicht ein Blutsäufer, ein Fanatiker die Christen hinmorden können? Man mußte solcherart Gott noch dankbar sein.

Für den Christen konnte es nur eine Antwort geben: Das Kreuz nehmen und nach dem Heiligen Land ziehen, um Jerusalem zurückzuerobern.

Man könnte nun annehmen, daß sich das grandiose Schauspiel von 1096 wiederholt hätte, dieser Aufschrei »Gott will es!«, dieses Aufgehen des einzelnen Christen in die Massenseele der Krieger und Streiter Christi.

Aber die Zeiten hatten sich gewandelt. Neunzig Jahre waren auch im Mittelalter mit seiner schwerfälligen Kommunikation eine lange Zeit. Der niemals zweifelnde, in seinen Grundzügen rührend einfache Gottesglaube der Feudalherren des 11. Jahrhunderts, des Ersten Kreuzzugs also, ist verschwunden. Das eherne Gebot des »Herrn der Christenheit«, dieses unabänderliche »Gott will es!«, hat sich ins Romantische verkehrt. Der Ritter der neuen Zeit kämpft zwar noch immer für Jesus Christus, seinen Herrn, aber dieser Herr der Ritter ist ein ferner, freundlicher, recht verbindlicher Herrgott, der gleich den Göttern der Griechen im Kampf der Ritter Partei ergreift; ein Gott, dessen größte Freude es ist, wenn die Männer sich auf Erden in ritterlicher Tugend üben.

Ritterliche Tugend – das bedeutet das Erfüllen einer in Spiel, Sport, hartem Kampf und Liebe erwachsenen Gebotsliste, deren Inhalt auch heute noch durch Begriffe wie »Ritterlichkeit« oder »Galanterie« (ein Wort, das sich bezeichnenderweise aus dem Arabischen ableitet) lebendig ist.

Die strenge Sexualmoral des 11. Jahrhunderts ist verlorengegangen und hat einer schwärmerischen, deutlich Züge von Fetischismus in sexualpathologischem Sinne tragenden Bindung an die Frauen Platz gemacht, deren Erfüllung durchaus nicht so theoretisch war, wie es manchem Literaturhistoriker scheinen will.

Die falsche Romantik des Ritters, die den blutigen Krieg zu einer frischfröhlichen Angelegenheit umfunktionierte,

in der man für Gott und die Geliebte dreinzuhauen, keine Feigheit zu zeigen, den Gegner vornehm-ritterlich zu behandeln und geziemend zu sterben hatte – diese Romantik, die damals entstand, hat die Jahrhunderte überdauert. Die wilden Raubzüge der Großväter verwandelten sich in wohlorganisierte Miniaturkriege. Man war froh – und es war die Regel –, wenn es keine toten Ritter gab, wenn nur Fußsoldaten fielen, und man feierte den Sieg gemeinsam mit den Unterlegenen. Turniere ersetzten die Kriege.
Konnte man die neuen Ritter zum Kampf gegen die Ungläubigen entfachen? Es scheint, daß man sie bei der romantischen Ader packen mußte: Das größte, ritterliche Abenteuer, das sich einem Mann bieten konnte, war der Kampf im feindlichen, unbekannten, von schönen Frauen, wilden Bestien und sarazenischen Räubern erfüllten Morgenland. Die hochmittelalterlichen Epen atmen diesen Geist wider, der zwar tiefe Frömmigkeit und Christenglauben voraussetzt, sie aber nicht mehr zur Triebfeder macht.
All die ritterlichen Eigenschaften scheinen in einem Manne zu kulminieren, der denn auch zum Helden des letzten, ganz Europa umfassenden Versuchs der Rückeroberung Jerusalems wurde: Richard Löwenherz.
Seine Mutter war jene lebenslustige, mit dem frömmelnden König Ludwig VII. verheiratete Eleonore von Aquitanien und Poitou, die sich in Antiochia in ihren Onkel verliebt und den König vor dem ganzen Kreuzzug desavouiert hatte. Tatsächlich setzte sie, wieder daheim, ihre Scheidung durch und sammelte an ihrem Fürstenhof zu Poitiers die besten Troubadours von Frankreich.
Es war ein »Weiberhof«: Frauen diktierten Sitte und Anstand, saßen über »Vergehen« verliebter Männer zu »Gericht« und verurteilten sie zur »Buße« – meistens zu neuen Abenteuern.
Es war ein »Musenhof«: Nur wer seine Gefühle auch in

Verse zu kleiden verstand, wurde in den »inneren Kreis« des Hofes aufgenommen. Romantische Schwärmereien und Spielereien füllten die Tage und Nächte aus. Ein Ehemann, der es wagte, sich über die Liebe seiner Gattin zu einem anderen Ritter zu beklagen, galt als vulgärer Dummkopf.

Der Reiz unschuldiger Verderbtheit, wie er Jahrhunderte später das Rokoko auszeichnete, liegt auch über diesem »Musenhof« zu Poitiers. Die Herzogin selbst nützte die Chancen, die ihr, der schönsten, begehrtesten und reichsten Frau, der Herrin des Hofes, überreich geboten wurden. Immer gab es ein halbes Dutzend Ritter und Troubadours, die sich rühmten, ihre Gunst zu besitzen und die schöne Herzogin Eleonore ihre »Herrin« nennen zu dürfen.

Einer ihrer Geliebten war Herzog Godefroy von Anjou und Plantagenet. Er legte ihr einen genialen Plan vor: Sie solle seinen Sohn Henry heiraten. Der Prinz, zehn Jahre jünger als Eleonore, würde, falls die Ehe zustandekäme, das Königreich England, die Normandie und die großen, ganz Südwestfrankreich umfassenden Länder Eleonores besitzen. Eleonore stimmte begeistert zu. Unter allen Adelsgeschlechtern Frankreichs waren die weitverzweigten Anjous die tollsten, und unter den Anjous galten die Plantagenets (eigentlich »Plante à genêt« = Ginsterzweig) als die verrücktesten: Das war Leben, Romantik, Abenteuer ...

Mit 29 Jahren heiratete Eleonore den mächtigsten jungen Mann seiner Zeit, den Sohn ihres Geliebten, das Oberhaupt der Normannen, einen bildschönen, rotblonden jungen Mann, der sie zunächst vergötterte: Er taufte sie um, nannte sie auf normannisch zärtlich »Aliénor«, ließ sie mitregieren, holte Dutzende ihrer geliebten Minnesänger an den Hof und führte sie als seine lebenslustige Königin nach England.

Sie schenkt ihm, die dem König von Frankreich vorher

schon zwei Töchter geboren hatte, hintereinander vier Söhne: Henry, Richard, Godefroy und John. Für alle gedenkt der Vater zu sorgen. Henry soll König von England und Herzog der Normandie werden, Richard, der schon als halbwüchsiger Knabe so tollkühn ist, daß ihm Freunde und Erzieher den Namen »Löwenherz« (»Cœur de Lion«) geben, soll alle französischen Besitzungen seiner Mutter erhalten; Godefroy wird Herzog der Bretagne, und nur John, der jüngste, erhält zunächst nichts, was ihm später in England den Spitznamen »Lackland«, »ohne Land«, einbringt.

In immerwährenden, planlosen, aber höchst »ritterlich« geführten Kämpfen bekriegen einander Henry II. von England und sein französischer Vetter Ludwig VII. Sie haben schon aus diesem Grunde keine Zeit, dem bedrohten Königreich Jerusalem ernsthafte Hilfe zu leisten. Als die jungen Plantagenets älter werden, geraten sie, denen ihre Mutter Eleonore nicht eben Selbstbeherrschung oder Bescheidenheit anerzog, alsbald in Konflikt mit ihrem unberechenbaren und stets zu närrischen Winkelzügen aufgelegten Vater: Sie sind wechselweise mit Frankreichs König gegen den Vater, dann wieder mit dem Vater gegen einen ihrer Brüder, mit der Mutter gegen den Vater, und in andere Kombinationen verwickelt.

Königin Aliénor, alias Eleonore, verliert die Zuneigung ihres Gatten, der sie mehrfach des Umgangs mit ihren Rittern und Dichtern bezichtigt, indes er selbst die vom englischen Volkslied vielbesungene »schöne blonde Rosamond« liebt.

Als König Henry noch dazu erfährt, daß seine Gattin die Geliebte seines eigenen Vaters war, läßt er sie wütend in milde Haft setzen. Niemals hat er sich von dem Zweifel befreit, ob sein Erstgeborener Henry seines oder seines Vaters Kind sei.

Die kleinlichen Kriege mit Frankreich gehen auch weiter,

als Ludwigs Sohn Philipp II. Augustus, ein Jüngling von achtzehn Jahren, den Thron besteigt.
Richard Löwenherz, gerade mit dem Vater verfeindet, wird der intimste Freund des jungen Königs. Er »teilt mit ihm das Mahl, den Becher und das Bett« heißt es. Sein Vater behauptet daraufhin, Richard sei ein Homosexueller – eine Diffamierung, die die Historiker bis heute noch nicht eindeutig abgelehnt haben.
König Henry war ein absoluter Gegner der Kreuzzüge. Es gebe in seinen Landen so viel christliche Arbeit zu tun, daß er nicht einsehe, weshalb man einer Bande lasterhafter Barone in Outremer zu Hilfe kommen solle, sagte er unverblümt zu einem Bittsteller, dem Bischof von Akko. Er sei bereit, Gold und Geld zu senden, wohl auch Schiffe und Lebensmittel. Aber offiziell wolle er nichts wissen von einem Kreuzzug. Auch sei ihm der Streit mit dem König von Frankreich ebenso wichtig, wie der Besitz Jerusalems für die Christen. Aber Henry starb, knapp nachdem sein Sohn und Nachfolger, auch er schon König von England, vermutlich an einem Gehirntumor gestorben war. Da auch sein zweiter Sohn Godefroy, Herzog der Bretagne, starb, blieben nur Richard Löwenherz und John »ohne Land« zurück.
Richard wurde zum König von England gekrönt, übernahm das französische Erbe seiner Mutter und war nun, neben Kaiser Barbarossa in Deutschland, der mächtigste Herr Europas.
Es gibt keine menschliche Eigenschaft oder Tugend, die man nicht rühmend an Richard erwähnt fände. Da ist einmal seine Körpergröße, seine Schönheit, da sind seine strahlenden graublauen Augen. Rotblond weht sein Haar im Frühlingswind, wenn ihm die Herrin vom Burgsöller nachwinkt, alle überragt er im Ausritt.
Da sind seine gewaltigen Körperkräfte: Allein ringt er einen wilden Eber nieder, zwingt das wildtobende Pferd

in die Knie, schleppt Eichenbalken zur Belagerung herbei, schmiedet ungeheure Schwerter, gräbt dort, wo sich andere fürchten, Gänge unter feindliche Festungen, fängt mit seinem Eichenschild ganze Ladungen von Pfeilen und Speeren auf und besiegt mit seiner Körperkraft und Geschicklichkeit jeden Feind, sei es im Turnier, sei es auf dem Schlachtfeld.

Daß in den Legenden Richards Charaktereigenschaften den physischen die Waage halten, versteht sich von selbst: Er ist mutig, tapfer, edel, großmütig, vornehm, leutselig, fromm und gottesfürchtig. Er ehrt die Priester, schützt Frauen und Waisen.

Seine Geisteskräfte sind adäquat: Er ist ein großartiger Feldherr, ein genialer Erfinder, wenn es um neue Belagerungsmaschinen geht, aber auch ein empfindsamer Dichter — Verse von hoher Qualität, die ihm zugeschrieben werden, existieren tatsächlich — und liebt die Musik. Was also kann Richard Löwenherz eigentlich nicht?

Man muß die Dinge richtig sehen: Er ist für das Hochmittelalter das, was die romantischen Western- und TV-Helden für unsere Zeit sind. Das Leit- und Idealbild, das sich seine Kaste schuf, erfüllt er so weitgehend, daß sie ihn kurzerhand damit gleichsetzt. Der Ritter schlechthin — das ist einfach Richard Löwenherz.

Daß er kaum ein Wort englisch konnte, ja, daß er diese »barbarische« Sprache seiner Untertanen auf der britischen Insel verachtete und, gleich seinen Freunden und Kampfgefährten, nur das seltsame Französisch des Poitou und der Normandie sprach, jener Länder, in denen er sich daheim fühlte, haben nicht nur die Briten vergessen.

Als »König von England« zieht er ins Heilige Land, und daß er, wenn er fluchte auf französisch seinem Unmut Ausdruck verlieh (»Bei den langen Beinen Gottes« war einer seiner gebräuchlichen Flüche), das notieren nur die Spezialhistoriker.

Die mehr oder minder sexuell gefärbte Kampf- und Zeltgemeinschaft mit dem etwas jüngeren König von Frankreich zerbrach bald. Zwischen beiden ging es längst um den Landbesitz in Mittelfrankreich, den die Plantagenets heiß anstrebten.

Der König von Frankreich war ein kleiner, armer Fürst, umgeben von Richards großen, reichen Ländern. Einer mißtraute dem andern, einer wartete auf einen Fehler des anderen. Keiner wagte es, sich von Frankreich wegzurühren, aus Angst, der Gegner werde irgend etwas Teuflisches aushecken.

Richard Löwenherz war freilich vom Abenteuer und von der Romantik der Kreuzfahrt gefangengenommen. Für den Romantiker in ihm konnte es gar keine andere Lösung geben, als ins Heilige Land zu ziehen, dem größten Abenteuer im Leben eines Ritters entgegen.

Freilich, über die Frage, wer den Auszug des Kreuzheeres bezahlen solle, kam auch ein Löwenherz nicht hinweg. Die Antwort war einfach: natürlich das gute Volk, das glücklich sein durfte, nicht selbst ausziehen zu müssen. Gemeinsam mit seinem königlichen Vetter Philipp von Frankreich beschloß Richard die Einführung eines »Saladin-Zehent«: Jeder Untertan (auch Kleriker und Klöster) mußte ein Zehntel seiner Jahreseinkünfte abliefern, um den Auszug und die Ausrüstung des Kreuzheeres zu ermöglichen.

Am 4. Juli 1190, drei Jahre nach dem Fall von Jerusalem, brachen die beiden Könige gemeinsam auf. Löwenherz nahm eine ganze Schar von Biographen und Dichtern mit sich, die seine Taten aufzeichnen sollten. Philipp haßte jedwede künstlerische Betätigung. Die einzigen Gaben, die er besaß, waren Schlagfertigkeit, Wortwitz, Zynismus – alles Eigenschaften, die nur wenige Gesprächspartner zu schätzen wissen.

Der ungebändigten, immer wachen Tatkraft Richards setzte Philipp die stetige, zähe Taktik des geborenen Diplomaten entgegen. Treulos und durchtrieben, bedenkenlos und schlau, ließ Philipp Freunde fallen, warf Pläne rücksichtslos über den Haufen und hatte nur ein Ziel: die Größe Frankreichs.

Richards fatale Eigenschaften, die die meisten Biographen verschweigen – sie himmeln ihn ja an! – sollten während des Kreuzzugs sehr rasch zutage treten. Es mangelte ihm an politischem Scharfsinn, den er durch Hitzigkeit zu übertönen suchte. Der nüchtern-gesunde Menschenverstand, der noch seine Mutter ausgezeichnet hatte, war bei ihm ins Romantisch-Phantastische verzerrt. Wo andere Widerstände sahen, sah er goldene Brücken, die man tollkühn erstürmen mußte. Freilich – seine Umgebung scheint ihn vergöttert zu haben, und der Ruf, der größte Held des Abendlandes zu sein, eilte ihm zu Saladin voraus, der sagte, er sei begierig, diesen Richard im Kampfe, quasi »im Einsatz«, zu sehen.

Die beiden Könige erfuhren, daß der Herr der abendländischen Christenheit, Kaiser Friedrich Barbarossa, nicht nur das Kreuz genommen habe, sondern bereits die Donau abwärts fahre, um danach auf dem Landweg, von Wien aus quer durch den Balkan, das Heilige Land zu erreichen. Das war überraschend, denn Barbarossa war siebzig, er hatte ja schon den unseligen Zweiten Kreuzzug unter seinem Onkel Konrad III. mitgemacht und mochte sich über die Lage in Palästina keine Illusionen machen. Aber die Biographen erzählen, der Kaiser habe geweint, als er vom Verlust Jerusalems erfuhr, und niemand habe ihn davor zurückhalten können, selbst aufzubrechen.

Seine Herzöge und Lehensleute folgten ihm – und nur ihm! – blindlings. Die Autorität des alten Kaisers war ungeheuer. Auch er war, gleich Löwenherz, einer der großen Menschenbezauberer, einer, der, wenn er nur wollte, jeden Mann für sich gewinnen konnte.

Das Heer des Kaisers war wohl das disziplinierteste, das

je durch den Balkan und Kleinasien zog. Es gab weder Plünderungen noch Dirnen im Heer, und die Auseinandersetzungen mit dem oströmischen Kaiser Isaak Angelos blieben, gemessen an den Unzukömmlichkeiten anderer Heere, minimal. Nahezu unbehelligt und ohne große Verluste durchquerte Friedrichs Aufgebot – es vermied Konstantinopel – Kleinasien, überschritt die Tauruspässe und stieg herab in die Ebene von Kilikien.

Kaum eine Szene blieb so lebendig im Gedächtnis der Deutschen, wie jener Abend des 10. Juni 1190, da das große deutsche Kreuzheer nach einem glühenden Marschtag am Taurus-Flüßchen Saleph (Kalykadnos) haltmachte. Ein Bad in dem reißenden, kalten Gebirgsfluß schien verlockend. Ob der Kaiser in den Fluß hineinging und die Strömung unterschätzte, die ihn mitriß, oder ob den Siebzigjährigen schlicht und einfach der Schlag traf, ist nicht genau bekannt. Einige Quellen sprechen auch davon, daß ihn das Pferd ins Wasser geworfen habe, worauf ihn das Gewicht der Rüstung hinabzog und er ertrank.

Es zeigte sich sehr rasch, daß man es nicht mehr mit einer Schar von Kriegern zu tun hatte, die durchdrungen waren von dem Gedanken, Christi Soldaten auf dem Weg nach Jerusalem zu sein. Es waren Gefolgsleute des Kaisers Barbarossa. Ihr Kriegsherr hatte gelobt, sie nach Jerusalem zu führen, großen Abenteuern entgegen, würdig seines ganzen ritterlichen Lebens, das ein einziges, erfolgreiches Abenteuer war. Und nun war Barbarossa tot.

Sein Sohn, Friedrich von Schwaben, vermochte die Männer nicht beisammenzuhalten. Viele Fürsten und Grafen beschlossen umzukehren, andere suchten eine Schiffsüberfahrt nach Tyros; nur etwa die Hälfte des Kreuzheeres war bereit, sich dem Oberbefehl des jüngeren Friedrich unterzuordnen.

Die Disziplin, die der alte Kaiser, durch bloße Anwesenheit, aufrechterhalten hatte, brach zusammen. Plündernd und raubend, selbst wohl auch ausgeplündert und beraubt, zogen die Deutschen in kleinen Gruppen bis nach Antiochia, wo sie, ein verwilderter, durchaus nicht achtunggebietender Haufen, Ende Juni 1190 eintrafen. Fürst Bohemund von Antiochia nahm sie gastfreundlich auf und ließ sie die Reichtümer und Schönheiten der syrischen Metropole auskosten.

Friedrich von Schwaben verlor, als er Ende August nach dem Heiligen Land weiterzog, den Überblick über seine in der ganzen Stadt verstreuten Truppen. Knapp die Hälfte der Hälfte bekam er schließlich zusammen. Wo der Rest blieb, meldet keine Chronik.

Das Ziel des deutschen Heeres konnte nur Akko sein.

Der Streit um Akko

Wer annehmen wollte, der Verlust Jerusalems hätte die beiden feindlichen Parteien Palästinas nun, im Kampfe auf Leben und Tod, vereint, der irrt. Denn alle die vielen, einander auf den Tod feindlichen Adeligen Outremers sahen sich nun tagtäglich, auf kleinstem Raum zusammengedrängt, in der einzigen Stadt, die dem Königreich Jerusalem noch geblieben war, in Tyros.
Man vertrieb sich die Zeit damit, einander die Schuld am Untergang zuzuschieben. Die Courtenays und Lusignans mit ihrem König Guy an der Spitze beschuldigten die Ibelins, Garniers und Montferrats, durch den Verrat ihres Oberhauptes Raymond von Tripolis den Anfang vom Ende gesetzt zu haben: Kurz, es gab kaum einen unerquicklicheren Ort im ganzen Nahen Osten als dieses rings-um von Saladins Truppen eingeschlossene Tyros.
Daß Tyros überhaupt nur dank der Energie und wilden Entschlossenheit Konrads von Montferrat verteidigt worden war, ja, daß man in ihm den einzigen begabten militärischen Führer besaß — das setzte sich nur allmählich, und durchaus nicht bei allen Kreuzrittern, durch. Man warf dem Manne, der sich als »Held von Tyros« einen Namen gemacht hatte, Bigamie vor: In Italien und in Konstantinopel habe er je eine Gattin.
Was aber schwerer wog: Die Montferrats standen in dem latenten Bürgerkrieg, der seit 25 Jahren Deutschland und Italien verzehrte, in dem Kampf zwischen Staufern und Welfen, eindeutig auf der Seite der Staufer. Das machte jeden Montferrat augenblicklich zum Feind eines Parteigängers der Welfen. Europäische Verwicklungen spielten,

wie man sieht, auch schon im 12. Jahrhundert stark in die palästinensischen Verhältnisse hinein.

Die Lage wurde noch komplizierter, als König Guy vor Tyros erschien, um sein »Königreich« — es bestand ja nur noch aus dieser einen Stadt — wieder in Besitz zu nehmen. Saladin hatte ihn gegen das Gelöbnis freigelassen, nie wieder Krieg gegen die Sarazenen zu führen, aber der Bischof von Tripolis wies sogleich spitzfindig nach, daß der Eid, den man einem Moslem leistete, keine Gültigkeit habe.

Saladin, dem man hinterbrachte, daß Guy sich nicht an seinen Eid gebunden erachte, sagte nur resignierend: »So habe ich ihn mir vorgestellt ...«

Guy forderte von Konrad von Montferrat die Übergabe von Tyros und seine Anerkennung als König von Jerusalem. Aber Konrad erwiderte, er denke nicht daran: Die großen Monarchen Europas seien mit dem neuen Kreuzheer unterwegs, und nur ihnen werde er die Stadt übergeben, nur Kaiser Rotbart solle und könne entscheiden, wer König in Jerusalem sein werde.

Das hieß die europäischen Verwicklungen ins Heilige Land übertragen: Jeder wußte, daß die Staufer und ihr Verbündeter, der französische König, Montferrat begünstigen werden. Daß aber König Richard Löwenherz ein Schwager Heinrichs des Löwen, des Oberhauptes der gegnerischen Welfen, war und damit ein Feind der Staufer, das wußte auch jeder: Richard würde daher sicherlich auf der Seite Guy des Lusignans stehen.

Diese ganzen komplizierten Überlegungen und Parteinahmen mögen angesichts der Tatsache, daß Saladin nur zuschlagen mußte, um Tyros zu zermalmen, lächerlich anmuten. Für die Barone von Outremer aber war solch höchstritterlicher Zank der Inhalt ihres Lebens, ja das Leben an sich ...

Da sich auch die italienischen Seestädte am mitteleuropäisch-italienischen Bürgerkrieg beteiligten (auch sie entschieden sich fallweise für die »Guelfen« oder die »Ghibellinen«), konnte es nicht ausbleiben, daß die großen Kauffahrteistädte auch in Syrien Partei nahmen. Eine große pisanische Flotte erschien vor Tyros, vor dessen Mauern der ohnmächtige König Guy lagerte, und bot ihm an, gemeinsam mit sizilianischen Schiffen dir reichste Stadt Outremers, Akko, zurückzuerobern.

Guy war begeistert: Um König zu sein und nicht ein Schattenherrscher, mußte er eine große Stadt erobern. Nichts konnte bedeutungsvoller sein, als Akko zu besitzen. So faßte er einen tollkühnen, für seine militärische Unfähigkeit typischen (weil unrealistischen) Entschluß: Akko zu belagern.

Saladin, der über jeden seiner Schritte informiert wurde, ließ ihn marschieren: Zwischen die belagerte Besatzung Akkos und dem von ihm selbst geführten Entsatzheer gedachte er König Guy zu zerdrücken.

Die Christen trafen am 28. August 1189 vor Akko ein. Ein Überraschungsangriff scheiterte, wie zu erwarten gewesen war. Da Guy nun nichts anderes einfiel, gab er bekannt, er werde auf Verstärkung warten, die bereits unterwegs sei. Er konnte wohl auch nichts anderes unternehmen: Die schwer angreifbare, natürliche Lage der Stadt war durch die Bautätigkeit der fränkischen Könige und Ritterorden verbessert worden. Kleine Festungen, deren Namen einiges über ihre Besonderheiten verraten, verstärkten die gewaltige Hauptfestung: der »Turm der Fliegen« etwa oder die »verfluchte Bastion«. Im übrigen steht auch heute noch jeder Besucher Akkos bewundernd vor den gewaltigen Mauern, die 800 Jahre lang standgehalten haben.

Guys Hoffnung auf neue Kreuzfahrer war richtig: Schon nach vier Wochen trafen die ersten Scharen ein: Dänen, Friesen, Flamen und Franzosen, die letzteren angeführt von den durch ihre Tapferkeit und ihre in Frankreich viel-

besungene Ritterlichkeit berühmten Grafen von Avesnes, Brienne und Dreux.
Der deutsche Markgraf Ludwig von Thüringen, der den Kaiser Rotbart nicht begleitet hatte, sondern per Schiff nach Akko gesegelt kam, brachte mehr als 3000 deutsche Ritter mit. In Italien hatten sich ihm auch noch Lombarden angeschlossen.
Ludwig bewies diplomatisches Geschick: Er ritt nach Tyros und brachte Konrad von Montferrat dazu, vor Akko mitzukämpfen, freilich gegen die Bedingung, daß er weder König Guy unterstellt sei, noch von ihm einen Befehl entgegenzunehmen brauche.
Um den 1. Oktober begannen die Kämpfe mit Saladin, der mit größeren Truppenverbänden vom Norden heranmarschierte, um Akko zu befreien. In einem der ersten Gefechte, die mit großer Erbitterung geführt wurden – die vielen neu ins Land gekommenen Kreuzfahrer kämpften mit größter Wildheit – fiel der Templer-Großmeister Gérard de Ridfort, der unversöhnliche Gegner Raymonds von Tripolis.
Nach den Gefechten schrieben sich sowohl die Christen wie die Moslems den Sieg zu. Die Europäer sandten zahlreiche Boten nach dem Westen, baten um Hilfe und schilderten ihre Waffentaten: Nur ein wenig Hilfe, und alle Herrlichkeit Palästinas werde ihnen zufallen.
Auch Saladin warb in der ganzen islamischen Welt. Sogar aus Marokko und Spanien kamen maurische Ritter mit ihren Vasallen, vor allem aber aus dem Irak und aus Persien strömten türkische Abenteurer herbei. Bald war Saladins Heer stark genug, um die Belagerer seinerseits zu belagern. Am 31. Oktober vermochte eine ägyptische Flotte, die Seeblockade Akkons zu durchbrechen und die Versorgung der Stadt zu verbessern.
Dann brach ein Winter mit Schnee bis in die Niederungen herein. Untätig lagen die Heere einander gegenüber.

Und wieder, wie schon einst vor Alexandria, gab es tage-, ja wochenlange Kampfpausen. Aus Schmährufen zwischen den Linien wurden erst scherzhaft geführte, dann ernste Gespräche: Freund und Feind kamen einander näher.
Der arabische Chronist Beha ed-Din: »Wer müde war, legte die Waffen ab und mischte sich unter die Feinde. Es wurde gesungen und getanzt. Man gab sich der Freude hin, aber auch der Diskussion. Kurz – die beiden Parteien wurden Freunde, bis einen Augenblick später wieder der Krieg begann.«
Saladin sandte den christlichen Heerführern einige Male frische Früchte ins Lager. Fanatische Moslems empörten sich und fanden – eine Ironie der Geschichte – in den radikalen, jeder Versöhnung abholden christlichen Rittern entschiedene Bundesgenossen. Die Freundlichkeiten zwischen den Fronten schliefen wieder ein.
Den ganzen Winter über erhielt das Kreuzheer keinerlei Nachschub. Erst im März kamen neue Schiffe mit Lebensmitteln und Kriegsmaterial. Das ganze Jahr 1190 hindurch schleppten sich die Kämpfe weiter; beide Parteien versuchten, eine Entscheidung zu erzwingen, aber sowohl die Kreuzfahrer als auch Saladin waren dazu noch nicht in der Lage.
Unausgesetzt trafen in beiden Lagern Verstärkungen ein. Die deutschen Kreuzfahrer unter Friedrich von Schwaben, die Reste von Barbarossas großem Heer, erreichten am 25. Juli den Kriegsschauplatz. Eine starke französische Gruppe unter dem Grafen Heinrich von Champagne folgte. Er war sowohl mit dem französischen, wie mit dem englischen König verwandt und übernahm den Oberbefehl über die Belagerungsoperationen. Aber auch den Neuankömmlingen gelang es nicht, mit Rammböcken, mit Belagerungstürmen oder gewaltigen Steinschleudern die Mauern Akkos entscheidend zu beschädigen. Wieder folgten planlose Gefechte rund um die Stadt.

Hunger und Krankheit wüteten in beiden Feldlagern, ebenso in der belagerten Stadt. Die Chronisten beschreiben eine Seuche, die sie »Arnaldia« nennen, und die wohl eine Kombination von schwerstem Skorbut mit Typhus gewesen zu sein scheint.
Königin Sibylle, die Gattin König Guys und ihre beiden kleinen Kinder starben im Herbst 1190 an der »Arnaldia«. Die Barone Outremers, selbst von der Seuche bedroht, hatten nun nichts Eiligeres zu tun, als zu erklären, daß man sich endlich der Herrschaft des nur durch Heirat zum König aufgestiegenen Guy de Lusignan entledigen könne. Ihr Thronprätendent war Konrad von Montferrat, zum gegebenen Zeitpunkt in der Tat der beste Mann. Wenn man ihn mit Isabella, der Gattin des homosexuellen Onfroi de Toron, verheiratete, dann war er rechtmäßiger König. Man mußte Isabella freilich erst scheiden.
Da auch die Bischöfe in Parteien gespalten waren (Patriarch Heraklius etwa war für Guy, andere Kleriker für Konrad von Montferrat), kam es zu ekelhaften Szenen. Erst als Konrad die pisanischen Geistlichen bestach, gab es eine Mehrheit, die »eindeutige Eheungültigkeitsmerkmale« der Ehe Isabellas feststellte. Der Einwand, man müsse erst prüfen, was an den Gerüchten daran sei, daß Konrad schon zwei Ehefrauen habe, wurde weggewischt. Der Bischof von Beauvais traute schließlich, unter wütenden Protesten der Gegenpartei, Isabella mit Konrad von Montferrat.
Erzbischof Baudouin von Canterbury, der im Auftrag seines Königs Richard Löwenherz im Heiligen Land weilte, schleuderte gegen alle Anhänger Konrads den Bannstrahl; der pisanische Bischof bannte die Anhänger der Lusignans, und um die Peinlichkeit voll zu machen, forderte Guy seinen Widersacher Konrad zum Zweikampf heraus. Konrad lehnte ab, was ihm den Ruf eines Feiglings eintrug. Er aber, in seiner nüchtern-realistischen Art, sagte, er habe

zunächst eine andere Aufgabe als zu sterben: Er müsse der Erbin des Königreichs, seiner Frau, »ein Kind machen«. Das gelang ihm auch. Aber es war wieder nur ein Mädchen.

Der Spätwinter war, trotz dieser seltsamen »Zerstreuungen« im Kreuzfahrerlager, schrecklich. Friedrich von Schwaben starb im Januar 1191. In den ersten zehn Tagen des Februar verhungerten vor Akko 1200 Christen. Die pisanischen Kaufleute hatten alle Nahrungsmittel aufgekauft. Ein Sack Korn kostete hundert Goldstücke, ein Ei einen Silberpfennig. Als einige Bischöfe die Habgier der Pisaner anprangerten, wurden sie von »Unbekannten« des nachts halbtot geprügelt.

Auch der Führer der Christen, Prinz Heinrich von Champagne, erkrankte lebensgefährlich. Herzog Leopold von Österreich, ein Verwandter der Staufer und einer der großen Fürsten Deutschlands, übernahm den Befehl über die Belagerungstruppen, die in ihrer jetzigen Verfassung kaum imstande zu sein schienen, dem muselmanischen Heer gefährlich zu werden.

Saladin aber unternahm auch nichts. Er war sich seiner Vasallen nicht sicher. Die Zeit, so tröstete er seine Umgebung, arbeite für ihn.

Das war ein Trugschluß. Denn die großen Kreuzfahrerheere sollten erst noch kommen.

Die Abenteuer des Richard Löwenherz

Während König Philipp Augustus von Frankreich unangefochten von Marseille aus nach Messina auf Sizilien segelt, dem Treffpunkt mit dem englischen König entgegen, während er nicht einmal unter stürmischer See zu leiden hat, reist Richard Löwenherz von Abenteuer zu Abenteuer.
Vor dem gewaltigen Hintergrund eines in zwei Parteien gespaltenen Kontinents – zum erstenmal in der mittelalterlichen Geschichte ist ganz Europa in den deutschen Bürgerkrieg der Staufer und Welfen verwickelt – vollzieht Richard Löwenherz seine Kreuzfahrt. Wo immer er auch eintrifft, er findet Abenteuer: Sei es, daß er Tyrannen einsetzt, sei es, daß er sie stürzt, daß er Burgen seiner Feinde erstürmt oder eigene erbaut, daß er den Bürgern, die »frech« werden, die Städte anzündet oder – ein nobler Herr – Geschenke um sich streut. Er nimmt an Turnieren teil, veranstaltet welche, kauft herrlichste Kleider und Juwelen für sich und sein Gefolge, bleibt die Rechnungen schuldig und schlägt die Lieferanten tot oder sperrt sie ein; zuweilen überschüttet er sie aber auch mit Geld – kurz, er ist nicht nur ein Kind seiner Zeit und seiner Klasse, er ist Vorbild, Spiegel, Leitstern.
Auf Sizilien traf er mit Philipp von Frankreich zusammen und schloß einen Vertrag über ein gemeinsames Vorgehen im Heiligen Land. Der Vertrag enthielt die Klausel, daß Richard und Philipp alle ihre Eroberungen gerecht und gleich teilen sollten.
Man feierte den Vertrag mit einem üppigen Bankett, während Sendboten aus Akko den Schmausenden von der Not des christlichen Belagerungsheeres schilderten, was die bei-

den guten Könige zu Tränen rührte, indes 170 Ochsen, 380 Hammel, 250 Wildsauen und ungezählte Mengen Geflügel aufgefressen wurden. Die Festivitäten wurden mit einem großen Turnier gekrönt, zu dem sich alle Stars der hohen ritterlichen Kunst einfanden. Richard brach die Regel, als er einen Ritter namens Guillaume de Barres mit bloßer Hand verprügelte. Der Ehrenrat des Turniers versuchte zu schlichten, es gab neue Prügeleien, drei Morde aus Eifersucht und zahlreiche Schändungen und Plünderungen der sich langweilenden Soldateska. Von dem heiligen Wunsch der Kreuzheere, nach Jerusalem aufzubrechen, hören wir indes nichts.

Endlich, als die Winterstürme nachließen, segelte König Philipp nach Palästina. Eine Woche nach Ostern traf er, ohne besondere Erlebnisse melden zu können, vor Akko ein.

Es wäre erstaunlich, hätte sich Löwenherz' Reise genauso ruhig vollzogen. Ein heftiger Sturm zerstreute die Flotte Richards und trieb die meisten Schiffe schließlich nach Zypern.

Die Mittelmeerinsel stand seit fünf Jahren unter der Herrschaft eines Sprosses des Kaiserhauses der Kimnenen. Der junge Isaak Komnenos hatte sich selbstherrlich zum »Kaiser von Zypern« ausrufen lassen und trachtete so rasch wie nur möglich das Land auszubeuten. Als die Kreuzfahrer, vom Orkan arg mitgenommen, vor Zypern eintrafen, witterte Isaak reiche Beute und versuchte zunächst einmal Richards Schwester Joanna in seine Gewalt zu bekommen. Er zweifelte nicht daran, daß er als Kidnapper zu Geld kommen werde.

Aber auch der schiffbrüchige Richard erwies sich noch als überragender Gegner. Als ihm Kaiser Isaak vom Ufer aus zurief, was er zu fordern gedenke, sprang der König mit einigen seiner Ritter ins Wasser, schwamm und watete an Land, sprang auf das nächstbeste Pferd (es war, wie die

Chronisten schaudernd berichten, ein elender Gaul, wahrscheinlich, so schreiben sie, ein Kaltblut) und ritt, Stricke als Steigbügel benützend, dem entsetzten Kaiser nach: »Steht, mein Herr Kaiser, ich fordere Euch heraus zum ehrlichen Zweikampf!« brüllte er. Aber Isaak wollte sich mit dem berühmtesten Helden seiner Zeit durchaus nicht messen, sondern ritt davon, so rasch er konnte, und offenbar mit keinem Kaltblut. Denn er entkam, sammelte seine Truppen und versuchte, die Kreuzfahrer aufzuhalten.

Das mißlang. Nach seinem Sieg verhandelte Richard mit dem gefangenen Kaiser, der in Ketten vor ihm stand und nur einen rührenden Charakterzug besaß: die Sorge um sein fünfjähriges Töchterchen.

Ein kleines Wunder unterstützte Richard in seinen Taten. Noch ehe er mit dem Kaiser einig war, traf eine palästinensische Flotte ein. Alle jene Barone Outremers, die auf Seiten König Guys standen, eilten zu König Richard, von dessen Ankunft auf Zypern man vor Akko bereits wußte, um ihn um Hilfe gegen Konrad von Montferrat, die deutschen Staufer und König Philipp zu bitten.

Die Ritter und ihre Knechte waren zahlreich genug, um in Richard den Plan aufkommen zu lassen, die Insel Zypern zu erstürmen. In einem Blitzkrieg von knapp drei Wochen eroberten die christlichen Ritter das christliche Zypern, setzten den Herrscher gefangen und machten riesige Beute, denn Isaak hatte seine Untertanen gehörig ausgebeutet.

Aber die Kreuzfahrer waren nicht besser: Richard legte eine fünfzigprozentige Kapitalsabgabe auf, besetzte alle Burgen und Schlösser mit lateinischen Truppen, belehnte zahlreiche landhungrige Edelleute mit zypriotischen Gütern und befahl den Bewohnern, sich zum Zeichen ihrer Unfreiheit den Bart abzurasieren. Zypern war »fränkisch« geworden und sollte es zweihundert Jahre länger als Palästina und Syrien bleiben ...

Nun erst, am 5. Juni 1191, drei Jahre nach dem Fall Jerusalems, segelte Richards Kreuzheer weiter zum Heiligen Land, der eingeschworenen Aufgabe entgegen. Man wollte ursprünglich in Tyros landen, aber die Truppen Konrads von Montferrat und die Franzosen ließen Richards Kreuzfahrer erst gar nicht an Land. Zwangsläufig fuhr daher der Geleitzug nach Akko weiter, wo Richard am 8. Juni, unter dem Flackern nächtlicher Freudenfeuer, dem Gelärm von Fanfarenstößen, Trommelwirbeln und dem Jubel der Christen an Land gehen konnte.

Es ist kaum möglich, alle die Abenteuer, die Richard Löwenherz vor Akko und im Heiligen Land bestanden haben soll, zu verifizieren. Jeder Chronist, ob christlich, ob arabisch, ob syrisch-christlich, ob oströmisch, schreibt dem legendären Helden Taten zu, die man zu anderer Zeit und von anderen Helden schon gehört hat.

Als der König vor Akko eintraf, fand er ein entmutigtes, demoralisiertes, von Saladin eingeschnürtes Belagerungsheer vor. Es gab technisch großartig gebaute Belagerungstürme, wie sie das Mittelalter vordem nicht gesehen hatte. König Philipp von Frankreich, technisch außerordentlich begabt, und Herzog Leopold von Österreich hatten Schleuder- und Greifmaschinen konstruieren lassen, die »Der böse Nachbar« und »Die Katze« hießen; die Templer und die Johanniter hatten je eine Schleudermaschine, auch die Burgunder und die Leute von Flandern. Schließlich baute man, aus gemeinsamem Material und unter gemeinsamer Beratung aller Pionier-Offiziere, eine gewaltige Schleudermaschine, die »Gottes Höchsteigene Schlinge« hieß. Aber wie sehr die Maschinen allesamt auch Felsbrokken gegen die Mauern Akkos schleuderten – Erfolge zeigten sich zunächst noch nicht. Es fehlte ein genialer, wohl auch tollkühner Führer. In Richard Löwenherz fand ihn die Armee.

Es ist bezeichnend für ihn, daß er als erste Handlung

einen Unterhändler – es war ein marokkanischer Sklave – zu Saladin ins Lager sandte und um eine persönliche Aussprache bat. Die muselmanischen Biographen melden, der Sultan sei von der wohlgesetzten Rede des Unterhändlers sehr angetan gewesen, der im Namen Richards zu wiederholten Malen die Ritterlichkeit und den Ruhm Saladins hervorstrich. Auch Saladin überbot sich an Höflichkeiten. Offensichtlich waren beide neugierig, ihren berühmten Gegner kennenzulernen. Man vereinbarte eine Unterredung. Ein dreitägiger Waffenstillstand wurde abgeschlossen – da erkrankte Richard an der Ruhr; einige Tage lang glaubte man, er werde sterben. Der Waffenstillstand wurde abgesagt.

Da es zunächst an Gefechten mangelte, konnten sich die Kreuzfahrer mit vollen Kräften dem Intrigieren hingeben. Der Tod des greisen, lasterhaften Patriarchen Heraklius von Jerusalem, der eine Neuwahl nötig machte, war solch eine Gelegenheit, alle Niederträchtigkeiten spielen zu lassen. Auch war es immer lohnend, mit den italienischen Handelsstädten zu paktieren: Pisa gegen Genua, Venedig gegen Pisa, beide gegen Genua auszuspielen, füllte Tag und Nacht der französischen und englischen Hofschranzen. Man stritt um die Teilung Zyperns, man entzweite sich wegen der Erbschaft Flanderns (worunter man damals das heutige Nordfrankreich vom Kanal bis Lille verstand), und man verweigerte, um Forderungen mehr Nachdruck zu verleihen, einander im Kampf gegen die Sarazenen die Hilfe.

Drei Wochen nach Richards Eintreffen aber zeitigte die energische Beschießung Akkos endlich erste Folgen: Anfang Juli brachen gewaltige Mauerteile ein. Richard, dies eines der berühmtesten legendären Heldenstücklein, grub ganz allein, weil sich alle anderen fürchteten, unter den Mauern von Akko einen Gang bis ins Innere der Festung, befreite einige Gefangene, die er wieder zurück-

zerrte – und blieb unverletzt, obwohl der Gang, den er gegraben hatte, hinter ihm einstürzte.
Auch habe er, so wird berichtet, Eichenstämme, die drei Mann nicht tragen konnten, allein herbeigeschleppt, einen einstürzenden Belagerungsturm, wie einst Samson, ganz allein aufgehalten, und gleichzeitig dutzende Pfeile mit dem Schild abgefangen. Daß er sich persönlich nicht schonte, steht freilich fest – und das war es wohl auch, was ihn für Freund und Feind gerade in den Kämpfen vor Akko so faszinierend machte.
Am 4. Juli 1191 sandte die Besatzung Akkos zum erstenmal einen Boten ins christliche Lager, der vorfühlen sollte, wie man sich eine Übergabe vorstelle.
Löwenherz taktierte geschickt. Er sandte Boten zu Saladin unter dem Vorwand, ein länger zurückliegendes Angebot des Sultans anzunehmen und sich als Genesender Hühnchen, Obst, Schnee (zum Kühlen von Getränken) und Arzneien schenken zu lassen. Die Boten aber teilten, gleichsam unabsichtlich, mit, Akko bitte bereits um Frieden.
Saladin war außer sich und wollte am 12. Juli zum Großangriff gegen die Belagerer antreten.
Aber der Termin war zu spät angesetzt. Schon am 11. Juli unterzeichneten die christlichen Fürsten und die Kommandeure der Festung Akko die Kapitulation, die auch im Namen des nichtsahnenden Saladin erfolgte: Den Christen waren 30.000 Goldstücke zu zahlen, man versprach, 1500 fränkische Gefangene – unter ihnen prominente Ritter – zu entlassen und das Wahre Heilige Kreuz zurückzustellen. Der Besatzung Akkos wurde dafür freier Abzug gesichert.
Saladin war eben dabei, ein Schreiben an die Besatzung Akkos aufzusetzen, das sie bat, weiter auszuhalten, als man ihm meldete, die Franken zögen bereits in die Stadt ein. Als christliche Unterhändler anfragten, ob er zu dem Ver-

trag seiner Generäle stehe, sagte er nur, dies sei wohl selbstverständlich.

Kaum war Akko christlich, als man sich den liebgewordenen Auseinandersetzungen hingab, die sich ohne größere Schwierigkeiten am Streit um passende Quartiere für die Herren entzünden ließen. Richard nahm Quartier im Nordpalast, Philipp im Palast der Templer am Meer. Leopold von Österreich verlangte als Kommandeur der deutschen Truppen eine gleichberechtigte Stellung und ein ähnlich prunkvolles Palais. Als man es ihm verweigerte, zog er mit seinem Stab gleichfalls in das riesige Königsschloß, in dem Richard bereits wohnte, und hißte neben den Leoparden des Hauses Anjou das österreichisch-babenbergische Wappen mit den fünf goldenen Vögeln auf blauem Grund.

Die Legende weiß überdies zu berichten, Leopolds weißer Burnus, den er über seiner Ritterrüstung trug, sei so rot von Blut gewesen, daß er nach der Schlacht nur einen einzigen weißen Streif aufwies: dort, wo der Schwertgurt ihn abgedeckt hatte. Seither, so heißt es, sind Österreichs Farben rot-weiß-rot.

Als Löwenherz hörte, Leopold (der noch dazu ein Parteigänger und Verwandter der Staufer war!) habe neben dem Anjou-Banner das »mindere« der Babenberger gehißt, bekam er einen seiner großen Zornesausbrüche. Beflissen eilte ein junger Knappe hinauf zum Turm der Burg, holte Leopolds Banner herunter, zerbrach den Schaft und warf alles in den morastigen Burggraben (andere sagen: in die Latrine).

Leopold war solcherart vor den Augen des Heeres beleidigt. Er wartete lediglich noch, sagte er, was Richard mit dem schuldigen Knappen tun werde – aufhängen sei wohl das mindeste. Aber nichts geschah. Da verließ Leopold Akko und das Heilige Land, Rache gegen Löwenherz schwörend, ein Eid, der sehr bald erfüllt werden sollte.

Wenig später verließ auch König Philipp von Frankreich das Heilige Land. Er sei schwer krank, hieß es offiziell. Aber er war über einen seltsamen Streich empört, den ihm Richard gespielt hatte. Als er todkrank darniederlag – auch er an Ruhr leidend – kam Richard zu ihm und erzählte, Philipps einziger Sohn Ludwig sei gestorben. König Philipp war und blieb überzeugt, Richard habe gehofft, der Schmerz und Schreck werde ihn, der mit hohem Fieber dalag, vollends töten. Richard hat zeitlebens diese Version abgestritten und behauptet, er habe stets gesagt, man höre vom Tod des Kronprinzen, aber es sei nichts Wahres daran.

Die Abreise des französischen Königs machte Richard zum unbestrittenen Oberhaupt der Kreuzritter.

Er mußte nun darangehen, den Vertrag von Akko mit Saladin in die Tat umzusetzen. Denn das Wahre Heilige Kreuz wurde den Christen zwar aus der Ferne gezeigt, aber nicht übergeben. Zwar wurden viele Gefangene vorgeführt, aber nicht jene Prominenz, um die es den Rittern in erster Linie ging.

Nach fruchtlosen Verhandlungen, die sich durch Wochen hinzogen – jede Seite versuchte die andere zu erpressen –, faßte Richard einen unmenschlichen Entschluß: Er teilte Saladin mit, daß er nun die 2.700 muselmanischen Gefangenen, die sich in Akko befanden, niedermetzeln werde, weil der Sultan die Vereinbarung nicht einhalte.

Die christlichen Soldaten drängten sich darum, ihren Teil an den in Raten erfolgenden Morden (an jedem Tag 450 Männer samt ihren Frauen und Kindern) zu nehmen: »Sie lobten Gott und dankten IHM, daß sie für die vielen Christen, die vor Akko fielen, nun doch noch Rache nehmen konnten.« Verzweifelt griffen die Sarazenen an, um ihre Freunde zu retten; sie kamen nicht durch. In den Nächten aber sah man die Soldaten des Kreuzheeres zu den Mordstätten zurückschleichen. Im Schein von Fackeln schnitten sie den enthaupteten Gefangenen die Eingeweide auf, um nach verschluckten Preziosen zu wühlen . . .

Die Abschlachtung der Gefangenen hat aber weder im Okzident, noch bei den Sarazenen jenen Abscheu ausgelöst, die sie uns einflößt. Saladin war zwar, wie wir heute sagen würden, »geschockt«, beruhigte sich aber bald wieder, zumal er erfuhr, daß Richard keinen einzigen Edelmann, und schon gar keinen Emir, hatte niedermetzeln lassen. Diese »Feinfühligkeit« der Kreuzfahrer bewies den Muselmanen, daß sie es doch mit »Rittern« zu tun hatten. Und wenige Tage, nachdem der letzte sarazenische Gefangene enthauptet worden war, sandten die Fürsten einander schon wieder Geschenke: Einen weißen kurdischen Jagdfalken für Löwenherz, einen andalusischen Rapphengst für Saladin. Und wieder lagen die Heere tagelang tatenlos einander gegenüber.

Richard vermochte schließlich das Heer, ohne von Saladin behelligt zu werden, die Küstenstraße nach Haifa entlang zu führen. Es war nicht leicht gewesen, die Soldaten aus dem an Wein und Bordellen überreichen Akko herauszubekommen.

Eine ungewöhnlich starke Hitzewelle kennzeichnete die ersten Wochen dieses Marsches nach Süden. Richards Soldaten starben reihenweise am Hitzschlag. Vor- und Nachhut wurde unausgesetzt von Sultan Saladins leichter Reiterei angegriffen.

Kleine Gefechte wurden zwar gewonnen, und der Marsch nach Süden wurde fortgesetzt, aber Entscheidendes war nicht erreicht, obwohl das ganze Land widerhallte von Geschichten, die den Heldenmut und die Klugheit Richards priesen, der in Arsuf tatsächlich ein taktisches Meisterstück lieferte. Aber auf den Sieg loszumarschieren, daran war nicht zu denken. Denn »Sieg« – das konnte nur bedeuten, von der Küste hinaufzusteigen in die Berge Judäas, um Jerusalem zu belagern.

Aber Richards Kreuzheer war weder stark genug, noch war seine Versorgung gesichert. Aus Europa kam kein — oder fast kein — Nachschub. Mit der bereits arg mitgenommenen Streitmacht die gewaltige Festung Jerusalem zu belagern oder gar zu erstürmen, diese auch Saladin Heilige Stadt, in der er mehr als zehntausend Soldaten konzentriert hatte — und noch dazu eine zweite Armee zwischen sich und der einzig rettenden Küste —, das konnte Richard nicht riskieren.

Er unternahm stattdessen mit ausgesuchten Truppen einen Streifzug in die Berge hinauf und erblickte unerwartet und überraschend von einer hohen Bergkuppe aus in der Ferne die Mauern Jerusalems, das unerreichbare Ziel.

»Rasch verdeckte der König seine Augen: Er wollte nicht sehen, was er zu erobern gelobt und nun doch nicht erringen konnte«, schreibt sein Biograph. Wie von Furien gehetzt, galoppierte der König den Hang hinunter ...

Das Kreuzheer lagerte mittlerweile in Jaffa und vergaß bald die Strapazen des Marsches durch die glühend-heiße Küstenebene. Die »Streiter Christi« fanden in der gastlichen Hafenstadt jedwede Zerstreuung. Die Dirnen, die sie in Akko zurückgelassen hatten, kamen ihnen per Schiff nach. Man aß und soff Tag und Nacht. Es gab keine nennenswerten Kampfhandlungen mehr, denn Saladin verstärkte vor allem Jerusalem.

Richard war entschlossen, mit Saladin zu einem Frieden zu kommen, der die Christen nicht das Gesicht verlieren ließ. In Onfroi de Toron, dem schönen, homosexuellen, geschiedenen Gatten der Königin Isabella, fand er einen treuen Freund und geschickten Unterhändler. Onfroi, der perfekt arabisch sprach, ritt mehrere Male in Saladins Hauptquartier, um dem Sultan die überraschenden Vorschläge Richards zu überbringen und im übrigen jeden Zweifel zu zerstreuen, daß es seinem Herrn ernst sei mit dem Friedensangebot.

Denn die Nachrichten, die aus dem Reich Löwenherz', aus Südwestfrankreich und England, kamen, waren beunruhigend. Der letzte der Plantagenet-Brüder, John ohne Land, war nicht nur ein schlechter Reichsverwalter, sondern auch ein schlechter Bruder, der alles unternahm, um Richards Abwesenheit zu einer endgültigen zu machen. Von Palästina aus gesehen, konnte es nur eine Entscheidung geben: So rasch wie möglich zurück.

Richard wurde in seiner Kompromißbereitschaft durch Nachrichten aus Saladins Lager bestärkt. Der Sultan, so hieß es da, sei zwar erst 53, aber müde, verbraucht und krank. Tatsächlich scheint Saladin an einer fortschreitenden Nieren-Insuffizienz gelitten zu haben, die unerträgliche Kopfschmerzen, unerklärliche Müdigkeit und ein abnormes Schlafbedürfnis verursachte. Auch klagte der Herrscher darüber, daß ihn sein Gedächtnis im Stich lasse.

Die Unruhe unter seinen Vasallen in dem riesigen Reich nahm zu; gleich Seismographen scheinen sie gefühlt zu haben, daß die Kraft des Sultans, die die Länder zusammenhielt, schwächer wurde.

Onfroi de Toron überbrachte Richards Forderungen: Kein Friede ohne Jerusalem für die Christen, kein Friede ohne die Rückgabe des Heiligen Kreuzes. Saladin erwiderte, Jerusalem sei auch für den Islam eine Heilige Stadt, er könne es nicht aufgeben.

Onfroi kam wenige Wochen später in Lydda (heute Lod) mit el-Adil, Saladins Bruder, zusammen, den Richard Löwenherz, nächst dem Sultan, am meisten schätzte. Der Plan, den er nun vorlegte, erregte in beiden Lagern riesiges Aufsehen; er schlug das Ungewöhnlichste, das sich Kreuzfahrer und Sarazenen denken konnten, vor: el-Adil, so bot Richard an, solle Joanna, die Schwester Löwenherz' und Königinwitwe von Sizilien, heiraten. Sie werde das christliche Palästina in die Ehe einbringen, el-Adil solle sich von seinem Bruder das übrige Heilige Land geben lassen. Regieren könne das Paar von Jerusalem aus, das Christen wie Moslems offenstehen solle.

Saladin scheint den Plan als Scherz aufgefaßt zu haben und gab lachend seine Zustimmung. Weniger freundlich reagierten viele seiner Emire; und vollends die Christen, an der Spitze Prinzessin Joanna, die es ja schließlich am meisten anging, waren entsetzt. El-Adil, der König Richard nach Lydda zu einem großen Festessen lud, sagte in seinem Toast, er fühle sich hochgeehrt, könne jedoch nicht, wie es die Braut fordere, zum Christentum übertreten: Wenn sie keinen Muselmanen heiraten wolle, sei nichts zu machen. Die beiden Partner überschütteten einander mit Geschenken, es gab ein sarazenisch-christliches Lanzenstechen, man tauschte Pferde, Sättel, Saumzeug und Wimpel, aber konkret kam man nicht weiter.

Onfroi de Toron reiste zum drittenmal zu Saladin, schlug ihm ein neutralisiertes, von Christen und Moslems anerkanntes Palästina unter el-Adils Herrschaft vor und versprach dem neuen Herrscher die Hand von Richards ferner Nichte Eleonore von Bretagne. Die Verhandlungen gingen zäh weiter. Die Kampfhandlungen ruhten, doch blieb man in Kontakt. Es gab immer wieder gemeinsame Jagdausflüge muselmanischer und christlicher Ritter und Festbankette.

Als die Winterregen kamen, zog Saladin sein Heer nach Jerusalem in feste Quartiere zurück. Richard marschierte durch sintflutartigen Regen zögernd zum zweitenmal in die judäischen Berge hinauf, indes sein Heer jubelnd hoffte, man werde nun die Heilige Stadt angreifen. Daran war natürlich nicht zu denken. In Beit Nuba, nur zwanzig Kilometer von Jerusalem entfernt, machte Richard halt. Im Kriegsrat vom 3. Jänner 1192 wurde nüchtern festgestellt, es gebe keine Chance, Jerusalem anzugreifen oder gar zu erobern. Als man dies dem Heer mitteilte, kehrten viele Kreuzfahrer, vor allem die Franzosen, dem König demonstrativ den Rücken. Enttäuscht und wütend verließen hunderte Krieger den eiskalten, den Winterstürmen ausgesetzten Lagerplatz und kehrten nach Jaffa und Akko zu ihren Freunden und Weibern zurück.

Das Heer erhielt Befehl, nach Ashkalon zu marschieren. Vier Monate lang verbrachte Richard damit, den Ort zur modernsten und größten Festung der palästinensischen Küste auszubauen. Dieses Vorhaben kostete ihn den letzten Rest seines Kriegschatzes. Mehr denn je war er überzeugt, daß er einen Frieden abschließen und danach heimkehren müsse. Am 20. März 1192 kam el-Adil mit einem detaillierten Friedensplan zu Richard; neu darin war nur, daß die Christen jederzeit das Recht hätten, über einen Korridor von der Küste aus Jerusalem zu besuchen. Die Atmosphäre war freundlich, ein Sohn el-Adils wurde, unter Fortlassen der christlichen Formeln, von Richard zum Ritter geschlagen. Während dieser Verhandlungen kamen neuerlich Boten aus England: Der König solle sofort heimkehren.

Richard wollte nun wenigstens die Gegensätze innerhalb des Königreichs bereinigt wissen und forderte die Parteien der Lusignans und der Montferrats auf, sich zu einigen. Er schlug ihnen vor, den unseligen König Guy allgemein anzuerkennen, aber es erhob sich keine Stimme für ihn. Alle riefen: »Wir wollen Konrad von Montferrat!«. Richard schwieg unwillig, sagte aber nichts dagegen, so daß in Akko alles für die Krönungsfeierlichkeiten vorbereitet wurde.

Wenige Tage vorher aber war Konrad, als er von einem Besuch bei einem Freund allein durch die Straßen Akkos heimging, von zwei Assassinen ermordet worden. Die Täter gestanden, daß sie ihr Scheich, Abu Sinan, den die Franken den »Alten vom Berge« nannten, ausgesandt habe. Mehr wußten sie nicht. Jedermann in Vorderasien aber war bekannt, daß die ursprünglich religiösen Motive der Assassi-

nen längst abgesunken waren in die Abscheulichkeit käuflichen Mordes. Konrads Tod, so wollten die Gerüchte wissen, habe seinen Mördern 20.000 Goldstücke eingebracht, ein Vermögen, das etwa einer Million D-Mark entspricht.
Die Frage, ob es Richard Löwenherz gewesen war, der den Mord bestellt hatte, war schon im Mittelalter Gegenstand hitziger Debatten. Betrübt war er sicher nicht, als Konrad ermordet wurde, aber nachgewiesen konnte ihm die Tat niemals werden. Gleichwohl wurde er, als er in die Hände seiner Feinde geriet, des Mordes an Konrad angeklagt. Ein eilfertiger Brief des Assassinen-Scheichs an Kaiser Heinrich VI., in dem er beteuerte, ganz andere Motive seien maßgebend gewesen, überzeugte Richards Feinde keineswegs . . .
Wieder war es die Königin-Witwe Isabella, die durch ihre Ehe dem Land einen neuen Herrscher geben mußte. Diesmal verheiratete man sie mit Heinrich von der Champagne, einem Neffen Löwenherz' und Cousin des französischen Königs. Der junge Herrscher war beliebt und klug, regierte aber nicht lange genug, als daß man über seine Fähigkeiten ein Urteil abgeben könnte. Die Ehe selbst war glücklich, Isabella trotz ihrer zwei vorangegangenen Ehen noch »unschuldig wie ein Mädchen« (wie Heinrich strahlend feststellte) und eine schöne junge Frau, in die er sich sogleich verliebte.
Die erste Handlung des neuen Königs war, seinen Onkel Richard um eine »Beschäftigung« für den noch immer anwesenden König Guy de Lusignan zu ersuchen. Man kam überein, ihn nach Zypern, als König der Insel, abzuschieben, womit das neuerstandene Königreich Jerusalem endlich seinen inneren Frieden gefunden zu haben schien.
Im Sommer flammten die Kämpfe mit Saladin wieder auf. Jaffa, die Hafenstadt im zentralen Palästina, stand im Mittelpunkt. Denn während Richard mit dem Kreuzheer in Akko weilte, um König Heinrichs Einsetzung mit Tur-

nieren und Festmählern zu feiern, belagerte Saladin Jaffa, erstürmte es und konnte nicht verhindern, daß seine in vierjährigem Krieg verwilderten Soldaten die Stadt plünderten und alles ermordeten, was ihnen in den Weg kam. Daraufhin flüchtete sich die christliche Besatzung in die Zitadelle, wo sie Saladin einschloß.

Richard erfuhr davon und schickte sein Heer in Eilmärschen nach Norden, er selbst fuhr mit einer kleinen Flotte zu See nach Jaffa. Er kam buchstäblich im letzten Augenblick.

Eben schickte sich die kleine Besatzung der Zidadelle – 49 Ritter mit ihren Knechten, Frauen und Kindern – an, sich dem Sultan zu ergeben (sie verpackten gerade ihre Wertsachen), da tauchte Richards Flotte vor dem Hafen auf, an der Spitze das Schiff des Königs mit seinem blutroten Segel.

Einer der Priester der Festung sprang von der Zitadelle, mehr als dreißig Meter tief, auf einen Sandhaufen, raste zum Strand und schwamm hinaus zum König, um ihm mitzuteilen, wie es in Jaffa stand.

Was nun folgt, ist ein echter, unverfälschter Löwenherz: Mit dem brüllenden Schrei »Mir nach!« springt der König ins Meer, so wie er gerade an Bord steht, halbnackt, ohne Rüstung, nur mit Schwert und Lanze. Dutzende seiner Ritter, vom Mut des Königs hingerissen, springen ihm nach, schwimmen ins seichte Ufergewässer, waten an Land und rennen auf die Festungswälle zu.

Die Muselmanen sind vollkommen unvorbereitet auf diesen Angriff von der See her. Nach einer halben Stunde schon betritt der triefnasse, von Staub und Blut unkenntliche Held Richard die Zitadelle und umarmt seine Getreuen ...

Wenige Tage später versuchte es Saladin noch einmal. Aber Richard hatte das Vorfeld Jaffas so raffiniert mit Seilen und alten Schilden zu einer Art von Stolperfeld –

oder sollte man sagen: Panzerfalle? – umgebaut, daß selbst sieben Wellen von je tausend türkischen Reitern nicht vorankamen. Ein raffiniertes taktisches Manöver der britischen Bogenschützen ermöglichte es den schweren, gepanzerten Kreuzrittern mit Löwenherz an der Spitze, in geschlossener Front anzugreifen. Es war eine Formation, der die Muselmanen nicht standzuhalten vermochten.

Als Richards Pferd getötet wurde, sandte Saladin dem Gegner durch zwei Knechte zwei arabische Hengste, damit er weiterkämpfen konnte – eine Verhaltensweise, die dazumal größtes Aufsehen erregte.

Tatsächlich aber waren beide Teile längst kriegsmüde. Richard mußte nach Hause zurückkehren; Saladins Emire haßten diesen Krieg und den Sultan, der ihnen das Beutemachen erschwerte. Also gingen die Verhandlungen in freundlicher Atmosphäre, wie man heute sagen würde, weiter.

Am 28. August 1192 brachte el-Adil Saladins letztes Angebot, und fünf Tage später, am 2. September, unterschrieben Richard und el-Adil den Friedensvertrag. Der Dritte Kreuzzug war zu Ende.

Das Ergebnis war – angesichts des großartigen Aufgebots an europäischen Rittern des Hochadels – erstaunlich gering: Dem Königreich Jerusalem (Historiker reden nun vom »Zweiten Königreich«) verblieb ein schmaler Küstenstreifen von Tyros im Norden bis Jaffa im Süden. Er war nirgendwo breiter als fünfzehn Kilometer und ähnelte solcherart der schmalen Küstenlandschaft, die den modernen Staat Israel vor dem Junikrieg von 1967 einschnürte. Der Zugang zu Jerusalem wurde von Christen garantiert, lateinische Priester durften in der Heiligen Grabeskirche als Diakone tätig sein. Freilich – Ashkalon, jene Stadt, die Richard mit so viel Talent und Hingabe zu einer gewaltigen Festung ausgebaut hatte, mußte Saladin übergeben werden.

Nun stand der Abreise des Königs nichts mehr im Wege. Ein paar Tage blieb er noch in Akko, um seinen Soldaten die Möglichkeit zu geben, eine Pilgerfahrt nach Jerusalem zu unternehmen. Er selbst zog nicht hinauf: Der Kreuzfahrerschwur, den er geleistet hatte, war ja unerfüllt geblieben. In Jerusalem herrschten nach wie vor die Mohammedaner.

Am 9. Oktober 1192, sechzehn Monate nach seinem Eintreffen im Heiligen Land, schiffte sich Richard Löwenherz ein, tief enttäuscht und bedrückt. All die vielen Kämpfe, all seine Heldentaten, auf die er stolz war, hatten im Grunde kaum etwas eingebracht.

Einer der ersten Herbststürme zwang den König, auf Korfu Zuflucht zu suchen. Er mietete eine Seeräuberbarke, die ihn die Adria hinauf bis in die Gegend von Triest brachte. Das Schiff scheiterte, und Richard, mit drei oder vier Begleitern, beschloß, sich zu Fuß bis nach Bayern, auf das Gebiet seines welfischen Schwagers, Heinrichs des Löwen, durchzuschlagen.

Mangelnde geographische Kenntnisse veranlaßten ihn, statt nach Nordwesten nach Nordosten zu wandern, und statt nach Süddeutschland kam er anfangs Dezember in das Gebiet seines Todfeindes von Akko, des Herzogs Leopold von Österreich.

Der Versuch, sich als Kaufmann auszugeben, mußte scheitern: Richard war in jeder Hinsicht eine viel zu auffallende Erscheinung. Als er am 11. Dezember in dem Wiener Vorort Erdberg eine Goldmünze wechseln wollte, wurde er erkannt und festgenommen. Leopold, der Richard sofort vorführen ließ, beschuldigte ihn, er habe Konrad von Montferrat durch die Assassinen umbringen lassen, und teilte ihm mit, daß er ihn seinem Herrn, dem Kaiser Heinrich VI., übergeben werde. Der Herzog sperrte seinen Gefangenen in die Kuenringerburg Dürnstein an der Donau ein.

Leopold und sein Herr und Cousin Kaiser Heinrich hatten nur einen Gedanken: aus ihrem Gefangenen höchstmögliches Lösegeld zu schlagen. Kaiser Heinrich, im Begriffe, sein süditalienisches Erbe in Besitz zu nehmen, brauchte dringend Geld und nochmals Geld, um seine hochfliegenden Weltmachtspläne zu verwirklichen. Die Fürsten Deutschlands waren nicht bereit, einen so unberechenbaren und hochmütigen Herrscher wie diesen Staufer zu unterstützen. Er war ihnen in seiner ganzen Art unheimlich: klein, drahtig, schwarzhaarig, eiskalt, humorlos, amusisch, ohne den Charme, der den Rotbart ausgezeichnet hatte, ein Machtmensch, der die Herrscher der Renaissance vorwegnahm. Daß er den Plan gehabt haben soll, das Weltreich der Cäsaren von Sizilien aus, als dem natürlichen Mittelpunkt der Mittelmeerwelt, wiederzuerrichten, ist denkbar, wenngleich man zweifeln muß, ob einem Menschen des zwölften Jahrhunderts eine Landkarte, wie wir sie seit unserer Kindheit eingeprägt erhalten, vor Augen schweben konnte.

Tatsache ist jedenfalls, daß er eine Armee benötigte. Und Armeen waren zu jener Zeit kostspielig, da sie schon zu achtzig Prozent aus Söldnern bestanden. Das zu erwartende Lösegeld Richard Löwenherz' gab Heinrich jenen Zipfel des Glücks in die Hand, den ein bedeutender Herrscher nun einmal braucht.

Abgesandte gingen zwischen Leopold und Heinrich hin und her, berieten gemächlich die Bedingungen, unter denen Richard ihnen zu übergeben sei, setzten den Anteil fest, der Leopold zukam (der komplizierte Vertrag ist erhalten) und ließen Richard dieweil auf Dürnstein, später im Rheinland, in Fesseln.

Die Vorgänge erregten die Zeitgenossen ungeheuer. Richard, ihr Idol, der Held der Kreuzzüge, der Ritter, der ausgezogen war, um Jerusalem zu erobern, wurde, als er im Unglück war, gefangengenommen und nur gegen immense, erpreßte Summen freigelassen! Das stellte einen der Grundgedanken der Kreuzzugsbewegung auf den Kopf: daß nämlich ein Mann, der das Kreuz nahm, gewissermaßen eine sakrosankte Persönlichkeit sei. Schuldenzahlungen ruhten ja ebenso wie persönliche Differenzen. Der Kaiser aber setzte sich seelenruhig über all diese Grundsätze hinweg. Mußte der Zorn Gottes nicht auf die Christenheit zurückschlagen? Mußte nicht ein Blitz – oder sonst ein göttliches Zeichen – den frevelnden Kaiser zerschmettern?

Aber nichts geschah. Richards Untertanen wurden geschröpft, um die ungeheure Lösegeldsumme, die dem Gegenwert von etwa fünfzig Millionen D-Mark entspricht, aufzubringen. Kaum war das Geld dem Kaiser übergeben, ließ er durchblicken, daß er im Grunde niemals daran geglaubt habe, Richard könne den Mord an König Konrad von Montferrat bestellt haben; Leopold, der seinen Anteil am Lösegeld bekam, war nun mit Richard leicht zu versöhnen, und Richard selbst kehrte im März 1194 als ruhmbedeckter Held heim, um sich sogleich mit seinem Bruder Johann und zahllosen unbotmäßig gewordenen Vasallen auseinanderzusetzen.

Fünf Jahre lang war das Zelt sein Aufenthalt, der Kampf seine Beschäftigung, die Tollkühnheit sein Gefährte. Eines Tages geschah das Unausbleibliche: Ein Pfeil traf ihn während eines unbedeutenden Gefechtes irgendwo in Mittelfrankreich.

Wenig später, am 26. März 1199, erlag er der schweren Verletzung.

Die Schande der Christenheit

Als Sultan Saladin 1195 starb und seine siebzehn Söhne, seine 35 Neffen und die Gatten seiner Töchter darangingen, sich um das gigantische Erbe ihres großen Vorgängers zu zanken, schien sich noch einmal eine Chance zu bieten, das Königreich Jerusalem in seinen alten Grenzen aufzurichten. Kaiser Heinrich VI., der nach viehischen Grausamkeiten nun fest auf dem Normannenthron Palermos saß, gelobte sogleich einen neuen Kreuzzug: Sein mittelmeerischer Weltreichstraum ließ sich am leichtesten im Osten verwirklichen.

Tatsächlich kamen Hunderte deutscher Ritter ins Heilige Land, angeführt vom mächtigsten Kleriker des Zeitalters, dem Erzbischof Konrad von Mainz. Sie alle galten als »Vorläufer« eines großen Kreuzzugs, der, erstmals in der Geschichte der Bewegung, vornehmlich von Deutschen getragen werden sollte. Um dem deutlich Rechnung zu tragen, gründete der Erzbischof den »Deutschen Ritterorden«, der als Gegengewicht zu den vornehmlich romanischen Templern und Johannitern gedacht war. Regeln und Zielsetzung des neuen Ordens waren im großen und ganzen den beiden älteren Orden nachgebildet, auch der maßlose Adelsstolz, der Templer und Johanniter kennzeichnete, sollte von den Deutschrittern, wie sie bald genannt wurden, übernommen werden. Noch lange nach dem Ende von Outremer haben sie im deutschen Osten eine vielumstrittene Rolle gespielt und bis in die Neuzeit hinein aktive Politik zu betreiben versucht.

Kaiser Heinrichs VI. früher Tod — er starb, noch nicht 35jährig, im Jahre 1197 —, veranlaßte die Deutschen, das

Heilige Land Hals über Kopf zu verlassen: Es galt, Süditalien und Deutschland für das kleine, zweijährige Kind, den Knaben Friedrich, den Sohn und Erben Heinrichs, zu sichern. Zurück blieb im Heiligen Land als einzige Erinnerung an die Weltmachtpläne des Kaisers der Deutsche Ritterorden.

In Europa begann aufs neue der Bürgerkrieg zwischen Staufern und Welfen. Gegenkönige befehdeten einander; der neue, kühne und energische junge Papst Innozenz III. lavierte zwischen den Parteien, entschied sich zunächst für die Staufer – er war Taufpate und Vormund des kleinen Friedrich –, wechselte dann auf die Welfenseite, dessen Oberhaupt Richard Löwenherz' Neffe Otto IV. war, und fand daneben auch Gelegenheit, die Kreuzzugsidee wach zu halten. Prediger, die er mit Werbematerial – darin recht modern – versorgte, durchzogen wieder Frankreich und versprachen jedem, der ein Jahr lang als Kreuzfahrer diene, einen vollständigen Freispruch aller Sünden, die er begangen und gebeichtet hatte.

Einer dieser Prediger, Fulk von Neuilly, kam zu einem der großen Ritterturniere des Jahres 1201 nach Ecry-sur-Aisne. Es konnte keinen besseren Ort zu einer Kreuzzugspredigt geben als solch ein großes Turnier. Hunderte junger, kampffreudiger Ritter waren versammelt, waren darin einig, daß das Leben unter dem strengen, nur den Bürgerlichen, den Kaufleuten und Handwerkern, zugetanen König Philipp Augustus unerträglich zu werden begann, und daß, Gott sei es geklagt, ein redlicher christlicher Ritter keinen ehrlichen Krieg mehr finden könne, um sich zu bewähren.

Der Gastgeber, Thibaut von der Champagne, ein Bruder des Königs von Jerusalem, Heinrich, ermunterte seine Gäste, der Predigt jenes Fulk von Neuilly zuzuhören, und erklärte sich schließlich bereit, das Kreuz zu nehmen, wenn ihm seine Turniergefährten folgten. Aus der Stimmung heraus, wohl auch aus allgemeiner Unzufriedenheit mit den Zuständen in Frankreich, nahmen Dutzende von Rittern das Kreuz, bald danach, als sich das »Wunder von Ecry« herumsprach, folgten andere Adelige aus ganz Frankreich, aber auch aus Norditalien und Deutschland.

Thibaut von der Champagne mochte daran gedacht haben, seinem Bruder zu Hilfe zu kommen, als er das Kreuz nahm. Die meisten Ritter erlagen dem romantischen Zug der Zeit, einige aber verfolgten durchaus realpolitische Ziele.

Durch Heirat war das Haus Hohenstaufen mit den oströmischen Kaisern aus der Familie Angelos verschwägert. Als ein Usurpator den – übrigens unfähigen und korrupten – Kaiser Isaak Angelos stürzte, blendete und in den Kerker warf, floh sein Sohn Alexios zum Oberhaupt der Staufer, zu Herzog Philipp von Schwaben, und bat ihn um Hilfe. Der Staufer rief seinen mächtigsten Bundesgenossen, Bonifazius von Montferrat, das Oberhaupt des berühmten norditalienischen Adelsgeschlechts, nach Deutschland und beriet mit ihm die Lage:

Würde es nicht außerordentlich günstig für die staufische Partei sein, einen befreundeten Kaiser auf dem Thron Ostroms zu wissen? Sollte man nicht den eben zusammenströmenden Kreuzfahrern als erstes Ziel Konstantinopel setzen, diese verräterische, ketzerische Stadt, deren Bewohner schon mehrfach am Mißgeschick der Kreuzfahrer schuld gewesen waren? Man konnte, hatte man Ostrom unter die Autorität des Papstes gebracht, mit weit ruhigerem Gewissen nach Syrien oder Ägypten segeln.

Papst Innozenz III. trat entschieden dafür ein, Ägypten zum Ziel des Kreuzzuges zu erklären: Von dort aus, von diesem Land mit seinen reichen Hilfsquellen und seinen guten Häfen, konnte ein großes Heer im Heiligen Land operieren. Er scheint keine Ahnung gehabt zu haben, was die Häupter der staufischen Partei ausheckten. Wohl aber war ihm bekannt, daß Venedig mit allen Mitteln einen

Zug nach Ägypten zu verhindern suchte: Die Handelsrepublik hatte eben einen überaus günstigen Vertrag mit Ägypten geschlossen, ihre Niederlassung in Alexandria blühte, und hunderte Kaufleute zogen ihren Reichtum aus dem Handel mit dem Nilland. »Nur nicht nach Ägypten«, hieß die Devise in Venedig, und der neugewählte Doge Enrico Dandolo, ein mehr als achtzigjähriger, halbblinder Mann mit der Energie eines Jünglings, verfocht diesen Grundsatz mit Vehemenz und Geschick.

Es konnte nicht ausbleiben, daß sich die Interessen der staufischen Herren irgendwann mit denen der Venetianer trafen: Dem Kreuzzug ein anderes Ziel – Konstantinopel – zu geben.

Dandolo, so erzählte man sich, sei in jungen Jahren als Diplomat in Konstantinopel gewesen. Man habe ihm dort, zur Strafe für irgendein Vergehen, das Auge ausgestochen (oder mit einem Brennglas ausgebrannt). Wie immer sich auch der Verlust seines Auges abgespielt haben mag – Dandolo verabscheute die Oströmer, und er war sich der Zustimmung seines ganzen Volkes sicher. Denn mehr noch als die Konkurrenten Genua und Pisa haßte der venetianische Kaufmann die griechische Konkurrenz, die die uralten Handelsbeziehungen mit orientalischer Geschmeidigkeit ausnützte und den italischen Handelsstädten viele Geschäfte wegnahm.

Als Dandolo von dem Plan Montferrats erfuhr, eine willfährige Kreatur auf den Thron Konstantinopels zu setzen, griff er die Idee begeistert auf, lud den jungen Thronprätendenten Alexios zu sich und ließ ihn einen ungeheuerlichen Vertrag unterschreiben:

Fürs erste erklärte Alexios: »Wenn es Gott euch gewährt, mich wieder auf den mir gebührenden Thron zu setzen, so will ich mein Reich der Autorität Roms unterstellen!« Das war wichtig für den Dogen Dandolo, um den Papst zu beruhigen. Weiters aber versprach Alexios: »Bin ich wieder Kaiser, so werde ich 200.000 kölnische Silbermark als Belohnung zahlen. Außerdem verspreche ich, das gesamte Kreuzfahrerheer ausreichend zu ernähren und, wenn nötig, persönlich mit dem Kreuzheer nach Ägypten weiterzuziehen oder, falls dies eher gewünscht wird, auf eigene Kosten und ein Jahr lang 10.000 Soldaten nach Ägypten zu schicken.«

Solcherart, so meinte Dandolo, sei man nach allen Seiten hin abgesichert. Das Glück war auf seiner Seite. Thibaut von Champagne, der sich einem »Umweg« des Kreuzzugs nach Konstantinopel möglicherweise widersetzt hätte, ein junger, tiefgläubiger und glänzender Ritter, starb schon 1201, und die präsumtiven Kreuzfahrer wählten ausgerechnet Bonifazius von Montferrat zu ihrem Anführer, was zwar durchaus erklärlich war – die Montferrats spielten ja eine bedeutende Rolle in Outremer –, was aber haargenau in die Pläne der Venetianer paßte.

Die Kreuzfahrer verhandelten Ende 1201 mit Venedig, das sich scheinheilig bereit erklärte, die Fahrzeuge für eine Überfahrt zu stellen. Der Vertrag, der uns im Wortlaut genau bekannt ist, wurde für die Kreuzfahrer von Geoffroi de Villehardouin unterzeichnet, einem Adeligen, der als Chronist ebenso hervortrat wie als Begründer der fränkisch-griechischen Herrschaft Acheia, die jahrhundertelang bestehen sollte.

Für den Preis von 85.000 kölnischen Silbermark erklärte sich Venedig bereit, bis zum 28. Juni 1202, ein Jahr lang, Transportmittel für 4.500 Ritter und ihre Pferde, 9.000 Junker, Knappen und deren Pferde, sowie für 20.000 Mann Fußvolk bereitzuhalten. Die Seerepublik selber stellte fünfzig große Galeeren und erhielt die Zusicherung, daß ihr jeweils die Hälfte von allen Eroberungen zufallen werde.

Der Vertrag war leichtfertig unterzeichnet worden. Denn den Kreuzfahrern war es unmöglich, die 85.000 Silbermark aufzubringen, wohl aber zogen sie arglos, im Vertrauen auf ihre christlichen Absichten, allesamt nach Venedig. Der Doge ließ sie auf der kleinen Lido-Insel San Nicolò zusammenpferchen und hielt sie sehr knapp mit Verpflegung, die man ihnen noch dazu zu Wucherpreisen verkaufte. Unablässig kamen Abgesandte des Dogen, um von ihnen den Kaufpreis zu fordern, den sie nicht hatten. Die reichen Adeligen schickten daraufhin sogar ihr privates Tafelgeschirr nach Venedig.

Andere Adelige liehen zu horrenden Zinssätzen von eben den Venetianern, für die das entliehene Geld bestimmt war – den Schiffbauern und Nahrungsmittelhändlern –, Geld. Dennoch aber blieben noch 35.000 Mark Schulden, und Dandolo versäumte nicht, die Kreuzfahrer zu quälen. Im September 1202 hatte er sie soweit: Sie waren bereit, jede Bedingung anzunehmen, wenn sie nur von ihrer elenden Insel wegkämen.

Hinter den Kulissen hatten Bonifazius von Montferrat und Enrico Dandolo längst vereinbart, was zu geschehen hatte: Zunächst sollte die mitteldalmatinische Stadt Zara (heute Zadar) den Feinden Venedigs, den Ungarn, abgenommen werden, danach hieß das Ziel Konstantinopel. Vor den Kreuzfahrern sprach Bonifaz aber nur von der Beute, die sie in Zara erwarte.

Wenn es Stimmen gab, die das Erobern einer christlichen Stadt durch ein Kreuzheer als ungeheuerlich empfanden, so wurden sie nicht laut. Nur einige Dutzend Herren kehrten heim, die überwältigende – schweigende – Mehrheit des Kreuzheeres gehorchte. Den heftigsten Widerstand leisteten einige Bischöfe, die Dandolo von seiner Privatgarde des Nachts windelweich prügeln ließ. Die Bischöfe waren nicht aus Märtyrerholz gemacht. Sie schwiegen und blieben da.

Die Kreuzfahrer wurden zunächst nicht getäuscht: Mühelos fast, nach nur fünftägiger Belagerung, eroberte das

Kreuzheer die christliche Stadt Zara und plünderte sie ebensolange gründlich aus. Die einzigen Toten gab es, als sich die Kreuzfahrer wegen der Verteilung der Beute in die Haare gerieten.

Der Papst war fassungslos und bannte zunächst das ganze Kreuzheer; dann, als er sich überlegte, daß man die guten Christen vielleicht getäuscht hätte, entließ er die Kreuzfahrer aus dem Bann und verfluchte nur noch die Venetianer, die sich aber nichts daraus machten und nun den jungen Thronprätendenten Alexios ins Winterquartier bei Zara holten, damit er zu den Kreuzfahrern spreche.

Wieder waren nur wenige Ritter empört und reisten ab, als man ihnen den Thronprätendenten vorstellte, der sie herzbewegend, mit Gesten, die bis zum Kniefall mit flehend ausgestreckten Händen reichten, bat, ihn auf den Thron seiner Väter zurückzuführen. Danach sprach Dandolo, und er zählte all die Verrätereien und Niederträchtigkeiten auf, die die Romäer, die falschen Griechen, die Ketzer, seit dem Ersten Kreuzzug an den christlichen Scharen begangen hatten.

Erfindungen mischten sich mit halben Wahrheiten, geschichtliche Tatsachen wurden ins Gegenteil verkehrt, religiöser Eifer angefacht, kurz – nach einer Stunde war die Masse so weit, ihren Führern zu folgen.

Bonifaz, der als letzter sprach, ließ durchblicken, daß man, laufe alles gut ab, über Lehensgüter im reichen, von keinem Sarazenen gefährdeten Griechenland reden werde ... Er sprach nicht aus, was jedermann im Heer nun zu denken anfing: Die Stadt am Bosporus, diese stolze und ketzerische Metropole, die Heimat dieser verlogenen Griechenbande, würde möglicherweise im Kampfe zu nehmen sein. Wobei die Umgebung Dandolos augenzwinkernd zu verstehen gab, daß »Nehmen« ein recht dehnbarer Begriff sei. Der Papst, dem man von den Gerüchten im Kreuzfahrerlager berichtete, begnügte sich damit, eine Bulle zu erlassen, in der es den Kreuzfahrern verboten wurde, weitere Christenstädte anzugreifen, »es sei denn, sie behinderten den Heiligen Krieg in handgreiflicher Weise ...«. Innozenz III. war auf die Freundschaft mit den Staufern angewiesen, denn der Welfenkaiser Otto IV. bedrohte ihn gerade: Eine entschiedenere Sprache hätte die staufische Partei vielleicht empört. Die Geschichte hat später den Papst gerade deshalb verurteilt, weil er so gut wie nichts unternommen hatte, um den schändlichen Zug der Christen gegen ein christliches Reich, im Zeichen des Kreuzes, zu verhindern.

Gegen Ende April 1203 verließ die Kreuzfahrerflotte ihre Winterquartiere und segelte über Korfu, Durazzo und die Insel Andros (wo man Wasser einnahm) nach Thrazien. Im Juni landete man dort und nahm den Bauern die Getreideernte weg. Am 24. Juni trafen die Kreuzfahrer vor Konstantinopel ein.

Dandolo ließ seine Flotte die ganze Länge der Stadtmauern entlangfahren, um die schwache Stelle der Bastionen zu erkennen. Von der Seeseite aus, vom Marmarameer und vom Bosporus her, mußte es tatsächlich scheinen, daß die Stadt uneinnehmbar war. Aber da noch niemals in der tausendjährigen Geschichte der Stadt eine Flotte in die tiefe Bucht des »Goldenen Horns« einzudringen vermocht hatte, waren die Mauern dort weniger hoch, wohl auch nicht in bestem Zustand und nicht mit den verderbenspeienden Rohren für das berüchtigte »Griechische Feuer« ausgerüstet. Dandolo entschied daher, daß man in das Goldene Horn einzudringen habe.

Kaiser Alexios III. – eben der, der seinen Vorgänger Isaak geblendet und eingekerkert hatte – war ein feiger Herrscher, kaum fähiger als jener, den er abgesetzt hatte. Die wenigen Truppen, die ihm treu ergeben waren, darunter die aus Normannen bestehende Varäger-Garde, ließen es geschehen, daß die Kreuzfahrer die Kette, welche das Goldene Horn sperrte, zerstörten — zum erstenmal in tausend Jahren! —, daß die venetianische Flotte in die berühmte Bucht einfuhr und unmittelbar unter den Mauern Stellung bezog. Die ersten Kämpfe an der schwächsten Stelle der gesamten Maueranlage brachten den Venetianern einige Erfolge, deren siegreiches Ende freilich nicht abzusehen war.

Da floh der unfähige Kaiser. Seine führerlosen Beamten faßten einen kühnen Entschluß, holten den blinden, eingekerkerten Kaiser Isaak aus seinem Gefängnis und setzten ihn wieder auf den Thron: Den Venetianern aber teilten sie mit, daß nun kein Grund mehr vorhanden sei, namens des gestürzten Monarchen Krieg gegen die Stadt zu führen. Wutentbrannt, aber außerstande, sich den Gedankengängen der Oströmer zu verschließen, stimmten die Führer des Kreuzheeres zu, verlangten aber, daß Alexios, der Sohn Kaiser Isaaks, zum Mitregenten ernannt werde.

Das geschah; aber kaum saß er auf dem Thron, präsentierten ihm die Venetianer und Kreuzfahrer seine Versprechungen. Die Kassen Ostroms aber waren leer. Die beiden Kaiser mußte neue Steuern erlassen, schmolzen kostbare Kirchengefäße und Reliquien aus Gold ein, deckten erzene Dächer ab und machten überhaupt alles zu Geld, was entbehrlich war.

Die unerbittlichen Gläubiger verlangten mehr und mehr, verwiesen auf Zinsen und Zinseszinsen, machten Fehler bei der Umrechnung geltend und brachten den Staat an den Rand des Bankrotts, was zweifellos gleichfalls beabsichtigt war.

Der neue Mitkaiser Alexios (IV.) zeigte sich seinen Untertanen von der schlechtesten Seite. Jeden Tag fuhr er zu jenen Leuten, die das Unglück der Stadt verursacht hatten — zu seinen Freunden im Kreuzheer —, »trank, hurte und spielte in ihrem Lager und ließ sich entwürdigen«, wie der Chronist Nicetas schreibt.

Den ganzen Herbst und Winter 1203/04 lagerte das Heer in Galata, jenseits des Goldenen Horns. Tag für Tag zogen Gruppen mehr oder weniger nüchterner Kreuzfahrer durch die Straßen der Stadt, bewunderten die unermeßlichen, in Jahrhunderten zusammengetragenen Kunstschätze, beteten zu ungeheuerlichen Reliquien und mögen wohl kalkuliert haben, was ihnen eine Plünderung eintragen könnte.

Die Bürger der Stadt schluckten wochenlang ihren wachsenden Grimm hinunter.

Ein Riesenbrand, der einen etwa zweieinhalb Kilometer breiten Streifen mit zahlreichen Häuserblocks und Palästen in Schutt und Asche legte, verschärfte den Abscheu der Griechen gegen die Lateiner: Denn die Franzosen waren an dem Großfeuer schuld. Es brach aus, als sie eine seit Jahrzehnten bestehende, für sarazenische Kaufleute errichtete Moschee in Brand steckten.

Die beiden Kaiser – der blinde Isaak, der sich mit einer Schar von Astrologen umgab, und der unfähige Alexios – verloren jedes Ansehen beim Volk und in der Armee. Als Führer der Gegenpartei empfahl sich der Schwiegersohn Isaaks, Alexios Murtzuphlos (was »mit den zusammengewachsenen Augenbrauen« bedeutet), ein kühner, aber durchaus nicht diplomatisch geschickter Mann. Sein erster Aufstandsversuch gegen die beiden Kaiser endete kläglich: Seine Anhänger betranken sich sinnlos und zerstörten die berühmte gold-elfenbeinerne Athene-Statue des hellenischen Genies Phidias, weil die Göttin mit ihrer Hand nach Norden wies und den Kreuzfahrern zuzuwinken schien . . .

Im Februar 1204 aber glückte die Palastrevolte. Murtzuphlos ließ Isaak und Alexios in ein Verlies werfen; keine Hand im weitläufigen Palast erhob sich für die beiden, die bald danach erdrosselt wurden. Als Alexios V. bestieg er nun den Kaiserthron.

Gerade das scheinen sich Dandolo und Bonifaz gewünscht

zu haben. Nun brauchten sie keinerlei Rücksichten mehr zu nehmen. Man konnte den Kreuzrittern, die darauf drängten, endlich nach Palästina oder Ägypten weiterzureisen, klarmachen, welch verräterisches Gesindel diese Oströmer waren: Man mußte die Stadt erobern, von Ketzern säubern und einen Lateiner zum Kaiser machen.

Langwierige Beratungen der Führer des Kreuzheeres folgten. Die Venetianer, die als erste offen von der zu erwartenden Beute redeten, billigten dem zukünftigen Kaiser ein Viertel derselben zu, die restlichen drei Viertel sollten je zur Hälfte an die Venetianer und an das Kreuzheer fallen. Ein Unterausschuß von sechs Kreuzrittern und sechs Venetianern sollte die Kaiserwahl durchführen. Natürlich rechnete Bonifaz damit, daß er der Kaiser des neuen Reiches sein werde. Boten gingen hin nach Deutschland, um mitzuteilen, daß sich sehr bald Ost- und Westkaiser, in Macht und Glauben geeint, die Hände reichen würden.

Anlaß, die Stadt anzugreifen, suchte man erst gar keinen. Grundlos begann am 9. April 1204 der große Angriff, genau dort, wo Dandolo die einzige schwache Stelle erkannt hatte: an den Mauern am innersten Goldenen Horn.

Man zollt, wenn auch nur widerwillig, dem genial geplanten Vorgehen Dandolos Bewunderung. Es war bis ins letzte, auch psychologisch, vorbereitet.

Das kriegerische Unternehmen lief mit unerhörter Präzision ab, wobei die Angreifer noch durch einen unerwartet aufkommenden Nordwind, den Boreas, unterstützt wurden, der die Schiffe bis dicht an die Wälle herantrieb.

Von ihren Schiffen aus sprangen Ritter und Seeleute auf die Mauerkronen des Walls hinüber und vermochten zwei Türme zu erobern, allen voran der Geistliche, Pater Guillaume de Clari, der brennendes Pech und griechisches Feuer nicht fürchtete und die Pallisaden, die man in aller Eile als zweite Linie errichtete, erstürmte.

Wenig später öffneten die Eindringlinge ein Stadttor, und zu Pferd und zu Fuß ergossen sich die Eroberer in die Stadt. Kaiser Alexios V. Murtzuphlos gab seine Sache allzu rasch verloren und floh.
Die Führer des Kreuzzugs rechneten in diesem Augenblick mit einem tagelangen, erbitterten Kampf von Haus zu Haus in den endlosen Straßen der mehr als 300.000 Einwohner zählenden Großstadt. Die Eingedrungenen wurden noch den ganzen Nachmittag über von Dächern herab und aus Fenstern beschossen, mit kochendem Öl und Pech überschüttet, mit griechischem Feuer zurückgetrieben.
Aber als der Abend einbrach, sprach es sich unter den oströmischen Truppen herum, daß ihr Kaiser geflohen war. Der Widerstand erlahmte. In der Dämmerung erkannten die Kreuzfahrer, daß sie die Herren der größten Stadt der Welt geworden waren, daß die Reichtümer von tausend Jahren ihnen gehörten.
Die Führer gaben den Befehl aus, daß sich in dieser ersten Nacht niemand ins Innere der etwa zehn mal fünf Kilometer großen Stadt wagen solle. Die Kreuzfahrer erkannten die Gefahr, sich im Labyrinth der Bazare zu verlieren, und schliefen in einem großen Carré rund um jenes Stadtviertel, das sie bereits sicher in der Hand hatten.
Sie entzündeten kleine Lagerfeuer und träumten der großen Plünderung entgegen, die man ihnen für drei Tage garantiert hatte.
Es war eine seltsame, eine schreckliche Nacht. Auf der Mese, der berühmten Prachtstraße der Stadt, brannten die Paläste der Banken und der Warenhäuser. Plündererbanden wühlten in den Lagern, schleppten Warenballen hinter sich her und zündeten Geschäftshäuser an, in denen sie nichts Geeignetes fanden.
Von weit her, von den Villenvierteln der Reichen am Bosporus, drangen wüste Schreie und schrilles Weinen von Frauen und Kindern durch die Nacht zu den biwakieren-

den Kreuzfahrern. Je länger die Nacht dauerte, desto röter wurde der Himmel über der Stadt. Einzelne Brände vereinigten sich zu Feuersbrünsten.
Der Mob der Großstadt wütete. Es war ein kleines, ein lächerliches Vorspiel auf das, was Konstantinopel die nächsten drei Tage erwartete ...
Am nächsten Morgen ritt Bonifazius von Montferrat geradewegs auf den Kaiserlichen Palast von Boukoleon zu, dem Herz und der Seele der Stadt, ja des Reiches.
Die Grafen von Flandern besetzten den zweiten Kaiserpalast. Noch zögerten die kleinen Leute, die Matrosen und Reiter, die Fußsoldaten und Knechte, in die Stadt auszuschwärmen.
Der Chronist Robert de Clari beschreibt, wie die Plünderung von Konstantinopel begann:
»... alle reichen und bedeutenden Ritter kamen zusammen und teilten die wichtigsten Punkte der Stadt unter sich auf. Sie trafen ihre Anordnungen, ohne dem geringen Volk, geschweige denn den armen Soldaten auch nur ein Wort zu sagen ... Schließlich aber merkte dies das Heer doch, und nun begannen sie alle ebenfalls an sich zu reißen, was ihnen in die Hände fiel. Das dauerte drei Tage ...«
In die Mutterkirche der Orthodoxie, in die Hagia Sophia, die Kirche der Göttlichen Weisheit, ritten betrunkene Soldaten auf ihren Pferden und rissen zwei Bischöfen die goldenen Kleider vom Leib. Sie brachen die Altäre auf und nahmen das Gold, das sie dort fanden.
Ungebildete Männer stahlen Goldschmiedearbeiten aus acht Jahrhunderten, nur, um sie einzuschmelzen und daraus Münzen prägen zu lassen. Uralte Ikonen zerbrachen sie, weil sie goldene Rahmen hatten. Sie demolierten Gold-Emaillearbeiten von unschätzbarem Wert, um zu den Halbedelsteinen zu kommen, die darin eingeschmolzen waren.

Die Venetianer waren auch beim Plündern klüger als die Kreuzfahrer. Kunstsachverständige und Kunsthandwerker wurden zu Suchtrupps zusammengestellt. Systematisch stellten sie einige der herrlichsten Kunstwerke aus Kirchen und Palästen sicher, um damit Venedigs Paläste zu schmücken und die Schatzkammern zu füllen.

Die Ritter brachten am zweiten Tag auch ihre Dirnen mit in die Stadt, damit sie unter den geplünderten Stoffen auswählen konnten.

Wilde Kämpfe gab es um Reliquien. All jene kostbaren Dinge, die dem mittelalterlichen Menschen so heilig waren — diese Häupter, Arme, Haare, Beine, Zungen und Finger von Heiligen, über die wir schon berichtet haben, wanderten nun nach Westeuropa, wurden aber oft schon in der ersten Nacht ihrem neuen Besitzer gestohlen, wechselten zuweilen drei- bis viermal den Besitzer, ehe sie endlich in irgendeinem Gotteshaus zwischen Elbe und Atlantik eine neue Heimstatt fanden. Man erbeutete drei Häupter des heiligen Johannes, unzählige Nägel und Holzsplitter vom Heiligen Kreuz, die gesamten Gebeine von etwa 360 Heiligen und unendlich viele kleine Reliquien, die allesamt geeignet waren, ihrem Besitzer daheim Ehre, Reichtum und Schutz vor Exkommunikation zu sichern, die möglicherweise für die Frevel dieses »Kreuzzugs« zu befürchten stand.

Was der westlichen Welt, die seit der Renaissance Hellas und seine Kunst bewundert, während der Plünderung verlorenging, kann man nur ahnen. Einige Beispiele zeigen, was in dieser grandiosen griechischen Stadt aus der Antike hinübergerettet worden war, um nun von rohen Kriegern vernichtet zu werden.

Eines der Meisterwerke, das eingeschmolzen und zu Bronzeblöcken umgegossen wurde, war der von antiken Autoren (so vom römischen »Baedecker« Pausanias) hochgerühmte »Schlafende Herkules« des Lysippos. Dieser Hofbildhauer Alexanders des Großen hielt den »Herkules« für sein Meisterwerk. Es war eine durchaus moderne Auffassung des großen Helden: ein müder, schlaffer Riese, der es satt ist, die Augiasställe dieser Welt zu reinigen, und, das Gesicht verächtlich noch im Schlaf, nur eines möchte: ruhen.

Sie zertrümmerten ihn schon am ersten Tag der Plünderung.

Zu den Weltwundern der Hellenen zählte auch die »Kuhäugige Hera von Samos«, ein Werk, das im sechsten Jahrhundert v. Chr. für den Tempel des Tyrannen Polykrates von den Bildhauern Rhoikos und Theodoros geschaffen worden war.

Sie wurde am zweiten Tage der Plünderung umgeschmolzen.

Nach drei Tagen mußten die Führer des Kreuzheeres darangehen, die Ordnung wiederherzustellen. Der Doge Dandolo verlangte seinen Beuteanteil und die Bezahlung der alten Schulden. Was bisher als erlaubt galt, Plündern und Schänden, war nun wieder verboten. Die großen Herren, die ihre Sache längst im trockenen hatten, ließen die kleinen Knechte, die unrechtes Plündergut versteckten, rücksichtslos hängen.

Drei Kirchen wurden zu Sammelstellen für das Plünderergut bestimmt. Es blieb, nachdem man die Venetianer bezahlt hatte, eine Summe von ungefähr 100.000 Silbermark übrig, die nun unter die Kreuzfahrer verteilt wurde.

Historiker haben versucht, den Wert der Beute zu schätzen. Sie kamen auf etwa 240 Millionen D-Mark. Offiziell, als Vertragsanteile, wurden etwa 70 Millionen Mark verteilt. Die Venetianer brauchten mehr als fünfzig Schiffe, um die Schätze wegzuschaffen.

Die Teilung der Beute erfolgte nicht ohne Geschrei und Mißhelligkeiten. Gegensätze zwischen Venedig und den Kreuzfahrern zeichneten sich ab, die alsbald, als man dar-

anging, den vakanten Thron von Konstantinopel zu besetzen, rasch härtere Formen annahmen.
Zwei Kandidaten standen zur Wahl, da der greise Doge Dandolo es ablehnte, einem Venetianer die Erlaubnis zu geben, sich als Kandidat zu bewerben: »Wir sind eine Republik, wir brauchen keinen Kaiser aus unserer Stadt!« soll er gesagt haben.
Es blieben demnach nur Bonifaz von Montferrat, der die Kreuzfahrer nach Konstantinopel geführt hatte und dessen politische Machinationen sicherlich entscheidend dazu beigetragen hatten, und der mächtigste französische Herr unter den Rittern, Graf Baudouin von Flandern.
Die Kreuzfahrer beeindruckte, daß Baudouin der letzte lebende Nachkomme Karls des Großen war, die Venetianer, daß er ein schwächlicher, unentschlossener und leicht einzuschüchternder Schönredner war. Auch konnte er nachweisen, daß er, im Gegensatz zu Bonifazius, nicht in die Kreuzzugspläne der Venetianer eingeweiht war: Also, folgerte Dandolo, würde ihn der Papst anerkennen können, ohne sein Gesicht zu verlieren.
Die zwölf Wahlmänner, sechs Venetianer darunter, traten zusammen, schworen auf das Evangelium, nur den besten zu erküren, und berieten stundenlang. Nach zwölf Stunden machte ein Deutscher den Vorschlag, das Oberhaupt der Staufer, den deutschen Gegenkönig Philipp von Schwaben, zu wählen: Ost- und Westkaiser in einer Person — das schien doch eine Ideallösung. Davon aber wollten die Venetianer nichts wissen: Das fehlte ihnen gerade ...
Boten des Dogen kamen und gingen. Endlich, genau um Mitternacht, trat der Bischof von Soissons aus dem Gotteshaus, in dem die Wahlmänner getagt hatten, vor die Menge: »Meine Herren, mit Gottes Hilfe haben wir uns auf einen Kaiser geeinigt. Wir nennen nun, just zu der Stunde, da unser Herr geboren wurde — um Mitternacht —,

seinen Namen, und wir verkünden hiermit als Kaiser von Konstantinopel den Grafen Baudouin von Flandern und Hainault.«

Ein unterdrückter Wutschrei unterbrach ihn. Bonifazius und sein Gefolge klirrten mit den Waffen, wenngleich sich vorher jeder Kandidat hatte verpflichten müssen, die Wahl eines Gegners ruhig hinzunehmen.

Es war die Stunde des höchsten Triumphes für den Dogen von Venedig und für die Lagunenstadt: Von diesem 16. Mai 1204 an beginnt im Mittelmeer das Zeitalter der venetianischen Vorherrschaft.

Jetzt gab es für Dandolo nur noch eine Aufgabe: aus dem großen, tödlich verwundeten Organismus des Oströmischen Reiches die besten Stücke für die Republik herauszureißen, zu verhindern, daß dieses »Romania« (wie die Franken das neue Kaiserreich nannten) jemals wieder ein mächtiges Reich werden konnte.

Venedig beanspruchte ein Viertel der Hauptstadt und erhielt jenen Teil, der auch die Hagia Sophia umfaßt, also das älteste und bestgelegene Gebiet der Stadt. Dazu: die Inseln Euböa, Andros und Naxos, weiter die Häfen der Westküste des griechischen Festlandes, den Westteil des Peloponnes, Gallipoli, die Stadt am Zugang zu den Dardanellen, Häfen im Marmarameer und die thrazische Stadt Adrianopel.

Bonifaz sollte als Entschädigung die Mitte Griechenlands erhalten nebst der Insel Kreta. Er verkaufte die Insel sogleich an Venedig und sagte danach, daß er Thrazien und Makedonien als sein Lehen annektieren werde. Unübersichtliche und abstoßende Streitigkeiten folgten, ehe die ganze große Landmasse des heutigen Griechenlands, Südjugoslawiens und Südbulgariens zwischen die gierigen »Kreuzfahrer« aufgeteilt war.

Von allen Seiten strömten nun Scharen von Grafen, Baronen und Rittern herbei, um größere oder kleinere, mitunter auch winzige Lehen entgegenzunehmen. Der Griechenland-Reisende von heute findet ihre Burgen im ganzen Land, Zwingfestungen, die an strategisch wichtigen Punkten errichtet wurden, um das unglückliche Land beherrschen und ausbeuten zu können.

Größere Besitzungen erlangten unter anderen Guillaume de Champlitte, ein Burgunder, der sich gemeinsam mit dem Neffen des Chronisten Geoffroi de Villehardouin den Peloponnes teilte, sowie der Abenteurer Otto de La Roche, der als »Herzog von Athen« zu einiger Bedeutung kam.

Griechisch-orthodoxe Herrscher, Adelige des untergegangenen Reiches und Verwandte des Hauses Komnenos rissen gleichfalls Teile der Landmasse an sich. Es gab oströmische Herren in Trapezunt am Schwarzen Meer. Im adriatischen Küstengebiet Griechenlands regierte ein »Despot von Epiros«. In Kleinasien herrschte der Oströmer Theodor Laskaris. Er nahm den Kaisertitel an, wählte Nikaia zu seiner Hauptstadt und erklärte, er sei der einzige legitime Nachfolger für das alte Reich; und in der Tat war und blieb dieses Kaiserreich Nikaia eine latente Gefahr für die Lateiner. Auch das ruhmlose Ende des fränkischen »Ostkaisers« im Jahre 1261 ging von Nikaia aus.

Verderblich für die Staaten in Outremer wurde der Umstand, daß Dutzende Herren aus Palästina und Syrien, deren Besitzungen unsicher und dauernd von den Sarazenen bedroht waren, dem Heiligen Land den Rücken wandten und sich hübsche, kleine Besitzungen in Griechenland aneigneten. Dieser Vierte Kreuzzug brachte nicht nur keine Hilfe, er entzog Outremer auch noch sein wertvollstes Gut: Menschen.

Papst Innozenz, dem zunächst nur ein von Begeisterung über das Errungene erfüllter Brief des neuen Kaisers vorlag (ein »von Gott bewirktes Wunder« nannte Baudouin die Eroberung), lobte den Herrn und machte schon Pläne, die Ostkirche endgültig dem Abendland zu assimilieren.

Gerüchte, wonach die Muselmanen zutiefst verzweifelt waren, daß nun von Konstantinopel aus der Krieg ins Heilige Land getragen werden konnte, erweckte auch in Palästina einige Zuversicht auf die nächsten Kreuzzüge; die Venetianer aber unterdrückten solche Gedanken rasch. Der Handel mit Ägypten war ihnen viel zu wichtig, als daß sie einen neuen Kreuzzug zugelassen hätten. Der erste begeisterte Brief, den Papst Innozenz III. schrieb, hat sein Bild für immer verzerrt. Die deutschen Historiker, die ihn wegen seiner Politik gegenüber den von Romantik verklärten Hohenstaufen durchaus nicht schätzen, sehen darin den Ausdruck päpstlicher Habgier jenseits von Recht und Glauben.

Aber der Papst hat sehr wohl das Ungeheuerliche dieses sogenannten »Kreuzzugs« erkannt, freilich viel zu spät: »Ihr habt nicht Jerusalem erobert, sondern das christliche Konstantinopel geschändet, das Schwert nicht gegen Ungläubige, sondern gegen Christen erhoben, ihr habt heiligmäßige Frauen geschändet und allerheiligste Hostien besudelt. Der Satan, und nicht Gott, hat euch geleitet. Der Fluch aller Christen schwebt über euren Taten ...« Und so geht es fort in starken, aber unwirksamen Formulierungen.

Freilich – allzu weit konnte und wollte sich der Papst nicht vorwagen. Zu tief war er in den deutsch-europäischen Bürgerkrieg verstrickt. Und zudem bereitete er eben einen neuen »Kreuzzug« vor, der gleichfalls nicht nach dem Heiligen Land gerichtet war. Gegen die südfranzösischen Ketzer, die Albigenser, sollte der Zug geführt werden; die ganze Habgier und Glaubenswut, die die Kreuzfahrer früherer Zeiten gegen die Muselmanen aufbrachten, sollte sich in einem schrecklichen Vernichtungsfeldzug gegen friedliche Menschen entladen. Die Grausamkeit dieser neuen »Kreuzfahrer« entsetzte schließlich selbst jene, die die rechtgläubigen Scharen ins Land gerufen hatten. Kein Zweifel: Die »Kreuzzugs-Idee«, die Westeuropas Ritterschaft zu ungeheuren und ungeheuerlichen Taten hinzureißen vermocht hatte, war tot.

Höhepunkt der Narrheit

Die Zeit war aus den Fugen. Niemand, auch nicht der kleinste und dümmste Bauer, konnte noch glauben, daß jene Ritter und Herren, die da Jahr für Jahr als Abenteurer und Plünderer irgendwohin in die Fremde zogen, im Namen des Herrn Jesus aufbrachen. Niedertracht, Habgier, Unordnung, wohin man auch blicken mochte.

Eine unbewußte, dumpfe Solidarität der Hilflosen, der um Christi Erlösung Betrogenen, breitet sich aus; und je mehr sich das Rittertum, das bisher die Führung Europas innehatte, von den Zielen und Idealen seines Standes abwendet, umso mehr beschäftigten sich Bürger, Bauern, Handwerker, Kaufleute, und vor allem ihre Frauen, mit Gottes Wort, mit dem Evangelium. Man liest, man läßt es sich vorlesen, man meditiert nach Art der Mönche, aber man verliert nicht den Zusammenhang mit dem täglichen Leben, mit der Arbeit des Alltags.

Die ersten, die bewußt zu sagen wagten, daß das Leben, wie es der Durchschnitts-Christ führte, angesichts der Worte Christi falsch, unwürdig, mit einem Wort: unchristlich ist, nannten sich (nach einem griechischen Wort) die »Katharer«, die »Reinen«. Glaube und Wirken sollte sich vollkommen decken, keine Abweichung von dem, was Jesus gesagt hatte, wurde akzeptiert.

In apostolischer Armut führten sie ein Leben in Fasten, Predigen, Arbeit und möglichster Keuschheit. Ihre Führer, die »Vollkommenen«, mußten sich jeglicher sexueller Handlungen enthalten, durften nicht einmal Fleisch essen und mußten ihre Gemeinde zu Gütergemeinschaft, zum Lesen des Evangliums und zu absoluter Friedfertigkeit anhalten. Wanderprediger, die allenthalben bei dem zutiefst entmutigten, führungslosen, von der Obrigkeit enttäuschten Volk Gehör fanden, missionierten in ganz Europa, von Hamburg und Köln bis nach Spanien, von England bis nach Ungarn.

In Südfrankreich und Oberitalien, dessen ritterliche Kultur besonders stark entwickelt war, fanden die »Reinen« die meisten Anhänger. Rund um die Stadt Albi gab es im Jahre 1200 bereits so viele Katharer-Gemeinden, daß man einen Bischof wählen mußte (»Katharer« ist jenes Wort, von dem sich der deutsche »Ketzer« sprachlich ableitet).

Es mag sein, daß sich diese »Armen Christi« binnen kurzem so weit vom Christentum entfernten, daß man sie gar nicht mehr als Christen bezeichnen konnte. Ihre Ideen aber trafen haargenau jene wunde Stelle im Bau des mittelalterlichen Christentums: Daß nur die Reichen und Ritter es waren, die »Gottes Willen erfüllten«, und sonst niemand. Daß ein Armer ein nichtswürdiger Dreck war, den man mit Füßen trat, ausbeutete und wegwarf wie einen Fetzen. Soziale Reformideen, revolutionär-anarchische Umsturzpläne und schwärmerisch-verzückte Askesen verbanden sich nun zu einer seltsamen Synthese, der Rom, der die herrschenden Ritter und Reichen nicht zuschauen wollten und konnten.

Die Massenmorde von Südfrankreich festigten in den Menschen den Glauben, daß eine Weltenwende bevorstehe. Gioacchino von Fiore, ein Mönch und Eremit, verfaßte eine auf jahrelangen Grübeleien fußende »Erklärung des Geheimnisses der Weltgeschichte«, so wie sie Gott einst plante und wie sie die Menschen ausführten: Auf das alttestamentarische »Zeitalter des Vaters« sei das des Sohnes gefolgt, das nun eben zu Ende gehe, mit allen Schrecknissen einer Zeitwende. Nun aber komme das »Zeitalter des Heiligen Geistes«: Gioacchino von Fiore vermochte es aus der Bibel zu berechnen.

Zwischen Abraham und Christus lagen 42 Generationen zu je dreißig Jahren. Seit Christi Geburt war schon fast die gleiche Zeit vergangen: Im Jahre 1260 mußte das »Zeitalter des Geistes« beginnen. Nicht der johanneische Untergang der Welt, so prophezeite der Mönch, sondern ein Leben im Lichte des Heiligen Evangeliums stehe den Menschen bevor, ein paradiesisches Leben in Frieden, apostolischer Armut und einfältigem Gottvertrauen. Zehntausende Mönche verbreiteten auf ihren planlosen Wanderungen durch Europa solche und ähnliche Lehren.
Die drohende Zukunft konnte der Mensch nur überwinden, wenn er sich an die Bibel hielt, wenn er sie auslegte oder sich auslegen ließ. Oder, wie es Philosophen an einigen französischen Universitäten gelehrt ausdrückten, »der Geist des Menschen erlöst sich selbst aus dieser kümmerlichen Welt ...«
Auf diesem Boden entfaltet sich die seltsamste Erscheinung des Zeitalters der Kreuzzüge: der Auszug der Kinder ins Heilige Land, der Ärmsten und Unwissendsten, der Reinsten (und daher Gott am nächsten Stehenden) unter den Menschen.
Dieser »Kinderkreuzzug« hat die späteren Generationen immer wieder abgestoßen und fasziniert, wie alles, was unerklärlich bleibt.
Wir können gewiß sein, daß sich kein entschiedener Widerstand gegen den wahnwitzigen Gedanken erhob, die Kinder das ausführen zu lassen, was den Erwachsenen, den sündigen Rittern zumal, mißlungen war. Im Lichte des Evangeliums, im Zeichen apostolischer Armut und Einfalt im Geiste, sollte ja die neue Zeit beginnen. Im Worte Jesu selbst fand man den Beweis dafür: Man mußte den Kindern ihren Willen lassen.
Wie aber kam es, daß Kinder solche Gedanken haben, daß Knaben zu furchtlosen Predigern und Anführern tausender Kinder werden können? Daß sie von niemandem und

durch nichts aufzuhalten sind und unbeirrbar ihren Weg gehen?

Ehe man die moderne Psychologie dazu befragt, muß ein Irrtum korrigiert werden. Die überwältigende Masse der ausziehenden Knaben und Mädchen war älter als zwölf Jahre. Man kann annehmen, daß das Durchschnittsalter um 13 oder 14 gelegen hat. Es ist genau jenes Alter, das der Psychologe mit dem Begriff »Vorpubertät« bzw. »Einsetzen der Pubertät« bezeichnet, ein Alter, das sich, damals wie heute, bis zur Selbstaufgabe einem gewählten Ideal hinzugeben vermag.

Die innere Unsicherheit dieses Lebensalters, das die erste, tiefe und große Konfrontation mit dem Leben, mit der Umwelt bringt, ist, nach Ansicht der Psychologen, die Ursache dafür, daß der Mensch in der Pubertät (und auch schon knapp davor) besonders leicht in einer Masse aufgeht: Das Dasein innerhalb tausender gleichdenkender Individuen nimmt ihm die Unsicherheit, er steht, wie einst als unwissendes Kind, unter dem Diktat eines Befehls, eines Willens, dem er sich gern unterordnet. Er braucht nicht mehr über sich und sein Dasein nachzudenken. Die »Regression«, das Zurückgleiten in eine frühere Erlebnisphase, erfolgt leicht. Es ist die Rückkehr zu einer Phase, da es für den Jugendlichen weit weniger Konflikte, weniger Verantworung und weniger Unsicherheit gab.

Daß es eines auslösenden Faktors, eines mitreißenden, die Masse formenden Erlebnisses bedarf, ist schon festgestellt worden. Es soll nur kurz wiederholt werden, daß der von seiner Sendung überzeugte Führer einer Masse eine Zeit lang alles mit ihr tun kann, sie überall hinzulenken und zu allem aufzustacheln vermag.

Die moderne Erforschung der Grenzgebiete der Psychologie erbrachte übrigens die Erkenntnis, daß zu den Pubertätserscheinungen auch eine besondere Anfälligkeit für Phänomene der Seele gehört, die wir derzeit noch nicht genau erklären können: Phänomene, die wir als »Entrücktheit«, als »Trance«, ja als »Stigmatisierung« (wenn die Wundmale Christi an den Händen und Füßen der Medien erscheinen) bezeichnen. Zahllose unerklärliche Phänomene von Geistersehen, Spuk und Prophezeiung stehen in unmittelbarem Konnex mit Jugendlichen um vierzehn Jahre.

Es scheint, daß der Sohn eines Bauern aus Cloys im Orléannais, Etienne, solch ein Phänomen verkörperte. Im Mai 1212 erschien er zu Saint-Denis bei Paris, um seinem König Philipp II. August einen Brief zu überbringen. Unbefangen und selbstsicher erzählte der Hirtenjunge, wie ihm Christus auf der Weide erschienen sei: »›Laß deine Schafe, ein anderer wird sie hüten!‹ sagte der Herr, ›du sollst den Kreuzzug für deinesgleichen, für die Kinder, predigen! Geh und bitte deinen Herrn und König um Unterstützung!‹«

König Philipp, dem man es nach seinen Erfahrungen im Heiligen Land nicht verübeln kann, daß er das Wort »Kreuzzug« nicht mehr hören konnte, schickte den Hirtenjungen barsch weg. Heimgehen solle Etienne, befahl er.

Etienne, gleich Johanna von Orléans von seinen Gesichten zum Handeln getrieben, kümmerte sich nicht um des Königs Befehl. Vor der Kathedrale von Saint-Denis noch begann er zu predigen – ein Knabe, dessen Stimme sich, in der ersten Phase der Mutation, des öfteren brach, vom schrillen Diskant in heiseres Geschrei hinüberwechselte. Der Inhalt seiner Reden ist uns nicht wörtlich bekannt. Er predigte aber immer das gleiche: Er, Etienne, müsse einen Zug von Kindern zur Rettung der Christenheit ins Heilige Land führen. Christus habe ihm gesagt, daß das Meer vor den Scharen der Unschuldigen und Reinen austrocknen werde wie einst das Rote Meer vor dem schuldlosen und reinen Volk Israel.

Die Eltern konnten ihre Kinder nicht zurückhalten. Die

Kinder gingen, Etienne zu hören, und kehrten nicht wieder. Oder nur, um einen Rucksack und ein bißchen Proviant zu erbitten. Besonnene, die schon im Heiligen Land gewesen waren, gingen unter mit ihren Warnungen im Strudel der Massensuggestion, die nun ganz Frankreich erfaßte. Innerhalb weniger Wochen — bis Anfang Juli — strömten rund 7.000 Kinder (einige Chronisten sprechen sogar von 30.000) zum verabredeten Treffpunkt Vendôme in Mittelfrankreich.

Die meisten von ihnen waren robuste Bauernsöhne, an Entbehrung und körperliche Strapazen gewohnt; aber auch blutjunge Söhne aus adeligem Haus waren darunter, manche hatten vom reichen Herrn Papa ein Pferd mitbekommen, ein Statussymbol, dem Sportwagen von heute vergleichbar. Etwa 2000 Mädchen waren unter ihnen, auch an die hundert blutjunge Priester und einige ältere Männer, die von den jungen Kreuzfahrern verspottet und verlacht wurden. Daß sich einige Dutzend Dirnen dem Zug anschlossen, ist einer der schlüssigen Beweise, daß die meisten Teilnehmer des Kreuzzugs doch schon im Pubertätsalter waren.

Da aber in jenen Jahrhunderten die körperliche Entwicklung sicherlich stark verzögert war (die erste Menstruation bei Mädchen erfolgte, nach Aufzeichnungen aus Nonnenklöstern, fast durchwegs erst mit sechzehn Jahren), machten die Scharen einen recht kindlichen Eindruck.

Als sich herausstellte, daß die Bauern und Bürger den Kreuzzug Etiennes mit Geschenken überschütteten, schlossen sich ihm auch Tagediebe und Nichtstuer an, die von den milden Gaben herrlich und in Freuden lebten.

Wir haben ein anschauliches Bild von den ersten Wochen des Marsches: Auf einem blumengeschmückten Wägelchen saß Etienne, ein Baldachin schützte ihn. Sein Wagen, ebenso jeder seiner Unterführer war mit dem Kreuz gekennzeichnet, außerdem aber flatterte überall das Banner der

Könige, die Oriflamme – drei goldene Lilien auf blauem Grund. Alles, was Etienne tat, befahl ihm der HERR, der auch anordnete, der Zug müsse über Tours und Lyon nach Marseille ziehen. Dort werde sich das Meer dann teilen.

Der Sommer war heiß, viele Kinder starben unterwegs. Aber neun Zehntel erreichten doch Marseille. Dort erwartete man Etienne bereits wie einen Heiligen. Locken seiner Haare wurden als Reliquien weggebracht, ein Ärmel seines Rockes lag jahrelang zur Anbetung in einer Kapelle.

Nur eine Nacht ruhten sich die Kinder bei freundlichen Bürgersleuten aus. Schon am nächsten Morgen liefen sie zum Hafen, um zu sehen, wie das Meer sich teile ...

Tage vergingen, und das Wunder, auf das Etienne noch immer baute, trat nicht ein. Die erwachsenen Begleiter des Kreuzzuges verschwanden, einige Jungen beschimpften Etienne, nannten ihn, aus der ihnen suggerierten Vorstellungswelt gerissen, einen Gauner und wollten ihn verprügeln. Doch Tausende harrten aus, saßen, gemeinsam mit Etienne, am Meer und warteten.

Zwei Marseiller Kaufleute, Hugo Le Ferré (»der Eiserne«) und Guillaume Porc (»das Schwein«), als skrupellose Sklavenhändler bekannt, witterten ein großes Geschäft. Denn die Kinder waren »wohlgestalt und von heller Haut- und Haarfarbe«, also durchwegs Ware, die sich im nahen Nordafrika leicht und gut verkaufen ließ, insbesondere Mädchen. Es fiel ihnen leicht, den Verzagten ein »verlockendes« Anbot zu unterbreiten: Kostenlos wollten sie die Scharen, zum Ruhme Gottes, nach Akko ins Heilige Land bringen. Etienne nahm begeistert an. Er sah in den beiden Sklavenhändlern einen »Fingerzeig Gottes«.

Auf sieben Schiffen gingen die Kinder an Bord – es werden daher an die 1.500 gewesen sein, kalkuliert man den Fassungsraum der Seefahrzeuge jener Zeit ein. Mitte Juli verließen sie Marseille ...

Achtzehn Jahre später, im Herbst 1230, traf in Marseille

ein Priester ein, einer jener Geistlichen, die sich dem Kinderkreuzzug angeschlossen hatten. Er erzählte, daß die beiden Kaufleute südlich Sardiniens mit ihren Aufkäufern Rendezvous hatten: Die ganze Menschenfracht wurde umgeladen und nach Bougie in Algerien gebracht, dessen Sklavenmarkt einen guten Ruf hatte. Einige hundert kamen auf die Güter von algerischen Grundbesitzern, um dort zu arbeiten. Andere wurden an alexandrische Händler weiterverkauft, die sie ihrerseits wieder dem Statthalter Ägyptens weiterverschacherten, der einige Dutzend von ihnen, unter anderem den nun heimgekehrten Priester, als Dolmetscher, Sprachlehrer und Informanten über die Sitten der Franken verwendete. Etwa 700 Kinder verschwanden im Vorderen Orient; die Mädchen wurden in Bordelle oder in den Harem der Großen verkauft. Heimgekehrt ist außer diesem Priester keines der Kinder.
Nicht viel besser erging es den Teilnehmern eines deutschen Kinderkreuzzugs. Auch hier der gleiche Ablauf: Ein Hirtenknabe aus dem Rheinland namens Nikolaus predigte im Juli 1212, einige Wochen, nachdem Etienne aufgetreten war, vor dem Altar der Heiligen drei Könige zu Köln, nun sei es an den Kindern, die Wahrheit Christi unter den Sarazenen zu verbreiten. Jugendliche seien in der Lage, alles weit besser zu machen als Erwachsene.
Auch für Nikolaus ist es gewiß, daß sich das Meer teilen werde, um ihn und seine Kreuzfahrerschar durchzulassen. Da aber Christus Frieden und Nächstenliebe gepredigt hat, fordert der junge Prediger Gewaltverzicht: Mit Liebe, mit Überredungskunst werde man die heidnischen Menschenbrüder überzeugen.
Binnen weniger Wochen hatte auch Nikolaus an die 8.000 junge Menschen um sich versammelt, darunter mehr als 3.000 Mädchen, zahlreiches Gesindel und hunderte Dirnen, aber auch weit mehr Söhne aus adeligem Haus, als sie sich Etienne angeschlossen hatten.

Da sie so zahlreich waren, beschloß Nikolaus, den Zug zu teilen. Die erste Gruppe, von Nikolaus selbst geführt, zog über Basel, Genf und den Mont-Cenis nach Genua. Die Bürger der stolzen Hafenstadt hielten die Kinderkreuzfahrer für die – raffiniert getarnte – Vorhut eines deutschen Heeres und erlaubten ihnen nur für eine einzige Nacht in der Stadt zu bleiben.

Auch hier wieder das klägliche Erwachen aus einem Traum: Auch das Meer bei Genua teilte sich nicht. Nikolaus aber hatte eine neue Vision. Das Meer werde sich, so sagten ihm seine Stimmen, anderswo teilen. Über Pisa, wo einige Kinder Schiffsplätze nach Palästina fanden, zog Nikolaus nach Rom, zum Heiligen Vater.

Papst Innozenz III., auf der Höhe seiner Macht, war hilflos verlegen. Die Frömmigkeit und der unbedingte Glaube der Kinder rührte ihn, wie er wohl jeden gebildeten Menschen gerührt haben muß. Als Kirchenfürst und Realpolitiker sah er den Wahn, dem diese Halbwüchsigen folgten, und versuchte sie zur Heimkehr zu überreden. Wie viele auf sein gütliches Zureden hörten, ist unbekannt. Tatsache aber ist, daß Innozenz an diesem Kreuzzug der Kinder keinerlei Schuld trifft. Man darf ihm glauben, wenn er sagt, daß er, hätte er rechtzeitig davon erfahren, alles unternommen haben würde, um den Zug zu verhindern. Freilich: Hilfsmannschaften und Geld, um sie wieder heim zu geleiten, stellte er nicht zur Verfügung.

Der Rückzug der deutschen Kinder war zweifellos eine Tragödie. Nur einige hundert kamen wieder heim, viele verdingten sich unterwegs bei Bauern oder Handwerkern. Die verzweifelten Eltern, ernüchtert und erbost, suchten nach Schuldigen. Sie fanden ihn im Vater des Knaben Nikolaus, der angeblich gewußt haben sollte, daß sein Sohn ein Betrüger war. Weil er sein Kind »aus Ruhmsucht« unterstützte, henkte man ihn im Jahre 1214 zu Köln.

Auch die zweite Gruppe von Nikolaus' Scharen, die sich

bis nach Brindisi an der Adria durchschlug, kam nicht ins Gelobte Land. Die meisten von ihnen, darunter Hunderte blutjunger Mädchen, wurden schamlos bestohlen, die Mädchen geschändet und in Bordelle verkauft, Knaben wenig später im Orient als Lustknaben angeboten – von Christen, nicht von Sarazenen. Nur etwa 250 kehrten wieder nach Hause zurück.

Die Katastrophe der Kinder hinderte Papst Innozenz und seinen Nachfolger Honorius III. freilich nicht, mit unermüdlichem Eifer für einen neuen Kreuzzug zu werben. Der päpstliche Legat Robert de Courçon, ehemaliger Untertan des Königs von England, warb zunächst nur unter den »Mühseligen und Beladenen«.

Doch löste der Papst das Heer schließlich wieder auf. Auch diese Scharen verkörperten nicht den Willen Gottes, teilte man Robert de Courçon mit.

Gab es aber überhaupt noch eine Kraft, die imstande war, Gottes reinsten Willen (wer wußte noch genau, was Gott wirklich wollte?) zu verwirklichen?

Die Katastrophe von Damiette

Das große Laterankonzil vom Jahre 1215 sah Papst Innozenz III. als Herrn der Welt. Könige und Fürsten erklärten, sie seien nicht wert, die Schuhbänder des Heiligen Vaters zu küssen. Und wenn ihre Demut auch gespielt sein mochte – jeder von ihnen fürchtete den eiskalten Blick aus den Augen dieses römischen Adeligen, der, einem antiken Cäsaren ähnlich, in Einsamkeit und Strenge über den Erdkreis herrschte.

Friedrich II., der Stauferkaiser, der Enkel des großen Barbarossa, war das Mündel dieses Papstes, ein junger Mann, der glücklich schien, den großen Kardinal Savelli zum Lehrer haben zu dürfen. Jener Herrscher, der dazu prädestiniert war, der einzige Gegenspieler des Papstes auf Erden zu sein, hing gläubig und vertrauend an den Lippen seiner geistlichen Lehrer.

Wann immer es Innozenz richtig schien, zuckten von Rom aus Bannblitze in alle Himmelrichtungen. Durch bloße Worte vernichtete der Papst die Getroffenen: Der Richter der Welt hatte gesprochen.

Das Laterankonzil sollte den neuen Weltenbau abschließen. Es regnete Dekrete und Gesetze. Immer wieder aber kam Innozenz III. auf seinen Traum zurück: Auf den großen Kreuzzug, der mit der Wiedereroberung Jerusalems enden sollte.

Die Diskussion wurde sachlich geführt. Der Papst ließ sich davon überzeugen, daß das Wort »Kreuzzug« einen neuen Sinn erhalten habe. Hatte es bisher zum Wesentlichsten, ja zum Geheimnis der Kreuzzugsidee gehört, das Heilige Jerusalem, das Grab des Herrn, zu befreien, so bedeutete das Wort nun nur noch den Kampf gegen die Ungläubigen schlechthin. Es war eine Formel, die man gleichermaßen gegen den Islam, gegen gebannte Herrscher, gegen Ketzer und andere »Feinde des Glaubens« (ohne sie genau zu definieren), anwenden konnte: Jeder, der meinte, einen Heiligen Krieg führen zu müssen, konnte sich den neuen, dehnbaren Schutzmantel der Kreuzzugsidee umhängen.

Die Politiker haben zu allen Zeiten diesen Schutzmantel dankbar umgenommen und zahllose Kriege, Rachefeldzüge und dunkle Machenschaften durch das Zeichen des Kreuzes zu heiligen getrachtet.

Das Konzil erklärte eindeutig – und es mögen wohl noch Richard Löwenherz' Erfahrungen eine Rolle gespielt haben –, daß sich der Kreuzzug nur gegen Ägypten richten könne. Das war eine strategische Wahrheit: Mit dem Nildelta als Basis konnte man, unermeßliche Hilfsquellen im Rücken, von Suez und Akko aus gleichzeitig in Palästina einfallen. Der erste Schritt mußte also in Ägypten getan werden.

Der Erfolg schien sicher, als Papst Innozenz von den großen Gelehrten seiner Zeit die Gewißheit erhielt, die 666 Jahre des Antichrist, von denen die Apokalypse spricht, seien demnächst vorbei: Der Antichrist – das war Mohammed, und er wäre in diesen Tagen des Konzils an die 640 Jahre alt geworden (mutmaßliches Geburtsjahr 578). Das Konzil schrieb an den Sultan von Ägypten, el-Adil (jenen, dem Löwenherz die Hand seiner Schwester angetragen hatte), er möge das Heilige Land freiwillig herausgeben; der Zorn Gottes sei nahe.

Aber el-Adil antwortete nicht.

Die großen Prälaten des Konzils stellten in einer geheimen Sitzung betrübt fest, daß die reichen Herren Frankreichs und Deutschlands nicht gewillt seien, das Kreuz zu nehmen. Armes Gesindel indes laufe den Werbern in jeder Zahl zu. Mit vielen Versprechungen und der sensationellen

Bewilligung, auch vom Klerus eine Vermögensabgabe für den Kreuzzug (ein Zwanzigstel der Einkünfte) einzutreiben, bekamen Innozenz III. (er starb schon 1216) und sein Nachfolger Honorius III. den Grundstock eines Kreuzheeres zusammen. Es war ein Schatten jener glanzvollen Scharen, die unter Richard Löwenherz, Philipp von Frankreich und den Staufern nach Palästina gezogen waren.
Zunächst stellte der Papst den frommen und abergläubischen König von Ungarn, Andreas, an die Spitze der Truppen. Von Spalato (Split) in Mitteldalmatien aus reiste der König nach Akko ab, Herzog Leopold von Österreich, der rachsüchtige Gegner Richard Löwenherz', folgte; und schon nach etwa drei Wochen hielt man ersten Kriegsrat in Akko.
Es zeigte sich, daß der König von Ungarn nur auf Reliquienjagd aus war. In Galiläa erbeutete er – und weinte vor Glück! – einen der Krüge, die Jesus auf der Hochzeit von Kana benützt hatte, um das Wasser in Wein zu verwandeln.
Planlose Raubzüge in der Umgebung nützten niemandem, verbitterten aber die Muselmanen, die seit mehr als zehn Jahren mit den Franken in Frieden lebten, sehr zum beiderseitigen Nutzen: Noch niemals zuvor waren die Geschäfte so gut gegangen, hatten Bürger und Edelleute so große Schätze angehäuft. Was bedeutete da der Kampf um das Heilige Grab? Eine unangenehme Unterbrechung des schönen Alltags, die einer Geschäftsstörung gleichkam ...
Auch der König von Jerusalem, Jean de Brienne, dachte nicht anders. Er war der vierte Gatte jener Erbin des Reiches, die nacheinander mit dem homosexuellen Onfroi de Toron, mit dem wilden, ältlichen Lombarden Konrad von Montferrat, danach mit Heinrich von der Champagne verheiratet gewesen war und mit ihrem schönen Körper jeweils das Königreich weitergab (Heinrich war übrigens durch das

offene Fenster seines Palastes in die Tiefe gestürzt, als er einen unüberlegten Schritt rückwärts tat. Sein Hofzwerg Scarlato, der ihn halten wollte, stürzte mit ihm).

Kein Mensch in Outremer konnte sich einen neuen Krieg wünschen. Jean de Brienne wandte seine ganze Beredsamkeit auf, um die Kreuzfahrer nach Ägypten abzulenken. Dem ungarischen König genügte es schließlich, mit dem frisch erbeuteten Haupte des den Ungarn so teuren Märtyrers St. Stephan heimzukehren (daß es zwei weitere Häupter gab, störte ihn nicht). Auch Herzog Leopold von Österreich war klug genug, den Kreuzzug in Ägypten fortzusetzen.

Im April 1218 trafen einander höchst bunt zusammengewürfelte Scharen aus ganz Europa im Nildelta. Von Eifersüchteleien geplagt, erkannten sie nur unwillig den König von Jerusalem als Oberbefehlshaber an, und sogar die Frage, wer als erster an Land gehen dürfe, wurde zum Problem. Gemeinsam mit Herzog Leopold und den Großmeistern der drei Ritterorden, betrat König Jean schließlich am 30. Mai 1218 ägyptischen Boden. Der Fünfte Kreuzzug begann.

Im Ritterheer von Outremer lebten die Traditionen von 1169 weiter. Man wußte, daß Damiette, das Ziel dieses Kreuzzugs, nur von Land und Wasser her anzugreifen war. Pioniere konstruierten einen raffiniert auf zwei Flößen erbauten Belagerungsturm, mit dessen Hilfe zwei Monate später ein Vor-Fort von Damiette genommen wurde, das den Nilarm durch schwere Ketten gesperrt hatte. Die Kreuzfahrerflotte segelte nun bis vor die Mauren von Damiette, das im Laufe der nächsten Monate immer dichter eingeschlossen wurde.

Die Begeisterung des Kreuzheeres war nicht allzu groß. Vielen Kriegern ging es — da es keine Beute gab — alsbald nur noch um pünktlichen Sold. Friesische Matrosen, denen die Sache zu lange dauerte, kehrten Ägypten den

Rücken und segelten heim. Der Papst verfehlte nicht, das Schicksal ihrer Heimat propagandistisch auszuschlachten: Kaum waren die Friesen daheim in Holland, als eine gigantische Flutkatastrophe die Niederlande heimsuchte: »Wer das Kreuzheer vorzeitig verläßt, den trifft Gottes Zorn ...«

Als Damiette eingeschlossen war, etwa um den 31. August, starb der greise Sultan el-Adil, der edle Bruder Saladins, worüber die Kreuzfahrer, die mit Thron- und Nachfolgewirren rechneten, sehr erfreut waren. Die Stimmung hob sich noch weiter, als erhebliche Verstärkungen unter der Führung des Kardinallegaten Pelagius (Pelayo), eines Spaniers, vor Damiette eintrafen.

Der Papst hätte keine unglücklichere Wahl treffen können. Pelagius war ein finsterer Reaktionär, ein unduldsamer Fanatiker und – vor allem – ganz und gar kein Menschenführer und Diplomat. Wenn der Fünfte Kreuzzug erfolglos blieb, dann ist dies ausschließlich seiner Ungeschicklichkeit zuzuschreiben. Es gelang ihm, innerhalb kurzer Zeit alle Adeligen gegen sich aufzubringen. Nur mit Widerwillen befolgte König Jean de Brienne die einander oftmals widersprechenden Befehle des päpstlichen Legaten. Herzog Leopold von Österreich, der schon zum zweitenmal die Strapazen eines Kreuzzugs auf sich nahm, drohte alsbald mit seiner Abreise. Einige italienische Fürsten fuhren tatsächlich heim.

Aber zunächst hatte Pelagius noch Glück. Einer der üblichen Aufstände, wie er in Arabien nach einem Herrschaftswechsel üblich war, zwang den Nachfolger el-Adils, zunächst mit seinem Nebenbuhler abzurechnen. Er mußte, wollte er an der Macht bleiben, viele Truppen aus dem belagerten Damiette herausziehen. Am Morgen des 19. Februar konnten die Kreuzfahrer den letzten Stützpunkt außerhalb der Festung, das Fort el-Adiliya, besetzen. Damiette war nun von einem ehernen Ring umgeben. In der unglücklichen Stadt wüteten Seuchen; es mag wohl die Pest gewesen sein. Zwei Drittel der Soldaten waren krank oder tot; es konnte nur eine Frage der Zeit sein, bis die Stadt übergeben werden mußte.

Das Kreuzheer freilich hatte zu seinem Führer kein Vertrauen. Das ganze Jahr 1219 hindurch unternahm Pelagius nur sinnlose, wenig erfolgversprechende, taktisch einfallslose Angriffe gegen die Festung. Da beschloß ein »Rat der gemeinen Soldaten«, die Sache, die die »Großen« zu verraten schienen, selbst in die Hand zu nehmen. Sie warfen ihren Anführern Trägheit, Feigheit und Unfähigkeit vor, und am 29. August 1219 unternahmen sie, nur von kleinen Offizieren und Feldwebeln angeführt, einen ungeordneten und unkoordinierten Angriff gegen die Mauern von Damiette. Mit Mühe konnten die beschämten Ritter die Soldaten vor der Vernichtung retten.

Herzog Leopold von Österreich aber beschloß daraufhin, dem Kreuzzug und seinen Anführern Valet zu sagen. Mit einem großen Stück des Wahren Kreuzes (es befindet sich in der niederösterreichischen Abtei Heiligenkreuz bei Wien) kehrte er heim, wurde aber wenig später, nach einem Jagdunfall, von einem Gasgangrän am Bein befallen. Vergeblich bat er seine Knechte, ihm das schwärzlich verfärbte Bein abzuhauen. Sie liefen schaudernd davon. Da ergriff er selbst ein Beil und schlug die Gliedmaße ab. Wenige Stunden später war er tot:

Schaudernd erlebte das Volk das Ende all jener, die den Kreuzzug verlassen hatten, ohne Jerusalem erobert zu haben.

Die dunklen Drohungen des Klerus waren nicht zuletzt für die Ohren des jungen Stauferkaisers Friedrich II. bestimmt, der noch als Jüngling einen Kreuzzug gelobt, ihn aber bisher — es waren immerhin schon vier Jahre vergangen — noch immer nicht ausgeführt hatte. Daß der junge Herrscher daranging, sich in seinem normannischen

Erbe, in Sizilien und Süditalien, festzusetzen und Deutschland zu befrieden, war für die Kurie kein Grund für den Aufschub. Kardinäle bedrängten den Kaiser und fuhren mit seiner Zusage, er werde demnächst vor Damiette eintreffen, nach Ägypten. Ihre Botschaft versetzte Pelagius in Hochstimmung. Die Kämpfe nahmen an Heftigkeit zu, beide Teile benützten das Hochwasser des Nils als zusätzliches Kampfmittel, um dem Gegner Lagerplätze und Hospitäler zu überfluten.

Um diese Zeit etwa kam der seltsamste Heilige des Mittelalters, Franz von Assisi, nach Ägypten.

Niemand kann heute nachempfinden, wie Bruder Franz von Assisi auf seine Zeitgenossen wirkte. Es gibt Hunderte von mehr oder weniger gelehrten Büchern, die das innerste Wesen dieses seltsamen Mannes ergründen wollen und ihn abwechselnd als »schwachsinnigen Narren« oder »einzigen wahren Heiligen«, ja sogar als Vorläufer Marxens und Lenins betrachtet sehen wollen. Tatsächlich zog er alle und jeden in seinen Bann, wiewohl er gar nicht gut sprach, und im alten, klassischen rhetorischen Sinne sogar schlecht predigte. Aber da auch die Gegner Franz' bescheinigen, daß man »die Reinheit seines Herzens fühlte«, mag hierin die Wurzel seiner Macht über die Menschen gelegen haben. Wenn man ihm im Mittelalter nachsagte, er habe als Einziger einen Abglanz der göttlichen Liebe zu vermitteln gewußt, wird man seinem Wesen wohl nahekommen.

Franz entschloß sich, den Sultan im Namen Christi, des Friedensfürsten, um Frieden zu bitten, weil »es Gott nicht gefallen kann, daß so viele Menschen und Tiere unter den Kämpfen leiden«. Er erbat und erhielt die Erlaubnis, als Parlamentär zum Sultan zu ziehen. Die Leibwache-Kommandanten des Sultans waren zunächst mißtrauisch: Bruder Franz erinnerte sie an einen unter Haschisch stehenden Assassinen. Schließlich kamen sie aber zur Ansicht, daß »ein Mensch, der so einfach in seinen Gedanken, so

sanftmütig in seinen Taten und so verdreckt am ganzen Körper« war, kein Bösewicht sein konnte: Man ließ ihn zum Sultan vor.
El-Kamil, ein Neffe Saladins, in Reichtum, Bildung und Zivilisation großgeworden, hörte sich den Heiligen ruhig an. Er sei durchaus der Meinung von Franz, sagte er, daß das größte Unheil der Menschheit darin liege, Kriege zu führen, statt einander zu lieben: Aber darin unterscheide sich der Christ kaum vom Moslem. Franz, von der Überlegenheit des Christentums erfüllt, bot an, sich gemeinsam mit einem moslemischen Priester der Feuerprobe zu unterziehen: Man werde sehen, wie er, Franz, überlebe, weil Christus, der Herr, mit ihm sei.
Aber der Sultan winkte ab: Das seien keine echten Beweise; davon halte er nichts; auch würden solche Feuerproben Gott mißfallen. Als er dem Heiligen Geschenke anbot, lehnte Franz entrüstet ab. Auch die Aufforderung, die Schätze unter die Armen der Christen zu verteilen, wies er zurück: »Für die Armen sorgt die göttliche Vorsehung!« – eine Auffassung, die der Sultan nicht teilte.
Eine Schutzwache führte Franz zu den Christen zurück. Der Sultan soll ihn mit den Worten: »Bete für mich, damit Gott geruhe, mir das Gebot und den Glauben zu offenbaren, die Ihm am meisten gefallen . . .«, entlassen haben.
Wenig später bot el-Kamil, der große Schwierigkeiten hatte, das Erbe seines Vaters zu bewahren, einen sensationell günstigen Frieden an: Falls die Kreuzfahrer Ägypten räumten, trete er Jerusalem, Mittelpalästina und Galiläa ab, auch werde er das Wahre Kreuz zurückgeben. Für die Burgen in Outrejourdain, die er behalten müsse, werde er einen Jahrestribut zahlen.
König Jean war begeistert und empfahl die Annahme, alle seine Barone waren gleichfalls dafür. Aber Pelagius, von der Idee durchdrungen, daß man den Islam vernichten müsse, lehnte strikt ab. Man müsse auf das Eintreffen Kai-

Der Kreuzfahrer Heinrich der Löwe, *Herzog von Bayern und Sachsen (oben rechts: Statue auf dem alten Rathaus von Braunschweig), unterwarf sich in seinem Kampf, die Welfenmacht wiederherzustellen, schließlich der Herrschaft Kaiser* Heinrichs VI., *um die Freilassung* Richard Löwenherz' *(oben links, in einer Handzeichnung nach seinem Siegel) zu erwirken, den dessen Kreuzzugs-Rivale* Leopold VI., *Herzog von Österreich, in der Burg* Dürnstein *in der Wachau (unten) gefangen hielt.*

Viele Geschichten und Legenden ranken sich um Franz von Assisi, *den Begründer des Franziskanerordens, eine der wenigen selbstlosen Persönlichkeiten der Kreuzzugszeit.*

Rechts: Gemälde von Cimabue *in der Franziskuskirche von Assisi.*

Unten: »Der Heilige Franziskus schenkt seinen Mantel einem Armen«; Gemälde von Giotto.

ser Friedrichs warten, sagte er, nur er könne solch eine weitreichende Frage entscheiden. Tagelang diskutierten die Kreuzfahrer, ohne zu einer Entscheidung zu kommen. Schließlich setzte sich Pelagius über die Räte hinweg und sandte dem Sultan die Ablehnung.
Zwei Tage später, am 3. November 1219, fanden die Kreuzfahrer Damiette geräumt vor und besetzten es fast ohne Gegenwehr. Die Stadt war voll mit sterbenden Pestkranken, es mochten nur etwa 3.000 Gesunde in ihr weilen. Die Beute war groß und wurde unter die Krieger verteilt.
Der frohlockende Pelagius sah sich bestätigt und hoffte, bald Herr von ganz Ägypten zu sein. Aber der Kaiser, auf den er wartete, kam und kam nicht. Untätig saß das Heer in Damiette und vertrieb sich die Zeit mit Hurereien und Sauforgien, während seine Oberen das ganze Jahr 1220 hindurch Zeit hatten zu intrigieren. Die Herren von Outremer waren empört.
Schließlich erbat und erhielt König Jean de Brienne die Erlaubnis, heimzufahren. Zahlreiche seiner Barone begleiteten ihn, denn man befürchtetete Angriffe auf Akko, Jaffa und Tyros.
Im Frühjahr 1221 sandte Kaiser Friedrich endlich einige tausend Mann unter dem Befehl des Herzogs Ludwig von Bayern nach Ägypten. Mit ihrer Hilfe gedachte Pelagius noch vor dem Eintreffen des Kaisers ins Innere Ägyptens vorzurücken. Einen neuerlichen, gleichlautenden Friedensvorschlag des Sultans – Jerusalem, Galiläa und Palästina zurückzugeben – lehnte er wiederum ab.
Am 4. Juli 1221 zog das Kreuzheer – 5000 Ritter, 4000 Bogenschützen und 40.000 Mann Fußvolk – den Nil aufwärts. Die Nilüberschwemmung stand bevor, aber Pelagius, den man von allen Seiten warnte, schenkte den Fachleuten kein Gehör. Das Kreuzheer schien in guter Stellung, um das Heer des Sultans zu erwarten. Aber das steigende Hochwasser machte einen bislang trockenen Kanal für die

Sarazenen schiffbar, und am Morgen des 20. August mußte Pelagius feststellen, daß ihm der Rückzug abgeschnitten war: Eine starke ägyptische Flotte blockierte ihn, der nun mitsamt seiner Armee auf einer Nilinsel saß.
Herzog Ludwig von Bayern erkannte, daß nur sofortiger Rückzug die Armee retten konnte. Aber nicht einmal darauf konnten sich die Führer des Kreuzzugs einigen. Unorganisiert zog sich das Heer zurück. Viele Soldaten, die große Nahrungs- und Weinvorräte mitschleppten, wollten ihre Beute nicht zurücklassen und fraßen und soffen alles, was sie hatten, auf. Volltrunken und vollgefressen taumelten sie die Rückzugsstraße entlang. Brände, die sie legten, verrieten den Muselmanen ihre Absicht. Der Sultan ließ die Schleusen öffnen, und der noch immer ansteigende Nil überschwemmte den Rückzugsweg.
Tausende betrunkene Kreuzfahrer fanden in den Fluten den Tod. In diesem Augenblick griff auch die nubische Reiterei des Sultans ein. Der Rückzug nach Damiette, das nur wenige, unter ihnen der unselige Pelagius, erreichten, wurde zur Katastrophe. Nun war es das Kreuzheer, das Frieden anbieten mußte, nicht mehr der Sultan.
Das Ergebnis war mager genug, denkt man an die Möglichkeiten, die Pelagius vertan hatte: Der Sultan bot einen achtjährigen Waffenstillstand und die Rückgabe des Wahren Kreuzes — wenn man Damiette räume. Darauf mußte Pelagius mit seiner Armee, deren Stimmung katastrophal war, eingehen. Am 8. September 1221 räumte das Kreuzheer die Festung Damiette; als man den Christen das — versprochene — Wahre Kreuz übergeben wollte, war es nicht mehr aufzufinden ...
In Ägypten, das vordem Religionsstreitigkeiten nicht gekannt hatte, fachte der Fünfte Kreuzzug eine Welle von Christenverfolgungen an. Die christlichen Kopten, seit tausend Jahren unangefochten im Lande, wurden mit ungeheuren Steuern belegt, viele ihrer Kirchen geschlossen

und ausgeplündert. Niemals mehr hatten Christen die Chance, zu hohen und höchsten Ämtern des Landes aufzusteigen.
Wieder einmal hatte ein Kreuzzug nichts erreicht. Ja noch ärger: Er hatte die Lage der Christen verschlechtert.

Sieg des Zynismus: Friedrich II.

Den modernen Psychologen, der der charakterbildenden Erziehung eines Menschen wesentliche Bedeutung beimißt, muß es erstaunen, daß der letzte Hohenstaufenkaiser Friedrich II. kein Monstrum auf dem Thron geworden ist: Als Zweijähriger verlor er seinen kaiserlichen Vater, Scharen von trockenen, ältlichen Klerikern, an der Spitze Kardinal Savelli, der spätere Papst Honorius III., erzogen an dem klugen, schönen und liebevollen Kind so lange herum, bis sie einen Dreizehnjährigen herangebildet hatten, der es an schwarzem Zynismus und Menschenverachtung mit einem Greis aufnehmen konnte.
Mehrfach versuchte man den Erben des Normannenreiches und König von Deutschland zu vergiften, Mörder schlichen in den Palast, der dem Kind Wohnung, aber nicht Heimat war. Wenn er je Liebe empfand, dann zu den sarazenischen Offizieren, aus denen seine Leibwache bestand.
Als jungen Mann von 24 Jahren sehen wir ihn, geschildert von einem Freund, vor uns: Nicht so groß wie sein Großvater, der Rotbart, aber von breitschultrigem Wuchs. Ein schönes, regelmäßiges Gesicht mit vollen Lippen, die recht sinnlich und orientalisch wirkten, ein heller Teint, zu dem roten Haar seiner Vorfahren passend. Kalte, grüne Augen, die – unter Kurzsichtigkeit leidend – immer ein wenig zusammengekniffen waren und relativ tief in den Augenhöhlen lagen. Die Stirn ein wenig zu hoch, aber das ganze Antlitz beherrschend, die Statur schon mit 24 ein bißchen fettleibig.
Als ein Wunder an Bildung ist er den Zeitgenossen er-

schienen. Er sprach fließend (»So, daß er in der fremden Sprache Witze machen konnte«) französisch, deutsch, lateinisch, griechisch und arabisch. Als »Muttersprache« muß wohl der sizilianische Dialekt jener Zeit gelten, den Friedrich, sehr zum Unwillen seiner deutschen und italienischen Berater, nur allzugerne sprach und von dem niemand, außer einem Sizilianer, auch nur ein Wort verstand.

Daß er dichten konnte, ist bekannt: Erst jüngst hat man sein »Lehrbuch der Falkenjagd« neu herausgegeben. Es entzückt durch die Klarheit der Sprache und die Fülle von exakten Naturbeobachtungen.

Seine Allgemeinbildung war in einer Zeit, da viele große Fürsten zur Unterschriftsleistung eine Schablone benützten, faszinierend. Geographie und Naturwissenschaft liebte er besonders, Alchimisten und Ärzte diskutierten mit ihm; das Philosophieren über religiöse Fragen gehörte zu seinem Hof wie der Harem, den er, einem orientalischen Sultan gleich, überallhin mit sich führte. Eunuchen bewachten die kaiserlichen Konkubinen, arabische Liebeskünstlerinnen unterrichteten die Haremsfrauen. Gefiel ihm ein Mädchen, so versuchte er, es zu kaufen. Mißlang dies, so ließ er es einfach holen und in seinen Harem einreihen.

Nicht nur in seiner Auffassung über die Geschlechter-Beziehungen erwies er sich als Orientale; immer und überall schimmert seine Freundschaft zu sizilianischen Sarazenen durch, und die unbedenkliche Grausamkeit, mit der er Feinde nicht nur tötet, sondern, naiv erfreut, vorher quält und martert, die Bedenkenlosigkeit, Sarazenen gegen Christen kämpfen zu lassen und durch Intrigen und Lügen Vorteile zu erringen.

Von dem Bild, das die deutsche Romantik des 19. Jahrhunderts von ihm entwarf, bleibt bei genauem Studium nichts zurück. Der letzte Stauferkaiser ist kein liebenswerter, aber ein genialer, kein deutscher, aber ein großer

Herrscher, kein Vorläufer eines »Kulturkampfes« in der Sicht der 70er Jahre des 19. Jahrhunderts, das ihn zu seinem Apostel machen wollte, sondern ein zynischer, atheistischer, sein Christentum heuchelnder Monarch, der im Renaissance-Zeitalter unter seinesgleichen nicht aufgefallen wäre. Im 13. Jahrhundert aber war er »der Schrecken und das Entzücken« der Christenheit.

Daß er sich, aus vielerlei Gründen, immer wieder vor dem Antreten seines Kreuzzugs drückte, erbitterte die Päpste. Als er schließlich wirklich ernsthafte Gründe hatte, nicht ins Heilige Land abzureisen, glaubte man ihm in Rom nicht mehr.

Dabei hatte er schon längst einen triftigen Grund, das Königreich Jerusalem aufzusuchen. Er hatte die Krone von Outremer erheiratet:

Im Jahre 1222 kam der sehr fähige Großmeister des jungen Deutschen Ritterordens, Hermann von Salza, als »Heiratsvermittler« nach Europa. Die Braut, die er anzubieten hatte, war die Erbin von Jerusalem, König Jean de Briennes einzige Tochter Jolande. Jean war schon siebzig und wollte das wiederhergestellte Königreich nicht ohne kräftigen Erben wissen.

Hermann von Salza kam gemeinsam mit König Jean nach Rom und machte den Papst mit dem Gedanken vertraut, die blutjunge Prinzessin Jolande mit dem Stauferkaiser zu verheiraten: Als König (oder Prinzgemahl) von Jerusalem werde Friedrich den Kreuzzug nicht aufschieben können.

Der Papst war begeistert, und König Jean wurde beruhigt: So lange er lebe, werde er König bleiben, versicherte ihm Hermann von Salza. Auch Friedrich war einverstanden: Im August 1225 ließ er sich mit der jungen Prinzessin — sie war knappe vierzehn Jahre alt — durch einen Stellvertreter in Tyros trauen. Vierzehn Tage lang folgte Fest auf Fest: Darin waren die Fürsten Outremers noch

immer unerreicht. Dann schiffte man die junge Kaiserin ein. Sie weinte bitterlich, als sie ihre Heimat verließ: »Ich empfehle dich Gott, mein liebes Syrien, ich werde dich niemals mehr wiedersehen«, schluchzte sie.
Der Kaiser erwartete zusammen mit dem Brautvater Jean Prinzessin Jolande in Brindisi, in dessen Kathedrale das Paar mit wahrhaft kaiserlichem Prunk getraut wurde.
Aber schon die Hochzeitsnacht brachte der Prinzessin eine schreckliche Enttäuschung. Als der Brautvater, König Jean, am Morgen nach der Trauung bei seiner Tochter erschien, fand er die junge Kaiserin in Tränen aufgelöst. Schluchzend erzählte sie ihrem Vater, daß der Kaiser zuerst mit ihr geschlafen, eine Stunde später aber eine Kusine, die als Kammerfrau vor der Türe symbolisch Wache halten sollte, verführt habe.
Der wütende Brautvater drang, nach etlichen vergeblichen Versuchen, endlich zum Kaiser vor. Der empfing ihn eiskalt. Ganz Majestät, sagte er, daß er sich von niemandem Vorschriften machen lasse. Auf den Einwand Jean de Briennes, noch sei er König von Jerusalem und er werde schon zeigen, wer der Herr sei, erwiderte der Kaiser kühl: Er, Friedrich, habe sich niemals und nirgendwo verpflichtet, nach der Trauung mit Jolande einen König Jean mitregieren zu lassen. Und im übrigen solle er sich, eingedenk der Tatsache, daß er nun nur noch – und wieder – der kleine Abenteurer von einst sei, zum Teufel scheren. Um die Demütigung noch zu vollenden, befahl Friedrich seiner Leibwache, sie möge dem Ex-König eine größere Summe Goldes – ein für Jerusalem bestimmtes Erbteil des französischen Königs – abnehmen.
Wütend, aber hilflos, verließ Jean Brindisi und raste nach Rom, wo ihn Papst Honorius tröstend empfing. Er könne, sagte der Heilige Vater, von seinem guten Schüler Friedrich solches nicht glauben . . .
Um Jean zu versöhnen, verschaffte er dem beschäftigungs-

losen Ex-König eine einträgliche Pfründe: Reichsverweser in Konstantinopel, einen Posten, den der greise Abenteurer bis zu seinem Tode im Jahre 1237 ausfüllte.

Der Papst rief Friedrich neuerlich zum Kreuzzug auf, und der Kaiser bekräftigte, wie stets, seine unumstößliche Absicht, nun endgültig aufzubrechen. Kämpfe mit den lombardischen Städten hielten ihn auf; als Honorius III. im März 1227 starb, gab es noch immer kein Kreuzheer.

Der neue energische Papst Gregor IX. kam vom Mönchtum her und haßte so gut wie alles an Friedrich. Zwischen den beiden Oberhäuptern der Christenheit konnte es kein gemeinsames Band geben: Ein alter Mann, jeder geistigen Spekulation abhold und humorlos, ein Mönch mit Hang zum Zelotismus – der Papst; ein junger, zynischer, über Gott und die Menschen spottender Freigeist – der Kaiser: Wie sollte man da die gleiche Sprache reden können?

Die Konfliktstoffe fanden sich sozusagen von selbst.

Da war das Schicksal der jungen, unglücklichen Kaiserin Jolande: Sie, die Erbin des heiligsten Königreiches der Christenheit, saß, eingeschlossen in die parfümierte Scheinwelt eines orientalischen Harems, als Gefangene ihres gleichgültigen Gatten in Palermo. Friedrich kam alle paar Monate, um mit ihr – und zahlreichen anderen seiner Frauen – zu schlafen; er ließ sie deutlich fühlen, daß er sie nicht begehrte, und sandte ihr erst ein Geschenk, als sie schwanger war. Im April 1228 gebar sie einen Sohn, den späteren deutschen König Konrad IV., und starb im Kindbett.

Friedrich meinte zynisch, der Zweck ihres Lebens sei erfüllt. Daß Jolande eines der unglücklichsten Opfer in der langen Reihe der für politische Ziele geopferten Prinzessinnen von Outremer war, empfand erst eine spätere Zeit.

Für Friedrich war Jolandes Tod eine unangenehme Komplikation seiner Politik. Er war nun nicht mehr, kraft seiner

Ehe, König von Jerusalem, sondern besaß – wenn es die Barone Outremers wollten – nur als Vormund seines kleinen Sohnes, wenn überhaupt, ein Mitspracherecht. Daß die Barone es ihm freiwillig einräumen würden, das glaubte wohl niemand.

Friedrich, der dauernd vom Papst gedrängt wurde, endlich nach dem Heiligen Land aufzubrechen, war nun dazu entschlossen. Er wollte mit dem Kreuzzug seine Herrschaftsansprüche durchsetzen. Das Heer – es bestand so gut wie ausschließlich aus seinen deutschen und normannischen Vasallen – versammelte sich in Süditalien, um sich einzuschiffen. Dort aber brach eine Typhusepidemie aus. Auch der Kaiser erkrankte, verließ im September 1228 das Heer und ließ sich daheim, in Sizilien, von seinen sarazenischen Ärzten gesundpflegen.

Papst Gregor IX. war außer sich vor Zorn über diesen neuen »Betrug im Zeichen des Heiligsten Kreuzes«, wie er es nannte: Er glaubte dem säumigen Streiter Friedrich kein Wort über seine Krankheit, was, wie man zugeben wird, nicht wunder nimmt. Im November verkündete er zu St. Peter in Rom feierlich den Kirchenbann über den Kaiser. Friedrich, der sich im Recht fühlte, sandte an alle Herrscher und hohen Prälaten Europas eine Gegendarstellung, wies die »Anmaßung des Papstes« zurück und teilte mit, sowie er gesund sei, werde er ins Heilige Land aufbrechen.

Das Groteske der Situation nimmt rasch zu: Der Papst verbietet dem Kaiser, der ein »Niemand, ein Verstoßener, ein Exkommunizierter, ein Geschöpf des Satans« ist, zum Kampf für die Heiligsten Stätten aufzubrechen. Aber der »Satansdiener« bricht nach Übersee auf. Man läßt ihn keine Kirche betreten und keine Messe hören: Verflucht jeder Priester, der ihm die Hostie reicht. Aber Friedrich findet gleichwohl genug Priester, die es tun. Unter gegenseitigen Flüchen und Beschimpfungen starb ein weiteres

Stück der kaiserlichen und päpstlichen Autorität, die den Geist des Mittelalters bestimmt hatte.

Am 28. Juni schiffte sich Friedrich mit 600 Rittern nach dem Heiligen Land ein. Schon während eines Zwischenaufenthaltes auf Zypern, wohin Friedrich die Barone Outremers geladen hatte, kam es zu schweren Zerwürfnissen zwischen dem Kaiser und den Fürsten.

Es ist ohne seitenlange Darlegungen der verwickelten Verwandtschafts- und Erbverhältnisse unmöglich, zu erklären, weshalb der mächtigste Herr von Outremer, Jean d' Ibelin, ein starrsinniger, stolzer Adeliger konservativster Prägung, meinte, er habe sowohl auf Zypern, auf Beirut, ja unter Umständen sogar auf die Krone Jerusalems mehr Anrecht als der Kaiser. Und Jean d' Ibelin war nicht der Mann, seine Ansichten vor dem Kaiser geheimzuhalten.

Friedrich wiederum fühlte sich als Imperator.

Dem sizilianischen Kaiser lag freilich die großangelegte Intrige, das romanische Spiel mit der Macht, die hinterhältig-freundliche Maskerade näher als offene Geradheit und Brutalität. Er lud die Familie Ibelin zunächst zu einem Bankett. Der Chronist:

»Er empfing sie recht festlich, und mit viel Anschein von Freude, und es schien, als hätten seine Feinde falsch geurteilt. Er schenkte ihnen, die schwarze Trauerkleider wegen des Todes eines Verwandten trugen, scharlachrote Kleider und Juwelen ... In der gleichen Nacht ließ der Kaiser heimlich eine Tür in der Wand eines Zimmers öffnen, das auf den Garten ging. Durch diese Geheimtüre schleuste der Kaiser mehr als dreitausend Bewaffnete ein. Sie wurden auf die Ställe und Zimmer verteilt, und die Tür wurde hinter ihnen geschlossen, bis zur Stunde des Essens, wenn die Tische aufgestellt und das Wasser gereicht war.«

Es wurde ein seltsames Festmahl. Die beiden Söhne Jean d' Ibelins bedienten an der Tafel als Mundschenk und Vor-

schneider. Nach dem letzten Gang des Essens traten die Bewaffneten hervor, zogen ihre Schwerter und stellten sich hinter jeden Franken von Outremer, der am Tische saß:
»Die Barone versuchten, unbefangen zu erscheinen, da aber begann Friedrich: ›Ich ersuche Euch um zweierlei: Daß Ihr mir die Stadt Beirut übergebt, denn Ihr besitzet sie unrechtmäßig, und das zweite: Daß ihr mir alles übergebt, was Ihr in den letzten zehn Jahren an Pacht von Zypern eingenommen habt. Das ist, nach deutschem Brauch, mein Recht!‹
Aber Jean d' Ibelin ließ sich nicht einschüchtern. Er wies die Forderungen zurück und schloß:
»Seid gewiß: Aus Furcht vor dem Tode werde ich nichts von dem tun, was Ihr verlangt, es sei denn, daß mich das Urteil eines guten und ehrlichen Gerichtshofes dazu verurteilt.«
Friedrich geriet in großen Zorn: ». . . ich werde Euch schon zeigen, daß all Eure Schlauheit und Spitzfindigkeit nichts wert sind gegen meine Macht!«
Ein offener Konflikt schien unausbleiblich. Aber die Stellung des Kaisers war nicht so gut, wie er den Baronen vorspielte: Papst Gregors Agenten und Sonderbeauftragte verkündeten in allen Kirchen Outremers, daß Friedrich exkommuniziert sei. Daraufhin lehnten die Tempelritter und die Johanniter jede Zusammenarbeit ab. Der Patriarch von Jerusalem ließ mitteilen, er werde den Kaiser nicht empfangen und befahl eine juridische Untersuchung über die Frage, ob Lehenseide, die man einem gebannten Herren geleistet habe, Gültigkeit behielten.
Friedrich, der sein Ziel – eine Einschüchterung der Barone – erreicht zu haben meinte, ließ sich schließlich zu einem Kompromiß überreden. Die Familie Ibelin durfte abziehen und Beirut behalten, zur Erfüllung gewisser finanzieller Forderungen aber mußte der alte Ibelin seine Söhne als Geisel zurücklassen, die Friedrich sogleich »hart

und mit dicken Seilen« ausgerechnet an – ein Kreuz fesseln ließ.
Es ist unschwer zu erraten, wie nach diesem Vorspiel der »Kreuzzug« des Kaisers im Heiligen Land empfangen wurde.
Friedrichs Heer war klein. Angesichts der Feindschaft der Barone war an eine Unterstützung durch die Franken nicht zu denken, ein Kriegszug gegen die Sarazenen also unmöglich. Friedrich, der zahlreiche arabische Spione beschäftigte, erfuhr bald, daß sein Gegner, der Herrscher Ägyptens, Sultan el-Kamil, nicht minder große Schwierigkeiten habe. Eine rege diplomatische Tätigkeit – Friedrich entsandte seine tüchtigsten Unterhändler nach Kairo – begann. Ende 1228 begannen zähe Verhandlungen über eine diplomatische Lösung der Nahost-Frage (um sich modern auszudrücken) . . .
Die beiden Herrscher, Friedrich und el-Kamil von Ägypten, bewunderten einander. Keiner von ihnen war Fanatiker, jeder von abgrundtiefem Zynismus erfüllt und Menschenverächter. Im Gespräch mit mohammedanischen Unterhändlern sprach Friedrich einen Satz, der für einen mittelalterlichen Menschen undenkbar und unvorstellbar scheinen mußte. Die Chronisten überliefern ihn denn auch, ob Moslems oder Christen, mit Schaudern.
Friedrich sagte: »Seien wir doch einmal ehrlich, meine Herren: Im Grunde sind unsere Propheten Moses, Jesus und Mohammed alle miteinander fromme Schwindler und Betrüger.«
Entsetzt schwieg die Corona am Beratungstisch, nur Friedrich lächelte freundlich, als habe er etwas Selbstverständliches ausgesprochen.
Schließlich schrieb Friedrich dem Sultan einen Brief, der zeigt, worum es ihm ging: »Könige und Päpste sind von meiner Reise unterrichtet; kehre ich zurück, ohne etwas erreicht zu haben, würde ich jede Achtung in ihren Augen

verlieren; ... ich bitte Euch, übergebt mir Jerusalem in dem tiefsten Elend, in dem es sich jetzt befindet, damit ich bei meiner Rückkehr unter den Königen den Kopf hochtragen kann. Ich verzichte im vorhinein auf alle Vorteile, die ich daraus ziehen könnte.«

Dieser Brief, der in seltener Offenheit darlegt, worum es dem Kaiser nur noch ging, scheint den Sultan, der wohl ganz ähnlich dachte, überzeugt zu haben. Schon am 11. Februar 1229 kam ein endgültiger Vertrag zustande. Das Königreich Jerusalem erhielt die alte Hauptstadt zurück, außerdem Bethlehem, Nazareth und Teile von Galiläa sowie einen Korridor zu Heiligen Stadt, der über Lydda zur Küste reichte. Südpalästina und die großen Festungen des Transjordanlandes blieben dem Sultan, der sich außerdem – auch er, um sein Gesicht nicht zu verlieren – das dem Islam heilige Viertel Jerusalems mit der el-Aqsa-Moschee und dem Felsendom zurückbehielt. Ein Frieden für zehn Jahre sollte das Abkommen besiegeln.

Alle jene, die in den Kreuzzügen mit ihren Strömen von vergossenem Blut, ungeheuren Greueln und Verwüstungen nur die sinnlosen Anstrengungen einer vom Papsttum verhetzten Christenheit sehen wollen, haben hohnlachend auf diesen Erfolg des exkommunizierten Kaisers hingewiesen, der, ohne einen Schwertstreich, genau das erreichte, wofür andere zu Tausenden starben.

Der Kaiser selbst scheint sich als Befreier, Retter und Heros des Heiligen Landes gefühlt zu haben. Er erwartete wohl auch, daß man ihn als solchen bejubeln und feiern werde. Aber ringsum im ganzen Land erhob sich keine Hand zum Jubel, nicht einmal zum Gruß.

Die Barone hatten keinen Grund, Friedrich zu beglückwünschen: Was mochte der neue Herrscher ihnen schon Gutes bringen außer eine straffe, bürokratische, antifeudale Zentralverwaltung, wie er sie schon in Sizilien praktizierte?

Zudem mußte jedem, auch dem kleinsten Strategen, klar sein, daß man eine Stadt, die nur durch einen Korridor erreichbar war, niemals verteidigen konnte. Mit einer gewissen Berechtigung sahen die Adeligen in dem Abkommen das, was man heute eine »Augenauswischerei« nennen würde.

Was Friedrichs Triumphzug hätte sein sollen — der Ritt hinauf nach Jerusalem, als Befreier der seit einem halben Jahrhundert muselmanischen Heiligen Stadt —, er wurde zu einer gespenstischen Heerfahrt durch Dörfer und Städte ohne Menschen. Die Kirchen waren vor ihm versperrt worden, fanatische Priester, Mönche und Nonnen fluchten hinter dem Kaiser drein, alte Weiber zeigten dem Exkommunizierten den nackten Hintern, allenthalben hielt man ihm die gespreizten Finger, das Zeichen gegen den bösen Blick, entgegen.

Als er am 17. März 1229 in Jerusalem einzog, begleiteten ihn nur seine deutsch-sizilischen Truppen (daß unter ihnen 400 sarazenische Leibgarden waren, empörte die Christen natürlich besonders) und ein Aufgebot des Deutschen Ritterordens. Das kleine Häuflein der Prälaten, das dem Bannfluch des Papstes trotzte, hielt zwar tapfer aus, wurde aber mit Unrat beworfen.

Am nächsten Tag, einem Sonntag, betrat Friedrich das Allerheiligste der Christenheit, die Grabeskirche, wo ein deutscher Priester vor einer Handvoll der engsten Mitarbeiter des Kaisers die Messe las. Friedrich ließ die Krone des Königreichs Jerusalem auf den Passionsaltar legen und setzte sie sich dann selbst aufs Haupt.

Mit einer Laudatio auf den neuen König, die der Großmeister des Deutschritterordens rasch und lieblos verlas, war die Zeremonie auch schon beendet, und zurück ging es durch menschenleere Straßen in den Palast der Johanniter, in dem der neue König wohnte.

Ein erster Kronrat, den er einberief, und dem Abgesandte

der Adeligen Outremers und der Ritterorden Folge leisteten, war nur kurz. Einziger Beratungspunkt, über den man sich einigen konnte, war die Neubefestigung der Heiligen Stadt.
Sofort nach dem kurzen Kronrat begab sich Friedrich zu einem zwanglosen Bummel in das Moslemviertel der Stadt. Dort erst lebte er auf. Er unterhielt sich scherzend mit den Moslems, machte Wortspiele mit, an denen die arabische Sprache so reich ist, und erwies sich als leutseliger Herr. Aber auch dieser Ausflug, entsprechend kommentiert, trug nicht dazu bei, ihn bei den Christen sympatischer zu machen.
Zwei Tage später erschien im Auftrag des Papstes der Bischof von Caesarea in Jerusalem. Er war berechtigt, über die Heilige Stadt das Interdikt zu verhängen, weil sie den »Satansdiener Friedrich« in ihren Mauern duldete. Um weiteren Komplikationen auszuweichen, und weil es ihm in Jerusalem ohnedies nicht gefiel, ritt Friedrich mit dem Heer hinunter nach Akko, wo er den Baronen die Vorteile des neuen Vertragswerkes zu erläutern suchte. Aber er traf auf kein Verständnis.
Ein Versuch, die unbotmäßigen Untertanen mit Polizeiterror zu bändigen, scheiterte gleichfalls. Leidtragende waren diesmal die kleinen Kaufleute und Handwerker, die durch die Schikane der sarazenischen Polizeibüttel Friedrichs in ihrem Beruf behindert wurden. Wo immer er sich nun zeigte, ertönten Pfiffe und wildes Geschrei. Als schlimme Nachrichten aus Italien eintrafen, beschloß Friedrich, das so seltsam erfolgreich-mißlungene Abenteuer zu beenden und heimzureisen.
Am 1. Mai 1229, bei Sonnenaufgang, um nur ja niemanden auf den Straßen zu treffen, schlich er sich auf ein Schiff, das ihn heimbringen sollte nach Sizilien:
»Da geschah es, daß die Schlächter aus den benachbarten Straßen ihn verfolgten«, schreibt der Chronist, »und ihn

unflätig bewarfen mit Kaldaunen und Gedärm, so daß er von Tierkot ganz bespritzt ward.«

Gemurmelte Flüche waren das letzte, was Friedrich zur Küste Palästinas hinübersandte.

Vierzehn Jahre nur – und Jerusalem ging für immer verloren. Am 11. Juli 1244 eroberte ein Heer von choresmischen Turkvölkern die wehrlose Stadt.

Es sollte mehr als 650 Jahre dauern, ehe sie wieder von einem christlichen Heer betreten werden sollte.

In der Heidelberger Liederhandschrift aus dem 14. Jahrhundert findet sich diese Darstellung Kaiser Heinrichs VI. *Mit seinen Weltherrschaftsplänen unterstützte er trotz päpstlichen Bannspruchs die Kreuzpredigt und rief die deutschen Fürsten zur Fahrt in den Orient auf.*

Friedrich II. *bricht mit seinen Rittern zum Fünften — kampflosen — Kreuzzug auf.*

Rechts: Ein Münzbild.

Unten: Eine etwa 130 Jahre jüngere Zeichnung aus einer Handschrift in der Vatikanischen Sammlung. Sie zeigt Friedrich mit Kleidung und Krone aus dem 14. Jahrhundert.

Letzte Chance: Pakt mit den Mongolen

Kaiser Friedrich II. war nicht der Mann, ein Gebiet, das er besaß und von dem er überzeugt war, daß es ihm von rechts wegen zustand, freiwillig aufzugeben. Auch wenn er Palästina recht schimpflich verließ, so ließ er doch eine starke staufische Besatzung in Akko zurück, ein Gegengewicht gegen all jene Barone Outremers, die ihn so heftig bekämpft hatten.

Seine brutalen süditalisch-lombardischen Vögte, unterstützt von den Herren des Deutschen Ritterordens, entzweiten das Land schließlich vollständig. Die italienischen Kaufleute taten ihr übriges, um den Konflikt um die Macht im Staat in einen schäbigen Kleinkrieg um Handelsvorteile und Zollbegünstigungen ausarten zu lassen.

Von allen Seiten bedroht, hatte Outremer nichts anderes zu tun, als einen blutigen und gehässigen Brüderkrieg zu führen. Schlachten in und um Jaffa, Seegefechte vor der Hafeneinfahrt Akkos, brutale, wenngleich ritterlich maskierte Prügeleien zwischen den vornehmen Todfeinden aus den alten Ritterorden der Templer und Johanniter ließen die Muselmanen ruhig schlafen: Von diesen Franken drohte keine Gefahr.

Der Papst in Rom war damit beschäftigt, Europa gegen den Staufer-Kaiser anzuführen, dessen Macht in Italien grenzenlos zu werden drohte; auch mußte er gegen die Ketzer in Südfrankreich vorgehen, alles Projekte, die sich am leichtesten verwirklichen ließen, wenn man den Soldaten Christi, die sich zu solchen Feldzügen anwerben ließen, die Vergünstigungen eines Kreuzfahrers gab: Nachlaß aller Sünden und das Versprechen, im Todesfalle ohne Fegefeuer direkt in den Himmel zu kommen.

Dem gläubigen Christen war das alles ein Greuel. Wie stets in Zeiten, da von der geistlichen und weltlichen Obrigkeit kein Licht ausstrahlt, gehen Prophezeiungen um, die eine Weltwende oder zumindest eine Wendung zum Besseren durch mystische Vorgänge und Personen erhoffen.

Schon nach der Eroberung Jerusalems durch Saladin erregte ein anonymer Bericht alle Mystiker und Schwärmer Europas: Der »Erzpriester Johannes«, ein christlicher Presbyter mit unermeßlich großem Heer, von der Gnade Gottes geleitet, stehe bereit, um der Sache Jesu Christi zum Siege zu verhelfen. Seit diesen Tagen verschwand das »Heer des Erzpriesters Johannes« niemals mehr aus der Vorstellungswelt der Hoffenden und Verzweifelten.

Noch in unserem Jahrhundert hat man angenommen, daß dieser Erzpriester mit dem Negus von Äthiopien, dem einzigen christlichen Herrscher Afrikas, identisch gewesen sein könnte. Heute hat sich die Auffassung durchgesetzt, daß sich hinter dem Wort »Johannes« die mongolische Bezeichnung »Ong-Khan« (was etwa so viel wie »Ober-Khan« bedeutet) verbirgt.

Das – vornehmlich in China und der Sowjetunion betriebene – Studium der Geschichte der Mongolen festigte das Wissen Europas um die Existenz christlicher Gemeinden in Zentralasien bis nach China hinein. Der Ong-Khan des Mongolenstammes der Keraiten, Toghrul war höchstwahrscheinlich ein nestorianischer Christ. Er lebte um 1180, also genau zu jener Zeit, da die Legende vom »Erzpriester Johannes« Europa erreichte, jene Legende, die von diesem »christlichen Herrscher« Rettung und Sieg erwartete.

Der Europäer ist es gewohnt, die Mongolen den Hunnen der Völkerwanderungszeit gleichzusetzen, zwischen At-

tila und Dschingis Khan keinen Unterschied zu machen und in dem unwiderstehlichen Mongolenheer nur den Ausbruch der asiatischen Massen — seelenloser, kulturloser Horden — zu erblicken. Das ist ganz falsch:
Nichts in diesem gigantischen Heer von einigen hunderttausend Reitern war dem Zufall überlassen. Es ist erstaunlich und bewundernswert, wie präzis und wirkungsvoll die Befehle von oben nach unten — in einer streng hierarchisch organisierten Vorgesetzten-Pyramide — weitergeleitet wurden. Vom Khan bis zum Zehnerschaftsführer gab es auf einem ausgezeichnet funktionierenden Dienstweg eine ununterbrochene Kommunikation, nichts war sich selbst überlassen, überall saß irgendein Vorgesetzter, der weiter dachte, alles besser übersah und seinerseits klugen Anweisungen folgte.
Es kann kein Zweifel darüber bestehen, daß die Weisheiten des uralten Kulturlandes China (es wurde 1215 überrannt) die Mongolen weitgehend beeinflußt haben. Nur so ist es zu verstehen, daß die Großkhane auf einem Schlachtfeld, das von Peking bis Schlesien und von Moskau bis an die ägyptische Grenze reichte, niemals den Überblick über ihre Heere verloren. Ein Feldzug, wie ihn die Mongolen seit etwa 1180 führten, ging in Planung, Strategie, Taktik und Nachschubvorsorge über alles hinaus, was sich — auch rein geographisch — ein europäischer Herrscher des Mittelalters überhaupt vorzustellen vermochte. Jeder Heerführer des Abendlandes war gegen einen Mongolen-General ein ahnungslos drauflosstürmender Räuberhauptmann.
Die Mongolenheere kamen in voller Kenntnis der politischen und wirtschaftlichen Lage in die zu bekämpfenden Länder. Sie wußten über die geistigen Strömungen im Kalifat Bagdad ebenso Bescheid wie über die Thronwirren in Ungarn. Sie kannten die dogmatischen Streitigkeiten zwischen der Ostkirche und Rom und sie nutzten sie, um Ver-

bündete zu suchen. Sie bieten also der mittelalterlichen Welt das Schauspiel einer unüberwindlichen, allwissenden Kriegsmaschine: Eine »Geißel Gottes«, ein »Werkzeug Satans«, ist über die Menschheit hereingebrochen.

Denn das Ergebnis der Mongolenfeldzüge unterschied sich in nichts von dem der Hunnen: Die Reiterarmeen rasten durch die bewohnte Welt und hinterließen das, was man seit 1943 »verbrannte Erde« nennt. Südrußland, die Krim, Kiew, Galizien, Polen, Ungarn, Ostschlesien, Nordrußland – alles wurde bis zum Jahre 1245 verwüstet, einige Länder so sehr, daß sie sich erst nach Jahrhunderten wieder erholten.

Europa hatte dem Mongolenheer nichts Gleichwertiges entgegenzustellen. Man konnte nur, wie es das deutsch-polnische Ritterheer bei Liegnitz (1241) tat, aushalten, so gut es ging, und sterben.

Es ist eine Ironie der Geschichte sondergleichen, daß ausgerechnet jene Mongolen, die den Osten Europas »ausradierten« (um bei zeitgenössischen Formulierungen zu bleiben), aus der Sicht der Kreuzfahrer, aus der Sicht von Outremer, jene ans Wunderbare grenzende Rettung zu sein schienen, die die Legende vom »Erzpriester Johannes verhieß.

Denn zehntausende Mongolen waren Christen. Wir wissen heute, daß seit etwa 430 Mönche und Kaufleute von Syrien aus bis nach China missionierten. Die christliche Lehre, die sie verbreiteten, war die des oströmischen Bischofs Nestorius, den ein Konzil im Jahre 430 als Irrlehrer brandmarkte. Er hatte behauptet, die menschliche Natur in Christus überwiege bei weitem die göttliche, und die Mutter Gottes sei daher nicht als »Gottesgebärerin« (griechisch »Theotokos«), sondern als »Christus-Gebärerin« anzureden und anzubeten. Daraus entwickelte sich ein ganzer, von der Orthodoxie des athanasianischen Christentums immer stärker abweichender Kirchenbau, eben der

Nestorianismus: Und gerade ihn verbreiteten die Mönche und Kaufleute bis nach Ostasien. Der mongolische Hauptstamm der Keraiten war überhaupt ganz christlich, und da jene Horde, der Dschingis Khan entstammte, häufig Keraiten-Frauen heiratete, gab es immer wieder Herrscherinnen und Mütter von Khanen, die Christinnen waren, und deren Einfluß auf das Gedankengut und die Sympathie der Herrscher zum Christentum relativ groß war.

Die Mongolen-Khane waren grundsätzlich religiös-tolerant. Sie glaubten an einen obersten Gott, was ihrer schamanitischen Naturreligion entsprach, stellten es aber jedem Untertanen frei, an Buddha oder Mohammed, an Christus oder Moses zu glauben. Sie begünstigten realistisch stets jene Glaubensgemeinschaft, von der sie sich den meisten politischen und materiellen Gewinn versprachen.

Das konnte, politisch gesehen, in Palästina nur das christliche Element sein, dieses natürliche Gegengewicht zu der gewaltigen Macht der Sultane von Damaskus und Kairo.

Noch zu Lebzeiten des großen Dschingis Khan (er starb 1227) rückte die mongolische Flut bis nahe an Vorderasien heran. Dschingis überrannte die fruchtbaren Oasen von Samarkand, Buchara und Chiwa, fiel in Afghanistan ein, besiegte mühelos die gefürchteten türkischen Choresmier, verfolgte sie bis zum Indus, Alexander den Großen übertreffend, zerstörte die alte Alexanderstadt Herat, ermordete dort 250.000 Menschen, fiel in Persien ein, kam bis nach Täbris, nahe dem Kaspisee, und ließ — ein erster Erkundungsfeldzug — Südrußland ausplündern.

Bei seinem Tode gebot er über ein Reich von Peking bis nach Persien, vom Indus bis tief nach Nordsibirien, in dem musterhafte Ordnung herrschte. Sie zog Handelskarawanen an, die nun ihre Waren auf den gutgehaltenen, absolut sicheren Straßen und nicht mehr auf dem unsicheren indischen Seeweg über Ägypten transportieren konnten. Venetianische und genuesische Gesandtschaften erkundeten die neue Möglichkeit und brachten die ersten zuverlässigen Berichte vom christenfreundlichen Herrscher im Osten nach Europa, das solche Botschaften begierig aufnahm.

Die Nachfolger Dschingis Khans drangen weiter in Richtung Vorderasien vor. 1243 wurde der kleinasiatische Seldschukensultan besiegt; es konnte nur eine Frage der Zeit sein, wann Syrien an die Reihe kommen werde.

Das Dilemma der Christen von Outremer war groß: Papst Gregor IX. rief die Christen der ganzen Welt auf, gemeinsam der Mongolengefahr zu begegnen. Im Heiligen Land aber waren eben diese Mongolen der einzige Hoffnungsstrahl, der die uneinigen, schwachen und stets um Streiter aus Westeuropa flehenden Reste des Königreiches Jerusalem noch retten konnte.

»Ex oriente lux!« predigte der Patriarch von Jerusalem, und tatsächlich kämpfte ja zum erstenmal eine nichteuropäische Macht aus Ostasien erfolgreich gegen den Islam. Und wenn auch nicht alle Khane Christen waren, so galt ihnen doch, wie einige hoffnungsvolle Beispiele zeigten, ein Christ zumindest ebensoviel wie ein Moslem, wenn nicht mehr. Mit einem mongolischen Heer als Bundesgenossen konnte man auf Erfolge gegen die Sultanate rechnen.

Am Ende stimmte die Legende vom Erzpriester Johannes? Die Menschen von 1240 waren bereit, sie als Wahrheit zu nehmen. Mit hektischem und unrealistischem Jubel durchdachten und diskutierten Prälaten und Fürsten die Möglichkeiten, die ihnen der neue verbündete »Erzpriester« bieten mochte.

Die Zeit für einen neuen Kreuzzug, aufgebaut auf dem Mystizismus des Zeitalters, war gekommen, und der heiligmäßigste Herrscher dieser Epoche, Ludwig IX. von Frankreich, sollte ihr Führer sein.

Ende trotz eines Heiligen

Unter all den vielen Fürsten, Feldherrn, Rittern und Abenteurern, die sich aufmachten, um im Heiligen Land für höchst unterschiedliche Ziele zu streiten, ist nur ein einziger, dem auch eine realistisch-wissenschaftliche Gesichtsschreibung zubilligen muß, daß er in selbstloser Liebe zu Gott und den Menschen bereit war, sein Leben jener Aufgabe zu opfern, die in eben diesem Augenblick einem frommen, christlichen König gestellt war: Ludwig IX. von Frankreich.

Er war ein überdurchschnittlich großer, schlanker, blonder Mann mit eher zarten Gliedmaßen, ein schmalschultriger, an gewisse skandinavische Jünglinge erinnernder Typ. Feminin darf man ihn sich nicht vorstellen, wenngleich seine Erzieher über sein »weiches Gemüt« nicht gerade begeistert waren. Der Enkel des eiskalten Partners von Richard Löwenherz, des Königs Philipp II. Augustus, war von einem einzigen Gedanken erfüllt: Vor Christus, seinem Herrn, als gerechter, für das Wohl aller seiner Untertanen verantwortlicher Herrscher zu bestehen, sich, wenn es sein mußte, jede Freude zu entsagen, wenn dadurch ein Gott gefälliges Werk geschehen konnte.

Mit einem Wort: Er war bewußt und aufrichtig, und man fühlte seine Tugendhaftigkeit und Frömmigkeit als eine Art seltsamer Ausstrahlung, der man sich, weil man so selten einen wahrhaft anständigen Menschen vor sich sieht, nicht entziehen konnte.

Zeit seines Lebens führte er einen heldenhaften Kampf gegen seine körperliche Unzulänglichkeit. Ludwig war anfällig gegen jede Art von Infektion und Allergie. Heuschnupfen, Asthma, Rotlauf und Migräne suchten ihn häufig heim, an Gürtelrose litt er fast dauernd, und die sarazenischen Ärzte, die ihn in Ägypten behandelten, hielten ihn für hochgradig blutarm.

Dennoch aber wohnte in diesem anfälligen Körper der Geist eines Helden. Er haßte Krieg und Streit, aber gegen die Feinde seines Gottes war er von unbezähmbarer Tapferkeit und unermüdlich in der Härte, sie zu verfolgen.

Daß Ludwig von seiner durchschnittlich lasterhaften Umgebung überhaupt ertragen werden konnte, daß ihm die meisten seiner Ratgeber nicht davonliefen — wer kann schon gemeinsam mit einem Heiligen ein Volk regieren? —, ist der natürlichen Bescheidenheit, dem Takt und der Rücksichtnahme des Königs zuzuschreiben, sowie seiner unbedingten Offenheit und Ehrlichkeit. Er sagte immer, was er dachte, weil nur dies seiner Meinung nach Gott wohlgefällig war, aber er trug niemandem etwas nach, und er stand zu seinem gegebenen Wort und zu seinen Freunden bis zum äußersten. Selbst seine Feinde vermochten ihm ihre Bewunderung nicht zu versagen.

Die Annahme liegt nahe, daß er vom Beginn seiner Herrschaft an außerstande gewesen ist, die Niedertracht von Menschen, die ihm nahezustehen schienen, zu erkennen — ein Versagen, das ihn mit zunehmendem Alter immer mehr zur lächerlichen Figur in den Händen von skrupellosen Machtmenschen machte, an deren Spitze sein Bruder König Karl von Anjou und Neapel stand.

Daß er ein vollkommener »Narr in Christo« gewesen sei, ist aber ebenso falsch. Zu jener Zeit, da er seinen ersten Kreuzzug antrat (die Historiker zählen ihn als »Sechsten« oder »Siebenten«), war er ein weitblickender, strategisch überdurchschnittlich begabter Feldherr, der alle Vorbereitungen wohl durchdachte und den weltlichen ebenso wie den geistlichen Herren eine »Kreuzzugs-Steuer« auferlegte, was viele Prälaten empörte; er vergaß sogar nicht, bei dem König von Jerusalem, Kaiser Friedrichs Sohn Konrad, um die Erlaubnis anzusuchen, einen Kreuzzug im Heiligen Land zu führen. Ein neuer Mittelmeerhafen – Aigues Mortes im Rhône-Delta – wurde ausgebaut; die Stadt atmet noch heute den Geist Ludwigs des Heiligen. Schiffe aus Marseille und Genua wurden gechartert, und planmäßig und wohlorganisiert begann das Heer dieses Kreuzzugs, das insgesamt etwa 18.000 Mann umfaßt haben mag, am 12. August 1248 seine Fahrt nach dem Osten. Es versteht sich von selbst, daß es so ordentlich, christlich und gesittet wie noch nie auf einem Kreuzzug zuging.

Das Kreuzheer landete zunächst auf der Insel Zypern, wo – da es so gut wie sicher war, den Kreuzzug in Ägypten zu beginnen – der erste Kriegsrat mit den Baronen von Outremer abgehalten wurde. Vergeblich versuchten die Fürsten den König in ihre privaten Händel hineinzuziehen; es gelang nicht. Er war entschieden dagegen, mit den muselmanischen Emiren Bündnisse einzugehen, wie man es ihm vorschlug: Zwischen Mohammedanern und Christen gebe es, nach allem, was vorgefallen sei, keine gemeinsame Basis, sagte er schroff und verbot den stolzen, keinen Oberherrn duldenden Tempelrittern, Geldgeschäfte mit Moslems zu tätigen, was offensichtlich etwas Alltägliches gewesen war.

Hingegen unternahm er große Anstrengungen, um mit den Mongolen in Kontakt zu kommen und sie als Verbündete zu gewinnen. Gerade um 1248 aber waren die Mongolen-Khane durch Wirren nach dem Tode eines ihrer Oberhäupter unsicher und nicht in der Lage, ihre Expansionspolitik im Westen ihres Herrschaftsbereichs, mehr als 3000 Kilometer von ihrer Hauptstadt entfernt, wieder aufzunehmen. Sie vertrösteten König Ludwig auf später: Zwei Mongolen, nestorianische Christen, die als Gesandte auf Zypern erschienen, brachten zwar freundlichste Briefe mit, sonst aber nichts.

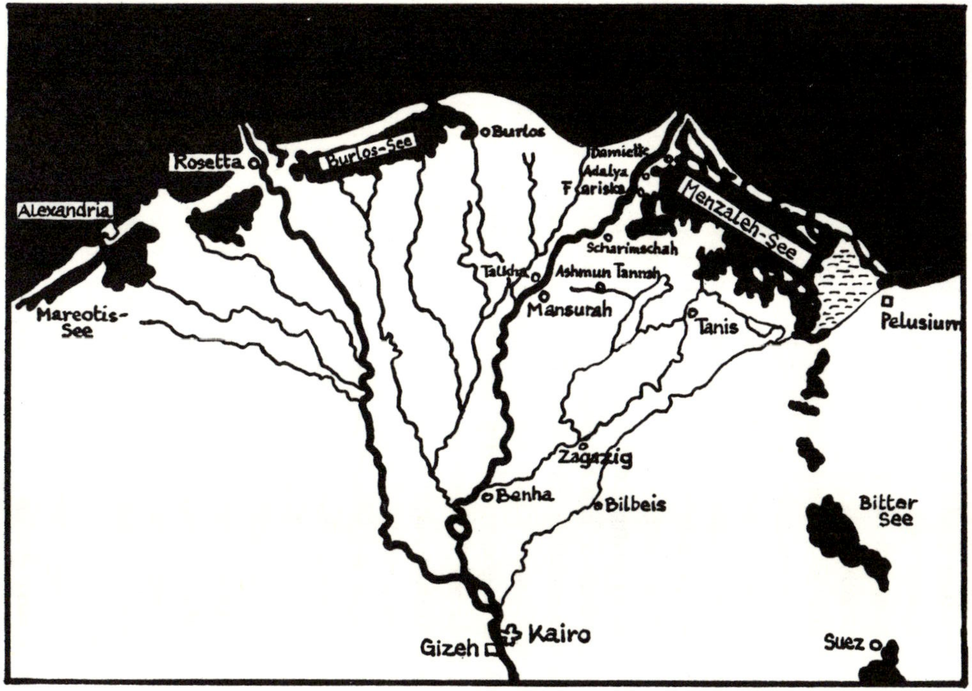

Das Nildelta
zur Zeit
des Kreuzzugs
König Ludwigs IX.

Der Plan dieses Kreuzzugs ist, sieht man von der sorgfältigen Vorbereitung und energischen Führung durch Ludwig ab, durchaus nicht originell. Er folgt in fast allen taktischen Details jenem unseligen Fünften Kreuzzug, der unter dem Kommando des unduldsamen päpstlichen Legaten Pelagius stand:
Auch Ludwigs Heer landete vor Damiette und vermochte die Nilfestung nach einem Gefecht bei der Landung am 5. Juni 1249 zu besetzen. Die große Stadt bot zwar den Kreuzfahrern Beute und Unterkunft, aber das Klima war abscheulich. Der feuchtheiße Sommer des Nildeltas untergrub die Gesundheit des Heeres. Tausende erkrankten. Ehe aber das Nilhochwasser vorbei war – und das dauerte noch Monate –, konnte und wollte Ludwig nichts unternehmen, wollte er nicht das Schicksal des Fünften Kreuzzugs erleiden. Er ließ die Königin und ihre Damen nachkommen; man machte es sich gemütlich ...
Es geschah also nichts. Denn auch der ägyptische Sultan, ein Urenkel des großen Saladin, blieb untätig, was seine kriegslüsternen Garden empörte. Um diese Zeit etwa kam für diese Prätorianer-Garde der Ausdruck »Mameluken« auf: Er bezeichnete eine aus freigelassenen, als Knaben auf den Märkten gekauften Sklaven bestehende Garde. Zumeist waren es Südrussen, Kumanen, Tscherkessen, Petschenegen, Kurden und Perser, die – perfekt gedrillte »Professionals« – jede Schlacht entscheiden konnten. Wie jede Palastgarde der Geschichte, versuchten auch die Mameluken entscheidenden Einfluß auf die Person des Herrschers zu nehmen.
Daß ihre fähigen Anführer als Sultanmacher auftraten, kann nicht wunder nehmen. Die Dynastie Saladins war müde, der regierende Herrscher ein todkranker Tuberkuloser.
Als er starb, frohlockten nicht nur die Kreuzfahrer (König Ludwig sah darin ein Zeichen der Gnade Gottes),

auch die Mameluken waren hocherfreut: Der einzige Sohn ihres Herrn und sein Nachfolger, Turanschah, lebte weit weg in Damaskus. Als Regentin kam nur die Hauptfrau des Verstorbenen in Frage, und Frauen sind immer angenehme Partner für Palastgarden gewesen.

Die Kreuzfahrer zogen, sowie sie hörten, der Sultan sei tot, den Nil aufwärts, ihrem Ziele Kairo entgegen. Nur eine Festung sperrte noch ihren Weg: Mansurah (was »die Siegreiche« bedeutet): Sie war erst nach dem Fünften Kreuzzug erbaut worden, an genau jener Stelle, an der das fränkische Heer damals unterging.

Die Sultanin schickte das beste Mameluken-Regiment unter dem jungen Obristen Ruk ed-Din Baibars (zubenannt »Bunduktari«, »der Armbrustschütze«) nach Mansurah. Die Festung beherrscht den Nilarm Bahr as-Seghir. Vergeblich versuchte das Kreuzheer, den breiten Flußlauf zu überschreiten. Die Festungsartillerie beschoß sie so wirkungsvoll mit »griechischem Feuer«, dieser altehrwürdigen Wunderwaffe der Oströmer, daß hunderte Kreuzfahrer fürchterlich verstümmelt wurden. Ludwig weinte in seinem Zelt, wird berichtet, und betete unaufhörlich: »Lieber Herrgott, beschütze meine braven Leute!«

Auch der Versuch, einen Damm über den Nilarm zu bauen, erwies sich als undurchführbar. Da kam das Glück dem König zu Hilfe. Ein Sarazene verriet für 500 Goldstücke eine etwa zwölf Kilometer entfernte Furt. Am 8. Februar 1250 überquerte das Kreuzheer vorsichtig den Bahr as-Seghir und rückte von unerwarteter Seite her gegen Mansurah vor. Der König befahl Zurückhaltung und Vorsicht, aber sein Bruder Robert von Artois, der im Verband mit den Templern die Vorhut befehligte, war überzeugt, daß man in einem tollkühnen Angriff Mansurah überrennen müsse. Viele der Ritter, insbesonders die Tempelherren, waren gegen solch eine unbedachte Angriffshandlung. Aber Robert reizte sie, hielt ihnen Feigheit vor und brachte

sie so sehr in Rage, daß sie sogar noch vor ihm mit ihren schweren Pferden losdonnerten.
Die Katastrophe blieb, wie schon so oft in den hundertfünfzig Jahren Kreuzzugsgeschichte, nicht aus: Wohl drangen die Christen in Mansurah ein, erschlugen hunderte Moslems, erbeuteten sogar ihr Feldlager und hieben den Feldherrn Fakr ed-Din in Stücke, schließlich aber, als sie sich in dem orientalischen Gäßchen-Gewirr der Stadt verloren, stellte ihnen der Mamelukenoberst Baibars eine Falle.
Innerhalb zweier Stunden war der ganze Kampfverband Robert von Artois' niedergemetzelt. Von den 290 Tempelrittern überlebten nur fünf. König Ludwig, dessen Hauptheer nun gleichfalls den Flußarm überquert hatte, eilte seinem Bruder zu Hilfe, obwohl die Vorhut die Befehle des Königs gröblich mißachtet hatte. Durch geschicktes taktisches Manövrieren konnte er den Kampftag noch so beenden, daß jede Seite von sich sagen mochte, sie sei die siegreiche geblieben. Die Verluste der Kreuzfahrer aber waren katastrophal hoch und nicht wieder aufzufüllen, während die Ägypter sicher sein konnten, alsbald Zehntausende neuer Kämpfer zu erhalten.
Ludwig verschanzte das Heer in einem Lager vor den Mauern von Mansurah. Als er erfuhr, daß er nur einige hundert Meter von jenem Punkt lagerte, an dem die Kämpfer des unglücklichen Fünften Kreuzzugs zugrundegegangen waren, schien er sehr nachdenklich. Dennoch verteidigten die Christen das Lager erfolgreich, wenngleich unter hohen Verlusten, gegen die Mameluken. Einmal, als ein Mamelukentrupp überraschend in die Zeltstadt eindrang, wurde er von Köchen, Marketenderinnen und Verkäuferinnen in die Flucht geschlagen.
Man hinterbrachte dem König geheime Botschaften, daß Ägypten vor einem Umsturz stehe, und daß die neuen Herren günstige Friedensbedingungen annehmen würden.

Ludwig stellte daraufhin jede Kampfhandlung ein und wartete auf diesen Umsturz (von dem er annahm, er sei »gottgesandt«) volle zwei Monate. In dieser Zeit verstärkten die Ägypter ihre Truppen, eroberten alle Wege und Brücken, die zum Meer führten, und isolierten die Kreuzfahrer vollständig.

Sie hatten schon Ende März nichts mehr zu essen, als sich eine furchtbare Seuche ausbreitete. Skorbut mag den Ausbruch der pestartigen Krankheit gefördert haben. Jeden Tag starben rund hundert Soldaten, Tausende erkrankten Woche für Woche neu.

Nur ein geordneter Rückzug nach Damiette konnte das Kreuzheer noch retten, aber der Versuch, den Ludwig mit den todkranken, entmutigten und dezimierten Truppen unternahm, wurde zur Katastrophe: Einige Kilometer nur von Mansurah entfernt, kam es zu tagelangen Gefechten um den Durchbruch. Als auch Ludwig selbst von der Seuche befallen wurde (er hatte es abgelehnt, mit einer Leibwache nach Damiette zu fliehen), kapitulierte das Heer bedingungslos.

Der hochfiebernde König wurde, ebenso wie alle seine Barone, in Ketten gelegt, jeder wurde von den wild mit ihren Schwertern und Lanzen fuchtelnden Mameluken am Leben bedroht. Aber man wußte bereits, daß es den Ägyptern nur auf Lösegeld ankam. Deshalb war keiner der großen Herren wirklich gefährdet.

Schlechter erging es dem »gemeinen Mann«: Wer krank war, wurde sofort getötet. Da es nicht genügend Lebensmittel gab, um einige tausend Gefangene zu ernähren, befahl der Mameluken-Oberst Baibars, tagtäglich einige hundert umzubringen, bis das Verpflegungsgleichgewicht hergestellt war.

Die Forderungen der Ägypter waren enorm: 500.000 französische Pfund, dazu die sofortige Übergabe der Festung Damiette und die Räumung Ägyptens. Der ver-

zweifelte König willigte ein und sandte seiner Gattin, die hochschwanger in Damiette ihre Entbindung erwartete, einen Befehl, das Lösegeld zusammenzubringen.
Ludwig hatte Damiette und seine Frau unter dem Schutz pisanischer und genuesischer Seeleute zurückgelassen. Es war eine zweifelhafte Hilfe, denn kaum hörten die Italiener, daß der Kreuzzug gescheitert war, bereiteten sie alles zur Flucht vor.
Die Königin gebar in diesen turbulenten Stunden, nur von einem achtzigjährigen Ritter beschützt, der auch Hebammendienste verrichtete, ihren Sohn Jean-Tristan. Schon drei Tage danach bat sie die Italiener zu sich und überredete sie zum Bleiben. Die Genuesen ließen sich diesen Entschluß mit 360.000 Pfund abkaufen, hielten dafür aber Damiette, das wichtigste Faustpfand in der Hand der Christen. Die Königin verließ bald danach Damiette und segelte nach Akko, um dort ihren unglückseligen Gatten zu erwarten, dessen Freilassung durchaus noch nicht gewiß war.
Denn mittlerweile hatten die Mameluken geputscht.
Der Sultan, überheblich nach dem Sieg über die Franken, wollte die Macht der Prätorianergarde brechen. Er setzte seine syrischen Freunde und Ratgeber an einflußreiche Stellen und gedachte die Mameluken-Regimenter aufzulösen.
Nach einem Gastmahl, bei dem er sich, völlig betrunken, gerühmt hatte, jetzt werde er mit den mamelukischen Schurken abrechnen, drang Baibars »Bunduktari«, der junge Oberst, in den Palast ein, verwundete den Sultan, der blutend in den nahen Nil sprang, schwimmend einen hölzernen Turm erreichte und dort auf Hilfe hoffte.
Keine Hand fand sich für den Nachkommen Saladins. Man schoß den Turm in Brand, und als der Sultan durch das Wasser davonwaten wollte, sprang Baibars selbst in den Nil und hieb den Herrscher in Stücke. Daraufhin rie-

fen die Mameluken ihren rangältesten Offizier Schadschar zum neuen Sultan aus.
Die Mameluken traten, nach einigen vergeblichen und brutalen Versuchen, den Preis für die Freilassung des Kreuzheeres zu steigern, in den alten Kapitulationsvertrag ein. Sie bewunderten die Haltung des Königs, der sich groß und würdevoll im selbstverschuldeten Unglück erwies, und ließen ihn endlich, am 6. Mai 1250, nachdem man ihnen Damiette übergeben hatte, frei.
Sechs Tage später landete Ludwig in Akko.
Der Kreuzzug des »leidenschaftlichen Heiligen« war zu Ende. Wieder waren tausende Christen sinnlos geopfert worden.

Oben: König Ludwig IX. *landet 1248 an der ägyptischen Küste (Miniatur aus dem Beginn des 14. Jahrhunderts).*

Unten: Ludwig der Heilige *und zwei seiner Brüder werden 1250 vor Damiette von den Sarazenen gefangen genommen (Holzschnitt).*

Die von König Ludwig *um 1240 im Rhone-Delta erbaute Hafenfestung* Aigues Mortes, *die als Verschiffungsplatz für weitere Kreuzzüge hätte dienen sollen.*

Abscheulicher Abgesang

Vier Jahre lang blieb Ludwig IX. im Heiligen Land, und während dieser Zeit gab es niemanden, der in ihm nicht den Herrscher Outremers gesehen hätte. In mühevollen Gesprächen, mit gütlichem Zureden, in Schiedssprüchen nach monatelangen, ermüdenden Gerichtsverhandlungen, versuchte der nach irdischer Gerechtigkeit dürstende König dem Heiligen Land den inneren Frieden zu geben. Denn eine Hoffnung auf neue Kreuzheere gab es nicht mehr. Der Adel Frankreichs hatte endgültig genug von den Abenteuern, die, im Gegensatz zu früheren Zeiten, nicht einmal mehr Plünderungsgut oder Reliquien einbrachten. Man zog lieber nach Griechenland, dessen lateinische Herren immer noch Lehen und Güter für fränkische Barone übrighatten.

Papst Innozenz IV. überlebte zwar seinen Widersacher Kaiser Friedrich II. (der Kaiser starb 1250), aber König Konrad IV., der Sohn des Stauferkaisers, machte dem Papst so viel zu schaffen, daß er die Ritterschaft Europas zu einem Kreuzzug gegen Konrad aufrief. Dunkel ließ er durchblicken, daß es in Süditalien und Sizilien wohl auch genug Beute geben werde.

Dieser ungeheuerlichen Verdrehung des Kreuzzugsgedanken von einst folgte ein Ausbruch der Massenseele.

Ein geheimnisvoller »Meister von Ungarn« erschien in Frankreich, zumeist maskiert oder das Gesicht hinter einem Ritterhelm-Visier versteckt, und rief – wie schon mehrfach vorher – die Besitzlosen auf, die Sünden dieser Welt hinwegzufegen. Seine Anhänger nannten sich »Les Pastoureaux«, was »Hirtenknaben« (oder »kleine Hirten«) bedeutet. Sie wollten den Papst strafen, ihren heiligen König aus den Klauen der Sarazenen erretten, die Reichen wegen ihres lasterhaften Lebens züchtigen und das Gottesreich errichten.

Die Herrschenden entledigten sich dieser Schwärmer mit der in der Geschichte seit je üblichen Methode: Man trieb sie zu Paaren und hängte sie auf. Es sollen 12.000 gewesen sein.

König Ludwigs Stellung in Outremer war nicht beneidenswert. Er mußte, wie sehr es auch seinem christlichen Gewissen widerstrebte, Bundesgenossen suchen. Gesandtschaften wurden zu den Assassinen geschickt, deren Scheich bereit schien, nicht nur die Feinde der Kreuzfahrer gegen Bezahlung umzubringen, sondern auch Truppen zu stellen. Alsbald aber wurde das Bündnis durch den Einfall der Mongolen überschattet.

Ludwig sandte einen flandrischen Ritter namens Guillaume von Rubruk (oder Roebroeck) nach Karakorum, der ostasiatischen Hauptstadt des Mongolenreiches. 1254 traf Rubruk dort ein und stellte fest, daß es tatsächlich stimmte, was man sich im Abendland über die religiöse Toleranz der Mongolen-Khane erzählte. Der Großkhan Möngke sagte ihm, er werde nicht zulassen, daß die Moslems über die Christen triumphierten, eine höchst dunkle und unzuverlässige Hilfe-Zusage.

Aber noch ehe Rubruk von seiner Mission zurückkehrte, mußte Ludwig das Heilige Land, dem er so viele Jahre geopfert hatte, verlassen. Seine Mutter starb — sie war die ganze Zeit über Regentin gewesen —, und das Königreich brauchte dringend seinen Herrscher. Ludwig kehrte heim, nicht weil er es wollte, sondern weil, wie er sagte, Gott ihm diese herbe Pflicht auferlegt habe.

Kaum hatte er Palästina verlassen, als die alten Feindseligkeiten wieder auflebten. Unter tätiger Mithilfe der rivalisierenden italienischen Seestädte gab es einen mehrjährigen Bürgerkrieg, dessen Verlauf freilich eher an die Auseinandersetzungen von Räuberbanden, als Ritter maskiert, erinnert. Er brachte Outremer an den Rand des Abgrunds, in einen Zustand von Wehrlosigkeit, der es schließlich rettungslos in der islamischen Flut untergehen ließ.

Gerade in diesen Jahren nach 1254 hätte das Königreich Jerusalem einen energischen, klugen, diplomatischen König gebraucht, einen Mann, der imstande gewesen wäre, die Moslems gegen die neue Macht in Vorderasien auszuspielen, gegen die Mongolen.

Hulagu Khan, ein Bruder des Groß-Khans, marschierte im Jänner 1256 von Samarkand aus los, um Vorderasien zu erobern. Er war ein gebildeter Mann, der in China hohe Schulen besucht hatte, philosophische Traktate schrieb und mit Alchimisten debattierte. Religiös fühlte er sich vom Buddhismus angezogen, war aber durchaus nicht abgeneigt, auch Christen anzuhören. Seine Gattin Dokuz war eine nestorianische Christin. Er liebte sie sehr und bewunderte ihre Klugheit. Dokuz war fromm, hörte jeden Tag die Messe, haßte alle Mohammedaner und riet ihrem Gatten jeden Tag, ein Bündnis mit den Christen zu suchen. Hulagu ging auf seinem neuen Feldzug systematisch vor. In Kurdistan rottete er die Assassinen in ihren Bergschlössern aus. Sie hören seither auf, ein Faktor in der Machtkonstellation des Vorderasiatischen Raumes zu sein. Die Mongolen verbrannten die unersetzlichen Bibliotheken der Sekte, unter deren Handschriften ein Gesandter Ludwigs IX. apokryphe Predigten Christi (an den Heiligen Petrus, an seine Mutter) gesehen hatte, Abhandlungen, die seither nirgendwo in Zweitfassung aufgetaucht sind. Unter dem Vorwand einer Volkszählung ließ Hulagu die Assassinen zusammenrufen und metzelte sie allesamt nieder.

Dann zog der Mongolen-Khan gegen Bagdad, die Residenz-Stadt des rechtgläubigen Kalifen el-Mutassim, der ein Heer von 120.000 Mann zusammenbrachte. Am 11. Jänner 1258 besiegte Hulagu das Heer des Islam, einen Monat später, am 15. Februar, eroberten seine Horden Bagdad. Die Stadt hatte damals mehr als 150.000 Einwohner. Sie wurden alle erschlagen, da die Mongolen keine Sklaven brauchten. Aus den Schädeln der Opfer erbaute man für den Sieger eine zwanzig Meter hohe Pyramide. Der unermeßliche Schatz der Abbassiden-Kalifen fiel Hulagu in die Hände. Verschont wurden, über Bitten der Gemahlin Hulagus, nur jene Christen, die sich in ihre Gotteshäuser geflüchtet hatten. Sie waren, neben einigen ausnehmend schönen Mädchen und Knaben, die einzigen Überlebenden Bagdads.

Nun lag Syrien, das die Kreuzfahrerstaaten so oft geängstigt hatte, schutzlos vor dem Mongolenheer. Ein Nachkomme Saladins, der es gewagt hatte, einen christlichen Gesandten Hulagus zu kreuzigen, wurde gefangengenommen und gezwungen, so lange sein eigenes Fleisch zu essen, bis er starb.

Im Jänner 1259 fiel Aleppo. Diesmal hatten die Mongolen bereits ausdrücklichen Befehl, alle Moslems umzubringen und alle Christen zu schonen, was denn auch geschah. Obwohl Aleppo seit nahezu zweihundert Jahren in Geschäften, in Haß und Bewunderung, mit den Franken verbunden war, frohlockten die Christen: Die Stunde der Rache war gekommen. Durch die Mongolen strafte Gott die Mohammedaner.

Der fränkische Fürst von Antiochia – er hieß, wie sein Vorfahre, gleichfalls Bohemund – ging nach Aleppos Fall ein Bündnis mit dem Khan ein und beteiligte sich an der Eroberung von Damaskus, das schließlich kampflos einem Feldherrn Hulagus, dem christlichen Mongolen Kitbuqa, übergeben wurde. Seite an Seite mit Kitbuqa ritt der Fürst von Antiochia in die Hauptstadt des westlichen Islam als Sieger ein.

Schon ein Jahr später forderte Hulagu vom Mameluken-Sultan Ägyptens die Unterwerfung. Aber der mutige Moslem ließ den Gesandten umbringen und brach nach Syrien auf, um sich dem Unbesiegten in einer Schlacht zu stellen. Er hatte Glück: Der Großkhan Möngke starb. Hulagu mußte, da es die Erbfolge zu regeln galt, mit einem großen Teil des Heeres heimreiten. Der christliche Feldherr Kitbuqa stand den ägyptischen Mameluken mit einem relativ kleinen Heer allein gegenüber.

Nun, da die beiden Heere einander entgegenmarschierten, hatten die Barone Outremers die folgenschwere Entscheidung zu treffen, mit wem sie in diesem Gigantenkampf sympathisieren sollten. Die Mehrheit, von den Grausamkeiten der Mongolen und ihrer fremdartigen Wildheit abgestoßen, war der Meinung, man solle die alten, islamischen Feind-Freunde wenn schon nicht öffentlich beschützen, so doch insgeheim unterstützen. Der Einwand, Kitbuqa sei ein Christ, wurde nicht beachtet.

In der Schlacht bei Ain Dschalud, am 2. September 1260 in der Nähe von Nazareth, wurden die Mongolen von den Mameluken besiegt, Kitbuqa, der nestorianische Christ, vom Mameluken-Obersten Baibars persönlich enthauptet.

Wenige Monate nach dem Sieg über die Mongolen eroberte das Mamelukenheer ganz Syrien zurück. Baibars, der in sich die Fähigkeit zum großen Herrscher spürte, verabredete eine Verschwörung gegen den Sultan. Während einer Jagd veranlaßte er den Herrscher, einen Wettlauf zu einer nahen Quelle zu unternehmen. Und gleich seinem (ihm wohl unbekannten) Vorbild aus dem Nibelungenlied stieß er den trinkenden Sultan von hinten nieder.

Man brachte den toten Herrscher nach Kairo zurück. Der Gardepräfekt fragte, wer den Sultan erstochen habe. Als Baibars sagte, er sei es gewesen, forderte er ihn auf, sich auf des Sultans Thron zu setzen.

Der neue Herrscher der vorderasiatischen Welt war ein

brutaler, ungebildeter, nicht einmal religiöser Mann von ungeheurem Machtwillen, unbeherrscht und ungeschlacht. Seine Feinde fürchteten die heisere, an Hundebellen erinnernde Stimme. Baibars' natürliche Intelligenz, seine rasche Auffassungsgabe und sein militärischer Verstand verblüfften. Er kannte weder Mitleid noch Gnade. Als Kind geraubt, in Kasernen und Feldlagern großgeworden, ohne Liebe von Verwandten, Freunden oder Frauen, kannte er nur die einfachen, grobschlächtigen Freuden des geborenen Landsknechts: Saufen, Fressen, Huren.

Es dauerte nur vier Jahre – und Baibars erfüllte das Versprechen, das er den muselmanischen Geistlichen gegeben hatte: Die Franken aus Palästina zu vertreiben. Im Februar 1265 zog er mit einem riesigen Heer die Mittelmeerküste entlang. Als erste Festung ergab sich Caesarea.

Baibars verfolgte hier zum erstenmal eine neue Taktik, die die Christen entsetzte: Er vernichtete alles, was von der Stadt übrig war, Burg, Hafenanlagen, Häuser, Felder, Obstgärten. Jahrhundertelang blieb das einst blühende Caesarea eine Wüste.

Vor allem die einheimischen Christen, die Jahrhunderte moslemischer Herrschaft mühelos zu ertragen vermocht hatten, waren dem neuen unduldsamen Geist der islamischen Reaktion auf die Kreuzzüge wehrlos ausgeliefert. Die Mameluken tilgten alles aus, was christlich war. Jede Dorfkapelle, jedes Kreuz, jeder Bauernhof, der einem syrischen Christen gehörte, wurde verbrannt. Übertritte zum Islam halfen nichts.

Am Ende des Jahrhunderts sind die einstmals blühenden syrischen Christengemeinden, die zu den ältesten der Welt zählten, auf ein Minimum zusammengeschmolzen.

Baibars gab sich mit der Eroberung Caesareas nicht zufrieden. Arsuf, die große Hospitaliter-Festung, fiel einige Wochen später. Sämtliche Ritter wurden ermordet, die Stadt zerstört.

Die nächsten Angriffsprojekte Baibars' waren die Burgen der Ritterorden, die systematisch, mit Ausdauer und Mut, in den nächsten Monaten erobert und vernichtet wurden. 1266 stand er schon vor Antiochia im Norden Syriens, ließ sich aber, ein müdes Heer hinter sich, durch Bestechungsgelder noch einmal zum Abzug bewegen.
Mit Wohlgefallen nahm der Sultan zur Kenntnis, daß in dem von Feinden umgebenen Akko ein Kampf zwischen Genuesen und Venetianern ausgebrochen war: Um den Hafen von Akko entbrannte zwischen den Italienern sogar eine Seeschlacht.
Das machte Baibars Mut, die zweitgrößte Stadt des dahinschwindenden Königreichs anzugreifen: Jaffa. Am 7. März 1266 drangen seine Mameluken in die Zitadelle ein, deren christlicher Ruhm mit Richard Löwenherz' Namen verbunden war. Auch Jaffa wurde beispielhaft verwüstet. Es war keine »Stätte für Menschen« mehr.
Während Baibars die Christen durch einen Scheinangriff auf das mittelsyrische Tripolis täuschte, marschierte er in Eilmärschen nach Antiochia. Am 18. Mai 1268 fiel die Stadt, die das Heer des Ersten Kreuzzugs fast ein Jahr aufgehalten hatte, in die Hände der Mameluken.
Auf Befehl Baibars' wurden die Stadttore geschlossen, damit keiner flüchten konnte, dann wurden alle Antiochaer, die älter als 40 waren, ermordet, die jüngeren in die Sklaverei geführt. Die erbeuteten Geschmeide und Goldschätze bildeten große Hügel, jeder Mameluke erhielt mehrere Teller voll Goldmünzen. Jeder, auch der kleinste Soldat besaß Lustknaben und Mädchen, die er aus der Beute zugeteilt erhalten hatte.
König Ludwig IX., der sich mit dem Heiligen Land noch immer verbunden fühlte, und der mit fortschreitendem Alter in seltsamer Weise religiösen Wahnvorstellungen erlag, war von den Ereignissen erschüttert. Man erzählte sich bei Hofe, daß der König überhaupt an nichts anderes

mehr denken könne als an sein Kreuzzugsgelübde, daß er göttliche Stimmen höre und »nicht mehr von dieser Welt« sei.

Sein Bruder Karl von Anjou, dem die Päpste das normannisch-staufische Erbe hatten zukommen lassen, hörte von dem seltsamen, geistigen Verfall seines königlichen Bruders. Er zog alle Register religiöser Phrasen, um Ludwig zu einem neuen Kreuzzug zu überreden. Was er seinem Bruder zunächst mit keinem Sterbenswort verriet, war das Ziel, das er dem Zug zu geben gedachte: Das seinem Königreich Sizilien gegenüberliegende Emirat von Tunesien.

Ludwigs treue Freunde, die ihren König auch in seiner religiösen Verblendung über alle Maßen verehrten und liebten, wie dies offensichtlich alle seine Zeitgenossen getan haben, beschlossen, ihn nicht allein ziehen zu lassen. Sie begleiteten ihn zu diesem sinnlosen Abenteuer, das, ohne jede Berechtigung, von den Historikern zuweilen als »Siebenter oder letzter Kreuzzug« bezeichnet wird, in Wahrheit aber nur das törichte Unterfangen eines Getäuschten war.

Da der König nicht mit Sold sparte, kam eine stattliche Streitmacht zustande. Am 1. Juli 1270 verließ sie Frankreich, wieder über den Rhône-Delta-Hafen Aigues Mortes. Viel zu spät eröffnete ein Gesandter Karls von Anjou dem König, daß das Ziel der Fahrt Karthago in Tunesien sei: Dessen Emir Mustansir sei begierig, das Christentum anzunehmen, wenn man nur — in ritterlicher Form, verstehe sich — ein wenig nachhelfe.

Es spricht für die Vermutung, Ludwig sei nicht mehr zurechnungsfähig gewesen, daß er jedes Wort glaubte ...

Am 18. Juli — es war unbarmherzig afrikanisch heiß, — traf die Flotte vor Karthago ein. Ein Bote, der zum Emir geschickt wurde, um ihm die herannahende christliche Taufe anzukündigen, wurde enthauptet, der Sultan befestigte sogleich seine Stadt und bat Sultan Baibars um

Hilfe. König Ludwig hatte keine Gelegenheit mehr, sich über die Niedertracht seines Bruders zu äußern.
Die Pest, die innerhalb weniger Tage auf den Schiffen der »Kreuzfahrer« ausbrach, raffte ihn am 25. August 1270, als einen der ersten, dahin. Tausende folgten ihm ins Grab. Karl von Anjou rettete das Unternehmen mühevoll nach Sizilien zurück.
Die letzten Worte des einzigen Monarchen, dem man auch als kritischer, ja sogar als übelwollender Berichterstatter, nichts Böses nachsagen kann, und dem man wohl kaum machtgierige Ziele zu unterschieben vermag, waren: »Jerusalem, Jerusalem . . .«
Er habe ausdrücken wollen, schrieb sein Biograph, daß die Tage der Christen im Heiligen Land gezählt seien.
Man mußte 1270 nicht den prophetischen Blick eines Sterbenden haben, um dies klar zu erkennen.

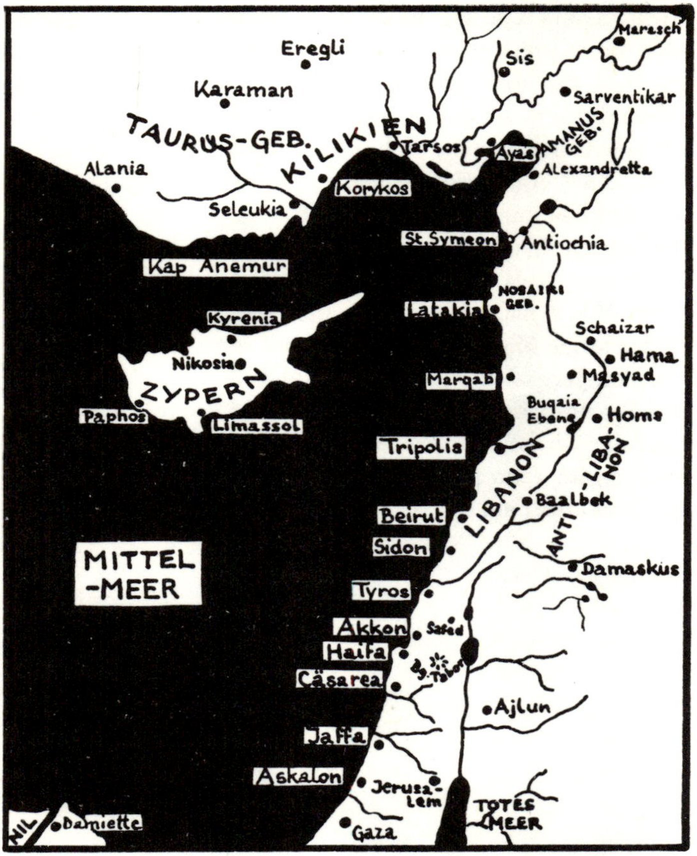

Outremer, 13. Jahrhundert

Der Fall Akkos

Der Tod König Ludwigs erleichterte Sultan Baibars sehr. Jene Armee, die er bereitgestellt hatte, um dem Emir von Tunesien zu Hilfe zu kommen, konnte nun sogleich nach Palästina geschickt werden. Dort gelang diesem Heer ein militärisches Wunder.

Wer jemals den »Krak des Chevaliers«, die Burg der Hospitaliter im Bergland des Libanon, gesehen und bewundert hat, kann sich zwar sehr gut vorstellen, daß sie Saladins Truppen widerstand, aber der Beschauer von 1973 vermag sich nicht zu erklären, wie Baibars Mameluken das Bauwerk ohne Artillerie bezwangen: Am 8. April 1271, nach nur dreiwöchiger Belagerung, ergaben sich die Ritter.

Damit waren die letzten Städte Outremers vom Hinterland abgeschnitten und ihr Fall nur eine Frage der Zeit.

Verzweifelte Berichte gingen nach Europa. Aber die Welt las über die Hilferufe hinweg, bedauerte zwar die Bedrohten und fluchte den Moslems, war aber nicht bereit, eine organisierte, uneigennützige Expedition größeren Ausmaßes zu starten. Im Gegenteil: Vorläufer des großen Unbehagens mit der Kirche, Schmäh- und Streitschriften gegen Papst und Priester, erschienen allenthalben. Ihre Verfasser werfen den Prälaten vor, daß sie die Kreuzzugsgelder dazu verwendet hätten, sich Maitressen, Pferde, Buhlknaben und Seidenäffchen zu kaufen. Die Kreuzzugssteuer wurde gebrandmarkt und als niederträchtig abgelehnt, dem Klerus nahegelegt doch sein eigenes Vermögen für die Sache des Heiligen Landes zu opfern und den Bürger in Ruhe zu lassen: An Hilfe großen Ausmaßes war nun nicht mehr zu denken.

Die Abneigung, den Landsleuten in Outremer zu helfen, wurde in Frankreich noch verstärkt, als man erfuhr, daß die Königin von Jerusalem ihre Krone (die dereinst als die heiligste der Christenheit galt) an den unbeliebten, gewalttätigen, düsteren und herrschsüchtigen Karl von Anjou verkauft habe, eine Handlung, die auch im Heiligen Land zu neuen, bürgerkriegsähnlichen Wirren führte.
Nach langen, unerqicklichen Kämpfen, bei denen sich die Gegner verschiedentlich mit den Moslems, den Mongolen, den anatolischen Türken und den Armeniern gegen ihre Brüder in Christo verbündeten, kam es zu einem Waffenstillstandsabkommen mit den Mameluken, die noch immer in Furcht vor den Mongolen lebten.
Outremer nützte die lange Waffenruhe schlecht. Die kleinen Ritter, durch die Verluste, die ihnen Baibars zugefügt hatte, längst verarmt, haten nur eine Chance, ihre trostlose Vermögenslage aufzubessern: Standesgenossen oder Bürger zu überfallen und auszuplündern. Das Leben in Outremer wurde unsicher, der auf dem Handel mit Innerasien beruhende Wohlstand ging dahin, andere Häfen (etwa Ayas in Kilikien) machten jene Geschäfte, die früher Akko, Haifa, Jaffa und andere Häfen abwickelten.
Erst 1286 schienen sich die Barone zu besinnen. In der Person des jungen Königs Heinrich II. von Zypern schien ein neuer Monarch gefunden, der allen Parteien des winzigen Königreichs Jerusalem genehm war. Heinrich war klug, energisch, aber kränklich: In den Händen eines schweren Epileptikers lag das Schicksal der letzten Festung des Heiligen Landes. Seine Krönung wurde zu einem einzigen rauschenden Fest. Die Bürger Akkos überboten einander in Bällen, Turnieren und Spässen, eine makabre Lust, den tristen Alltag zu vergessen, erfüllte die Stadt.
Drei Jahre später, 1289, fiel die Festung und Hafenstadt Tripolis (im heutigen Libanon). Die Mameluken ermordeten jeden Christen in der Stadt und auf dem flachen

Lande, zerstörten jede Kirche und Kapelle und machten schließlich die Stadt dem Erdboden gleich, denn der neue Mameluken-Sultan Qalawun befolgte die Taktik seines Vorgängers Baibars. Truppenbewegungen der Mongolen veranlaßten den Sultan, ein Waffenstillstandsangebot des »Königreichs Jerusalem« (es bestand nur noch aus Akko, Beirut und Tyros) anzunehmen. Noch immer war der Hafen Akko einer der wenigen sicheren Ankerplätze der Küste, und noch immer gingen Tausende muselmanischer Kaufleute jahraus, jahrein hier ihren Geschäften nach.

Im Sommer 1290 schien es, als werde sich zumindest der Wohlstand Akkos erhalten lassen. Reiche Karawanen strömten in die Stadt, die Speicher waren voll mit Waren, und der Königspalast wurde als »Wunderwerk« voll Gold und Edelsteinen beschrieben.

In eben diesem Sommer kamen italienische Abenteurer, die vom Papst für einen »Kreuzzug« angeworben worden waren, nach Akko. Zunächst wurden sie freundlich begrüßt, dann aber, als die Bürger ihre Zügellosigkeit erkannten, dachte man nur daran, wie man sie wieder loswerden könne. Die neuen Streiter Christi aber, nur darauf aus, jene Beute zu machen, von der sie daheim so viel gehört hatten, suchten und fanden alsbald Widersacher: Muselmanische Kaufleute, die in großer Zahl in Akko weilten, um hier ihre Geschäfte zu machen. Es kam zu Prügeleien, dann zu Massakern. Die Abenteurer beraubten und erschlugen die Muselmanen, aber auch zahlreiche orientalische Christen. Ihrer Meinung nach war jeder, der einen schwarzen Bart hatte, ein Moslem und nicht wert, zu leben, besonders dann nicht, wenn er reich zu sein schien.

Der Sultan griff begierig die Möglichkeit auf, den Waffenstillstand zu beenden. Die Mongolengefahr war im Augenblick gering, Akko reich und seine Mameluken kriegs- und beutelüstern. Im März 1291 brach das ägyptisch-syrische Heer auf, um Akko zu erobern.

Die letzte Bastion der Christenheit in Outremer mag damals 40.000 Einwohner gezählt haben. Die Streitkräfte, die dem König zur Verfügung standen, waren freilich viel geringer. Die Historiker schätzen, daß nur wenig mehr als tausend Ritter und ungefähr 18.000 Fußsoldaten in der Stadt bereitstanden. Seit Saladins Zeiten hatte man die Befestigungen verstärkt (man kann sie heute noch bewundern), und wie schon damals, war auch 1291 jener Teil der Küste, an dem sich die Mauer Akkos von der See her ins Landesinnere wendet, die Schlüsselstellung der Stadtbefestigungen.

Die Belagerung begann am 6. April 1291. Die Mameluken hatten von den Mongolen die chinesische Technik der Beschießung übernommen, diese Vorläufer der neuzeitlichen Granaten: Mit den altübernommenen Schleudermaschinen wurden tönerne, mit Sprengsätzen gefüllte »Granaten« abgeschossen, die mit donnerndem Krachen explodierten und, da man auch »griechisches Feuer« beimischte, Flächenbrände entfachten, die schwer zu löschen waren.

Pioniere und Sappeure unterminierten die Wälle, aber die Verteidiger waren guter Dinge, weil die Verbindung zum Meer intakt war. Auch wurde von See her das Lager des Sultans mit Schleudersteinen beschossen. Ausfälle, die erfolgreich verliefen, stärkten den Mut der Christen. An Übergabe dachte niemand.

Nach einem Monat kamen sogar, mit König Heinrich an der Spitze, zypriotische Franken zu Hilfe. Der König erkannte allerdings sehr bald, daß das Ende Akkos nur eine Frage der Zeit sein konnte, und sandte Abgesandte zum Sultan, die über einen Waffenstillstand verhandeln sollten. Aber der Sultan fragte nur: »Wo sind die Schlüssel der Stadt?« Über Bedingungen wollte er erst gar nicht reden.

Die Kämpfe gingen daraufhin mit größter Erbitterung weiter. Am 8. Mai wurde die äußere Befestigung teilweise erobert, am 18. Mai befahl der Sultan den Generalangriff, wobei er nicht nur seine überreichen technischen Mittel – modernste Schleudermaschinen, zehntausende Pfeile, »Syphone«, die griechische Feuer schleuderten – einsetzte, sondern auch das Leben der Soldaten nicht schonte.

Nach allem, was uns überliefert ist, wurde den Soldaten Haschisch eingegeben. Zum Klang monotoner Trommeln, von Trompeten und klirrenden Metallbecken angetrieben, stürmten die Mameluken in eine Mauerlücke neben dem berühmten »Verfluchten Turm«, um den schon die Kämpfe des Dritten Kreuzzugs zu Löwenherz' Zeiten getobt hatten.

Templer und Hospitaliter kämpften mit höchster Tapferkeit, »so, als habe es zwischen ihnen niemals Bürgerkrieg gegeben«. Dennoch aber wurde ein ganzer, großer Teil der Festung überwältigt. Kämpfe von Haus zu Haus, von Gasse zu Gasse folgten.

Die ersten Bewohner verließen die Stadt und ließen sich zu Schiffen hinausrudern, die außerhalb der Reichweite der muselmanischen Schleudermaschinen lagen. Der König und viele seiner Ratgeber folgten ihrem Beispiel.

War es Feigheit? König Heinrich sagte später, er habe nichts mehr tun können. Es sei klüger gewesen, sich zu retten, um seine Pflicht gegenüber dem »Königreich Jerusalem« zu erfüllen: Daß es dieses Königreich nach Akkos Fall nicht mehr gab, und daher auch keine Pflichten, das ließ er unerörtert.

Der Großmeister der Templer fiel, die Hospitaliter wurden ins Hafenviertel zurückgedrängt. Man trug die Verwundeten zu den Molen, in der Hoffnung, man werde sie retten.

Aber am Hafen herrschte, wie auf einem sinkenden Schiff, nur noch das Recht des Stärkeren. In Akko bestimmte außerdem noch das »Recht des Reicheren« die Szene. Soldaten, Zivilisten, Kaufleute, Frauen, Kinder umdrängten

die wenigen Bootsleute, die Fliehende für gigantisch hohe Summen hinausbrachten zu den wartenden Galeeren der Genuesen und Venetianer.
Man prügelte sich um Ruderboote, rücksichtslos wurden Verwundete oder Kranke ins Meer getreten, Kinder über Bord geworfen; Rasende arbeiteten mit offenem Messer, Kaufleute boten Edelsteine, Gold und Geld für einen Schiffsplatz.
Der Patriarch von Jerusalem, Nikolaus Hanapi, bekam zwar ein Schiffchen, aber der Kirchenfürst nahm so viele im Wasser treibende Frauen und Kinder in sein Boot auf, daß das kleine Fahrzeug schließlich kenterte und alle ertranken.
Den größten Fischzug seines Lebens machte freilich ein Abenteurer aus Katalanien, Roger de Flor, der gegen horrendes Fährgeld Flüchtlinge zu den Galeeren zu bringen versprach. Aber, so berichteten schon 1293 Augenzeugen: Er fuhr gar nicht bis hinaus zu den Schiffen: Unterwegs schon, halbwegs außer Sichtweite des Hafens, beraubte er seine Fahrgäste, brachte sie um, warf sie ins Wasser – und war rascher als andere wieder am Hafen, um neue Opfer zu holen.
Nach dem Fall von Akko tritt uns Roger de Flor als einer der ersten Condottiere der neuzeitlichen Geschichte entgegen, ein Mann, der mit seinem Geld eine Bande von einigen tausend Mann ausgesuchter Raufbolde und Soldaten unterhält, eine Heerschar, die sich die »Katalanische Kompanie« nannte und sich an den Meistbietenden verkaufte: Das war zunächst der Kaiser in Konstantinopel, das waren später die ottomanischen Türken; schließlich aber beschloß die Kompanie, sich selbständig zu machen und eroberte neben Theben und Thessalien zeitweilig auch Athen: Roger de Flor, der Mörder von Akko, war Herrscher der »Wiege abendländischer Kultur« . . .
Am Abend des 18. Mai 1291 war die ganze Stadt in den

Die Eroberung einer Stadt durch die Mongolen (Mongolische Miniatur aus dem Anfang des 14. Jahrhunderts).

Rhodos *(oben) wurde zu Beginn des 14. Jahrhunderts das Asyl der aus Palästina vertriebenen Ritter des* Johanniterordens.

Unten: Ordensritterburg auf Patmos *im Ägäischen Meer.*

Händen des Sultans. Nur in der großen Burg der Templer hielten sich die Christen noch. Tausende Bürger hatten in den unterirdischen Gewölben der Burg Zuflucht gefunden. Mehrere Tage lang verteidigten die Ritter todesmutig ihre Festung, Zeit genug, um noch viele hundert Menschen außer Landes zu bringen.

Nach einer Woche bot der Sultan dem Marschall der Templer, Pierre de Sevrey, freien Abzug nach Zypern an. Der Marschall nahm an und ließ einige hundert Mameluken in die Burg. Aber schon die erste Frau, der die Ägypter im Vorhof der Festung begegneten, wurde vergewaltigt. Ihr Schreien alarmierte die Templer.

Den sicheren Tod vor Augen, griffen sie die schändenden und mordenden Mameluken an und brachten sie alle um. Danach schwuren sie, bis zum Tod zu kämpfen; ein Schwur, den sie umso leichter zu erfüllen bereit waren, als es dem Sultan gelang, Pierre de Sevrey unter dem Vorwand neuer Verhandlungen aus der Festung zu locken, festzunehmen und zu enthaupten.

Mittlerweile hatten die Pioniere des Sultans den letzten Turm, den die Tempelritter noch hielten, unterminiert. Er begann zu wanken. Ungeduldig warf der Sultan weitere 2000 Mann in die Bresche. Sie begannen, den Turm zu erklettern. Unter ihrem zusätzlichen Gewicht stürzte er zusammen und begrub Christen wie Muselmanen unter sich.

Akko wurde, sowie die Kämpfe beendet waren, planmäßig verwüstet. Vierzig Jahre später weideten unter den riesigen Trümmern der alten Paläste die Schafe und Ziegen armseliger Bauern.

Nicht anders verfuhren die Mameluken mit den letzten Bastionen der Christen, Tyros wurde erobert und zerstört, ebenso Tortosa, Haifa, Beirut und verschiedene kleinere Burgen. Monatelang waren Mameluken-Trupps unterwegs um die letzten Gehöfte, Maierhöfe und Hütten der Franken zu vernichten: Es sollte den Franken unmöglich sein, hier Fuß zu fassen, es sollte keine Christen mehr in Syrien geben.

Was im Jahre 1099, als die ersten Kreuzfahrer in Palästina eintrafen, blühendes Land gewesen war, wurde zur rasch versteppenden Ruinenlandschaft. Das einstmals reiche Land blieb bis in die Neuzeit unwirtlich, bettelarm und vegetationslos.

Das »heiligste Experiment der Christenheit« war zu Ende.

Bilanz zweier Jahrhunderte

Jene zweihundert Jahre, da die abendländische Christenheit von dem Gedanken erfüllt war, das Heilige Land zu erobern, zu besitzen, auszubeuten und zu verteidigen, kostete, nach vorsichtigen Schätzungen, annähernd 750.000 Menschen das Leben, eine Zahl, die – setzt man sie zur Bevölkerung Europas um 1200 in Relation – prozentuell höher ist als die Verluste des Weltkriegs II.

Es liegt nahe, angesichts dieser Toten jene Frage zu stellen, die jeden beschäftigt, wenn er den Gang der Weltgeschichte zu verstehen versucht: Ob diese Folge unbarmherziger, blutiger Massaker, diese törichten, erfolglosen Abenteuer und sinnlosen, heldenhaften Opfergänge einen dauernden, der gesamten Menschheit dienlichen materiellen oder geistigen Nutzen ergaben; ob sie also mehr einbrachten als Blut, Not und Elend.

Eine wirtschaftliche Bilanz zu ziehen, ist vergleichsweise einfach: Niemand, welchen weltanschaulichen Standpunkt er auch einnehmen mag, wird bestreiten können, daß am Ende des Kreuzzugs-Zeitalters die junge, aufstrebende Bourgeoisie Genuas und Venedigs ihren Platz an der Sonne erkämpft hat. Ohne viel mehr einzusetzen als Schiffe mit erfahrenen Besatzungen, Kredit, Geld und die Fähigkeit, erfolgreiche Geschäfte abzuschließen, haben die großen italienischen Kaufleute die Chance, die ihnen die Kreuzzüge boten, kühl und rücksichtslos wahrgenommen. Es gelang ihnen, den Handel mit Afrika und Asien den Händen Konstantinopels zu entwinden, die Araber als See- und Handelsmacht ebenso auszuschalten wie das normannische Sizilien und den Kreuzzugseifer der westlichen

Ritterschaft für ihre Zwecke zu mobilisieren, ohne daß den solcherart Ausgenützten überhaupt klar zu Bewußtsein kam, daß sie für fremde Zwecke in den Kampf geschickt wurden.

Am Ende des Zeitalters hat sich, von der hochentwickelten Geldwirtschaft der Oströmer und Araber beeinflußt, in Europa das Geld- und Bankgeschäft eingebürgert. Komplizierte Kredit- und Wechselgeschäfte werden alltäglich, sorgfältige Buchführung Pflicht, und ein rasch anwachsendes Seeversicherungs-System reguliert die Verlust- und Gewinnraten. Der Grundstein für das Entstehen der gewaltigen Finanzimperien der Renaissance — der Medici etwa oder der Fugger — wurde durch die Kontakte der Kreuzzugszeit ermöglicht. Die Naturalwirtschaft des Mittelalters starb dahin und mit ihr die überragende Bedeutung von Landbesitz.

Daß sich die zum Zentralismus strebenden Könige Englands und Frankreichs durch den furchtbaren Aderlaß der immerwährenden blutigen Kämpfe in Outremer eine fühlbare Erleichterung verschafften — die unruhigsten Elemente, die Streitlustigen und Fehdesüchtigen waren es ja, die vornehmlich ins Heilige Land zogen —, das hat schon Papst Urban II. im stillen erhofft.

Der Adel Westeuropas erholte sich von den Menschenverlusten der zwei Kreuzzugsjahrhunderte nur sehr langsam. Daß sie die Könige Frankreichs und Englands sehr rasch zu ungewöhnlich großer »Hausmacht« brachten, geht nicht zuletzt auf die Tatsache zurück, daß sie den vielen aussterbenden Familien die oft sehr großen Lehen abnehmen konnten. Im Deutschen Kaiserreich, dessen Ritter nur zögernd und erst spät ins Heilige Land gezogen waren, nahm demgegenüber die Zersplitterung in kleinste Lehen (sie hat gewiß noch zahllose andere Ursachen) zu.

Auf der Negativ-Seite der Bilanz steht an oberster Stelle der Untergang des Oströmischen Reiches: Daß es ein hal-

bes Jahrtausend lang das östliche Bollwerk gegen den Islam gewesen war, kümmerte die Venetianer wenig. Skrupellos haben sie das alte Reich vernichtet.
War man im 19. Jahrhundert noch allgemein der Ansicht, daß dieses Oströmische Reich ganz zurecht, als ein morsches, anachronistisches Gebilde, zugrundegegangen sei, so fällt die moderne Geschichtsforschung ins andere Extrem: So grandios und modern, wie es die heutige Byzantinistik zu sehen beliebt, war das Reich von Konstantinopel nun auch wieder nicht, wenngleich man sich vor seinen kulturellen Leistungen zu verneigen hat, vergleicht man sie mit den dürftigen Zeugnissen aus der übrigen Welt.
Das Ende des Kaiserreichs am Bosporus bereitete zweifelsohne den ottomanischen Türken den Weg ins Herz Europas vor. So gesehen sind die Türkenkriege von 1529 und späterer Jahrhunderte nur die Folge der Schuld des Vierten Kreuzzugs von 1204.
Weit härter betroffen aber als Ostrom wurden die syrischen, die koptischen und armenischen Christen: Sie sind die wahren Opfer des europäischen Einbruchs. Mit dem Blutbad von Jerusalem 1099 fing es an; jahrhundertelang lebten die Christen des Morgenlandes in friedlicher Gemeinschaft mit ihren muselmanischen Mitbürgern. Mit dem Ersten Kreuzzug änderte sich das Verhältnis schlagartig. Die Christen wurden zu Herren, die Moslems unterdrückt, beraubt, versklavt. Es wäre wohl zuviel verlangt, wollte man annehmen, die syrischen Christen hätten eine gerechte Behandlung der Moslems gefordert. Sie genossen natürlich ihre neue Priviligien. Als aber Outremer vernichtet war, schlug die Intoleranz der Kreuzfahrer auf die einheimischen Christen zurück. Ihr Land wurde verwüstet, ihre Gotteshäuser zerstört, ungeheure Steuern ruinierten sie finanziell. Die Osmanen hatten nicht mehr viel zu tun, um die bescheidensten Reste von Selbständigkeit, die noch verblieben waren, restlos zu versklaven.

Zu den großen Verlierern gehört aber auch Rom selbst. Die Kreuzzüge haben den Glauben, daß der Papst der Stellvertreter Gottes auf Erden ist, so stark erschüttert, daß nur wenig mehr als hundert Jahre nach dem letzten Kreuzzug der erste große Sturm gegen den Papst ausbricht.

Die Kreuzzüge gegen Ostrom, gegen die ketzerischen Albigenser und gegen die Hohenstaufen verstärkten das ungute Gefühl, das seit dem Ende des Zweiten Kreuzzugs vorzuherrschen begann: Daß die Kreuzzugsbewegung überhaupt nichts Gottgefälliges sei.

Daß selbst der fromme, gute, heilige Ludwig IX. scheiterte, bestärkte die Menschen in diesem Glauben: Es gab keinen unmittelbaren Kontakt zwischen Gott und den Menschen, zwischen dem Heerkönig Christus und seinen Rittern. Und der Papst war nicht Stellvertreter Gottes, sondern – wie man um 1290, zur Zeit, da Akko fiel – ungeniert aussprechen durfte, ein abgefeimter Schurke, nicht besser als irgendein anderer habgieriger Fürst. Es sollte Jahrhunderte dauern, ehe sich die Kirche von diesem Verlust der Glaubwürdigkeit erholte.

Nicht minder katastrophal wirkte sich das Kreuzzugszeitalter aber auf die arabischen Moslems aus. Die Emire, Edelleute und Kunsthandwerker der syrischen Städte, deren bewundernswerte Kultur uns auch heute noch, von Damaskus bis Granada, fasziniert, wurden durch Franken und Mameluken, durch Türken und Mongolen ebenso ruiniert wie ihre christlichen Stammesbrüder.

Mit ihrer noblen Lebensart und ihrer uralten vorderasiatischen Kultur und Zivilisation starb die schönste Blüte des älteren Islam dahin: die Toleranz. Was das Maurische Reich Spaniens und das Reich von Damaskus vor den christlichen Staaten von jeher ausgezeichnet hatte, war der gute Wille von Herrschern, Beamten und Volk, mit Andersgläubigen in Frieden auszukommen, eine Gesinnung die bis zum Ersten Kreuzzug selbstverständlich war, darin sind sich spanische und syrische Autoren christlicher Religion einig.

Der Einbruch der fränkischen Fanatiker, die im Namen Christi mordeten und schändeten, raubten und plünderten, ließ die Araber aus einem jähen Traum erwachen. Bedingungslos warfen sie sich türkischen und mamelukischen Kriegern in die Arme, die weder zuvilisatorische noch gar geistige Skrupel hatten. Als Akko fiel, war die edle Toleranz, die, als später Widerschein, noch einen Saladin ausgezeichnet hatte, schon längst gestorben, erstickt im Blut der Kreuzzüge.

Schwieriger wird es schon, versucht man die zivilisatorischen Werte abzuwägen, die mittelbar oder direkt durch die Kreuzzüge weitergegeben worden sind. Der oftmals zitierte Vergleich, die abendländischen Ritter seien gleich den Barbaren der Völkerwanderungszeit ins Morgenland eingebrochen, ja — die Kreuzzüge seien der letzte Zug der großen Wanderung, und Europa hätte alles, das Morgenland aber nichts lernen können, trifft durchaus nicht genau. Denn diese Franken waren zumindest genialgelehrige Schüler, die blitzartig den Kern eines technischen Kniffes, einer alten Erfahrungstatsache erfaßten und innerhalb von Tagen oder Wochen zu neuen, erstaunlichen technischen Neuschöpfungen weiterentwickelten.

Natürlich haben die frühmittelalterlichen Europäer in zahllosen Details, vom gotischen Spitzbogen bis zur Emaille-Technik, von der Stahlvergütung bis zur Felderdüngung, von der hellenistisch geprägten Zivilisation des Nahen Ostens gelernt. Aber jede Neuerung, die sie sahen, haben sie in erstaunlich kurzer Zeit fortentwickelt. Was beim kontemplativ orientierten Geist der Araber Jahrhunderte erforderte, das bewältigen die Christen in einigen Jahrzehnten: Die Zivilisation, das Handwerk, die Technik und die Technologie entwickeln sich denn von 1099 bis

1290 in Europa außerordentlich schnell, rascher als zuvor in fünfhundert Jahren: zweifellos ein Verdienst der Berührung des westlichen Naturells mit den Kenntnissen des Ostens. Ob dazu freilich die Greuel der Kriege zweier Jahrhunderte nötig waren – wer kann das beantworten . . .?

Über den Einbruch hellenistischen Denkens in Philosophie und Religion ist in diesem Buch schon mehrfach die Rede gewesen. Unzweifelhaft bleibt, daß sich das enge Weltbild des frühen Mittelalters nach der Auseinandersetzung mit der weiten Welt nicht mehr aufrechterhalten ließ. Es war nur noch eine Frage der Zeit, bis es zerbrach und der wundersamen Blüte der Renaissance Platz machte.

Der vereinfachende Satz »Ohne Kreuzzüge keine Renaissance« trifft zweifelsohne eher zu als die altehrwürdige Meinung, erst die Eroberung Konstantinopels durch die Türken von 1453 hätte eine Massenflucht der Künstler und Gelehrten nach Europa bewirkt.

Jeder europäische Fürst, der nach Outremer zog, hatte in seinem Gefolge hervorragende Gelehrte. Es bedurfte nicht erst des Türkenkrieges, um diese Leute mit offenem Ohr die Weisheiten der versunkenen hellenistischen Welt, ihre Philosophie und ihr enzyklopädisches Wissen aufnehmen zu lassen. Das gilt natürlich auch umgekehrt: Tausende Fachleute und Gelehrte suchten und fanden in dem jungen, lebenskräftigen und lebensgierigen Westen jenen Nährboden, den sie im müden, verwüsteten Orient vermißten.

Daß sich die Kunst vom Erlebnis der fremden, bunten Welt zutiefst beeindrucken ließ, ist klar. Die großartige Dichtung des französischen und deutschen Mittelalters, in Lyrik, Epos und Roman gleichermaßen neu, wurzelt in der Auseinandersetzung mit der Welt des Orients. Die bildende Kunst, an oströmisch-arabischen Künstlern geschult, erreicht mit der Entfaltung der Gotik einsame Größe.

Aber auch hier ist die Frage, ob Europa ohne Kreuzzüge genau die gleiche, nur vielleicht langsamere Entwicklung genommen hätte, müßig.
Nur eines läßt sich mit Gewißheit folgern: Die Menschen sind außerstande, ihren Idealzielen, die sie sich selbst setzen, nachzuleben. Man predigt Liebe und sät Haß, man will retten und vernichtet, man will befreien und mordet und versklavt, man will helfen und raubt, man meint frei zu entscheiden und wird manipuliert.
Es gibt kein klareres und tragischeres Beispiel für die Verhaltensweise der Menschen, wenn sie als Masse auftreten, als die Kreuzfahrer.
Zwischen Antiochia, Jerusalem und Ägypten haben sie sich verewigt in Größe, Niedertracht, Heldentum, Fanatismus und Frömmigkeit.
Wer meint, wir Menschen des 20. Jahrhunderts seien ganz anders, der darf den ersten Stein werfen.

Literarische Hinweise

Zeitgenössische Quellen
(chronologisch gereiht)

Fränkische Chronisten

Gesta Francorum et aliorum Hierosolymitanum (anonym)
Raymond d'Aguilers
Fulcher von Chartres
Ralph von Caën
Albert von Aix
Odo von Deuil
Guibert von Nogent
Otto von Freising
Wilhelm von Tyros
Ambroise, der Normanne
Chronique d'Ernoul et de Bernard, le Trésorier
Estoire d'Eracles
Geoffroi de Villehardouin
Robert de Clary
Oliver von Paderborn
Jacques de Vitry
Jean de Joinville
Gestes des Chiprois (anonym)

Oströmische Quellen:

Anna Komnena
Ioannes Cinnamos
Nicetas Choniates

Syrisch-christliche Chronisten:

Michael, der Syrer
Bar Hebraeus (Abu l'Faradsch)
Mathaeus von Edessa

Arabische Chronisten:

Ibn al-Qalanisi
Ibn al-Athir
Abu Shamah
Baha ed-Din Karakusch
Emad ed-Din
al-Maqrizi
Usãma ibn Munqidh
Ibn al-Jahwzi

Moderne Werke

A. S. Atiya: Die Kreuzfahrer und Kaufleute, 1964
J. Baudouin: Histoire des Chevaliers de l'Ordre de S. Jean, 1624
E. Bradford: Verrat am Bosporus, 1970
C. Cahen: La Syrie du Nord, 1940
A. Cartelliere: Richard Löwenherz, 1925
H. Delbrück: Geschichte der Kriegskunst (3 Bde.), 1923
P. Deschamps: Les Châteaux des Croisés en Terre Sainte, 1934/39
W. Erben: Kriegsgeschichte des Mittelalters, 1929
K. Erdmann: Die Entstehung des Kreuzzugsgedankens, 1965
G. Falco: Geist des Mittelalters, 1963
R. Fedden u. J. Thomas: Kreuzfahrerburgen, 1959
C.J. Ffoulkes: The Armourer and his Craft, 1912
G. E. v. Grunebaum: Der Islam im Mittelalter, 1963
H. Hagenmeyer: Kreuzzugsbriefe aus den Jahren 1088-1100, 1901
J. von Hammer: Geschichte des Osmanischen Reiches, 1855
J. Hartmann: Die Persönlichkeit des Sultans Saladin im Urteil abendländischer Quellen, 1933
J. Harvey: The Plantagenets, 1948

K. H. Henisch: Kaiser Friedrich II. in Briefen und Berichten, 1968
W. Heyd: Histoire du commerce du Levant en Moyen age, 1885
R. Howlett: Chronicles of the Reigns of Stephen, Henry II. and Richard I., 1886
O. Jurewicz: Das Byzantinische Reich unter den Komnenen, 1970
F. Kempf: Papsttum und Kaisertum bei Innozenz III., 1954
H. Klingel: Geschichte Syriens im 2. Jahrtausend, 1965
B. Lewis: The Origin of Ismaelism, 1940
A. Lüders: Die Kreuzfahrer im Urteil syrischer Quellen, 1964
H. K. Mann: Das Leben der Päpste im Mittelalter, 1925
H. E. Mayer: Bibliographie zur Geschichte der Kreuzzüge, 1965
J. J. Norwich: Die Normannen in Sizilien, 1971
C. Oman: The Art of War in the Middle Ages, 1884
G. Ostrogorsky: Geschichte des Byzantinischen Staates, 1965
G. Ostrogorsky: Der byzantinische Staat, 1970
E. Pears: The Fall of Constantinople, 1886
Régine Pernoud: Geschichte der Kreuzzüge (3 Bde.) 1934/36
ebenso: Die Kreuzzüge in Augenzeugenberichten, 1961
H. Prutz: Kulturgeschichte der Kreuzzüge, 1894
H. Prutz: Die Geheimlehre des Templerordens, 1924
R. Röhricht: Geschichte des Königreichs Jerusalem, 1898
ebenso: Geschichte des Ersten Kreuzzuges, 1901
G. Schlumberger: Renaud de Chatillon, Prince d'Antioche, 1898
K. M. Setton (ed.): A History of Crusades (gepl. 6 Bde.), 1969
Stephen Runciman: Geschichte der Kreuzzüge (3 Bde.) 1957/60
Ch. Ch. Trench: Geschichte der Reitkunst, 1970

E. Vacandard: Leben des hl. Bernhard von Clairvaux, 1892/98
A. Waas: Geschichte der Kreuzzüge (3 Bde.), 1956
H. Wendt: Es begann in Babel, 1935

Bildnachweis

A = Archiv für Kunst und Geschichte, Berlin
K = Archiv Dr. Köhne, Döffingen
SV = Süddeutscher Verlag, Bilderdienst, München

In der Reihenfolge der Bilder:

SV – SV – A – K – SV – SV – A – SV – A – A – SV – SV – A – SV – A – SV – SV – K – K – A – K – A – K – K

Personenregister